中国现象学文库
现象学研究丛书

从现象学到孔夫子
（增订版）

张祥龙 著

商务印书馆
The Commercial Press

图书在版编目(CIP)数据

从现象学到孔夫子/张祥龙著．—增订本．—北京：商务印书馆，2011(2023.2重印)
(中国现象学文库．现象学研究丛书)
ISNB 978 - 7 - 100 - 08478 - 9

Ⅰ.①从… Ⅱ.①张… Ⅲ.①哲学思想—对比研究—中国、西方国家 Ⅳ.①B2②B5

中国版本图书馆CIP数据核字(2011)第139942号

权利保留，侵权必究。

中国现象学专业委员会及香港中文大学
现象学与当代哲学资料中心合作编辑
郑承隆通识教育及哲学研究基金资助

中国现象学文库
现象学研究丛书

从现象学到孔夫子
增 订 版
张祥龙 著

商 务 印 书 馆 出 版
(北京王府井大街36号 邮政编码100710)
商 务 印 书 馆 发 行
北 京 冠 中 印 刷 厂 印 刷
ISBN 978 - 7 - 100 - 08478 - 9

2011年10月第1版　　开本880×1230 1/32
2023年2月北京第3次印刷　　印张15
定价：76.00元

中国现象学文库编辑委员会：

（以姓氏笔画为序）

王庆节（香港中文大学哲学系）

邓晓芒（武汉大学哲学系）

关子尹（香港中文大学哲学系）

刘小枫（中山大学哲学系）

刘国英（香港中文大学哲学系）

孙周兴（同济大学哲学系）

张庆熊（复旦大学哲学系）

张志伟（中国人民大学哲学学院）

张志扬（海南大学社会科学研究中心）

张灿辉（香港中文大学哲学系）

张祥龙（北京大学现象学研究中心）

杜小真（北京大学哲学系）

陈小文（商务印书馆）

陈嘉映（首都师范大学哲学系）

庞学铨（浙江大学哲学系）

倪梁康（中山大学哲学系）

高宣扬（同济大学哲学系）

靳希平（北京大学现象学研究中心）

常务编委：

（以姓氏笔画为序）

关子尹（香港中文大学）

孙周兴（同济大学）

倪梁康（中山大学）

《中国现象学文库》总序

自20世纪80年代以来,现象学在汉语学术界引发了广泛的兴趣,渐成一门显学。1994年10月在南京成立中国现象学专业委员会,此后基本上保持着每年一会一刊的运作节奏。稍后香港的现象学学者们在香港独立成立学会,与设在大陆的中国现象学专业委员会常有友好合作,共同推进汉语现象学哲学事业的发展。

中国现象学学者这些年来对域外现象学著作的翻译、对现象学哲学的介绍和研究著述,无论在数量还是在质量上均值得称道,在我国当代西学研究中占据着重要地位。然而,我们也不能不看到,中国的现象学事业才刚刚起步,即便与东亚邻国日本和韩国相比,我们的译介和研究也还差了一大截。又由于缺乏统筹规划,此间出版的翻译和著述成果散见于多家出版社,选题杂乱,不成系统,致使我国现象学翻译和研究事业未显示整体推进的全部效应和影响。

有鉴于此,中国现象学专业委员会与香港中文大学现象学与当代哲学资料中心合作,编辑出版《中国现象学文库》丛书。《文库》分为"现象学原典译丛"与"现象学研究丛书"两个系列,前者收译作,包括现象学经典与国外现象学研究著作的汉译;后者收中国学者的现象学著述。《文库》初期以整理旧译和旧作为主,逐步过渡到出版首版作品,希望汉语学术界现象学方面的主要成果能以《文库》统一格式集中推出。

我们期待着学界同人和广大读者的关心和支持,藉《文库》这个园地,共同促进中国的现象学哲学事业的发展。

《中国现象学文库》编委会
2007 年 1 月 26 日

目 录

增订版说明 …………………………………………………… 1
序——中华古学的当代生命 …………………………………… 2

第一部分　西方哲学的转机

一、胡塞尔的意义学说及其方法论含义 …………………… 13
　1. 意义和赋意行为的居中(被)构成性 ………………… 14
　2. 意向意义与充实意义、意向作用(Noesis)
　　 与意向对象(Noema) ………………………………… 19
　3. 意义学说的方法论含义 ……………………………… 26
二、胡塞尔"生活世界"学说的含义与问题 ………………… 31
　1. 讨论"生活世界"的思想动机 ………………………… 32
　2. 生活世界的含义 ……………………………………… 34
　3. 意识到此生活世界的方式——先验还原 …………… 37
　4. 生活世界的构成域性 ………………………………… 40
　5. 胡塞尔"生活世界"学说中的问题 …………………… 44
三、胡塞尔的《逻辑研究》与德里达的《声音与现象》 …… 52
四、德里达将闪烁在思想天穹 ……………………………… 60
五、海德格尔的境界 ………………………………………… 63
　1. 海德格尔的人生境界——漫游于寻源的道路之中 … 63

2. 海德格尔的思想境界——间隙(Riss)处的泉涌和入境 ········ 70
六、"Dasein"的含义与译名——理解海德格尔《存在与时间》
  的线索 ··· 77
  1. "Dasein"的含义 ·· 77
    1.1 "Dasein"的基本意义 ··································· 77
    1.2 "Dasein"中的"Da" ···································· 84
    1.3 分析和总结 ·· 86
  2. "Dasein"的译名——"缘在" ································ 89
七、本体论为何是诠释学? ·· 100
  1. 古希腊时代"存在"问题的语言背景 ························ 102
  2. 人的实际生活经验 ·· 107
  3. 形式—境域的显示——实际生活本身的展示与表达 ······· 112
  4. 形式—境域显示方法的例子——对保罗书信的解释 ······· 118
  5.《存在与时间》中的形式—境域显示例释 ················· 122
八、罗姆巴赫的密释学——引介二则 ································ 127
  1. 罗姆巴赫其人其说 ·· 127
  2. 罗姆巴赫《作为生活结构的世界》一书中译本导言 ······· 130
九、"想像一块红!"——维特根斯坦破除传统意义理论的
  一例 ··· 136
十、维特根斯坦与海德格尔的象论 ································ 140
  1. 维特根斯坦图像论中的构成识度 ························ 140
  2. 海德格尔的象论 ·· 148
  3. 对比与总结 ·· 153
十一、关于克尔凯郭尔《致死的疾病》 ···························· 157
十二、塔斯基对于"真理"的定义及其意义 ······················ 164
  1. 为何要从语义角度定义"真理" ························ 164

2. 怎样定义语义的"真" ………………………………… 167
    2.1 悖论与语言层次 ……………………………………… 167
    2.2 真理定义所要求满足的条件——形式上正确、实质上充
       分 …………………………………………………… 170
    2.3 定义的构造 …………………………………………… 173
    2.4 这个定义的特点 ……………………………………… 176
  3. 这个定义的意义 …………………………………… 178
    3.1 它对于演绎科学的意义 ……………………………… 179
    3.2 它对于语言哲学的意义 ……………………………… 183

第二部分　现象学与中国古代思想

十三、现象学的构成观与中国古代思想 ………………… 189
  1. 现象学的构成本性 ……………………………… 189
  2. 中国古代思想中的构成见地 …………………… 197
十四、中国古代思想中的天时观 ………………………… 208
  1.《易》的原发天时观 ……………………………… 210
  2. 其他的原发天时观 ……………………………… 216
  3. 天时的各种表现——天之时 …………………… 221
十五、境域中的"无限"——《论语》"学而时习之"章析读 …… 230
十六、海德格尔的语言观与老庄的道言观 ……………… 245
  1. 海德格尔的语言观 ……………………………… 246
  2. 道之说 …………………………………………… 252
  3. 道与说的相互引发 ……………………………… 259
十七、思想方式与中国观——几位德国思想家的中国观
     分析 ……………………………………………… 267

1. "理性"的含义 ………………………………………………… 268
　　2. "发展"观视野中的中国文化 ………………………………… 269
　　3. 原发体验为知识之根 ………………………………………… 272
十八、观"象" …………………………………………………………… 276
　　1. 至极有几 ……………………………………………………… 277
　　2. 居间引发 ……………………………………………………… 279
　　3. 时机化 ………………………………………………………… 281
　　4. 直接可理解 …………………………………………………… 282
十九、边缘处的理解——中西思想对话中的"印迹" ………………… 285
　　附录:关于《海德格尔思想与中国天道》的通信 ……………… 295
二十、中国哲学?道术?还是可道术化的广义哲学? ……………… 304
二十一、儒家哲理特征与文化间对话——普遍主义还是非
　　　　普遍主义? ……………………………………………… 310
　　1. 儒家是一种非普遍主义 ……………………………………… 312
　　2. 儒家与其他文明打交道的方式 ……………………………… 316
二十二、二十一世纪的儒学 …………………………………………… 325
　　附录:为北大立孔子像向北大校领导陈情书 …………………… 335
二十三、儒家原文化主导地位之含义——儒家复活的意识
　　　　前提以及与印第安文化的对比 ………………………… 342

第三部分　神与美

二十四、东西方神性观比较——对于方法上的唯一宗教观
　　　　的批判 …………………………………………………… 357
　　1. 比较的必要性 ………………………………………………… 358
　　2. 西方犹太——基督教的神性观 ……………………………… 362

3. 中国古代天道观中的神性 ……………………………… 366
　　4. 印度的择一神教观 ……………………………………… 369
　　5. 讨论 ……………………………………………………… 372
二十五、"合理信仰"的困境与儒家的"中庸至诚" …………… 377
二十六、吕斯布鲁克及其《精神的婚恋》中的"迎接"的含义 …… 384
　　1. 吕斯布鲁克 ……………………………………………… 384
　　　　1.1 背景 ……………………………………………… 384
　　　　1.2 吕斯布鲁克的生平 ……………………………… 387
　　2.《精神的婚恋》中"迎接"的含义 ……………………… 392
　　　　2.1 迎接神的可能性——人的生存结构 …………… 393
　　　　2.2 在爱中迎神 ……………………………………… 395
　　　　2.3 在永远更新着的爱中获得平衡 ………………… 401
二十七、感受大海的潮汐——《神秘主义经典系列》丛书总
　　　　序 ………………………………………………………… 409
二十八、现象本身的美 …………………………………………… 413
　　1. 现象学方法的基本特点 ………………………………… 413
　　2. 美与现象 ………………………………………………… 416
　　3. "现象"（显现）的原发含义 …………………………… 423
　　4. 现象本身是美的 ………………………………………… 434
　　5. 现象学看法的理论后果 ………………………………… 442
二十九、为什么中国书法能成为艺术？——书法美的现象
　　　　学分析 …………………………………………………… 449
　　1. 文字与绘画的关系 ……………………………………… 450
　　2. 什么是美？ ……………………………………………… 451
　　3. 汉字字形与西文字母的不同 …………………………… 455
　　4. 文字的书法美与文字的意义有关吗？ ………………… 457

5. 汉字书写如何导致居中体验？（一）：引发构意时的边缘存在 …………………………………………………… 459
6. 汉字书写如何导致居中体验？（二）：汉字全方位的语境化 ………………………………………………………… 462
   6.1 汉字的境象性、气象性 ……………………… 462
   6.2 毛笔的书法效应：构造内在之势及时机化的揭示 ………… 464

增订版说明

此书2001年出版至今,已有十个年头。现在它作为《中国现象学文库·现象学研究丛书》中的一本重新付梓,增加了一些新内容,力争让它更充实、平衡。此书书名是《从现象学到孔夫子》,但2001年版本中,"现象学"的分量要大于"孔夫子"的分量,以致有所失衡;而且,现象学部分也基本上集中于胡塞尔和海德格尔,视域还不够开阔。所以,这一次再版,新加入了8章,在这两方面有所弥补。

新增加的是:第4、8、20—23、27、29章。第4章悼念德里达,与原有的第3章呼应;第8章则介绍罗姆巴赫的密释学,即现象学的一种新形态。它们虽是短篇,却可能起到路标牌的指引作用。第20—23的4章,反省西方压迫中华哲理传统,特别是儒家的思想效应,探索儒家哲理的特性,寻找应对这个西化结构的办法和出路。第27章和第29章都与各自的前面一章有内在联系,第27章阐发研究神秘主义的意义,第29章则讨论中国书法为何能成为我们这个文化中的一种主要艺术。其他各章保持原貌,只有第13章做了少许调整。

感谢商务印书馆当年对此书出版的支持,以及这一次修订中陈小文和王希勇两位先生的理解和协助。

作者记于庚寅年岁末

序

——中华古学的当代生命

中国古文化正从我们的生活主流中加速消失。我幼年随父母到北京时,城墙虽已残旧,却还是携着清清的护城河环抱着这个古都。东四牌楼、西四牌楼还站在那儿,景王坟的荒冢边上还抛散着石人石龟,到处都还是繁体或不如说是正体的中文字。其实,这个民族那时已经历了"辛亥"、"五四"、"四九"这些巨变。尽管这样,一些原来的风俗还在。农村(当时就在"机关大院"的边上)人还穿着对襟袄缅裆裤,一位同学忽然某一天穿着白布面的衲底孝鞋来上课。我的外祖母缠着小脚,只会说湖北老家的话。只有多少年后,我才越来越痛切地感到,姥妈的善良、古朴、忍耐和对我的深爱,随着她在"文革"前的去世,永不复返了。

是的,我们这一辈人,或更准确些,自清末以来的几辈人的生活中,最突出的感受就是这种"永不复返"的消逝。从皇上、进士、贞妇烈女,到私塾中的读书声、宗祠里的四时祭祀,再到生活中的毛笔、算盘,腊月二十三孩子们"送财神爷!"的欢叫,还有北京四郊的乡野、水洼子和那"像蓝宝石一样"的天。信仰"进步"的人们发奋去推进这种消逝,受"发展"观支配的舆论也不会在意这些"落后"事物的死亡,但我岁数越长,越经历了些西洋的东西,倒越是对这"历史的必然发展"不安起来,难受起来。我总觉着,我们现在正在丢掉的已不是那些让中国人蒙受耻辱、遭逢危难的东西,而是那使我们是一个中国人的东西,是那让我们觉得活得有意思,有祖母的爱意和古老城墙环抱的东西。那曾经显得有些凶霸霸的旧文化或所谓"封建主义",就如同一个不幸的大家族,早已经历了多少轮红白相间的暴虐剥夺,查抄收监,其中曾作威作福者早已被开刀问斩,而众男丁们也不是死于非命就是被发配充军,眼下所剩者只是杜甫笔下"石壕吏"所能抓到的残年老妇。你不去管,她也将在最后几声叹息中撒手人寰,永辞我们而去了。那时,"中国人"面对的就将是一个完全没有真正中国味道的世界,而要过的就将是一种总在艳羡进步者(这在可见的将来就是西方),而自己又总也不够进步的喘气心跳的生活。半夜醒来想到此事,心头常要隐隐作痛,有一种觉得自己的母亲、祖母、先人蒙了冤案,被关在了疯人院、收容所和死囚牢里的感觉。

　　是的,我们赢得了自己的独立国家,像多少个非西方的民族一样。但是,"亡国灭种"不一定是肉体的,特别是今天;思想方式、语言方式和生存方式的断子绝孙的现象到处都在发生。"我们不是还在使用中文吗?"很对,这也是让人还存着"复兴"希望的最后一条理由。但是,就是这系着古远过去的国脉,也已是伤残累累,"不绝如线"了。"白话文"不能说不对,但不是和缓地汲取古文化中原本就有的白话,而以"革命"的方式来硬生生地鼓捣出个"白话文运动",就缺少文化的孝道了。至于意在"拼音化"的简化字运动,就更是崇西心理下的画虎类犬之举。一个世纪以来,中国鼓吹"进步"者们自己往往要从"老旧学问"中得机得势,却要禁止青年来这么做,只教他们或逼他们"新"得无根无源,干巴坚挺,被欲火一点就着。今天的少年和青年,不仅与古文献隔着"古体"和"繁体"的鸿沟,还要受到十几年将中文"科学化"、"规范化"的语法猜谜训练,好像不把他们心灵中的最后一点"国故"制成木乃伊标本,就还没过够现代化或西方化的瘾似的。在西方哲学的"理式"或"概念化"还没来之前,相应的西方语文学的"语言科学"或"语法规则"还未主宰语言与教育界之时,私塾先生从不教什么"语法",只教学生背书、做对、写文,也就是只引导他们进入语言的境域之中。一旦进去了,他自懂得遣词造句,才高者自能写出锦绣文章。对于学会而不是研究第一语言而言,"熟知基础知识"是不相干的。君不见今日沉湎于"基础知识"者,大多是拙于写出好文章、不能得大意趣者。

这就是我们的"学术"现状:方法上盲目崇拜西方,极少变通和择食的能力。其实这能力正是一个活人的本能所在。学人们相信:在对象化和概念化的科学之外,只有无道理可言的强权、感情与迷信。由于这种"新文化"观念的误导,加上对"祖上"的冷漠势利之心,学者们从西方所学者大都是些足以让二老归天的招数。哲学上,自胡适和冯友兰以来,以"逻辑的、科学的"方法来治中国古学的做法几乎被各门派共同信奉。于是,"道"、"仁"、"阴阳"、"气"等等就都被当作西方传统哲学和逻辑学意义上的"概念范畴",还要追究其"逻辑发展的规律"。而任何不合乎这条概念化标准者,就被当作无思想含义的东西。《易》的可贵之处据说只在于其中的"辩证法(辩证逻辑)",而它的经文部分被认作只讲"卜筮",其象数之学只是迷信。《老子》的"道"被解释为"最终实体"和"世界的总规律(概念化的逻各斯)"。孔子讲的"仁"仅被视为"伦理学"范畴。《春秋》的微言大义被"中国哲学史"完全忽视,它独特的结构、语言和说话方式所蕴含的非概念化的思想意义处在哲学界的视野之外。《公羊春秋》一类的东西更是想都不用想地就被置于思想之外,视之为"主观的、神秘的解释"。等等,等等。说实话,我一听到"取其精华,剔其糟粕"之类的话就脖子根儿发凉,心里明白,不管"取"和"剔"的标准是什么,那被取被剔的是没命了。我就纳闷,如果这取舍的标准已现成在那儿了,还有什么真实意义上的"史"和"古代思想"可言,不过是开肉铺,按"范畴"挂上那被取者,设垃圾场,将那被剔者囫囵个儿地埋掉罢了。我说这话,并不是在主张"一切都从祖制",那在今天是任谁也办不到的,而是要表示这样一个看法,即那能维持生机的原发取舍只能在与父母先辈共度患难的诚心侍奉中自然产生。文化和思想是生命体,而生命是湍流,是构境,不在其中则不知其正在构成着的、被牵挂着的命运,也不会明了其中活生生的"是"与非。天下哪有完全脱开人类群体的生存追求和时机感召的是非真假?时代的大潮使人不得不出新。而正是在此"不得不"的,而不是按观念原则设计出的"新"里,可能遇见"古"。此"潮"中有"汐",此"剥"中藏"复"。"复,其见[现]天地之心乎?"(《易·复·象》)

有人讲,你说的古文化衰退的现象在西方也一样有,这是一个现代与传统,而不是中国与西方之间的气数消长的问题。现代的技术—商业文化对一切传统和高雅的文化都是不利的。我不认为这种论点切中了这里谈的问题,因为中西传统文化的现代命运确实不可同日而语。在那里基本上是个文化的世代演替的问题,而这里却是个断子绝孙、无以为继的问题。那里有重大意义的文化活种都被最仔细小心地保存着,养育着,甚至在某些方面还能自然生长着。尽管"现代的"美国总统可以拿丑闻当内衣换着穿,却依然是在按着《新旧约全书》宣誓就职。而且,谁能否认古希腊、基督教文化在现代西方生活、学术乃至科学中的延续?谁能否认"文艺复兴"的当代活力?

非西方的古老民族中,似乎只有中国的现代人如此六亲不认,自嫌"丑陋"。我读甘地传,读尼赫鲁的《印度的发现》,真感到耳目一新。原来搞(求生意义上的)现代化,向西方学习,争取国家独立、民族富强者,不一定非要捣毁和污损自家的祖源。印度、日本、阿拉伯、波斯的后裔们无论变到什么程度,是绝不愿数典忘祖的,反要在西方化的时代冲击前尽量保存自家的文化、语言和风俗,让那盏灵灯长明不灭。如果说中国人的逆祖师夷事出有因,是由于这里几千年来比别的民族都更成功地保存了古制,以致到现代竟如"大山"一样,不搬掉不炸掉就不足以让这个民族存活(对此我亦怀疑)的话,那么我要说,现在就既不用搬也不用炸了,因为它早已被毁得快像坟头一样了。靠栽赃祖宗和欺侮残年长者来标榜自己"进步"的恶少习气,我们在"文化革命"之中和之后的一段时间已看得太多了。清帝退位都多少年了,是谁造的孽就该由谁来担着了。至于胡适的主张,认为只管放手去破旧追新,传统中有生命力者自会留下来,与西方文化折衷成一个仍然是中国本位的新文化,其逻辑相当于,只管去毁林开荒建工厂,自然中的有生命力的东西自然会留下来,形成一个与原来的生态无根本区别的新生态,而且以往的状态要它什么时候回来就能回来。稍有生态常识者可知此说之谬。其中不错的只有一点:某些"有生命力的东西"会留下来,像蟑螂、怪异的病毒、脑充血、沙尘暴和艾滋病。

在今天和明天的世界中,真心为"斯文扫地"而担忧者,不会甘心就这样窝囊含冤地坐以待毙,当会尽全力为祖宗文化寻新路,开新境。幸运的话或可嫁接成活,又历一番繁华兴旺;即便时不我济,亦可借此而参透玄机,举家避秦,入深山绝境,在桃源之中延续命脉,以待"冰川期"或"温室效应期"的结束。[文化物种的多样性本身就是好的,不是吗?]我的"学术"活动的背后一直就有这样一番用心。这里确实没有什么纯学术和纯客观可言,因为一切都以这"文"的成活为目的、为前提;但也绝不敢胡来,不敢不让自己尽量地向"学术"与"客观"敞开,不敢以某某"主义"自封起来,更没有"万物皆被于我"和"二十一世纪是中国人的世纪"的信心和气派,因我颇怀有李后主的心境,明知这是一个"流水落花春去也"、"别时容易见时难"的境况,哪里还敢做那"指点江山,激扬文字"的勾当。有的只是为久病爹娘寻医求药,以延寿数的心意和举动。因此上战战兢兢,又哪敢不多方窥测，再三比较，亲身品尝，唯恐认错了高人抓错了药，反成不孝。

这本集子收了我十几年来的一些论文，绝大部分是1992年回国后写的。除了五篇还在等待出版之外，大多已发表过，散见于各种书刊之中。它主要探讨这样两个问题：第一，相比于古典西方哲学，现代西方哲学发生了什么样的重大变化；尤其是，这种变化提供了什么样的新的方法论视野？第二，这种新的视野对于我们重新理解自己的传统文化有什么关系？如果这种关系不能只从概念上说明白的话，就要给出语境中的阐释例子或对话例子。

此书第一部分主要回答第一个问题。通过审视胡塞尔和海德格尔不同特质的现象学以及其他几位现代西方思想者的学说，去揭示西方哲学一个多世纪以来所经历的方法上的转机。尽管每位思想家都有强烈的个人特色，但他们都在某一点上破除了西方的概念形而上学传统，发展出了贴近直观，看重构成功能和"象"（Bild, picture）思维，一切以人的生存形势或时机境域为转移的新方法和新学说。

第二、三部分主要讨论第二个问题。它们表明，现代西方哲学的转机确实为我们提供了更合适地理解中国古代学术思想的新视野。通过它，这在概念形而上学视野中注定了是矮子的中国思想传统变得富有深意了。在这两部分里，对于儒家、道家等学术流派的再解释，对于"时间"、"语言"、"象"、"构成"等在中国古学中的体现方式的展示，对于东西方在"神性"和"美的本意"等问题上不同进路乃至新的理解可能的探讨，等等，都是要使中西两方在一个新的境域中以更活泼有趣的方式进行对话的努力。在这方面，有了一些新见，比如"时机"在理解中国思想中的关键作用，老庄有自己的"道言观"，"原发的现象本身就是美的"，《易》象与维特根斯坦、海德格尔讲的象的某种关联，等等，似乎是前人未及或未深究的。

此书稿虽主要由论文组成，但经过了有目的的挑选和修改，形成了特有的问题视野和研究语境。而且,作者尽量避免选用与自己以前著作内容重复的东西。

整个集子取名为"从现象学到孔夫子",也只是撮其大端而已。里面除了现象学,还涉及另一些现代西方思想,像维特根斯坦、克尔凯郭尔和塔斯基。中国这一边除儒家之外,还有道家。此外,还讨论了"神"和"美"的问题。不过,由于我最关心的是如何通过更合适的方法或视域来理解中国古学,找到那能使她重焕生机的路子,因而时时留心着任何有可能在这件事上起作用的东西。除了这些发表的文章之外,平日教学中涉及的就更多一些,像实用主义(胡适远未阐发出它的要义)、生命哲学、结构主义、日常语言学派等。在我看来,黑格尔之后的西方思想,除了因盲目地自负于逻辑分析技术而走的弯路之外,总的说来是变得越来越有趣了。传统哲学中森严壁垒的概念体系及其逻辑丧失了大部分权威,出现了多种反基础主义的和非概念化的方法。最重要的是,这些从根子上生成化了,甚至在一定程度上境域化了思路,相比于传统的概念形而上学,大大改善了西方与中国之间的思想关系。在这些新视野中,中国古学不再是一个天生的侏儒,总在走调的歌手,而是忽然变得活泼、风趣、聪明和动听了起来,起码让人感到那里边大有来头,含有还未穷尽的生机。以前的那些鄙视、嫌恶和"吃人"的谴责,看来大多是由于"属象不对(即基本的思想方式相左)",或某种敌对视野的构陷。这种视野——比如王夫人看晴雯的视野,简·爱的后母打量这个继女的视野——的"摩耶(maya)"幻化的巨力,想必我们在日常人际关系之中,在国家的和国际的社会政治生活之中,都有深切的体会。由于有了这些开裂于形而上学狱墙上的间隙,尽管大的文化形势还在恶化,我却开始抱着一线希望,即:从这些裂隙中逃出那个不是"守死善道"就是"欺师灭祖"的两难困境,使中国古学在保留原种的前提下,逐步移植和转化到当代人和未来人能直接领会的思想和语言中来。

"你这不也在以夷治夏吗?"很对。我自认还没有那样的能力,能够完全不求助于西方而让华夏的古文献自己说出新话语,获得当代的新生命。我能做的只是尝试着在西学中寻找那最可能帮助华夏古树发出新芽的东西,那不再从方法上就贬抑她、切割她、整死她,而是可以善待她、引动她,让她从容调整自己、更新自己、升华自己的一个视域。于是,这"治"就不再是"整治"、"处治",而是"调治"。我也深知自己工作的抽象和苍白,即使它确实找对了路子,也绝不可能代替那些更丰满、更真实的文化复兴的工作,比如重整教育,重现社会中的社团结构,建立文化濒危物种的保护区,以及价值和礼制上的一系列调整。

己卯(1999年)春节,我随一个叫"绿色家园"的环保社团来到江苏盐城的自然保护区观鸟。在"高人",也就是一位姓高的鸟类专家的指点下,平生第一次用望远镜长时间地观看和倾听各种野外的鸟。哦,那与我在鸟禽标本室中看到的完全是两个世界。标本室里是一片沉寂、灰暗、死板、现成、种类化;这里却是一个正在觅食、饮水、飞翔、梳毛和鸣唱的生命世界,转易多方,回环曲折。那些鸟儿哪管你叫不叫得出它们的名字,只是活得自在、清闲和俏皮,让这帮爱鸟者们为它们争论,为它们奔走,为它们站在寒风里如痴如醉。就在保护区小楼后的一个水沟边,我们长久地观看各种来饮水和逗留的鸟,白头鹎(俗名"白头翁")、大山雀、戴胜……。一直看得我心头发热,如有所悟。我哪里只在看野鸟,我看见了活生生的自由、快乐和天机盎然,看到了我的童年,也看到了人类思想的童年和少年;直恨不得把天下的一切鸟笼拆毁,将所有的网罗撕破,放出那久被桎梏的天然和变易。这"观"和"看"(Sehen)的高潮来在第二天清晨,当我们站在观鹤亭上,看到数百只正在这里过冬的野生丹顶鹤,迎着初生的,并因此而那么珍贵的太阳,一队队(高先生言:一队为一家)地起飞。就在我们与天地相接的视域里,在那让鸟儿自在翱翔、也让我们纯真遐想的视域中,它们头足伸展,飞得像"仙"鹤了。我想,这也就是本书中一再谈到的"现象学视域"的本义吧。

写到此处,窗外燕东园内,子规啼声正自深远。

第一部分 西方哲学的转机

一、胡塞尔的意义学说及其方法论含义

欧洲大陆哲学与分析哲学有过一个非常相近的起因,即发现了表达式与被表达对象之间的"意义"层。二十世纪的西方哲学可以被看作以各种方式对这个中间层的方法论和存在论含义的追究。按照 J. 莫汉蒂的考察,胡塞尔并非从弗雷格的"论意义与所指"(1892年)得到他关于意义的思想;相反,他在更早时已在自己的文章中表明他清楚地辨认了一个不同于被表达对象的意义层,比如,"被命名对象的表象"。[1] 尽管胡塞尔的意义学说也与逻辑和数学基础研究有甚深的关系,并在一开始与"语言表达式的意义"问题不可分,但它从出现之日起就与意向行为(Akt)及意向性学说相辅相成,因而与弗雷格的意义理论有方向上的区别,并由此而影响了大陆哲学与分析哲学的治学风格和关注问题的不同。不过,如果我们对它们相近的起因,也就是意义问题有更贴切的了解的话,这种不同也许就不会阻碍它们之间的有效交流。

从理解胡塞尔思想的角度讲,考察他的意义学说亦是极重要的,因为现象学如果既不同于心理主义,又不同于柏拉图主义的话,就需要一种居中的、直接可理解的人类经验来揭示自己的特性。而胡塞尔当时所处的思想形势促使他去求助于人的语言经验。这样,他的

---

[1] J. N. 莫汉蒂(Mohanty):"胡塞尔的意义理论"(Husserl's Theory of Meaning),载于 Husserl: *Expositions and Appraisals*, ed. by Elliston and P. McCormick, Notre Dame: University of Notre Dame Press, 1977 年,第 20 页。

意义学说中就包含了他开创现象学时的一些最原本的思路,是我们理解他后来发展出的知觉现象学、时间意识现象学等的依据。而且,胡塞尔学说的弱点或理论盲点也可以通过追究他的意义观而被揭示和明确化。

1. 意义和赋意行为的居中(被)构成性

弗雷格通过分析这样的一种等式——它的两边表达式的所指相同但表达方式不同(比如 a＝b,其中"a"与"b"的所指相同)——的认识价值,而显示出"意义"(Sinn)的独立身份;并就势而否定了将这样的意义等同于心中的观念或心像的经验主义立场。[1] 胡塞尔则是从反对经验主义或心理主义的逻辑观入手而达到他的"意义"层次的。在《逻辑研究》第一卷中,胡塞尔尽其所能地批评了逻辑学中的心理主义,即将逻辑真理归约为人类的心理构造产物的主张。换句话说,逻辑学在心理主义者看来,就是关于某种具有人类普遍性的实在的(real)内容的科学。与之相反,胡塞尔认为,逻辑学不是任何意义上的实在科学,而只能是纯粹的观念的(ideal)科学;逻辑所处理的"观念之物"(Ideales)绝不可能还原为心理学意义上的"实在之物"(Reales)。[2] 然而,应该如何确切地理解这种从本性上超出了实在内容的观念之物呢? 难道这种观念(Idee)是柏拉图意义上的吗? 有些

---

[1] 弗雷格(Frege):"论意义和所指"(On Sense and Meaning),*Collected Papers on Mathematics, Logic, and Philosophy*, ed. by B. McGuinness, New York: Brasil Blackwell, 1984 年, 第 157—161 页。

[2] 参见胡塞尔(E. Husserl):《逻辑研究》第一卷, 倪梁康译, 上海译文出版社, 1994 年, 第 163 页。

人就是根据胡塞尔《逻辑研究》第一卷中一些反心理主义的话而断定他是位柏拉图主义者的。但是,读过《逻辑研究》第二卷及《观念》的人就不应该得出这种结论。何况,现象学的创始人和柏拉图主义的理念论者是两个无论如何也无法调和的形象。"现象学的观念"的特色就在于它既非心理的观念,亦非抽象实体化(Hypostasierung)了的观念,而是代表了介于两者之间而又比这两者更本源、更具有直观明证性的一条思路。"意义"(Bedeutung 或 Sinn)是这种观念之物的更确切、更有现象学的构成特性的表述。这样,"逻辑就是诸意义本身的科学"。①

在《逻辑研究》中,"意义"是指语言(包括数学与逻辑的语言)表达式的意义。对于胡塞尔,表达式不限于交流中的语言符号,也包括人在内心独白时的语言表达。但一般说来,任何被激活了意义的(sinbelebten)表达式包括两个方面,即(1)表达式的物理方面;和(2)给予表达以意义以及可能的直观充实的行为(Akte)。② 表达式的物理方面可以不同,比如以声音或墨迹的形式出现,或以不同的民族语言的形式出现;但与它们相伴而生的"授与(赋予)意义的"(sinnverleihende)或"给予意义的"(sinngebende)行为的结果可以相同。

---

① 胡塞尔:《逻辑研究》第二卷(*Logische Untersuchungen*, Zweiter Band, Husserliana, Band XIX/1), The Hague: Martinus Nijhoff Publishers, 1984 年,第 98 页;第一研究,第 29 节。本论文中涉及该书的引文主要译自德文本,并以英文本校正。英译本为 J. N. Findlay 所译,*Logical Investigations*, London and Henley: Routledge & Kegan Paul, 1970 年,第 323 页。以下引文将给出德/英文版页码。

② 胡塞尔:《逻辑研究》第二卷,第 9 节。然而,在该书第 8 节中,胡塞尔设想,"在孤独的话语中,我们不需要现实的词,而只需要表象的词就够了。在想像中,一个被说出的或被印出的语词符号浮现在我们面前,实际上它根本不存在。……而在词的存在事关重要的地方,意指的功能则是与传诉(Kundgabe)的功能相联结的。"德里达在《声音与现象》中分析和批评了胡塞尔这种讲法,以及他对于"表达"(Ausdruck)与"指号"(Anzeichen)的区分,认为其中含有形而上学的观念化前提。

比如说出与听到、写出与看到"红"、"red"、"rot"这些表达式时,与之相伴的行为所给出的意义是一致的。所以,在胡塞尔的早期学说中,这种"行为"扮演一个极重要的角色,它不应被理解为或仅仅理解为语言交流中伴生的心理活动;要是那样的话,意义就是主观的、私有的和不确定的了。从另一方面看,表达式的意义又不能等同于被表达的对象;因为,在胡塞尔看来,有些词,比如"金山"是有意义的,却没有对象。[①] 另外,"两个名字可以有不同的意义,却命名相同的对象,比如,'在耶拿的胜利者[指拿破仑]'与'滑铁卢的战败者';'等边三角形'与'等角三角形'。"[②]此外,通名(比如"马"或"一")可以在意义不变的情况下在不同语言中指称不同的对象。[③] 这也就是说,表达式的意义既不能只来自心理的活动,又不能被归结为表达式的所指,而且不能被分析地说成是指称的"方式"(比如,"摹状方式"或"真值条件");而只能来自人的表达活动本身的构意行为。它既与人的说话和理解有关,但又超出了个体的内在性和实在性。在这个关键之处,胡塞尔借用了布伦塔诺的意向性(Intentionalität)学说中的"意指对象"的机制,即每一种意识行为,包括语言行为都包含了对一内容的指称或对一对象(不一定指实在的对象)的指向,并同时尽可能地清除掉其中的心理主义倾向。所以,领会这种居于心理活动和概念抽象活动之间的意向行为的独特性是了解胡塞尔意义学说的关键,而对于赋意行为的了解又会极大促进我们对于意向性学说的真切把握。

胡塞尔如何具体论述这种赋予表达式以意义的行为的居间特点呢?首先,他指出这种行为的纯体验性以及当场的(被)构成性。他

---

① 胡塞尔:《逻辑研究》第二卷,第 15 节。
② 胡塞尔:《逻辑研究》第二卷,第 12 节,第 53/287 页。
③ 胡塞尔:《逻辑研究》第二卷,第 12 节,第 53/287 页。

写道：

> 词的表象（Wortvorstellung）和给予意义的行为这两者都被体验（erlebt）；但是，当我们体验词的表象时，我们根本不活在（leben in）这词的表象之中，而是完完全全地活在对于它的含义、它的意指的贯彻实行之中。……词的功能（或不如说是直观中的词的表象）只是在我们里边激起赋意行为，去意指那"在此行为中"被意指者及通过可能的充实性直观而被给予者，并迫使我们的兴趣完全朝向这个方向。①

当我们进行语言活动或"体验词的表象"时，并非是词的表象在直接行使语言功能，唤起我们心中的"秘密的心理配合"或心像，以作为意义的承载者。这词的表象的功能只在于激发起纯粹的赋意行为，从而指向被表达者。这是一个完全朝向表达对象的、被"事情本身"主宰的一气呵成的意向构成过程，并不是经验论者所说的刺激和反应的映像过程。所以，"当我们体验词的表象时，我们根本不活在这词的表象之中，而是完完全全地活在对于它的含义、它的意指的贯彻实行之中"。知觉词的物理特性会在我们心中产生映像，但这与我们知觉任何非语言对象没有什么两样，它说明不了语言表达的赋意特性。然而，一旦这物理符号不再只作为一个反映论意义上的刺激对象，而是作为一个词或一个表达式起作用时，它的表象特点就被完全改变了。"它就不再真正是我们'心理（或心灵）活动'的对象"，而成为引我们进入纯语言意向行为的契机。它的外在的物理特性和反映在我们内部的心理特性就都不在我们的意识视野之中了。胡塞尔写道：

---

① 胡塞尔：《逻辑研究》第二卷，第 46/282 页。

纯现象学地说来,这就意味着:那词的物理显像赖以构成的直观表象会经历一种根本的现象变换,如果这表象的对象开始作为表达式而起作用的话。虽然组成这对象的显像保持不变,这体验的意向特性却改变了。由此,并不一定需要一个相应的充实的或示例说明的直观,就有一个意指的行为(ein Akt des Bedeutens)的自身构成(konstituiert),它在这词的表象的直观内容里边找到支持,但从根本上不同于朝向词本身的直观意向。[①]

所以,这个在语言活动中被构成的意指行为在一方面不同于单纯的心理行为,因为它穿透了词的外在(物理)和内在(心理)性而直接朝向被表达对象;在另一方面也不同于抽象的概念行为,因为它完完全全地"活在"(leben in)表达经验的构意活动中。这种行为所赋予表达式的意义也就绝不可能只是经验主义者讲的观念或心像,因为它作为一个超出内外区别的纯构成行为的产物,具有一致性(Einheit)和可分享性;另一方面,它又不可能是唯理主义者们讲的可脱离体验的当场构成的概念。总之,这种意义的超实在多样的观念一致性和不同于柏拉图理性观念的非抽象性都来自赋意行为的纯构成本性。

由此,意指与意义获得了一个非主非客而又贯通主客的居中身份,于是就有胡塞尔的这一段被广为引述的话:"每个表达式不只说些什么,而且还说到(sagt über)些什么;它不仅有它的意义,还涉及到某个对象。"[②] 如果不结合上面讨论到的在语言行为中被构成的意指特性,尤其是不清楚地意识到这种赋意行为与经验主义者心目中的表象行为模式的不同,这段话中所包含的紧张饱满的现象学新意

---

① 胡塞尔:《逻辑研究》第二卷,第 47/283 页。
② 胡塞尔:《逻辑研究》第二卷,第 52/287 页。

就无法被理解。它所说的就似乎只是一种咬文嚼字的老生常谈。其实,正是由于表达式在意义行为中总说到(朝向)些什么,它说到的什么才不只是心理的表象而是能在不同时间和场合的语言活动中保持一致的纯意义。后来胡塞尔讲的意向性,尤其是"意识总是对某些什么(von etwas)的意识"这句名言,也只有在这种"意义"上理解才是有现象学味道的,而不被简单地曲解为一种内在实在论。

2. 意向意义与充实意义、意向作用 (Noesis)与意向对象(Noema)

正因为胡塞尔的意义学说从一开始就带有一种"居间"的张力,尤其是居于表达式与所朝向的对象之间的构成张力,胡塞尔对意义和与之相关的意向性的分析从来就游移于各个层次上的两者之间。这种特点从一个角度看是含糊和不够彻底,无法直接地揭示这构成张力本身的存在特性;从另一个角度看又是他的思想敏锐的表现,不愿将这非现成性压挤到某一边。在《逻辑研究》中,这样一种双簧首先表现在对意义本身的区分上,这就是"意向意义(intendierende Bedeutung)"与"充实意义(erfüllende Bedeutung)"[1]的区分。相应地,就有两种行为:"给予意义行为"和"充实意义行为"。

所谓"意向意义",就是"绝对意义上的意义"(Bedeutung schlechthin),[2]指由表达行为本身所构成的、纯表述的意义。它(可以)不涉及在直观中与对象的关系,而只是使我们理解表达式说了些什么。它基本上相当于弗雷格和维特根斯坦讲的"Sinn"。比如,当

---

[1] 胡塞尔:《逻辑研究》第二卷,第61/294页。
[2] 胡塞尔:《逻辑研究》第二卷,第14节。

我们听到"一个三角形的三条垂线相交于一点"这句话,理解它说的是些什么但又还未在直观中证明它时,我们所获得的就是它的意向意义。① 构成这种意义的行为就是我们上面已经讲到的"给予意义的、赋予意义的行为",它是使一个符号成为语言表达式的最低要求。然而,我们可以进一步地在直观中充实(*erfüllen*)很多表达式的意向意义,比如通过几何学活动直观地证明"一个三角形的三条垂线相交于一点",或直观地看到"外面正在下雨",这就构成了它的意向意义与它所意指的对象之间的同一关联,被意指的对象就在这行为中被同时构成或给予,成为以同一方式"被给予的对象";②在这种情况下,这个意向意义就得到了充实,而相应的行为就被称为"充实行为"。胡塞尔写道:

> 如果有一个可能的充实,也就是一个统一的直观(例证)阐明(Veranschaulichung)的可能性相应于一个表达式的意向,那么这个表达式就在这个[充实的]意义上有意义。这种可能性明显地是指一个观念。它并不涉及表达式或充实的偶然行为,而只涉及其观念内容,这也就是作为观念一致性的意义(这里被称为"意向意义")和与这种意向意义处于充分相合关系中的充实意义。③

可见,充实意义也是意义,并不等同于被意指的对象本身。它与这种对象处于被直观给予的同一关系中。不过,胡塞尔又将这种被直观构成的充实关系说成是一种"观念的相关物"(ideales Korrelat),以

---

① 胡塞尔:《逻辑研究》第二卷,第 11 节。
② 胡塞尔:《逻辑研究》第二卷,第 14 节。
③ 胡塞尔:《逻辑研究》第二卷,第 61/294 页。

致在某种程度上赋予了它"被直观构成的观念对象"的含义。此外,从以上分析还可看出,胡塞尔讲的"充实行为"与经验证实行为尽管有某种联系,比如都涉及"直观",但并不相同。首先,充实行为涉及逻辑和数学命题;其次,充实行为有一个意向性构成的背景,与经验证实所预设的主客分离的思想背景很不一样。所以,两者所理解的直观行为也不尽相同。正因为如此,在充实行为中,并没有两个异质东西(一边是表达式的意向意义,一边是直观到的对象事实)的相比较,而是意向意义在直观中的实现。胡塞尔在先验现象学的阶段特别重视充实意义这一侧,称之为"Noema"或"意向对象"。

然而,在《逻辑研究》中,他做了许多努力去强调意向意义的独立身份,强调它与心理观念乃至充实意义的区别,这是因为在当时影响很大的经验主义的传统中,表达式的纯意义或符号意义被视为心理观念所承载者,只有当它与直观证实相关联时才获得客观性。胡塞尔的现象学则坚决反对这种理论,认为当我们与语言符号打交道时,比如读一本数学著作或文科著作时,根本不可能有这种心理观念的加工机制的地位和运作时间。在成功的阅读中,我们从来就能直接从对语言符号的体验中直接获得客观的、一致的意义理解,根本无须经验直观所提供的示例说明来产生相应的心像观念。[①] 比如,经验直观永远无法提供一个"三角形"(而非具体的锐角、直角、钝角三角形)的纯象,而只有赋意行为本身能构成几何学思维所需要的意义。[②] 何况,像"方圆"这类词的意义根本不能被直观。在这个意义上,赋意行为和相应的意义理解可以不要经验的直观和知觉。[③] 另一方面,如以上所讲,这赋意行为本身涉及说话和理解的直接体验,

---

① 胡塞尔:《逻辑研究》第二卷,第 17、18 节。
② 胡塞尔:《逻辑研究》第二卷,第 1 研究,第 18 节;第 2 研究,第 3、4 两章。
③ 胡塞尔:《逻辑研究》第二卷,第 1 研究,第 17—20 节;第 6 研究,第 1 章。

因而必然出自纯构成的语言活动,与概念抽象也大不相同。

从《现象学的观念》开始,胡塞尔意义学说里溶入了一个新的理论形态,即以直观中的意向活动和绝对被给予性为中心的理论形态,同时伴随着术语的转变和某种意义上的严格化。然而,意义现象学的基本特性即在体验中构成非实体的一般性和客观性的识度被保留了下来,只是"充实行为"和"充实意义"这一侧的思路被大大突出,而"赋意行为"和"意向意义"的思路则受到了冷遇。比如,在《现象学的观念》中,我们读到:

> 如果我看到二乘二等于四,并且我在模糊的符号判断中说出来,那我意指的是同一个东西,这并不是说:具有同一现象。从两方面看,内容是不同的,这一次我直观,并且事态本身在直观中被给予,另一次我具有符号性的意指。这一次我具有直观,而另一次我具有空洞的意向。①

这里,他将赋意行为视为"空洞的意向"、"仅仅符号性的意指"。与"直观"和"在直观中被给予"这样的充实行为相比,明显地处于较低层次。所有知识和明证真理的源泉就在于这种在直观中实现的绝对被给予性。现象学的还原排除了一切与它无关的存在假设,暴露出纯体验所构成的一般性本质和客观对象性。所谓"本质直观",在很大程度上可以看作是关于普遍者(比如超出了个别的红斑块的"红本身")的直观充实行为的另一种说法。"本质"(Wesen)被视为一种特殊的对象。比如,胡塞尔在《纯粹现象学和现象学哲学的观念》第一卷(以下简称《观念1》)中写道:"本质(艾多斯)是一种新颖的对象。

---

① 胡塞尔:《现象学的观念》,倪梁康译,上海译文出版社,1986年,第52页。

一、胡塞尔的意义学说及其方法论含义　23

正如个别的或经验的直观的所与物是一种个别的对象,本质直观的所与物是一种纯粹本质。"①然而,胡塞尔在这里就不再强调这样一个事实,即这种本质直观与纯意义构成中的"观念化作用"(Ideation)颇有相通之处,或起码要以后者为前提。②

从这样一个意义现象学的角度看来,现象学中关键的"意向性"学说可以被视为意义学说扩展到整个意识领域的结果。《观念1》这样讲:"我们把意向性理解作一个体验的特性,即'作为对某物的意识'。……在每一活动的我思中,一种从纯粹自我放射出的目光指向该意识相关物的'对象',指向物体,指向事态等等,而且实行着极其不同的对它的意识。……虽然我们现在朝向'我思'样式中的那个纯粹对象,但各种对象都在'显现',它们是直观地'被意识的',……它是一种潜在的知觉场,其意义是,一个特殊的知觉(一个知觉着的我思)可朝向如此显现的每一物;……这类意识方式已能被'启动',已能出现于'背景'前而不这样'被实行'。就它们固有的本质而言,这些非实显样式同样已经是'对某物的意识'。"③如果我们了解了胡塞尔的意义学说,对于这些话就会有更深切的理解。意识的意向性就是一种广义的赋予意义、构成意义及其对象关系的活动("行为")。比如,是它使得质素(hyle)"活跃化"并因此"给予[它们以]意义"。④讲"意识总是对某物的意识"就是在强调这种意向意识的构意本性,

---

①　胡塞尔:《纯粹现象学和现象学哲学的观念》第一卷(以下在行文中简称《观念1》),中文译本以这一卷的特定标题为书名,即《纯粹现象学通论》,李幼蒸译,商务印书馆,1992年,第52页,第3节。引文依据德文原文(*Husserliana*, Band III/1, *Ideen zu Einer Reinen Phäenomenologie und Phäenomenologischen Philosophie*, Erstes Buch, *Allgemeine Einführung in die Reine Phäenomenologie*, Den Haag: Martinus Nijhoff, 1976) 有所改动。
②　胡塞尔:《逻辑研究》第二卷,引论第2节;第1研究,第3章。
③　胡塞尔:《纯粹现象学通论》,第84节,第210—211页。
④　胡塞尔:《纯粹现象学通论》,第214页。

它既非心理的亦非概念的。《观念1》的新意则在于进一步探讨了这种构意的动态的乃至更原本的机制，指明"潜在的知觉物"和"边缘域"的必要性和无可逃避性。它暗含的意思就是：由于这种对于当下知觉焦点的必然的"超出"，我们从来就"活在"一种广义的、非实显的、未被实行的赋意行为之中，也就是"已能被'起动'，已能出现于'背景'前而不这样'被实行'"的境域意识。它以非实显的方式已经是"对某些什么的意识"，赋予了这些被意识者以"前充实"的意义。由于这种非心理学意义上的、可称之为"意义构成域"的存在，任何直观的、以某个对象为意向焦点的充实行为才可能。

因此，当《观念1》或《纯粹现象学通论》着手具体地分析意向性时，又出现了类似"意向意义"与"充实意义"的双侧结构——意向作用（Noesis）与意向对象（Noema）。关于意向作用，我们读到："每一种意向性体验由于其意向作用的因素都正好是意向作用的，其本质正在于在自身内包含某种像'意义'或多重意义的东西，并依据此意义给予作用并与此作用保持一致地去实行其他功能，这些功能正是由于此意义给予作用而成为'充满意义的'。"[1]由此可见，意向作用的功能在于"意义给予"或意义构成。它与《逻辑研究》中讲的赋意行为属于同一侧。另一面，正如赋意行为给出或构造出意向意义，并在某些情况下涉及充实意义行为和对象的观念相关物，意向作用也在直观体验中构成意向对象。"在一切情况下，真实的意向作用内容的多样化的材料永远对应着这样的材料复合体，即它可以在现实的纯粹直观中，在相关的'意向对象内容中'，或简单地说，在'意向对象'（Noema）中被显示，这些术语我们从此以后将经常使用。"[2]将"No-

---

[1] 胡塞尔：《纯粹现象学通论》，第88节，第223页。译文有改动。
[2] 胡塞尔：《纯粹现象学通论》，第224页。

ema"译为"意向对象"(本文作者曾试着译为"识相")可能并非一个最好的选择,因为这个词原本意味着与对象本身不同的作为观念统一性的"意义",似乎更近于"被充实意义"。接着上一段引文,胡塞尔写道:"例如知觉有其意向对象,在最基层处即其知觉的意义,也就是被知觉者本身。"①胡塞尔在对这句话中的"意义"(Sinn)这个词的注释中,首先提及《逻辑研究》第 2 卷第 1 研究第 14 节中讲的"充实的意义"。② 从《纯粹现象学和现象学哲学的观念》第一卷后面的讨论中可清楚地看出,意向对象可以被看作充实意义在先验意识现象学中的体现。这个译名中的"意向"两个字可以减少一些误解,但"对象"两个字还是有可能遮蔽胡塞尔意义学说中所包含的居间的纯构成这样的洞察识度。不过,我也必须承认,"Noema"乃至"充实意义"本身从一开始就与被构成的"观念对象"难解难分。胡塞尔本人在这个问题上的态度就是含糊的。

胡塞尔一方面认为这意向对象是被意向作用所构成的意义,"我们把'意义'(Sinn)理解作内容,关于意义我们说,意识在意义内或通过意义相关于某种作为'意识的'对象的对象物。"③另一方面,当他谈及这意向对象里边的一个"中心核"、"对象意义",④以及这对象意义所规定和构成的不变载体"X"时,⑤这意向对象的含义明显地滑向"对象、客体、同一物"⑥的一端,从而在理解方式上失去了意义的居间性。这种游移其实就直接地表现在他对意向对象的说法之中。"每一个意向对象都有一个'内容',即它的'意义',并通过意义相关

---

① 胡塞尔:《纯粹现象学通论》,第 224 页,译文有改动。
② 胡塞尔:《纯粹现象学通论》,第 224 页,注释 1。
③ 胡塞尔:《纯粹现象学通论》,第 129 节,第 313 页。
④ 胡塞尔:《纯粹现象学通论》,第 91 节,第 231 页以下。
⑤ 胡塞尔:《纯粹现象学通论》,第 131 节,第 317 页。
⑥ 胡塞尔:《纯粹现象学通论》,第 131 节,第 317 页。

于'它的'对象。"[1]本身就是充实意义的意向对象还要再有一个"它的"意义，并因此而相关于"它的"对象，而且这意向对象本身中亦含有一个作为绝对同一体的对象；这种说法既表现出胡塞尔思想中的旋涡和张力所在，又显示出他靠不断地分层、划界而捕捉居间的客观性和被构成性的治学特点。

3. 意义学说的方法论含义

现象学的思想活力就在于它开启了不同于传统西方哲学的某种新方法。从总体上讲，这种方法可被理解为一种由直观经验本身构成一般本质或观念对象的方法。胡塞尔往往称之为"本质直观"（Wesenserschauung），认为它是"一种特殊的哲学方法"。[2] 然而，应该怎样更具体地理解"直观"和"本质"呢？如何将这种直观与经验主义，包括康德的"先验感性论"讲的直观区别开来呢？又如何将这种本质与柏拉图首创的实体化的本质区别开来呢？当然，胡塞尔本人的基本立场是清楚的，"本质（范畴、观念对象）"与"直观"的结合乃至相互注释已表明了它们的独特性。（康德就明确否认有这种不拘于个别性的直观。）但其基本的原则取向还需要确切明白的展示才有思想活力。所以，论证和揭示直观体验如何达到一般本质成了胡塞尔持续不断而又形式多变的努力之所在。

从《现象学的观念》开始，胡塞尔明确提出了"现象学还原"。但这基本上是一个准备性的、防御性的方法，即排除掉一切与直观体验本身的构成活动无关的存在预设的方法。与胡塞尔的许多思路一

---

[1] 胡塞尔：《纯粹现象学通论》，第 129 节，第 313 页。
[2] 胡塞尔：《现象学的观念》，第 58 页。

样,它的基本意图是清楚的和启发人的,但如何具体地实施这个与笛卡尔怀疑法不同的微妙方法却一直是个问题。更重要的是,即便还原被从形式上正确地执行了,它揭示出的纯体验的现象界也还不就是本质对象的世界。它暴露出意向性的活动,但意向活动如何构成被意向者也还需要进一步的说明。因此,我们在《观念1》,特别是《经验与批判》中看到对另一种更积极的直观方法的阐述,即"自由变更"的或"自由想像"的直观法。胡塞尔这样讲:

> 这样,我们自由地、任意地创造变项,这些变项中的每一个以及整个变化过程本身就都是以"随意"的主观体验的方式出现。然后会表明,在这种连续形象的多样性中贯穿着一个统一,即在对一个原初图像,例如一个事物的这种自由变更中,必然有一个常项作为必然的一般形式保留下来,……这种形式在随意的变更活动中呈现出自身是一个绝对同一的内涵,一个不变的、使所有变项得以一致的某物,一个一般本质。①

如果将现象学的还原和这里讲的自由变更都视为某种"过滤法"的话,那么现象学还原过滤掉的主要是自然立场的存在设定,而自由变更滤除的则是意识现象流中的变化不定者,而留下常驻不变的一般本质。自由变更与概念抽象的不同只能被理解为:由于现象学还原去掉了一切预先的存在设定,自由变项中的个别之物与一般之物的区别已不是存在论意义上的,而只能是构成功能意义上的了。然而,我们可以看出,这种自由变更有方法论上的缺陷。它捕捉的主要是

---

① 胡塞尔:《现象学的方法》,克劳斯·黑尔德编,倪梁康译,上海译文出版社,1994年,第217页。译文有改动。

已被构成了的一般之物,而并非构成活动本身。而如果漏过了原发的构成过程,这种方法与概念抽象就很难有实质上的或方法论意义上的区分。如胡塞尔所言,自由想像主要是一种"再现作用"。[①] 这就带有太多的心理色彩。它预设了、接触到了经验的原发构成,但它本身并不是这种构成,而是主观的、非发生的"搜寻"和"梳理"而已。用我们讨论胡塞尔意义学说的术语来讲,这种自由变更所滤出的一般之物相当于"已被充实的意义之物",既非充实过程亦非更原本的纯意义的构成。

在《观念1》中,我们看到一种更本源的构成学说,即体验中必然带有的边缘域(Horizont)意识(包括时间的边缘域意识)对于直观意识的构成作用。[②] 然而,这个极重要的思想没有得到充分的开展并贯彻到其他学说中去,以至如本文上一节所讲的,整个先验现象学偏重于被充实的意义对象的一侧,或意向对象一侧,而有遮蔽意义本身的构成问题的危险。"意向对象"(Noema)本身既是意义又是某种观念对象的双重身份表明了这种遮蔽所带来的困境。

正是在这里,胡塞尔的意义学说显示出它的方法论含义。作为胡塞尔现象学的起源,它清楚地区别了意义本身和通过意义所指向的对象,从而开辟了一个居中的和全新的意义构成的研究领域。海德格尔对"存在本身"而非"存在者"(可相比于"对象")的探讨就与这样一个纯构成的中间本源有莫大的干系。[③] 它提示:赋予意义的行为及其前提有着更重大的含义,因为现象学所关注的那个由经验本

---

① 胡塞尔:《纯粹现象学通论》,第 70 节,第 172 页。
② 胡塞尔:《纯粹现象学通论》,第 35 节,第 81—84 节等。
③ 可参见本文作者的另一篇文章:"海德格尔的现象学起点",《哲学研究》,1993 年第 10 期,第 69—75 页,以及拙著《海德格尔思想与中国天道》,三联书店,1996 年,第二、四章。

身构成的一般性在"绝对意义"或"意向意义"那里已经出现了;从方法论上追究这种在直观充实和对象给予之先的、使得我们原初理解和表达可能的纯意义的可能性应该是更关键的。而这种追究不可避免地要涉及最原本的边缘域,特别是胡塞尔所认为的"极其困难的"①时间边缘域的构成问题。当然,这种"构成境域"的思路已经很难再说是具有主体可操作性的方法(比如"自由变更"法)了。如果取"方法"这个词的最广的意思,以至包括了看待根本问题的"角度"、"方式"等含义的话,那么现象学就可被视为一种"朝向事情本身"的方法,或像海德格尔所理解的,"让那自身显现者以自己显现自身的方式被从它自己那里看到"②的方法。

本章讨论了胡塞尔陈述于《逻辑研究》和《观念1》中的意义学说的起因、特点、内在张力、所包含问题及它的方法论含义,着重于意义与对象的关系。这个学说中还有另外一些重要的问题未及涉足。比如,他的意义学说是以名词的意义,而非句子的意义为基点展开的。这一点与维特根斯坦早期的意义理论就很不同。这个特点实际上削弱了他对于意义本身的纯构成本性的敏感,也促使他在先验现象学阶段偏重于充实意义或观念对象这一侧,现象学的还原和自由想像的方法都是这一倾向的伴生者。我认为,意义本身的构成与意向边缘域的非实显构成功能大有关系;后者更纯粹地体现于内在时间意识的构成中。胡塞尔在其晚期似乎越来越重视这种意向边缘域构成的存在论意义,发展出了"生活世界"的学说。但是,就是在那里,他

---

① 胡塞尔:《纯粹现象学通论》,第81节,第204页。
② 海德格尔:《存在与时间》(*Sein und Zeit*),Tüebingen: Neomarius Verlag, 1949年,第34页。

的意义学说中所包含的"意义—对象"的双侧结构还是潜在地发挥着影响,只是体现为对于生活世界的构成域式的理解与先验主体式的理解这样的二元分叉罢了。① 尽管"对象"转化为了"主体",但它们在现象学方法论中所处的地位和功能是类似的,两者都不再涉及意义本身的纯构成问题。

---

① 关于这个问题,请参阅本书第一部分的第二章,第5节。

二、胡塞尔"生活世界"学说的含义与问题

从任何意义上说来,埃特蒙德·胡塞尔都是一位具有思想双重性的人物。他的现象学学说居于多种似乎相互对抗的倾向之间,比如心理学与先验哲学、内在性与客观性、经验性与概念逻辑性、后天与先天等等。相应地,他的著作中既有相当深刻创新的思路,又不乏含糊、不一致和不关痛痒的表述。当他成功地在传统的二元分叉之间维持住了某种构成性的平衡,并因而发现了一个更本源的维度时,他的思想充满了生机和微妙。但当他无法做到这一点,只是以一种变了样的形式追随某一现成的哲学路径时,他的现象学也就不过是传统哲学中某一流派,比如唯理主义或经验主义的延伸。

胡塞尔晚期的名作《欧洲科学的危机和先验现象学——现象学哲学引论》(以下简称《危机》,引用时只注明页码)提出了"生活世界"(Lebenswelt)的思想。它曾被一些研究者认为"从根本上不同于"他早期的学说,[1]似乎在这里胡塞尔突破了他以往的"笛卡尔的道路",进入了一种"历史的反思"。[2] 以下的分析将表明,这种看法是很成问题的。尽管胡塞尔的"生活世界"学说将他以前的现象学理论中的"构成边缘域"的思想扩大到了"世界"这样的总体规模,并因此使《危

---

[1] 参见胡塞尔:《欧洲科学的危机和先验现象学》英译本(*The Crisis of European Sciences and Transcendental Phenomenology*)译者前言,D. 卡尔(Carr)译,Evanston (America): Northwestern University Press,1970年,罗马数字页码第16页。

[2] 胡塞尔:《欧洲科学的危机和先验现象学》英译本,罗马数字页码第24、30页。

机》在他诸多的"现象学哲学引论"中占有一个独特的地位;但深究之下,这个学说包含有他以前的先验现象学的几乎全部重要的思维特点,比如还原(悬置)、意向性的构成结构、功能性的主客两极等等。其中尤以对于生活世界本性的构成域式的和先验主体式的两种理解之间的紧张关系为突出特点,而这种对峙在《观念1》(即"《纯粹现象学和现象学哲学的观念》第一卷"的缩写)中也有所体现。本文就将阐释胡塞尔生活世界思想的基本内容、思想成就以及其中包含的混乱和问题。

1. 讨论"生活世界"的思想动机

胡塞尔提出"生活世界"的比较切近的动机来自对客观主义及历史主义的批判。"客观主义"是这样一种思想态度,它将世界的先行存在视为理所当然,并致力于寻求这个世界中的"客观真理",也就是无条件的,对于一切理性存在者都有效的客观规律。[①] 这是一种在近代自然科学,尤其是数学化的物理科学中养育出来的思想倾向,有着极大的影响。在它看来,最终的实在就是理性可以加以把握的客观世界:主要是物质世界,其次是依附于这个物质世界的心理事实。相应地,就有研究它们的自然科学。除此之外,都说不上是实在和科学。

然而,胡塞尔认为,恰是这种客观主义信念使得欧洲的科学和人

---

① 胡塞尔:《欧洲科学的危机和先验现象学——现象学哲学引论》(*Die Krisis der europäischen Wissenschaften und die transzendentale Phänomenologie: Eine Einleitung in die phänomenologische Philosophie*),《胡塞尔全集》(*Husserliana*)第 6 卷,W. Biemel 编辑,The Hague (Netherlands):Martinus Nijhoff,1976 年,第 70 页。
以下引用此书时将只在正文的括弧中给出页码。

性陷入了危机,因为这样理解的科学尽管如此客观有效,却恰恰处理不了那些令人最关心的涉及世界与人生的意义的问题,而这些问题却正是与人的主体方面内在相关的(4)。客观主义者将一切都作为现成的客观对象,包括心理的或精神的对象来加以研究,而完全忽视了、跳过了使这对象可能的前提,因而并不能真正增加我们对于这世界与人生的切身理解。

另一方面,历史主义者不满足于既成事实及其规律的领域,而是力求于去找出这些客观事实的前提,以便在一个历史的和文化的上下文中去理解世界与人。在他们看来,历史和文化的结构不能被还原为自然主义意义上的客观事实。而且,这种倾向甚至可以声称它所研究的对象中包括人的历史精神类型或世界观,因而是一种"世界观哲学"。① 在胡塞尔看来,这种历史主义会导致相对主义和怀疑论,它所能取得的至多只是一种依时代而变的"智慧"或世界观。这倒并不是由于历史主义者不重视客观事实;恰恰相反,是由于他们的视野局限于历史的、文化的、精神的事实,不具备追究这些事实的现象学前提的彻底性和严格性。"自然主义者与历史主义者关于世界观而争斗,但两者都从不同的方面将观念错误地解释为事实,……两者都同样地迷信事实。"② 所以,关键不在于研究的是哪一种事实,或是否能用另外一些事实来说明某个事实的历史渊源,而在于以超出现成存在和因果律的方式来追究一切存在者的内在构成。"自然科学"与"人文(精神)科学"的对立就在于各自依据某一类事实(或"自然"或"历史"、"物质"或"精神"、或"静态"或"动态")而立说,没有

---

① 胡塞尔:"作为严格科学的哲学",《胡塞尔短篇著作》(*Husserl: Shorter Works*), P. McCormick 与 F. Elliston 编辑, Notre Dame (America): University of Notre Dame Press,1981 年,第 185 页。

② 胡塞尔:《胡塞尔短篇著作》,第 193 页。

真正地穷根究底。

　　胡塞尔要寻找的——不管他使用的一些词汇如何常常造成混乱,也不管他最终是否达到了目的——乃是一种根本的前提,以及这前提对于理解力的充分自明。这样一种理论方向与他以前发展出的先验现象学的思路从根本上讲是一致的。但是,"生活世界"却是更有整体视野地来进行这种现象学追究的。这也就是说,这个新提法不再限于分析知觉、回忆、相信、时间感……这些分立的意识状态的意向性结构,而是要从总体上探讨整个世界现象——不管它是物质自然的、心理的还是历史精神的——以及关于它的众多科学学科之所以可能的总前提。他之所以能发展出这样一个总体的、涉及世界和人生意义前提的"大视野"(168),除了受到狄尔泰和海德格尔等人关于"世界"的学说的刺激之外,还在于他本人的现象学思想中确实潜伏着这样的理论可能性。所以,我们可以说,生活世界的思想是胡塞尔对其先验现象学的总体意义的发掘和进一步展示,是他站在现象学的思想严格性立场上对于时代所提出的"危机"问题的解答。带有他的先验现象学的一切主要特征,不管是它的长处还是短处。

2. 生活世界的含义

　　在《危机》(1936年)一书的第三部分前一半(第28—55节),胡塞尔集中讨论了生活世界的思想。他并没有对"生活世界"给出一个正式的定义,而是依不同的上下文来阐释它的多重而又收敛的含义。他在28节中这样写道:"正如这世界总是被意识为普遍的视域(Horizont),被意识为存在着的对象的统一宇宙,正在此世界中共同生活着的我们——每个个人之'我'以及相互一道的'我们'——就属于这世界。恰恰是通过这种'共同生活',这世界是我们的世界,被我们意识为是有效准的。"(110)这个世界首先是一个"被事先给予的(vorgegeben)"的世界(105),我们"属于它"。但是,这事先被给予性不同于对象的现成被给予,因为我们属于它的方式不是客观现成的(好比一些物体处于一个容器之中),也不只是历史因果的,而是"共同生活着的(lebende)"。所以,胡塞尔称之为"生活世界"(Lebenswelt)。"生活"在这里绝不只限于"日常生活"这个词中的"生活"那种漫不经心的含义,而是具有"生命攸关的、有切身利害关系的、生存必需的"(lebenswichtig)这些意思。所以,生活世界乃是一个最紧张和原发的体验世界或纯构成的世界,将其译为"发生世界"亦可。当然,这发生世界就发生在我们的日常经验之中,绝非任何离开经验的抽象和理论化可达到的。

这生活世界因而就有"前科学的"、"前概念化的"和"前理论的"等含义,总包含一个"匿名的"(anonym)和"非主题的"(unthematisch)的维度。但是,这前科学性并不意味着它只是粗糙的、相对的,甚或是非理性的。相反,"这生活世界是一个原本明白的域"(ein Reich urspruenglicher Evidenzen)(130)。而且,说到底,只有这生活世界对于人来讲才是可理解的、给予意义的(149)和自明的。一切客观科学都以这个生活世界的存在为前提,以便获得可理解性和有效性(113)。之所以是这样,是因为这个生活世界是"从原则上就可直观的境域",而所谓"客观真实的"世界则"从原则上是不可直观的、'逻辑上的'从出结构"(130)。我们从生活世界中获得最原初的直观经验、自明的经验以及有关"它本身"(es selbst)或"事物本身"的经验。客观科学乃至演绎科学(144)所能做的只是由这些原初的直观视野出发,去获得一种实证的、理论的知识变样。传统的经验主义者和绝大多数自然科学家相信他们是直接与客观自然打交道,用不着考虑任何其他的经验和传统。不错,他们与自然世界打交道的经验不是意志的、政治的、美学的、伦理的、文化的,甚而不是形而上学的,但却不能说是最直接的,因为它必须通过生活世界的直观经验及这经验所具有的自明性和可理解性来与客观自然发生关联。这是任谁也无法改变的根本格局。

而且,胡塞尔强调,这生活世界的在先性不只是一个自然科学基础的问题,而是一个"真正切身的和最普遍的问题"(137)。它实际上是一个"人本身"、"理性本身"、"经验本身"或"意义本身"这样的大问题,也就是事关传统哲学一直在追寻而又从未寻到的那个本源的问题。

由此可见,"生活世界"的先天性不是指一种时空上的在先性,也不是传统哲学(比如康德、黑格尔哲学)中讲的先验逻辑意义上的在先性,而是指一种纯意义构成的在先性。它与人特别是"主体间的"共同体(更深意义上的"人"或"人性")的生存经验不可分,但又绝不只是所有被经验者的集合(146),而是由经验所构成的一种根本的可能性,也就是使人成为人,使人能去知觉、去认知、去追求目的的那样一个普遍的境域(Reich)。由于这境域被胡塞尔主要看作一种构成性的"视域"或"视野"(Horizont),他将此世界理解为一"主观现象的匿名之域"(114),或"先验的主体性"。不管怎样,它在胡塞尔看来是最本源的构成境域,"一个单独的基地",一种"发生在所有[个人、文化的]成就之先的一个普遍的成就"(115)。胡塞尔用"世界"这个词,主要是因为它带有(人生)"境域"的含义。这种"世界"永远比这世界中所有的物质的、心理的和精神上的现成物的总合还要多;而且,"在意识到这个世界的方式与意识到事物和对象的方式之间存在着根本性的区别"(146),因为世界绝不会作为一个实在的对象被意识到,但又总是通过对象的被给予而出现在"匿名的"边缘视野之中。

总结以上所说的,胡塞尔讲的"生活世界"有这样一些最基本的特点:(1)在先性或先天不可避免性;(2)本源性,因为它是一切有意义活动的发源处,也就是一切效准和客观的来源;(3)纯经验的构成性;它通过人生的原初经验而出现,并且总带有非主题的匿名边缘,并永远向未来的经验敞开;因此,它不会被"落实"为任何意义上的对象,不会成为客观主义意义上的永恒实体;(4)在这个意义上胡塞尔说它是"相对的";(5)境域性;(6)主体性,这世界总是"我的"或"我们的"世界,通过我和我们的共同视野而构成。

3. 意识到此生活世界的方式
——先验还原

我们虽然已处身于生活世界之中,从它不断地汲取人生和理智的营养,但却很难得真正意识到它。不错,从古至今,无论哲学家、思想家还是宗教家,都曾感受到并竭力追寻一个在先的本源。但寻求方式的不适当使他们总是将这生活世界误认为别的或"高"或"低"的东西。其中两个常见的偏差是:或认为这本源是某种不变的实体,可以脱离经验而独立,经验只不过是达到它的途径;或者,尽管认为这本源不能脱离经验,却将经验视为某种经验的结果(比如感觉印象和观念),遗漏了经验本身的构成机制。所以,他们眼中的世界或是实体和属性的世界,或是感觉材料和观念联系的世界,但就是没有那个生活世界的原发境域。

如何能从意识上达到这个离我们如此之近,但又似乎总躲避着我们的意识目光的生活世界呢?胡塞尔认为,阻碍我们看到生活世界的最大障碍就是以不同形式出现的自然主义态度,也就是前面已讨论过的为客观主义和历史主义所共有的以某种"事实"为起点的态度。上面讲的这两种常见的偏差(唯理主义和经验主义)也就是这种态度的理论变样。它们的共同点就在于,总是已经赋予了各自的起点——不管它是事实、实体还是感觉材料——以某种存在性,或视这存在性为理所当然的;然后,再从这已具有存在性和可理解性的基点出发去构造一个多样化的世界。然而,这被视为理所当然的东西却恰恰是生活世界的哲学所要揭示的。把它当作某种被现成给予的存在者就等于跳过了真正本源的问题,丧失了认识生活世界的可能性。传统的概念抽象法、经验归纳法、逻辑推演法,乃至先验概念的辩证扬弃法之所以对生活世界的思想无效,就是因为它们说到底都还是"半路出家",在已经漏过了生活世界的地方大施手脚。

因此,胡塞尔相信,只有那种既不离开经验构成之流而又去掉了生活现象中的现成存在性的方法才有可能揭示生活世界的存在。他称之为"先验的还原"或"先验的、普遍的悬置"方法(138页以下)。它的最大特点——至少胡塞尔本人是这么希望的——就是去揭示最初的本源,而非像其他方法那样仅仅去依据某种现成基础去建构世界图景。所以,它的第一要务就是将一切对于现象的存在假设——不管是涉及外在客观世界的还是内在的价值——完全中止,同时丝毫不影响这纯现象本身。胡塞尔写道:"他只是禁止自己——作为哲学家,出于他的兴趣方向的独特——去继续对他的世界生活(Weltleben)做任何自然主义的贯彻。这也就是说,禁止自己基于现成的(vorhanden)世界去提出问题,比如存在问题、价值问题、实践问题、关于有还是非有(不是)的问题,以及有价值、有用、有美、有善等等问题。所有的自然主义兴趣都停止运作。"(115)这种先验的普遍悬置(Epoché)与笛卡尔式的普遍怀疑方法的不同在于,它并不像后者那样排除掉一切初看上去不自明的现象,而只是滤去一切现象中的现成的存在性,暴露出这现象本身的构成前提,也就是生活世界的境域或先验主体性的视域,并以这种方式达到现象本身的直观自明。

世界并没有消失或抽象化为一个空洞的主体性("我"),它的全部内在丰富性依然存在,而且由于与先验主体性的"相互关联"(Korrelat)(115)而获得了更原初的含义。所以,先验悬置的结果就是此世界现象与自然主义态度或现成存在性的脱钩,以及与先验主体性的相互关联。这个与主体视野密不可分的世界,既是相对地又是"终极性地"(156)运作的世界就是生活世界。

在《观念1》中,胡塞尔所讲的现象学还原和本质还原与这时讲的先验还原的基本思路是一致的。只是先验的还原更强调悬置的全面与彻底,不只是暴露出直观中的纯现象和自明本质,而且更要揭示出那终极性的和唯一的生活世界和先验主体性。

按照胡塞尔,这种先验悬置法与康德的回溯或递归(regressiv)(106,116)的方法也不一样。康德先假设可经验世界的存在,以及对此世界的科学认知的可能,然后反过头来去调查这世界之所以存在、科学认知之所以可能的先验原因。胡塞尔倒并不反对这种具体的调查程序,只是批评它的不彻底,没有达到直接的可理解性和自明的意义构成(116—118)。康德发现人类的理智包含两种功能:具有理解能力的知性和接受外在世界印象的感性。但在康德的批判哲学中,这两种功能是分立的,只是通过时间图形从形式上发生了某种联结。因此,那主体的一面(知性概念和统觉)就没有获得直观的自明(116)。因此,先验主体性与客观世界之间的构成性的"相互联结"也就没有得到真切的说明。当然,胡塞尔注意到,康德在《纯粹理性批判》第一版的"先验演绎"部分做出了某种追本溯源、达到"直接基础"的工作(106)。但是,由于他将这种从主体方面出发的演绎误认作只是心理学意义上的,这种努力很快就流产了。康德因没有能够区分开在直接经验中运作的先验主体性与带有心理学色彩的"灵魂"(119),以致无法真正有效地回应经验主义者(洛克、休谟)的挑战。

他理论中的先验主体一面与客观的一面从未真正打通，留下了不少"神秘的"和"晦涩的"断裂处(116—118)。

　　胡塞尔的先验还原乃至全部现象学志在突破这种夹生的局面。从《逻辑研究》中讲的范畴的直观，到《观念1》所讨论的意向性构成，再到《危机》讲的被先验还原揭示的生活世界，处处是为了获得康德的《纯粹理性批判》中所缺少的直观自明的构成理性，他称之为"先验的主体性"。当然，他的努力是否成功，或在什么意义上成功或失败还另当别论。

4. 生活世界的构成域性

　　先验还原暴露出世界与先验主体性的内在相关，这种相关性其实也就是胡塞尔通过"意向性"这条思路一直在探讨的。现象学的最大问题就是意向性的客观构成问题，也就是意向主体的行为如何能构成具有内在客观性的意向对象乃至一个现象世界的问题。任何实证科学的行为必然以这种意向行为的意义(意向对象)构成为前提。

　　胡塞尔讲到生活世界时，总称它为一种"域"；或是"境域(Reich，王国、世界)"，或是"视域"。这种提法与他现象学中最有特色的一个思路，即边缘域构成的思路息息相通。胡塞尔讨论过的几乎所有典型的意向构成的方式中，不管它是关于知觉、想像、相信、怀疑的，还是关于时间意识和主体间性的，都有这样一个可称为"突显中心与(围绕此中心的)边缘境域"的结构。突显中心是指意识的"目光"所及之处；边缘境域则是指内在必然地与此目光和突显中心相关联的一个围绕带，比如此目光必然具有的"余光"和那余光所及的一个向四周越来越模糊地扩散开去的视野。在视知觉中，这个结构似乎最清楚地表现出来。当我们看一张纸或一棵树的时候，我们的目光所及——这张纸或这棵树的一个侧面——就是此意向行为的突显中心;而我们必然会同时通过眼睛的余光"看到"一个围绕着此中心的边缘域和其中的各色东西。然而,不只是视知觉,在任何意向性行为中,比如听觉、想像、时间意识……中,都有这个结构。之所以会是这样,就是因为非如此就很难直观地和比较明白地说明意向对象的构成。

在这个结构中,"突显中心"或"焦点"是所有感知理论,不管它是经验论还是唯理论,都具有的一个要素。它被称为"感觉观念"、"感觉印象"或"感觉材料"。然而,这"边缘域",尤其是它对于意向经验的至关重要的意义却极少被人注意到。然而,正是在这里,现象学获得了它的活力和特色。胡塞尔从布伦塔诺那里接受并改造了"意向性"或"表象性"的思想;从美国的心理学家和哲学家威廉·詹姆士那里,他受到了"边缘域"和"意识流"思想的影响。也正是凭借这个边缘域,意向性学说被极大地深化了。

这种边缘域绝非偶然的、杜撰出来的,而是一切人的意向行为必然地和自明地具有的。它不仅是一个感官生理构造的问题,而更是任何一种连续的和构成对象的意识经验所不可少的。胡塞尔对于一切现象学问题中"最重要"的"时间意识"问题的分析清晰地展示了这种边缘域的内在必然性。这一点是完全自明的,即"当前"不可能不带有一个"保持(住过去)"和"预持(向未来)"的边缘域,因为当前或现在根本就不是一个实在的点,可以让我指向它(你指向它时,它就已非"当前"了)。当前从根本上就是由保持(Retention,回伸)和预持(Protention,前伸)所构成的一种特殊的时显方式。"保持"(和"预持")不仅一定要与当前有内在的共构关系,以至那刚听到的声音还以某种方式被保持在当前;而且,那过去了的声音也只能以一种变样(Modifikation)了的、边缘化了的、境域的方式被保持住。不然的话,如果它与当前一样,以实显的、主题的方式出现,我们听到的就不会是一个声音的持续和变化,而是两个或多个声音一起鸣响。这样,时间意识也就不可能。换句话说,边缘的、"泛音式"的境域绝不只是可忽略不计的多余者,或可以被我们目光的直视而消除掉、顶替掉的模糊之处,而恰是那个使整个意向经验可能的匿名构成境域。"意向对象"或"思想中心"就如"当前"一样并非一个实在的现成对象,而就是由这个连续变换着的、牵拉挂连着的边缘域所潜在构成的。这也就是意向"视域"或"构成域"所要表达的含义。"域"就说明它是非实显的,但又不是不存在的。它以一种非对象的、阴性的、无底的、随时可能(转变为实显或更隐蔽变态)的方式存在着,造就着对象、阳刚、突显和客观性。将它视为实显的对立面是不对的,因为它与实显焦点之间的关系是一种如影随形、相互依存和构成的关系,两者根本无法从概念上和逻辑上分开。这个结构的微妙就在于我在任何时候要去实在地(real)把握其中一个因子,不管是边缘域还是实显中心,都不可能。然而,我的所有意向行为,又都具有这个结构。换句话,它对于我来讲绝对真实,又绝对不像一个对象那样实在(参见 160—162 页)。简言之,此实显中心处无不变的点,此边缘域无可见的边。然而,此中心总是中心,此边缘总是边缘。(可简单地表达为:"中心无点,边缘无边,中还是中,缘还是缘"。)

由于各传统哲学流派都没有看到这种边缘域的本真存在,它们关于"现象"的看法从根本上就有问题。无论是经验主义还是唯理主义、相对主义还是绝对主义,都将现象视为由一系列感觉表象,也就是平板化了、孤立化了、实在化了的"突显之处"组成的。所以,它们可以从存在论上谈论"这个"或"这几个"感觉表象和印象,并认为它们在本性上是个别的和片断的。为此,才出现了由这些个别的、片断的感觉印象如何形成普遍的和同一的对象的"认识论问题"。胡塞尔的意向性理论从根底处纠正了这样一种"平面"的现象观。指出：由于边缘域和"中心—边缘域"结构的存在，没有哪一个现象会有一个清楚现成的边界。它永远超出它其中包含的实显表象。而且，这种"超出"不只是同一个平面上的溢出，而是提供了本质上更丰富的意向维度或"深度"(120—122)，因为这"绵绵若存，用之不勤"①的边缘域总已经事先匿名地、"恍惚"②地准备下了多层重构的可能性。比如，通过这边缘域的保持功能，我们不仅能够再现刚过去的意识内容，而且能够非主题地、非线性地与数不清的和各个方位层次的过去意向经历相勾连，形成与眼前现象相协调的对象意识，并形成同一的自我意识。称之为"域"，正是要取其冲虚希夷、成就（对象和主体意识）于无形之意。

由此可见，边缘域在胡塞尔那里已在某个意义上取代了康德哲学中知性范畴（包括先验的想像力）甚至先验统觉的地位，成为"先天综合"的本源。只不过在这里，"先天"与原初"经验"(Erlebnis，或译作"体验")在实质上已很难分开了。同理，显象与本质、多与一、行为与对象也从内部被贯通。这些对子的双方在意向性构成中处于不同的地位，而绝没有逻辑上的分立关系了。康德批判哲学中的先验"演绎"或"感性与知性的综合"的问题在意向性的"中心与边缘域"结构这里获得了一个比较直观自明而又并非心理学意义上的解决。可以说，胡塞尔的意向性学说，乃至全部现象学的最大贡献就"匿名"地隐藏于这构成边缘域之中。

当胡塞尔写《观念1》时，这边缘域的思想虽然已受到相当的注意，但相比于"现象学的还原"、"确真的本质"，尤其是"意向作用与意

---

① 《老子》，第6章。
② 《老子》，第14章。

向对象"等学说,并没有取得一个它理应取得的突出地位。到了写作《危机》时,情况有了转变。边缘域的"事先准备"的、构成意义的关键作用得到了更多的和正面的强调。而且,这域不再限于具体的意向行为结构,而是被看作一个使得一切意义、理解和效准可能的总体视域。也可以说,在《逻辑研究》和《观念1》阶段,胡塞尔对于意向性的层次结构,即更高级和更复杂的意向性行为如何从低级的简单行为中衍发出来较为关注;而在《危机》中,他对于意向行为的水平的(horizontal)或视域的结构则更加重视。

由此可见,胡塞尔的生活世界并非指现成在先的"社会环境"、"人文背景"或"历史条件",而是将具有绝对自明性的意向结构中的构成域加以普遍化的结果。在胡塞尔看来,它是经得住先验还原的、像笛卡尔的"我思"一样不可逃避的起点,但又并不抽象空洞,而是具有内在的构成功能。所以,一方面,纯内在的意义,哪怕是幻想也逃脱不了这种意向域的构成;另一方面,客观的世界及对这种世界的认识也必须从这些域构成中获得其协调一致的对象性和规律性。这个生活世界因此就是主体意识与客观世界之间的"普遍的先天相关"(161)。以往的哲学家,包括康德没有看到在任何有意义的经验中存在的意向构成结构,尤其是潜伏于其边缘的域构成;所以,他们更不会看到由这种边缘域深化和普遍化而来的、在一切经验之先的域构成——生活世界。

5. 胡塞尔"生活世界"学说中的问题

这"生活世界"及其代表的现象学思想在传统西方哲学的最薄弱处,即主体与客观世界、现象与本质交接处发展出了一种新的处理方法,获得了一种新的视域,因而具有划时代的意义。但是,这种突破在胡塞尔那里远不是彻底的、充分的和具有内在协调性的。实际上，"生活世界"学说带有胡塞尔现象学的全部特点：既深刻创新，超出了传统哲学中的某些二元分裂，又未充分追究这创新的思想后果，因而没有从根本上突破主客框架。不可避免地，他的这个学说中也包含有许多不一致、不通透及含糊混乱之处。以下将主要讨论生活世界的相对与绝对（客观）、主体性与域性，以及有没有更高级的生活世界这三个问题。

胡塞尔认为这个生活世界是"相对的和主观的"（128—129），但同时又认为它是客观世界和客观真理之所以可能的终极和普遍的前提。这如何可能？当然，胡塞尔强调这生活世界尽管是相对和主观的，却是直观自明的（130页）。不过，这相对的、主观的直观自明性又如何能成为客观真理的前提呢？这个问题涉及胡塞尔在《危机》中对于生活世界的数种不同讲法。首先，在某些段落中，胡塞尔谈到一种文化的"相对性"（141）。他谈到欧洲人、印度人、中国人、非洲黑人各自对"真理"、"事实"和"证实"的不同看法（142）。在这个意义上，似乎生活世界可以被理解为一种可以具有复数形式的文化世界或文化社团世界。不过，前面的讨论已表明，这种文化世界乃是历史主义意义上的，并无资格作为客观科学的前提和基础。当然，像客观主义那样用自然科学的客观性和普遍有效性来克服这种文化世界的相对性也是不可行的，因为它跳过了生活世界。但是，到底如何才能理解这能够蕴含客观性和普遍性的生活世界的"相对性"呢？胡塞尔对这个问题没有给予明确的回答。他只是按照他通常的处理方式将困难问题一分为二或分为上下两层的方法来解决它。他认为，尽管生活世界具有一些"相对的特性"，但它也具有"一个普遍的结构"。而"这个制约一切相对存在者的普遍结构本身不是相对的"（142）。客观科学也必须预设这个结构。然而，接下来他却将这个普遍结构视为在前科学意义上的时空形式,生活世界也就成为前科学的时空世界(142,145)。这种解释太含糊。如果像它给人的表面印象那样,是将日常经验中的外在的时空世界视为生活世界这个一切意义的源泉的话,那么现象学的全部思想成果就毫无意义可言了。如果将这时空形式视为"内在的"或现象学的,那么生活世界就只能是意向性构成境域意义上的,就如同上一节所分析的那样。胡塞尔思想本身及其表达方式就如同一条在坡度不大的草滩上漫淌的大河,尽管水量充沛,但支叉繁多,而且许多支叉无任何深意可言。

所以,生活世界只应被理解为一个原本自明的境域(130),即现象学意向性研究中揭示的边缘域的普遍化形态。对于它,也就是这个非现成形式的、非对象的境域而言,"复数已无意义"(146)。所以,只有这样理解的意向构成化了的世界才是具有原初意义的"纯粹的生活世界"(142)。而对于文化世界和自然客观世界的理解都建基于其上。然而,如果这个纯粹的生活世界是一个自明的原发境域,不仅经得住现象学的和先验的还原,而且是一切意义和效准的源泉,那么断定它是"相对的"还有什么真实的意义呢?如果天下一切"米"都来自那个在巴黎保存的被原初规定下来的米尺,我们能说这原米尺是相对的吗?有人会认为,就其是人为规定这一点来说,它相对于一个特定的历史时期和文化(包括科技)环境。但是,就其长度而言,这原初的米尺相对于什么才是一米呢?何况,生活世界的"尺度"更本源和无形,是一种"终极性的意义授予"(149);说它是相对的就更缺乏含义了。当然,我们也不能说生活世界是客观意义上的绝对和必然,那样断定同样缺少意义。实际上,生活世界的思想已经从根本上超出了"相对与绝对"、"偶然与必然"这些传统的哲学范畴。胡塞尔著作中的许多混乱、含糊、不得要领都出自他对于自己开创的思想的全新含义缺少认识,依然用概念哲学的眼光来打量它们。

类似的问题也发生于他对于生活世界的构成域性和主体性的关系的理解中。如前所说,"生活世界"乃至全部现象学的灵魂和构成生机就在于其(边缘)域性。现象学思想的新颖之处也就在于通过对此域性的分析而突破了传统的一与多、显像与本质的二元区别。而且,通过这境域,客观世界与主体意识处处相关。然而,胡塞尔并没有觉察这构成境域的存在论含义,以及客观世界与主体意识如何从这个原发境域衍生出来。他反而在不少章节中将此构成境域的本性视为"绝对的主体性"(154)、"绝对的自我"(190)。也就是说,将此构成境域视为先验主体性与客观世界发生本质关联的一个过渡带,一个缺少原发含义的边缘域。依据这个看法,人类及其生活世界只是"先验主体性的自身客观化"(155—156)而已。

纯从理论上考虑,胡塞尔将此种生活世界境域视为主体性的客观化,是因为这境域是由人的意向视域构成。但是,从前面的讨论中已可看出,这种视域从本性上看乃是非主题的、匿名的、边缘的。由于它的潜伏的、但连续不绝的和在先的构成作用,一方面现象具有了内在的客观对象性,另一方面主体意识也得以成立并被维持住。换句话说,这域不但不可以归结为主体性,反倒是主体性之源。所以,如同上述的"相对性"问题一样,说这个在先的匿名构成域的本性是先验主体性没有任何真实意义。当然,说它是自然客观的也不对,因为它从不能离开人的意向活动。究其实,意向性的构成境域学说已经超出了"主体性"这个源自笛卡尔"我思"的概念。无论"主体性"的内容如何变样和丰富化,它的基本含义只能在与"客体性"的相对之中获得。而生活世界的境域,按照胡塞尔,却恰恰是使这两者——客体和主体——发生本质关联的构成源泉。对于这样一个源与流的关系,胡塞尔终生没有了解。他关于先验主体性的大多数讨论也就只是一种"刻舟求剑"之举。

由于在这个关键问题上的无知,他赋予主体反思以"无限的"权能;认为这种反思对于使它本身可能的构成源泉——生活世界之域——也可以充分地施行。在他看来,进行了先验悬置之后,这世界不仅因失去了现成性而成为一个现象,而且实行这种悬置之人也成为"站在这个世界[现象]之上"的先验主体性(155)。生活世界也就被证明为是具体的先验主体性之中的一个"构成因子"(177)。这种说法明显地违背了他讲的生活世界的非现象性、匿名性和唯一的本源性的观点。试问,这个站在世界现象"之上"的主体性是否需要通过一个生活世界的构成域来理解和反思这生活世界的现象呢?如果不需要,那么他关于生活世界的最基本观点就不能成立。如果需要,那么先验主体性就并未脱开生活世界而成为在其上的更高意识。胡塞尔所习惯的层次化的思维方式在这里是无效的。当然,这么讲也并不意味着我们不能有效地考察生活世界,而只是强调这考察不可能是自上而下的和单向的,而只能是互动的和双向的,因为生活世界不是任何意义上的现成对象,而是我们一切有意义活动的前提。

胡塞尔在其后期曾一再试图用"主体间性"来丰富这先验主体性的内涵,或突破这个观念中所包含的唯我论倾向。在不少地方,他说到生活世界及其有效性是由"我们"的共同视域所构成的。然而,在这样做时,他也始终是以笛卡尔式的"我思"(尽管发在很大程度上被意向功能化了)为最初基点的。也就是说,他是从"我思"推衍出主体间性的真实性。[①] 当他进行这种新的笛卡尔沉思时,所能真正依据的也只有意向性结构中的构成域,因为只有这个边缘构成域提供了超出单个主体性(单子)而又具有直观自明性的"窗子"或思维可能。

---

① 参见胡塞尔:《笛卡尔的沉思》(*Cartesianische Meditationen und Pariser Vorträge*)中的第五沉思。

如果是这样的话，那么将这种构成域的本性说成是先验主体性就更是本末倒置了。也正是由于胡塞尔既需要而又没有充分意识到这构成域的本源地位，他的讨论总是摇摆于一个带有某种域性的主体间性与单个的主体性之间。一方面，他认为"那主体性仅在主体间性中才是其所是，即一个构成地运作着的自我"(175)；另一方面，又认为不可"跳过这个原初的'我'"而直接进入主体间性(188)。所以，他的主体间性学说从来没有达到过海德格尔的"大家"(das Man)"共存"(Mitsein)学说的缘发境界。

正是因为胡塞尔相信生活世界本身可以被一个反思的主体意识居高临下地把握，并因此而被提升，他在"哲学与欧洲人的危机"这篇作为《危机》附录的文章中提出了一种欧洲哲学和人性的"高级论"。他认为，在古希腊人那里出现了一种以"无限"可逼近的"观念"为"目的"(Telos)的"纯理论态度"，并由此发展出了一种在此无限性观念指导下的"科学文化"(325)。这种科学文化"意味着一种对于全部文化的革命，对于人类创造文化的全部方式的革命"(325)。当然，这里讲的"科学"不是指客观主义者眼中的客观科学，而是以意向观念化和主体化为归宿的先验科学或现象学意义上的科学。客观科学只是它的一个从出部分而已。"欧洲科学的危机"就出自近代以来将客观科学误认作先验观念科学的倾向。由于这种科学文化和纯理论态度（以理念之真为生活目的）的出现，一种"[具有]更高的人性和理性的人类"(338)就在这个欧洲的精神共同体中被孕育出来了。这种更高的人性和人——说得更明白一些，就是更高级的精神人种——与其他的文化和民族（比如埃及、巴比伦、印度、中国）之间有着"最根本性的原则区别"(325)，因为后者发展出的"智慧"和"哲学"尽管有"世界观"的价值，却不是以无限真理观念本身为目的的。最终的结论就是，"欧洲人的哲学总是发挥着领导全人类的功能"(336)。

想到胡塞尔晚年作为一个犹太人在这个他自认为最高级的精神世界受到的迫害，不禁令人对他这番议论生出"无限"的悲哀。唇亡齿寒，他可以依据一种"无限性的观念"和主体化了的主体间性来贬低别的文化和民族精神，他一厢情愿地认为是一体的精神世界中的纳粹党人也可以照此办理。只不过这次是用另一种形式的无限观念和主体间性来区分了。首先是"犹太人"，然后是另外的"低等"民族被视为从根本上不同于日耳曼人的贱种，并按这样的理论受到屠杀和压迫。现今世界上的许多不安宁，包括种族间的战争和文明进步带来的一系列问题，不也出于同样的"无限观念"吗？"欧洲人性危机"的根子比"客观主义"要深远得多。胡塞尔本人的悲剧恰是这种深远性的一种活生生体现。

如果胡塞尔充分意识到他本人揭示出的构成边缘域的终极意义或存在论的意义，他势必不会有这种精神种族主义的论调。换言之，如果生活世界的原本构成域性得到了前后一致的强调，他就不会认为那个被主体反思的世界就是生活世界境域的全部；也就不可能坚持这样的看法，即从出的"无限观念"和"主体（间）性"会从根本上改造（"革命"化）和提升这个生活世界。对自然的和文化的世界实施先验悬置的结果也就应该是一个人类共通的现象学的构成结构，特别是其中的构成境域，而不会是一个观念化的、更高级的欧洲精神世界。[①] 这样的话，各民族和文化之间就不会被认定有本性上的绝对高低之分，而只有域状的缘起差异。它们之间的真实关系也就不是"领导（统治）—被领导（被统治）"的上下关系，而只能是相互引发的对话关系。

[①] 胡塞尔：《欧洲科学的危机和先验现象学》，第 328 页以下。

胡塞尔的现象学及其关于生活世界的学说在西方哲学发展中具有划时代的意义。但这种意义并不像他自己所认为的在于发现了一种具有无限性的和自明性的"观念"。这样的观念化工作在柏拉图、亚里士多德、笛卡尔、斯宾诺莎、康德、黑格尔那里不但有过，而且还具有更堂皇的概念体现。胡塞尔的独特贡献在于以相当严格的，甚至对分析型思维也具有某种透明性的方式揭示出了一个最原本的构成境域的理性存在及其不可避免性。由于它，理性思维所看重的协一性和客观性才得以自明地和可理解地实现。更重要的是，这个构成境域所代表的思维方式已经从根本上超出了传统西方哲学的概念表象型的理性思维模式，透露出了一种构成型和域型的理性思维的可能。胡塞尔本人并没有充分意识到他跨出的这一步所包含的深刻含义，以致他的另一脚还留在传统理性哲学之中。他学说中包含的那些混乱和肤浅的总根子就在于这种大势态上的不协调。然而，这一切混乱都阻挡不了他的学生们——海德格尔、萨特、梅罗·庞蒂等等——去利用这"如转圆石于千仞之山"①的大势道而引发出一个个构成型的或境域型的学说思想。尽管这样，胡塞尔本人学说的思想价值依然是无法代替的，因为它以自己"严格科学的"方式更触目、更准确地横跨在不同的思想倾向之间，而不是像后来的许多人所做的那样，将它们分开了事。所以，他的现象学不但清晰地暴露出传统思想的界线，而且以一种创新者、初涉足者才能有的诚挚、敏感、羞怯、混乱，甚或不幸来泄露出这构成域思想方式的原真意味及其"来之不易"。

---

① 《孙子兵法》，"势篇"。

三、胡塞尔的《逻辑研究》与德里达的《声音与现象》

2000年是胡塞尔《逻辑研究》首卷发表100周年。这本书以及他的随后的一些著作在很大程度上引发出了当代欧陆哲学的主流。但是,它的重要与它的难懂不相上下。一位瑞士哲学家燕妮·海尔施说出了这种复杂的感受:"他的哲思太令人捉摸不透,他用过多和过于复杂的语言来表达他对直接性的要求,有时我甚至不知道,这是一种深刻性呢,还是一种'模糊性'。我恨不得将他干脆置之不论。……[但这是]不可能的:胡塞尔对当代哲学以及对各种精神科学的影响实在太明显、太深刻了。"[①]胡塞尔的学说确实以某种"直接"的洞见为引导,但他的数学家、逻辑学家的背景,他的"工作哲学"的阐述风格——对之或可誉为"到事情本身中去"的专注,或可贬为"歧路亡羊"的功夫——使他的思想如大水漫滩,分支纵横而难觅一以贯之的主流。所以,当代广义的现象学运动中出现了这样一种"现象",即他的思想弟子中有大成就者无一不是逆其流而上地或通过批评改造这种意识现象学而反激出其中蕴含的巨大思想可能,开出新局面。顺其流而下者,或较忠实地沿着他制定的研究纲领走的,鲜有不迷失于细枝末节者。创立了解构主义和书写学的法国人德里达(J. Derrida,1930—2004)就是反激胡塞尔现象学的一大高手。

德里达的思想是更加引起争议的。一方面,他被一些人认之为

[①] 引自倪梁康:《现象学及其效应》,三联书店,1994年,第8页。

开创了一个新的思想时代的大师;另一方面,他遭到了西方"正派"哲学家们的猛烈的,甚至是不够公正的攻击。1992年剑桥大学有意授予德里达荣誉博士,引来十个国家的著名哲学家们(包括蒯因)的联名抗议。他们在公开信中抨击道:"德里达先生的学术生涯在我们看来就是把类似于达达主义者或具体派诗人的恶作剧和鬼把戏翻译到学术领域中来。""他的作品采取了一种拒绝理解的风格。"①我想,如果这些哲学家们认真读了德里达早期的《声音与现象》等书,并且不"采取一种拒绝理解的风格"的话,他们多半不会在这样的公开信上签名,因为这些书表明,德里达的解构主义的一些最主要思路正是在与二十世纪最为认真的哲学家之一,即胡塞尔的严肃对话中产生的。他后来那些似乎怪诞和纯语言游戏式的反叛风格在这里有着很可理解的起源。简言之,同海德格尔与胡塞尔的关系类似,了解德里达与胡塞尔的关系是从学理上真正理解前者的关键。

德里达解构胡塞尔现象学的基本策略是:让胡塞尔自己与自己发生冲突,在本原处暴露出新的可能,从而引出解构主义的关键语词。换言之,他选择从胡塞尔学说中的某个交合点,即那既秉承传统形而上学,又包含了较丰富的新因素的地方入手,通过分析显示出胡塞尔的现象学不仅仍然是形而上学,而且是更严格、更直观意义上的形而上学。并且,正是由于胡塞尔的更直观彻底的方法论要求,使这探索违背他的初衷,暴露了形而上学的根本问题,提供出了新的思想可能。在这么做时,德里达往往分几步走,尽量减少每一步的跨度,让人感到他最后得出的反形而上学的全新结论正是理应该从胡塞尔的说法中引申出来的。而这正是《声音与现象》这本书

---

① 《一种疯狂守护着思想——德里达访谈录》,何佩群译,上海人民出版社,1997年,第232—233页。

的一个可贵之处，它使人能原原本本地了解解构主义的那些标新立异之说的出处。

形而上学坚持有某种不会改变的自身同一者，它们是世界和知识客观性的保证。结合到以直观的当场给予和构成者为知识源头的胡塞尔学说，德里达认为形而上学的最重要特征就是认定有一种原本单纯的自身在场状态，由它衍生出了、"变更"出了其他的意识方式和存在方式。《声音与现象》之所以选择《逻辑研究》的第 1 研究第 1 章入手，并认为这一章"在严格意义上支配了所有[胡塞尔]后来的分析"，是因为此章对"符号"（Zeichen）做了一个"本质性的区分"，即"表述"（Ausdruck）与"指号"（Anzeichen）的区分，由之而形成了相应的两大系列概念。表述具有意向及意愿行为赋予的纯含义（Bedeutung），在任何情况下都是有效和同一的，因而是逻辑的和观念化思想的基础。独白是这种纯粹的意义表述，约相当于胡塞尔后来讲的"先验意识"。而指号是与时空和物质载体相关的，它可以是无含义的，比如说话时伴随的手势，也可以有含义，比如我们与他人交谈中的话语，但由于时空中介（音符声波）的隔膜，必然掺杂上心理活动。然而，德里达在这个问题上反驳胡塞尔的主要方式并不像一些人期待的那样是去直接论证这两大系列的不可完全分开或总有所交织（Verflechtung），要是那样的话，他们之间的争论就主要是唯理论与经验论之争，而不是形而上学与后现代之争了。他要论证的是一种更内在贴切的"交织在一起"的状态。德里达主要是去就表述而言表述，即强调表述也是一种符号，由此而必然与指号一样带有符号的特征，也就是一个可重复的、"替某物而为"（für etwas）的再现结构（简称为"替为"结构），并以此而逐步去瓦解表述以及与之"共谋"的语音的自身在场的同一性和"自为"（für-sich）的结构。所以，就是在表述中，这种再现结构也不只是"次生的"，而是就处于胡塞尔想为直观单独保留的"原发结构"之中。就此论证是《声音与现象》①的主要线索而言,此书的第4章是最为重要的。由此也可看出德里达选择与"符号"直接相关的谈"表述与含义"的第1研究,而不是通常更受人关注的第5、6研究作为解构起点的动机:在这里无论胡塞尔多么想为表述找到直观中的在场的自身同一性,总免不了露出这样那样的破绽,因为整个形势是一个[由于与"符号"相关而]包含着延迟和"再一现"的而不是直接当下"呈现"的局面。

关于表述的具体分析,德里达主要有两条用胡塞尔来反驳胡塞尔的解构思路。第一,认可并深化胡塞尔的这样一个"意义在先"的原则,即表述在被直观充实之前,或在实现自己的对象指谓之前,已经具有了意向意义。我们完全可以在不真知表达对象实为何物时而进行表述。"方的圆"这个表述是"无对象的",但不是"无意义的"。而且,只有当对象还不在场时而表述已有意义了,这表述才是真正的语言活动。德里达由此推出,意义的原初状态是非充实的、非对象的,当对象在场时,说出的语言反而会失去其原初性。② 这就是"语言的自由"本性。德里达就是以此来解构胡塞尔更为强调的另一个观点,即意义最终是隶属于对象直观的。按照它,直观,尤其是知觉是一切意义和知识的源头,其他一切意识活动最终都"奠基"于其上。对于这样一个情况,即当我们读到人称代词"我……"而不知这"我"所指对象是谁时所面对的语言形势(linguistic situation),胡塞尔这样看:首先他也承认这时"我"还是有含义或意义的,但他又认为由于不知"我"指谁而使得这个表述形势是"反常的"、"本质上偶然的"。

---

① 德里达(Derrida):*Speech and Phenomena*(《声音与现象》),David B. Allison 英译,Newton Garver 撰写前言,Evanston:Northwestern University Press,1973年。以下中译文皆出自此版本。
② 德里达:《声音与现象》,第7章。

在德里达看来,正是按胡塞尔本人也主张的"意义在先"的自由原则,我们应该说这个隐匿掉了主体的表达形势是完全正常的。意义具有类似于"遗嘱"的结构,即总要延迟到主体死亡之后才生效。因此,意义本身包含有原本不在场、不饱满的维度。

第二,为了论证表述独立于指号,胡塞尔用了"独白"的例子。① 在独白中,我们并不使用实际的语词,而只需要"表象的"语词或"想像中的"语词;因此,在自言自语时,语词完全不起任何指号的功能,我们也并不真正"传诉(或告之)"给自己什么自己还不知道的东西,因为我们自己就在同一时刻体验着这些行动。换言之,这里自己对自己完全透明,表述与被表述者在当下瞬间完全同一。德里达就从分析胡塞尔讲的"表象"或"想像"的含义入手,很有依据地论证它们的根本意义并非"呈现",而是"再现"。这尤其适用于对于符号的表象或想像,并进而用胡塞尔讲的时间构成的结构来反驳他自己的"当下瞬间的自我完全同一"的说法。胡塞尔在分析内时间意识时实际上已经否认了有纯粹独立的"当下现在"可言,因现在总是从根本上与对过去的保持和将来的预持交织在一起的。但他仍要维持现在在场状态的特权地位,因而认为作为当下原印象的直接变样的保持(Re-tention)与事后对这一印象的回忆再现(Re-präsentation)有本质的不同。前者还是处于构成"晕圈"中的活生生在场的一部分,后者则是"已经凉了又再加热"的次生的再造过程了。这实际上是将符号化行为作为一个整体排斥到了现象学的生命源头之外。德里达认为这两种"Re-"或"再"并无本质区别,其最有力的一个理由就来自胡塞尔的一个核心主张,即任何意向活动都有一个可被无限重复的核,正是它的存在使得观念的同一性可能。因此,作为重复的再现是任

---

① 胡塞尔:《逻辑研究》第二卷,第1研究,第1章,第8节。

何意义构成行为,包括时间构成行为所绝对和首要地要求的。但这也就意味着,上面提到的"替为"结构要先于"自为"结构。请注意,由于这里"再—现"已处于如此原本的地位上,它已主要不指对某个现成者的再现了,而意味着一种原本的不在场与在场交织的状态,一种总以"补充"、"赊欠"、"非自身同一"为前提的原初"结构"。

德里达相信,这样的反驳将动摇现象学和整个形而上学的根基,并由此而引申出他的解构主义思路。各种"再"的共根是那使重复可能的结构,也就是德里达所讲的"印迹"的构成。而这也就正是"趋别"(differance,差延)的含义,即在最本源处还势必存在的区别(difference)和拖延(deferring);正是由于这区别(如同索绪尔讲的音位间的区别)造成的动势和拖延维持住了错位与区别,在场和意义才是可能的。由此可见,"趋别"与"印迹"的本义主要来自现象学的时间分析,由保持结构(或晕结构)和再现结构的贯通而来。所以德里达讲:"与区别不同,趋别指出了时间化的不可还原性。"又将印迹说成是"保持的印迹"。① 在《声音与现象》第6章中,德里达说明了语音与胡塞尔追求的形而上学的观念化之间的"同谋"关系。话语之声与书写的不同在于,它不涉及空间中显现的异于我的指号,而主要是一种时间中的当下自我作用。当我说话时,我的话并不脱开我的气息所及,我同时听到我的话语并领会自己所表达的意思,我与我的话语处于一种活生生的自我影响的当下晕圈之中,所以它最适合于体现观念化和主体性所要求的在场的自身同一性。因此,历史上的形而上学和现象学都要抬高"说的逻各斯",而贬低再现性或拖延性较强的书写符号的思想地位。然而,德里达分析到,胡塞尔毕竟需要

---

① 德里达:《声音与现象》,第130页,第85页。关于将"differance"译为"趋别"的理由,可参见本书第17章。

"陈述",实际上也就是需要符号来表达出观念对象,而诉求于话语或语音的"肉身化"也就势不可挡地会引出书写的符号,因为语音的时间化总已是一个保持的印迹,里边有区别和拖延造成的"空间",必定导向入世还俗。表述的时空交织和内外交织是原本的。①

而且,德里达理解的书写(écriture, writing,或译"文字")也不只是一般的物质符号,而应被视为造成趋别的印迹,"这种原书写在意义的源头处起着作用"。② 更具体地说,书写就是指那当主体或对象完全缺失或死亡了之时,仍然在起作用的符号。③ 很明显,这样一个解构主义的中心思路也植根于德里达对胡塞尔的解读之中。

在我看来,《声音与现象》不仅透露出德里达解构思路的精微,善于捕捉和利用对方理论弱点的"猎手"和"寄生者"的天才,更表明了胡塞尔《逻辑研究》、《内时间意识的现象学》的极深厚的思想蕴含力。如此晦涩的著作居然能在激发了舍勒、海德格尔、梅洛·庞蒂、萨特等之后,又在德里达这里以"自焚"的方式燃烧出解构的火焰,实在是思想史上的一大奇观。

德里达也受过海德格尔的深刻影响,但是毫不奇怪,他的书写学就是要以胡塞尔而不是他人为对话对象而起源[德里达最早的也是极重要的一部著作是对胡塞尔"几何学的起源"一文的解读],因为胡塞尔的轮廓清晰的两面性给德里达的"借力打力"的解构策略提供了最可利用的发力构架。海德格尔也强调"在场"的优先,但他讲的在场是主客未分的生成和维持的境域(因而在某种意义上已包含了"不在场"),那时还根本没有意向对象之核和先验主体性的地位,也就说不上对于[不同于"保持"的]"重复"的明显的绝对需要。当然,

---

① 德里达:《声音与现象》,第6章最后两段。
② 德里达:《声音与现象》,第85页末段。
③ 德里达:《声音与现象》,第93页。

德里达也批评海德格尔的"在场形而上学",但那已近乎是不同观点、甚至不同语词用法之间的论辩,而不是像《声音与现象》表现出来的那种有内在根据的解构了。

四、德里达将闪烁在思想天穹

德里达（1930—2004 年）的去世，于我并不很意外。小真在半年前就说，德里达病得很重。何况，他前几年（2001 年）到北大，讲"绝对的宽恕"，这在中国人看来，也就有点"天鹅之歌"的味道。

德里达在他"最后的"、即 2004 年 9 月与《解放报》记者的谈话中说："幸存，这是生活之外的生活，比生活更生活。"[①]我想他说的"幸存"是指他的著作与思想在未来历史中的幸存，这正是"走向死亡"之际的他所牵挂者。那么，会不会出现他所设想的那种情况，即"在我死后十五天或一个月，什么都不复留下，除了在图书馆的正规收藏里"呢？如果历史是由那些当年签名反对德里达获得荣誉学位的学者们主宰，事情就有可能是这样的。但是，我相信，只要人们还能自由地思考"什么是最真实的东西？"这类问题，特别是在各自具体的生存境域中真诚地思考，这种"白色的神话"就不会出现，德里达的著作就不会被排斥于知识与学术的圈外。

他的思想起源和生成于与多部思想精品的深入对话，绝非主观构造。他最早的三部著作[②]都是对胡塞尔现象学的解读，以及从这些解读中涌现出的灵巧敏锐的解构思路。后来的著作也大多是"寄生生物"，通过进入他人作品的活生生的上下文，施展其"内家拳"的

[①] "最后的谈话：《我正和我自己作战》"（2004 年 9 月 18 日《世界报》）。此中文译稿来自杜小真教授，谨在此致谢。

[②] 即《胡塞尔哲学中的发生问题》（1954 年撰写，1990 年出版）、《胡塞尔"几何学本原"：翻译与引论》（1962 年）和《声音与现象》（1967 年）。

借力打力的功夫,牵一发而动全身,并由此而衍生出自己的思想。我读他的《声音与现象》,不仅折服于他读解中细密的开启力,并由此而更感到胡塞尔作品的深厚蕴含。德里达的读解与引申中确有跳跃,但掩卷长思,常可发现那并非没有内在思路的依据,而且往往能打开一片新的话语天地,成就独白式的构造所成就不了的"金圣叹评点才子书"式的精彩。总之,如果我们依德里达的"请读读我的作品吧!"的恳求,以朱子"虚心涵泳,切己体察"的读书法来读其书,特别是其早期作品,就会看出他最重要的一些思路大有来头,而且大多是与历史上最关键的一些哲学问题有关的来头。他好像并没有喃喃自语和无的放矢的习惯。

再者,他的独创与他的寄生齐头并进,以"解构"为名的一族思想确实开创了西方哲学史和思想史上的新境界,用"怀疑主义"、"相对主义"、一般的"反基础主义",都还不足以传其神。他是这样说自己的:"从《圣经》到柏拉图、康德、马克思、弗洛伊德、海德格尔等,我不希望否定任何什么东西,我不能。"[1]他的学术活动的一个重要特点就是总不落窠臼而又总留下富于含义的印迹或必要的擦痕,而不允许思想的打滑,相当启发人。他以独特的方式揭示了西方思想在源头处的问题,在那被认为或被默认为是纯正之处发现了永远摆脱不了的黏着与不纯正(从另一个角度看,这恐怕是更纯正者)。我觉得他的见地有类似于佛学的缘起观之处,当然是以法国犹太知识分子的比较"飘忽的"甚至是"破碎的"方式体现的。

他受海德格尔的影响甚深,尤其是对于语言本身的思想蕴含力,他极有感受,并发挥到了无以复加的程度。对于海德格尔,语言是存在之屋;对于德里达,生成着、游戏着的语言则是解构力的来源。他

---

[1] "最后的谈话:《我正和我自己作战》"(2004年9月18日《世界报》)。

似乎在某个方面结合了海德格尔与维特根斯坦。

他晚期对伦理、社会等问题的关注,也是出自其思想本身的能力和要求,而与哈贝马斯合作的公开信,更代表了欧洲大陆哲学的良知。试问那些以"分析"为唯一要务者,那些由此而认为德里达的作品是思想上的达达主义的学者,你们在真正关涉文化与正义之处,有这种发自思想本身的严肃吗?

最后,如上面已触及的,我感到,德里达的思想已有某种东方含义,他在反对语音—逻各斯中心论时对于中国文字的注视,不管怎样,说明了某种问题,尽管没有人会否定,他仍然是一个不折不扣的西方思想者,可能比海德格尔更西方化。但他的作品暗示出,中西之间的巨大差异已不足以阻挡某种思想本身的相互借鉴了。

为了所有这些,我尊重德里达,我相信他是一颗西方思想天空上的星,向我们和未来的人们闪烁不已。

五、海德格尔的境界[*]

这里讲的"境界"有两重含义：一是指直觉体验到的一个人的基本特征，比如，"君子"与"小人"在中文语境里是两个境界，一高一低，边界虽不清晰，却意象鲜明，反差强烈。"李白"与"杜甫"对读诗的人提示着两个极不同的境界或意境，尽管很难分出高低。讲"海德格尔的境界"就意味着要去揭示他人生与思想的独特之处，使人一听这个人的名字就有所感，就像对"老子"、"孔子"、"韩非子"那样。"境界"的第二个含义是，海德格尔的思想以"境"（Horizont, Gegend）为真；比起境中的东西或"存在者"，这境域本身或"存在本身"是更原本，也更有意义的。下面第二部分将涉及这个意思。

1. 海德格尔的人生境界
——漫游于寻源的道路之中

按照一般的流行标准，海德格尔的人生境界并不很高，如果这"高"意味着"无重大缺陷"和"纯粹美德"的话。以这种方式衡量，海德格尔远比不上斯宾诺莎、康德、歌德和胡塞尔。然而，海德格尔的人生绝不缺少精神上的严肃和深刻，不缺少过人的才华，强烈的抱负，艰苦卓绝的追求，辉煌的成功与晦暗的厄运。

马丁·海德格尔（M. Heidegger, 1889—1976）出身寒微，父亲

---

[*] 本文作者曾以此为题于1998年在海南大学和北京大学给学生做过演讲。

是德国西南部一小镇上的教堂司事,近乎杂役。但这种教职身份里潜伏着一种"通天"的可能。海德格尔自小帮父亲做木工活,后来的著作中重现了"应手的"技艺经验。又帮父亲敲钟,晚年曾极深情地回忆他的童年与这"钟声"——神的人生时机化的象征——结下的缘分。① 教会人士注意到海德格尔的天赋,帮他弄到奖学金,使他得以离家去读寄宿中学,为成为一名神父而努力。这个乡下少年刻苦好读,各种文字功夫与数学知识并进。假期里,在一次"田野道路"上的散步中得到格约伯神父送的一本题为《论存在对于亚里士多德的多种含义》的书(布伦塔诺著),引出了他一生对于"存在的原义"的追求。"田野道路"(Feldweg)对于海德格尔有特殊含义,它一方面意味着"自然"(physis),是海德格尔终生依傍的一个源头;另一方面又指这自然境域中由人的生命脚步开出的,并在其中往返回复的"道路"。从下文可看出,海德格尔人生的最大特点就是:充满了问题和发问,没有现成的着落,不能长久依傍任何现实的力量;也就是说,他总处于"道路"(Weg)之上,并就在它们的曲折之中际会风云,触发源头。

他中学毕业时(1909 年)想加入耶稣会,但因"神经性的"或"神秘的"心脏问题而被拒,于是入弗赖堡大学神学系。当时,这位神学学生的保守信仰与他对深层的、不受制于现代框架的人性自由的追求混而不分,表现在他对两百多年前的一位同乡、天主教著名神父亚伯拉罕的崇敬之中,并表达于他的处女作"记亚伯拉罕·阿·桑克塔·克拉哈纪念像揭幕仪式"(1909 年)里。大学三年级第一学期,他因心脏病再次发作而被迫休学,后被迫退出神学系,失去与教会有

---

① 有关情况可参见本文作者所著《海德格尔思想与中国天道》(三联书店,1996 年)与《海德格尔传》(河北人民出版社,1998 年)。

关的经济支持。病愈后几经努力,才得以重返大学,改学哲学和自然科学。大学期间,他受到胡塞尔现象学的有力影响,神学解释学也一直牵引着他的追求。一次大战中,出于哲学活动所要求的"内在真诚"和另外一些原因,他公开与天主教意识形态决裂,但又终生未正式抛弃教徒身份,没有成为新教教徒,更谈不上变成自由主义的知识分子。这种信仰上的矛盾是他人生里一根"总在肉中作痛的刺";另一根是他与纳粹的关系。

海德格尔主要思想的形成线索是这样的:第一,从布伦塔诺到胡塞尔的现象学,再到拉斯克;第二,生命哲学(尼采、柏格森等)、解释学(施莱尔马赫、狄尔泰)和艾克哈特神秘主义;第三,从布伦塔诺到古希腊(以亚里士多德为主),再到中世纪唯名论(司各特)。在这三者开始交汇的过程中,他写成博士论文(1913年)和教职论文(1915年)。到1919年,经历了一系列人生事件,即震撼西方世界传统价值观的一次大战,与信仰新教的埃尔夫丽德·佩特瑞小姐结婚,信仰的转变,等等,他达到了思想上的突破,使上述几条线在深刻意义上相互交融,从而找到了自己的独特方向。1920年,他对《新约》做出生存时机化(kairology)的解释,表达出"实际生活经验本身的形式显示"的现象学—解释学方法;其后,又在古希腊,特别是亚里士多德的哲学中欣喜地发现了一个不为人知的现象学天地。

1923年,海德格尔以一篇用现象学—解释学方法阐发亚里士多德的手稿(所谓"那托普手稿")获得马堡大学的正式聘任,成为那里的副教授。在马堡大学教学和准备《存在与时间》期间,他的学术名声在学生中流传;而且,他与犹太血统的女学生汉娜·阿伦特之间产生了婚外恋情,但他在许多年间成功地"遮蔽"住了真相。阿伦特后来流亡美国,成为著名的学者。以他重新解释亚里士多德的努力为开端,经过《时间概念史导论》的手稿,海德格尔于1926年在托特瑙

(Todtnau)山中写出了《存在与时间》的前一大半,并于次年在胡塞尔和舍勒编辑的《哲学与现象学研究年鉴》第八辑上发表了充实后的全文。此书没有包括《时间概念史导论》开头讨论现象学发展的部分,写出的也只有原计划的三分之一,可说是一部"缺头少尾"的著作,但却成为了二十世纪不多几本最有影响的哲学著作之一。由于此书在方法上的突破、表达的新颖和意境的深邃,使得人们容易受其吸引,但很难做出合适的解释与评论。海德格尔在随后的几年内发表了一些著作和文章来进一步说明,但并没有从根本上改变这样一个广泛存在的误读和误解的局面。

更奇怪的是,正当此书的影响日益扩大,他的学术事业顺利进展之时,海德格尔却在 1930 年发生了思想的"转向"。其起因除了《存在与时间》遇到的困难之外,就是他对于荣格尔(E. Jünger)著作的反思。荣格尔通过对第一次世界大战的描述得到这样的结论:人类已经丢开任何现成区分,进入了一个技术力量的世界,使得战争不再是骑士、国王和公民的战争,而是"一个巨大的工作程序",或"工作者(Arbeiter)们的战争",[1]其胜负不再取决于个人的英雄主义,而取决于"钢铁的洪流"或参战国能"随时"进行"全面总动员"的力量。海德格尔认为荣格尔所讲的极为真实深刻,展示出西方的形而上学和数理科学如何通过尼采的"对力量的意愿"而表现于这个时代。要避免这赤裸裸的现代化技术力量给人类带来的巨大危险,就必须超出西方形而上学的基本视野和语言,实现一个拓扑式的而非简单断裂的"转向"。它的一个重要表现就是不再只以知识带来的"光明"或"去蔽('祛魅')的真理"为实在,还要看到"黑暗"或"隐藏着的神秘"对于

---

[1] E. 荣格尔:"总动员",见《关于海德格尔的争论——批判性读本》(*The Heidegger Controversy: A Critical Reader*), ed. R. Wolin, Cambridge: The MIT Press, 1993 年,第 128 页。

人的终极含义。因此,海德格尔在1930年做"真理的本性"的演讲时,引用了《老子》28章中"知其白,守其黑"一语;其德文的表达是:"那知其光亮者,将自身隐藏于黑暗之中"。① 它的含义就是让技术力量"转向"或"转回到"人生的缘发生境域,在"阴阳"或"明暗"相济中重获自己的原本形态——技艺或广义的艺术(techne)。1958年,海德格尔在另一篇文章中再次引用了老子的这句话,将赤裸裸的知性光亮比作原子弹爆炸时"比一千个太阳还亮"的致死之光;认为困难的而又最关键的是"去寻找那只与此黑暗相匹配的光明"。② 因此,转向后的海德格尔更多地关注"语言"和"技艺/技术"等问题,而不是"缘在"(Dasein)与"时间性"的问题。"技艺"指一种当场显示的领会方式,"将在场者作为在场者从隐蔽状态带出来"。③ 所以,它也是一种揭除遮蔽的认知方式或求真方式;但由于其原发性,它总与那构成在场者的隐蔽的一面、境域的一面保持着关联。技艺(techne)变成现代技术(technology),就失去了这种缘发生(Ereignis)的联系,成为蛮横地主宰境域和"环境"的人为系统。原本意义上的"语言"是最精巧的技艺,它是人的"存在居所",什么样的思想方式必会表现为什么样的言语方式。概念化哲学需要表达判断的"陈述句",而超出这种哲学的现象学解释学就要借重非陈述化的各种"语言游戏"来表达自己。这就构成了海德格尔独特的写作风格。

在这种要转化现代技术文化的动机驱使下,海德格尔于1933年卷入了纳粹运动。他的思想与国家社会主义的相似之处是:反现代主义和对于人的生存空间和原本联系(比如"土与血")的关注。但是,海德格尔对所有这些问题的理解是非现成的、纯境域的、发生式

---

① 拙著:《海德格尔传》,第236页。
② 拙著:《海德格尔传》,第325—326页。
③ 拙著:《海德格尔传》,第278页。

的，与纳粹的崇拜技术力量、鼓吹攫夺领土和种族主义大不同。然而，他那时的自我感觉太好了，相信自己可以"转化"这个运动，使之成为拯救西方文化的"健康力量"。1933年5月，他就任弗赖堡大学校长，并参加了纳粹党。他的校长就职演说表现出他要为此运动寻找更深刻的"本性"的愿望。当然，这根本无法实现，他与纳粹意识形态的冲突从一开始就表现出来。比如纳粹教育部长在听了他的就职演说后，立即指责他不讲种族，是"自创的国家社会主义"。以后的情况也是困难重重，冲突不断，致使他在就职十个月后就辞职了。这之后，他只能在教学和写作中去追究西方形而上学与现代技术体现出的"力量意愿"的关联。

1945年，盟军攻占德国西南部。海德格尔因其纳粹问题受到审查，身心交瘁，大病一场。1946年，清除纳粹委员会决定禁止他的一切教学和公开学术活动。此禁令直到1951年才取消，海德格尔正式退休。具有讽刺意味的是，正值法国占领军当局审查他时，海德格尔"关于人道主义的信"和他的思想在法国知识界却产生了巨大影响，历经几十年而不衰。法国当代哲学的领潮者鲜有不与"海学"打交道的。

就在海德格尔最痛苦之时，他又遇到了中国学者萧师毅（Paul Shih-Yi Hsiao），并向萧提出共同翻译老子《道德经》。这样，在1946年暑假三个月的周末里，他们在托特瑙山中小屋中一起从事这项使人"知其白，守其黑"的工作。但萧师毅逐渐感到不安，并最终退出，因为海德格尔的做法更像研究和探寻中文原本，而不是按萧师毅告诉的现成意思去写出德文译文。尽管这样，这次合作影响了海德格尔以后的写作，以致他敢于在五十年代和六十年代公开发表的文章中讨论"道"并引用老庄。他青少年时期的"田野道路"经过他成年时的托特瑙山中的"林中路"，与中国的"天道"相交接。他那时在山中写的诗"出自思想的体验",就颇有道家意境。

然而,他的"道"(Weg)不只是道家之"道",而是从始至终地牵连着西方的源头或"神"意,不管这神意味着解释学化了的基督教之神,还是荷尔德林诗歌所召唤的古希腊之神。对于他,这些神及其时机化、艺术化的思想体现同样是人类未来的希望所在,是我们应该以生动的方式"等待"着的那样一个纯境域的"来临"。所以,他在1966年9月《明镜》杂志采访时说了这样一句话:"只有一个神能救我们。"当然,只有充分明了这"神"的非现成的、纯境域的含义,才能看出此种说法中的"道"性。

1976年5月26日,海德格尔逝世于弗赖堡,享年87岁,按照他的遗愿,遗体运回家乡安葬。关于这个葬礼的宗教性质,海德格尔的亲属之间也存在着很大的争议。[1] 他的墓碑不像左右父母和胞兄的墓碑那样带着十字架,而是镶刻着一颗闪烁的星,一颗"让自身没入深深泉源的黑暗中"[2]的星。

总之,这是一位"永远在道路之中"[3]的思想者,是个深刻意义上的"有争议人物"。关于其政治立场、道德人品、宗教信仰、著作含义、道家情结,甚至其葬礼的性质,都令人争论不休,而这种不安宁状态也恰是这个时代特征的反映。但最重要的是,就在这追寻本源的道路之上,出现了那只在其中才会出现的独特境界和这境界本身回荡出的"钟声"、"语言"和"诗"。

---

[1] 拙著:《海德格尔传》,第20章。
[2] 拙著:《海德格尔传》,第334页。
[3] 拙著:《海德格尔传》,第331页引文。

2. 海德格尔的思想境界
——间隙（Riss）处的泉涌和入境

海德格尔将胡塞尔开创的现象学推到了最空灵逼真的境地，比较彻底或合理地突破了西方传统的形而上学方法，达到了一个新的思想境界。

以柏拉图为典范的西方传统哲学寻求一个在变化的现象界之后的不变的理念世界和自存实体的世界，认为非如此就避免不了相对主义和虚无主义。因此，它总是从方法上逻辑地区分了特殊与普遍及现象与存在本身。在这样一种思路里，否认运动的"芝诺悖论"以及另外一些"悖论"或"问题"（比如柏拉图《美诺篇》中阐述的"学习悖论"和《智者篇》中讲的"假的可能性问题"）就都是难于应付的，因为现象、运动、生成变易在这个传统中被认为不具有最终的真实性。如果芝诺的悖论毕竟从根本思路上被克服了，数学点变成了有自身动势的"一团永恒的活火"（而不只是概念上规定的"连续性"），那么整个思想的"游戏规则"就变了，其后果并不一定是虚无主义，而很有可能是纯思想中的"相对论"、"量子论"和"混沌学"。胡塞尔和海德格尔在某个意义上和某种程度上完成了这个转变。

以"还原"为先导，胡塞尔的意向性构成的学说突破了"个别与一般"的二元化区别。其具体的思路是：揭示出被关注的"焦点"并非一个认识论意义上的数学点或完全被动的"对象"或"印象"，而是正在被这意向性的关注行为（比如看、听、回忆、想像等）本身构成着的意义和意向对象。因此，从现象学而不只是心理学角度看，这焦点与焦点之间不可避免地带有"边缘视域"（Horizont），以隐蔽的、境域的、非对象化和非主题化的方式准备着、维持着和构成着那被关注的中心。而且,这所谓"中心"与"边缘域"是随时可能相互转化的。所以,从意义本身的逻辑上讲,"事情本身"不可能是孤立的抽象点及自存自持的对象和实体。换句话说,人最通常的知觉和意识活动处于柏格森讲的"绵延"或詹姆士讲的"意识流"之中,并且就构成着这绵延一气的健行之流。现象学的时间分析更清楚地表明这种边缘视域的绝对不可少。根本不可能有一个孤立的"现在"点,而只能有与(不管多么短的)过去和将来以境域相通、并被此相通构成着的当下时机。所以原本的时间并非是均质流逝的,也不只有一种走向,而是总可能有各种活的趋势、方向和特质。按照这个新思路,每次"看"或"感知"不像传统哲学家们所认为的那样是接受一个个分立的、在同一认知平面上的"印象"或"观念",而是在前拉后牵的视域中构成所看的内容。因而所看见的东西尽管可以被当作个别的存在者(比如"这块红"),但绝不是只能如此,而一定总有可能被视为更为一般的东西,比如"一般的红",因为我们所看见的、所感知的总比当下的"这一个"要"多"。当然这是一种境域意义上的、可能意义上的而非现成意义上的"多"。这里就潜伏着"范畴直观"这种传统哲学所否认的认知方式的可能。当然,这种直观所观到的并不就是抽象的概念和范畴形式,而是在意向视域中构成着的、有各种特殊体现的活形式。这就从"逻辑"上打通了(但并未等同)个别与一般、特殊与普遍,实际上也就提示出了一种新的知识形态,即现象本身的本质显示的形态。相比于柏格森,胡塞尔在更加严格的认识论意义上突破了概念形而上学,引发出一系列新的可能。

但是,胡塞尔现象学对传统哲学的二元化区分破除得还不够彻底,其中比较突出的是仍保留了先验主体性与意向对象的分立,使得居间的或"边缘"的视域只被看作一种必要的过渡中介,而没有获得更原本、更真实的地位。从另一方面看,胡塞尔著作的引人之处也就在于既显示出了许多新的可能,但又还未充分地开发出它们。

海德格尔所做的是:充分吸取生命哲学和存在哲学的含义,将意向性构成中的"沟通"功能根本化和存在论化,使得那构成境域本身而不是任何意义上的被构成者取得了更原本的、更在先的、也更可直接领会的地位。一个人听一曲音乐,初见大海,际遇恋人,独处山野,……,可能一下子进入一种充满动人含义的境域或境界里;它一定出现于有前因后果的存在者们的集合状态中,但体验者很清楚,这境域本身的含义不可能被关于那些存在者的客观状态和主观状态的分析充分说明。而且,个人的主体意志和知识不可能控制这境域的出现,也无法维持住它;恰恰相反,这构成着意义、赋予着意义的境域总处于所有个人的努力之先,作为这种体验的意义源头或"存在本身"而牵动着、贯通着有关的一切。我们以上给的这些例子似乎不是很常见的。但海德格尔认为,这种境域的存在本身与境中的存在者的区别,及其前者的在先性是最根本的存在论状况。人的生存根底处别"无"他物,唯有这个让人感动、沉迷到唯其所"是(存在)"而是的境域或者"是本身(存在本身)"。"实际生活体验"中的人在还"别无是处"之时,就先受到了根本的大激动、大蛊惑和大启发,于是才能被这样那样的存在者感动、迷惑和启发。所以,他认为人的原本生存形态不是那去"为世界立法"的主体,当然也不就是受环境中的因果关系决定的客体,而是比这两者都更原本的"缘在"(Dasein,缘发的存在),即只能就是(sein)其缘境(Da)者。它总已经悸动魂销般地被境域化的"世界"吸引和打动了,①对之有了一种先行在前的心领神会(Verstehen),因此才能在后来疏冷化了的"认识论"境况中去与之发生认识者与被认识者、决定者与被决定者的关系。由于这样的状况,

---

① 注意,这里出现了基督教神秘体验的特征。

人的生存首先和经常地是不真正切己的状态,沉沦、受诱惑和迷恋于这个世界,即所谓"存在于这世界之中"(In-der-Welt-sein)的状态。它的"病根儿"就种在这世界中,也就是种在自己的本性——缘境(Da)——里。可见,胡塞尔从人的意向体验中剥离出的"边缘域"在海德格尔这里取得了"在先的"和"最能动人的('能存在的')"地位。它与基督教的神秘体验和人们对深刻艺术的出神感受潜在相通,具有极大的思想引发力。

　　海德格尔思想的特点就在于这种根本处的原发激荡,或使芝诺悖论不可能立足的原发激动,以及这种激荡本身所构成、所回旋出的最可领会的意境。二十年代初,当他初步形成这种思想方式时,他将其表达式为"实际生活的湍流"本身的"形式显示"。① 在《存在与时间》里,它就表现为对于缘在的生存(Existenz)诸状态的现象学分析。这种"原发激荡"总是在传统的二元"之间"处表现出来,比如在个别与一般、主体与客体、形式与质料"之间",以一种包含或"牵挂"(Sorge)着两者,但又更本源、更能直接领会的形态表现出来。例如,缘在与世界打交道的原初方式并非主体认知客体式的,而是以一种两者还未截然分开的、一气相通的境域方式"缘起"着的、"牵念"(Besorgen)着的。人"看"世界,首先还不是一个主体意识在打量某些对象,而是缘在对于自己所处的周遭境域(Umwelt)的"环视"(Umsicht),以及由这种环视带来的非主题的、非对象化的领会。人与"物"打交道的较原本的方式则是应手地(zuhanden)使用工具,比如一把锤子。在人出神入化地使用一柄锤子、骑一辆自行车时,他或她与这锤子、车子的关系是前主客式的,对它们的本性的领会则是发生

---

① 关于这种"形式显示"的由来、特点和在解释保罗书信中的运用,参见《海德格尔传》第 6 章,或《海德格尔思想与中国天道》第 16 章第 2 节。

境域式的。这种关联和领会有着自己的隐蔽着的、含势待发的"看"和"知";也可以在出了差错,比如锤头掉了、刹闸失灵时中止这应手的状态或使用境域的状态,退化为一种知识主体审视"在手边的"或"现成的"(vorhanden)对象的二元状态。人与世界的原本联系在"畏惧"(Angst)情态中泄露出来。

　　人与他人打交道的较原本的也较世俗的方式既不是主客式的,也不只是主体间式的,而是"大家伙儿"(das Man,人们)式的。我与大家伙儿"一同在缘"(Mitdasein,去除封闭)、"一同在世",因而已经在还未能分清彼此之先就已经进入了共同的世界境域,声气相通地喜怒哀乐。时代精神、社会风气、时髦样式、小道消息、门户圈子……,都可说是这种根本上共同缘在状况的表现。在这之后才有或热乎或冷淡、或友好或敌对的关系。至于人与自己打交道的原本方式,也不是主体反思的,或把自己当作一个被反思的对象,或当作一个对话主体,而是在"朝死的存在"境域中、在"良知"的声音里遭遇到的那样一个先行的决断(vorlaufende Entschlossenheit)状况;之所以能在还没有什么现成的不同选择可能时就形成先决断或先行的开启(Ent-schlossenheit,去除封闭),是因为人的缘在本性使他或她在与一切存在者形成彼此关系之先,就已经被[自身、世界、神、或纯境域之"天"]深深打动了,领会了某种命运性的消息,故此而有了先行的大决断和大开悟。

　　可见,这"缘在"或"人的原本生存形态"就是那种"在其中本身"(das In-Sein als solches)的状态。"此缘在就是这个'之间'(Zwischen)的存在。"①因此,《存在与时间》中,表示"在其中"和"之间"的凭

---

① 海德格尔:《存在与时间》(*Sein und Zeit*), Tübingen: Neomarius, 1949 年,第 132 页。也可参见《海德格尔传》,第 165 页。

空趋向词、虚词或从语境中得义之词,比如副词、介词、中性代词、动名词以及其各种搭配(包括用小连线连起来的新造词),总是占有最突出的地位,像"所去"(Wozu)、"所因"(Womit)、"所为"(Worumwillen),等等。缘在的"在世界之中"(In-der-Welt-sein)的状况只能通过这些虚活牵引的词的交织而显示出来,而不可能作为对象被实词(专名、一般名词等)指称出来。这种纯境域的"因缘关联网"(Bewandtnis)就是缘在之缘(Da);总在"彼"和"此"之先和之间回旋震荡,并因此而使得后起的彼此之别可能。所以,我选择"缘"字来译"Da",而不用流行的"此",因为"此"已与"彼"相对,有悖于海德格尔使用"Da"时要表达的意思。① 当然,还可能有更好的、更传神的对"Dasein"的翻译,不过有一点是肯定的,即任何滞于某种现成的地点、时间和观念的译法会阻塞读者对《存在与时间》原意的领会。要是那样的话,这个词还不如不译,照原样(即"Dasein")放在译文里。

除了构成"因缘关联网",海德格尔的写作还有一个更有灵气和技艺感的维度,即通过各种让语词相互映射、旁敲侧击、回旋舞蹈的手法,比如使有共同词根的一组组、一丛丛词相互牵挂,或者做重言(例如"语言本身言语"(Sprach spricht))、双关(例如"Es gibt"既指"……存在",又从纯字面上有"它给予……"的意思)、拆词(例如"Ent-fernung"全词意为"距离",拆开后又组合则为"消除距离";"Ent-schlossenheit"全词为"决断",拆开又组合后则意味着"打开蔽障")等语言游戏,构成一种只在这种游戏中才能出现的意境和活泼生动的艺术领会,由此而使"思"有"诗"境,使"诗"有"思"意。这一特点在他的后期作品,包括他在山中写的"出自思想的体验"(1947年)的诗中有更鲜明的体现。他之所以不再常利用"时间"的境域性,而

---

① 拙著:《海德格尔传》,第 165 页。

是更多地利用"语言本身"、"艺术作品"和"诗"的境域性,就是因为后者不只意味着一种因缘关联网和相互牵挂着的境域构成,而更有可能构成直接打动人的意境或艺境,当场"说"出或"显示"出那不可能事后说出和显示出的思想含义。这也就是他后期所讲的"缘构发生"(Ereignis)的本义。当然,在这个重要的词身上,他也不会忘记做一番拆字游戏的(Er-eignen)。① 至于他去解释"老子的诗化的……道",也同样充满了纯思本身的回旋构境的技艺和游戏。②

这就是"海德格尔",一个充满了精深思绪、语言技艺、"浪漫"情怀、诗人意境、浑浊"政迹"和"道"家旨趣的探索者的境界。用本章的两个小标题来讲就是:这是一个永远在寻源的道路上漫游的人,一种只从间隙处涌流和入境的思想。这个"世界",不管是西方的还是东方的,不能忽视这样一个"缘在";不是由于别的什么,而只是因为,这个"缘在作为[境域的]领会就是它的缘"([D]as Dasein als Verstehen sein Da ist)。③

---

① 拙著:《海德格尔传》,第 268—269 页;第 319—320 页。
② 拙著:《海德格尔传》,第 19 章。
③ 海德格尔:《存在与时间》(*Sein und Zeit*),第 147 页。

六、"Dasein"的含义与译名

——理解海德格尔《存在与时间》的线索

"Dasein"这个词在海德格尔的《存在与时间》中占有极重要的地位。通过这个Dasein，"存在"（Sein）与"时间"（Zeit）发生了根本性的关联，从而打开了理解"存在"这个古老但久已被人"遗忘"的问题的"视域"（Horizont）。到目前为止，这个词在海德格尔著作的中文译本中被译为"此在"、"亲在"、"定在"等等。[①] 众所周知，任何一个哲学词汇的译名都包含着译者对于原著的理解。对于"Dasein"这个词来讲，情况就更是如此。如何翻译它牵涉并极大地影响到对于《存在与时间》这本书的理解。所以，下面将先讨论它在海德格尔思想中的含义，然后提出一个新的译名——"缘在"，并说明将"Da"译为"缘"的理由。

1. "Dasein"的含义

1.1 "Dasein"的基本意义

海德格尔一生的学术事业系于对于"存在"（是）或"在"的意义的

[①] 参见海德格尔：《存在与时间》，陈嘉映、王庆节译，三联书店1987年版；《西方现代资产阶级哲学论著选辑》，洪谦主编，商务印书馆1964年版，第360—373页熊伟的译文；《现代西方著名哲学家述评》续集，杜任之主编，三联书店1983年版，第443页李幼蒸给出的译名。

追究。按照他的看法,曾在古希腊前苏格拉底的思想中闪现过的存在的真义早已被人遗忘了。对于柏拉图和亚里士多德来讲,存在还是个烫手的或重要的问题。但也正是在他们手中,存在的原意开始被遮蔽了。到了后来,存在就被视为一个最普遍的和最贫乏的范畴。它的意义已变得如此现成和肤浅,以致根本就不成其为"问题"了。海德格尔的《存在与时间》这本书就是要重提和深究这个问题。而且,要以一种不被遮蔽的方式来揭示存在的意义。为达此目的,海德格尔感到他需要一个合适的出发点。在他看来,只有"Dasein"才能提供这样的起点,以保证此探讨不再失落掉它的基本存在论意义上的真态性和原初性。

"Dasein"在现代德文的一般使用中的意思是"生活"、"存在"和"生存"。但是,在哲学著作中,这个词往往具有更多或更深的含义。在海德格尔这里,它不是泛指一般的"生存",而是特指人这样的存在者及他的生存方式。而且,海德格尔不是把这个词笼统地当作一个整体来使用,而是在很大程度上将它看作由"Da"和"sein"这样两部分组成的有着内在结构和丰富的存在论含义的新词。如同英文中的"be","sein"是作为动词或系词的"存在"、"是"和"有"的原型。至于"Da",它的通常意义是:"那里"、"这里"、"那时"、"这时"、"那就……"、"因为",等等。当然,海德格尔赋予了它与这些通常意义相关的更深刻的一些含义,以表达人这样的存在者的独特的存在方式,在这第一部分中,我将先试着说明"Dasein"在《存在与时间》中所具有的基本意义,然后来讨论这个词中的"Da"的特殊含义。

在《存在与时间》的序言中,海德格尔写道:"这个 Dasein 不仅仅是与其他存在者(Seiende)并列的一个存在者。它的存在者身份上的特异之处在于:它在它的存在(sein)中所牵挂和关联的就是这个存在本身。"①从这段话可知,Dasein 是一存在者。但是,作为"人"这种特殊的存在者,它与存在有着一种独特的关系,即它在它的存在之中所关联的就是这个存在本身。"Dasein"这个词的后一部分("sein")清楚地表明它作为人这样的存在者与"存在"("sein")的密切关系。但是,如何说明这种异乎寻常的关系呢?很明显,这里的关键是要正确理解这个词的前一部分即"Da"的意义。紧接着上面引的那段话,海德格尔写道:"这个 Dasein 的存在的构成中就包含着这样一个事实,即 Dasein 在它的存在中理解自己。适合于这个存在者的情况是:它凭借和通过它的存在而被揭示(erschlossen)给它自身。对于存在的理解本身决定着 Dasein 的存在。Dasein 的存在者身份的特异之处就在于它存在论地存在着。"②从这些话中可看出,Dasein 与存在有着一种"循环"的关系。"Dasein 在它存在中与这个存在具有存在的关系。"但这绝非一般的单维的循环,而是一种可称之为"相互缠结"的奇特的、存在论解释学意义上的"循环"。存在(Sein)对于 Dasein 既不是一个外在的,亦不是一个被它包含的内在的东西,而是使 Dasein 成为自身("在它的在中")的那样一种自身的成为("与这个存在具有存在的关系")。换句话说,Dasein 与存在有一种相互作成的连环套一般的"关系"。而且,由于这种相互构成不是一般的双向关系,而是存在论的或纯发生的,这种相互缠结必是相互充分穿透的、全息的和具有悟性的。"对于存在的理解本身决定着 Dasein 的存在"(或"对于存在的理解本身就是 Dasein 的存在的决定")。

在另一处,海德格尔用两句话较平白地表达了 Dasein 与存在的

---

① 海德格尔:《存在与时间》(*Sein und Zeit*),德文第 6 版,Tübingen: Neomarius,1949 年,第 12 页。本文作者译。此页码与中文和英文译本的页边所给出的德文版页码一致。

② 海德格尔:《存在与时间》(*Sein und Zeit*),第 12 页。

这种相互缠结。他写道:"这个存在者[即 Dasein]的'本性'就在于它的'去存在'(Zu-sein,去在)。……这个存在者在它的存在中所牵涉到的存在总是我的。"①这两句话必须合起来看,不然的话,海德格尔的 Dasein 学说就会或被理解为"存在主义",或被判定为"唯我主义"。说 Dasein 的本性就在于它的"去存在",意味着 Dasein 没有一个可被普遍概念规定的本性。它的"Da"只应被理解为"去……"、"使成为……"、"使……被当场构成"、"让……原发地显现"。但是第二句话表明这个绝非概念可把捉的"去……"并非是无着落或无去处的。它去存在的那个存在总是我的存在。反过来再说一遍也是完全必要的,即 Dasein 的"我的存在"也就是它的去存在。这就是说:"Dasein 总是它的可能性。"②当然,这个可能性既非逻辑的可能,亦不是目的论意义上的可能,而是与存在相互缠结和作成的可能。

在海德格尔的著作中,特别是《存在与时间》中的那些最吃紧的地方,比如对于"现象—学"、"牵挂"(Sorge,旧译作"烦")、"时间"的意义的阐述,这种相互缠结的怪圈一再地出现。"现象学"的原本含义被海德格尔理解为"让那显现自身者,以一种从自己本身显现自身的方式,被从它本身那里看见"。③这种理解明显地受到了胡塞尔的以"意向构成"为枢机的现象学的启发。胡塞尔认为,意识在其意向性行为中总是"对某物的意识"。但这里的关键是这个"对……的"的结构不是像容器与容器内物件之间的那种"包含"或"摄取"的关系,而是一种对两方面(意识与被意识之物)都有效的一气呵成的纯构成的关系。说意识总是"对某物的意识"不只是要强调意识有构成一个客观域的能力,它同时隐含了"并没有一个逻辑上的意识实体,只能

---

① 海德格尔:《存在与时间》(Sein und Zeit),第 42 页。
② 海德格尔:《存在与时间》(Sein und Zeit),第 42 页。
③ 海德格尔:《存在与时间》(Sein und Zeit),第 34 页。

在对某物的意向中构成意识本身"的意思。胡塞尔本人并没有充分发挥这后一种含义,反而在其"先验现象学"中设定了一个作为意向构成的收敛点的"先验主体性",以力争将他自己引发出的"构成"的思想局限在传统的存在论所能容忍的框架之内。海德格尔则赋予这个"构成"(Konstitution, Bilden, Ereignen)以存在论的地位,发展出了一种可称之为"存在论的发生(缘构)域"(der ontologische Horizont des Ereignis)的思路。因此,他对现象学的看法与胡塞尔的认之为一种关于"先验主体性的本质结构"的"新科学"[①]的观点已很不一样了。他所理解的"现象—学"乃是一种"显现"与"自身"在原发境域中的相互引发。

海德格尔对于"牵挂"和"时间"的说明则较为直接地道出了Dasein之存在(的方式)。海德格尔写道:"Dasein之存在意味着:作为与(世界内遭遇着的存在者)共在的、先于自身的已经在(此世界)之中。这样的存在满足了'牵挂'[Sorge]这个纯粹存在论和生存论的词的含义。"[②]这里,Dasein与存在的那种相互缠结的存在论关系表现为一种在世"时间"上的相互缠结之舞——"作为与……共在的先于自身的已经在……之中"。这一"瞻前忽后"[③]却又一气呵成的结构即是对于"Dasein总是[在]它的可能性[中]"这句话的进一步阐

---

① E. 胡塞尔:《观念:纯粹现象学一般引论》(*Ideas: General Introduction to Pure Phenomenology*),即《观念1》的英译本,B. Gibson英译,New York: Collier Books, 1962年,第5—6页。引文出自胡塞尔为《观念1》英译本写的序言。

② 海德格尔:《存在与时间》,第192页。德文原文是:"Das Sein des Daseins besagt: Sich-vorweg-schon-sein-in-(der Welt-) als Sein-bei (innerweltlich begegnendem Seienden). Dieses Sein erfüllt die Bedeutung des Titels *Sorge*, der rein ontologisch-existenzial gebraucht wird."

③ 见《论语·子罕第九》:"颜渊喟然叹曰:'仰之弥高,钻之弥坚;瞻之在前,忽焉在后。夫子循循然善诱人,博我以文,约我以礼,欲罢不能,既竭吾才,如有所立卓尔。虽欲从之,末由也已'。"

明。这个"是"或"[存]在"的"可能性"不是发散的,但也不是收敛于逻辑极点(不论它是主体极还是客体极)的;而是缠结在一个存在论的自身发生(缘构)境域(Horizont, Gegend, ereignende Weg)中的。

这个相互缠结的结构更直接地被表达于"时间"中。当然,这时间不是指物理时间,而是解释学——现象学意义上的时间,是"牵挂"的存在论意义。海德格尔这样讲:"我们称这样一个作为已在着和正在着的将来的统一现象为时间性。"①在这里,日常的和物理学的时间概念,即视时间为现象的匀质的流逝形式的看法被否定了。过去、现在与未来有着一种根本的相互缠结、叠加和牵挂的境域关系。海德格尔称之为时间的"出(神)态"(Ekstase)或"跨度"。"Ekstase"在希腊文中的意思是"站出去"、"移开"、"挪走"等。海德格尔就用这个意思以表明 Dasein 的"去存在"(Zu-sein)的那层含义。但是,海德格尔赋予了它境域的意味。这个"站出去"并非是站到与自身不相干的外边,而是在站出的同时就站入了作为存在论发生域的自身之中。其实,在由"Ekstase"衍变而来的"出神"和"心醉神迷"等意思中,也包含了这种"出乎其外地入乎其中"之意。真态时间的存在论含义就在于这种相互缠结、有无相生、彼此相成的原发境域性。海德格尔写道:"'去……'、'到……'、'与……'这些现象将时间明白地暴露为'εκστατικον'[此为'Ekstasen'("出神态"的复数)的希腊字]。时间在本源上就是在自身之中和为了自身地'在自身之外'。因此,我们称将来、过去和现在这些已被刻画了的现象为时间的出(神)态。时间并不首先是一由自身而来的先于这些出神态的存在者;相反,它的

---

① 海德格尔:《存在与时间》(*Sein und Zeit*),第 326 页。原文为:"Dies dergestalt als gewesend-gegenwärtigende Zukunft einheitliche Phänomen nennen wir die *Zeitlichkeit*."这句话亦可直译为:"我们称这样一个以已在着和现在着的将来的方式而统一起来的现象为时间性。"

本性就是在这些出神态的统一中达到的时机化（Zeitigung）。"①由 Dasein 的存在论域——时间——所显示的存在的形式的或境域的含义就是这种相互缠结的出神入化之道。它在"将来"这个与过去和现在相缘起的"出神态"中达到了最充分的体现，因为将来更本真地体现了"去存在"这层意思。

正是由于 Dasein 的本性存在于这种存在论的缠结域之中，《存在与时间》中的众多命题才能得到一个通贯的理解。比如，时间从根本上就既是有限的、又是无从把握其边界的。同样，Dasein 虽然无法在一个存在者的现成意义上经历死亡，但却可以而必然在存在论境域的意义上活生生地经历死亡。"朝向"死亡之所以能够是经历死亡，就是因为 Dasein 根本不是现成的（vorhanden）存在者，而是存在论域式的、在其"去存在"中被作成的存在者，所以，在朝向死亡，并被"先行的决断"打开了的本真态的时域中，Dasein 的有限本性展现为理解世界的光明而非仅仅一种被决定状态。同样的道理，Dasein 在世的或理解世界的原本方式虽不是概念式的，但却充满了境域式的悟性。它在使用用具的"应手状态"（zuhanden）中而非外在观察的"现成状态"中与世界相遇。手中的锤子越是不被作为一个观察"对象"看待，越是在出神的使用中化入 Dasein 与世界的相互缠结的域，就越是作为锤子本身而被揭示出来。世界从来就不是像笛卡尔和许多人认为的那样仅仅是"存在者的集合"。它原本地表现为我们的生存域——周围的环境（Umwelt）、活动的空间和一切让我们化入其中的东西。我们与这个世界打交道的原初方式亦不是接受感觉材料、观察和规范对象，而是"踅摸"（寻视，umsichten）周围的环境，模糊但却有所指向地摸索，乃至已经有所领会地动作起来。我们不是作为

---

① 海德格尔：《存在与时间》（*Sein und Zeit*），第 329 页。

一个与众不同的自我实体而存在，而是作为一个从根本上就具有"场所"的 Da-sein 而生活着。所以，在它的"在世"之中，"他人"并不是作为一个个异己而与"我"对立着。"他们"是作为一个"平均状态"的境域式的"大家伙儿"(das Man, 或译为"人们"; 现存中译本译为"常人")而出现的。"我"从存在论上并不是与这个"大家伙儿"有别，"我"也不只是这"大家伙儿"中的一员。当我在世界中时，我实际上就属于这个"大家伙儿"。我可以悠游放任地而非深感压抑地被这个域性的"大家伙儿"控制和左右。因此，人们在"好奇"和"聊天儿"中也并不首要地是要获得和交流什么确切的信息；而是为了"出乎其外又入乎其中"、"似有非无"地享受被它们含含糊糊、模棱两可地涂抹出的世界的非真态境域。可以说，《存在与时间》乃至海德格尔的全部思想都弥漫着这个存在论的发生域的"动人气氛"。

1.2 "Dasein"中的"Da"

海德格尔在《存在与时间》等著作中多次专门讨论 Dasein 中的这个"Da"。让我们先来看其中比较长也比较重要的一段。

> 在任何情况下，这个从根底上被"在此世界之中"[In-der-Welt-sein]构成的存在者本身就是它的"Da"。按照它的通常意义，"Da"意指"这里"和"那里"，一个"我这里"的"这里"总是从一个应手的"那里"来理解自身的；这也就是说，从朝向"那里"的、正在消远（消泯疏远）、取向（采取某个方向）和牵挂着的存在中来理解自身。Dasein 的这个生存空间以这种方式决定了它的'处所'，而此生存空间就植根于这个"在此世界之中"。这个"那里"决定了在世界里面所遭遇者。"这里"和"那里"只有在一个"Da"中才可能；这也就是说，只有当一个作为此'Da'之存在

的存在者已经将空间打开了的时候才可能。这个存在者在它最切己的存在中携带着这个解除遮蔽的特性。"Da"这个词意味着这个根本性的打开或解蔽状态。通过它,这个与世界的Dasein[在- Da]相沟通的存在者(此 Dasein)为了它本身而就是这个"da"。[①]

不联系上一节中已讨论过的那些思路,这段话是不易理解的。它包含这样几个意思:第一,"Da"不仅是"这里"(此),也不仅是"那里"(彼),而是由于两者相互缠结而构成的一个根本性的境域——"存在的空间"。Dasein 所具有的那些消泯疏远、采取方向和牵扯钩挂的特点无不出自这个它切身具有的处所本性。只因为 Dasein 从根本上就具有这个存在的空间,它才一定要通过"在那里[世界]"而理解"在这里[我]"。第二,这个 Dasein 本来具有的存在空间乃是一种"解蔽"或"打开遮盖"的状态。这里仍然存在着相互缠结的结构。"解蔽"意味着"解"(打开)与"蔽"(遮盖)的相互需求和纠缠。因此,第三,Dasein 这个存在者就是它的"Da",即由它与世界的相互缠结而构成的那个根本性的[时机化]境域。

按照海德格尔,这样一个缠结的解蔽之域即是 Dasein 的悟性"光明"所在。他讲:"当我们以一种存在者的和比喻的方式谈论在人之中的'天然的光明'(lumen naturale)时,我们所说的实际上就是这个存在者的生存论的和存在论的结构,即它以一种去是(zu sein,去存在于)它的'Da'的方式而是[存在]。说它被照亮了意味着:它本身作为在世界之中不是通过其他存在者而被打开见光的;相反,它自身就是这个打开见光之地(Lichtung,林中空地)。只有就这么一个

[①] 海德格尔:《存在与时间》(*Sein und Zeit*),第 132—133 页。

被如此打开见光着的生存着的存在者而言,现成物才可在光明之中成为可接近的,并在黑暗中成为被遮蔽的。……这个 Dasein 就是它的解蔽状态。"① 从古希腊开始,西方思想就将真理比喻为光明,将理性和理解比喻为那让光明透入者。"Da"对于海德格尔意味着那让光明透入的开口处。但更关键的是,这光明并不是从什么外在的"神性"或"最高理念"而来。它的真正来源即 Dasein 与世界、与存在本身的相互缠结和发生,也就是出神态的时间性滚涌。他在《存在与时间》中的另一处写道:"我们之所以能理解这个打开处的光明,绝不会是因为我们找到了某个先天的和现成的力量,而是因为我们追问 Dasein 全部存在的机制,追问牵挂及其生存论之可能性的统一基础。这个出神的(ekstatische)时间性从根本上使此 Da 展开而有光明。"② 时间的"出神"与 Da 的"打开"既有思路上的内在关系,又有词意上的隐喻关联。前面讲过,"出神"在古希腊文中有"站出"、"移开"之意,这与在茂密蔽障的森林中"打开"或"疏朗开"一块"空地"("存在的空间"、"Dasein 的处所")有着密切的联系。而且,按照海德格尔的思路,正是因为 Dasein 从根本上是牵挂的、时机化的和出神的,它的 Da 才是带来光明的一块空地或从根本上含有存在可能性(Seinkönnen)的空间。

1.3 分析和总结

为了进行下面的讨论,有必要对以上所讲的作一分析和总结。

第一,海德格尔使用"Dasein"与传统哲学中,比如黑格尔逻辑学中所使用的这个词的意义很不一样。在黑格尔那里,"Dasein"指通

---

① 海德格尔:《存在与时间》(*Sein und Zeit*),第 133 页。
② 海德格尔:《存在与时间》(*Sein und Zeit*),第 351 页。

六、"Dasein"的含义与译名　　87

过"变易"而扬弃了"有(存在)"与"无"的抽象性而达到的结果。一般译为"定在"、"限有"或"实有",它与人的存在没有直接的关系,是一个(辩证)逻辑中的概念。这个概念虽然比"纯有"与"纯无"更具体,但仍然是很初级、很贫乏的,有待于在辩证发展中得到进一步的规定。在海德格尔这里,Dasein 指人的存在及其存在的方式,而且恰恰是用来表达这种存在中并不能让普遍化概念把握的那样一个与存在(纯有)相互引发的根本境域。当然,黑格尔讲的和海德格尔讲的"Dasein"有某种相似,它们都与"有(存在)"和"无"有着重要的关联,也都是一种有限的存在。不过也只此而已,因为两者对于"有"、"无"、"有限"、"Sein(纯有或存在)"与"Dasein"的关系的看法都极为不同。

第二,海德格尔的 Dasein 思路与传统的主体观有深刻的差别。而且,他用"Dasein"来表示人的存在方式的一个动机就是要揭示这种差别的存在论含义。从柏拉图起,西方哲学家们认为思想在本质上是一种概念的或观念的活动。在笛卡尔开创的近代哲学中,"主体"几乎被等同于这样理解的"我思",不论它是唯理论型的还是经验论型的。与这种主体相对的是客体(对象世界),它也同样是通过观念抽象达到的。这两者(主、客体)被认为从根本上或逻辑上是可以分开的。至于探讨两者之间的关系,则被认为是"认识论"的职责。这种主体观及连带的形而上学的存在观的影响是如此之大,以致走在现象学道路上的胡塞尔也感到必须将自己的"意向构成"塞入一个"先验的主体性"中才算是避免了心理主义。与所有这些都不同,海德格尔的 Dasein 在一个很根本的意义上了结了传统的主体观和存在观。按照这个新的识度,人从来不是,也根本不可能在思想上被把握为一种与世界离得开的主体。因此,他既不能在经验之先就以"先验逻辑"的方式认识或规范世界,也无从按照传统的经验反映论的说法,被一个外在的客体世界所"决定"。他与世界的关系乃是一种根本的相互缠结和发生。同理,思想与存在之间也不是一个把握与被把握、决定与被决定的关系。海德格尔后期的写作中甚至更加突出了这种相互缠结和引发的实在观。"Ereignis"(意为"在相互引发中而成为自身并保持自身")这个词被频繁地用来阐明这个思想。

第三,Dasein 表明了一种思想方式上的根本转向,即从普遍化的、种属概念的、线性的方式转向一种相互缠绕[中发生着]的、存在域的和非线性的方式。这样,海德格尔真正消除了主体观中的心理学的因素,让纯思想的、纯境域显示的,也就是纯存在的要求得到了舒展。因此,人理解和解释世界的方式被从根本上矫正了。在海德格尔看来,人"投身于"或"站出到"世界中时并不是像萨特所批评的那样是"失掉了意识这一维",而是"化入了"或"站到了"他所是的那样一个存在论境域中。正是由于萨特没有真正领悟海德格尔在思想方式上的转向的存在论意义,他才会认为他的这位老师所讲的 Dasein"出神态地投入"世界之中具有一种理论上的危险,即将人变为"物状的和盲目的在自身之中"。因此,需要某种与外界绝对不同的,从根本上是"无"的"意识"来挽救之。①

第四,"Dasein"中的"Da"并非是与"sein"(在)不同的另一特性或种差。它的功能与传统对"人"的定义,即"理性的动物"中的那个形容词"理性的"很不一样。海德格尔用"Da"是要表明人("这里")与存在("那里")的那种通过相互缠结而得其自身的境域的关联;或者说成是这种关联本来就具有的透明性乃至光明性。所以,"Da"具有"解蔽"、"打开"、"疏朗开"这些与真理之光密切关联的意义。当然,对于真理的看法也就必须随之转变。真理的原意不再被看作思想、判断、

---

① 见萨特:《存在与无有》(*Being and Nothingness*),H. E. Barnes 英译,New York: Washington Square Press,1956 年,第 120 页;第 2 部分,第 1 章,第 1 节。

命题与一个外在世界中的情况的"符合",而是 Dasein 与世界在存在论意义上的相交相缠所发生的当场"开启"。Dasein 就存在于真理之中。它从根本上不能不是真的和向世界打开的,尽管这种境域本身放射出的真理光明在被抛投的"在世"状态之中通常被遮蔽了。

第五,Dasein 的这种本性在"牵挂"和"出神入化的时间性滚涌"中得到了鲜明的展现。

2. "Dasein"的译名——"缘在"

从以上的论述和分析中可见,要合适地、不失其主要含义地用中文翻译"Dasein"是不容易的。其实,这种困难不仅是翻译这一个词的问题,海德格尔的全部著作中都充满了非概念的和进行当场显示的思路和表达方式。翻译他的作品势必比翻译哪怕是胡塞尔的著作也要难许多。所以,我们常听到这样的议论,即海德格尔的书,尤其是《存在与时间》,是无法翻译的,或无法在不失去原味的情况下翻译为中文。对于这样一个颇有道理的判断,我却不敢完全赞同。这里涉及对于"语言的本质"和"翻译"的看法。按照传统观念,语言的本性就在于表达思想中现成的概念和观念,那么确实,不规范的、非概念的思路和表达方式就几乎无法被有效地转译到另一个语言中去。在这种观点看来,这类非概念的表达只是一种无内在结构的、发散的杂音或泛音,想在另一个语言的概念表达的主流之外找到对等的"泛音"的概率实在微乎其微。但是,如果像海德格尔、晚期维特根斯坦、G. 雷考夫和 M. 约翰逊[①]等人所认为的那样,自然语言的本性就是

---

① G. 雷考夫(Lakoff)和 M. 约翰逊(Johnson):《与我们共存的隐喻》(*Metaphors We Live By*),Chicago and London: The University of Chicago Press,1980 年。

非概念的(诗的、游戏的、音乐式的、隐喻的),那么对于非概念的表达式的翻译就不再是"原则上不可能"的了。因为,按照这种新看法,一方面,"非概念"的表达是被收敛于或存在于每一个自然语言的发生域或存在空间中的;另一方面,"翻译"也不再以"一对一"式的符合为标准,而是以打开一有效的对话情境(域)或交流空间为自己的目的。实际上,人类总是首先以非概念的或前概念的方式达到某种深切的相互理解的,只要我们不再将概念上的普遍性认为是正确理解的标准,从而贻误了前概念域的开启。

人类的"生活世界"从表面上看千差万别,但它们最深的牵挂和关切之处却是息息相通的[注意:"相通"不等于"相同"]。所以,属于和参与构成这个生活世界的语言虽然没有线性的公度性,却往往具有域的可比性。更何况,我们在这里面临着一种特别有利的局面。第一,海德格尔是西方大思想家中与东方,特别是中国的思想方式有着特殊关联的一个。他的主体观和存在观已跨出了西方传统的概念哲学的框子。虽然他的思想与被流行方式所理解的东方思想绝对说不上很相似,但原来横在东西方思想之间的最硬的那一层壁障——概念型的思想方法——已被打破,一种有深意的交流已是可能的了。第二,中国的文化自古以来是一个充满了哲思的世界。印度文化,特别是佛教的传入曾引发过最深入持久和大规模的思想交汇和创新。所以,中文里用来表达纯思想的非概念语言,包括那些已被融合吸收了的翻译语言,就像中国的自然物种一样古老、丰富和层出不穷。基于这样两个理由,对海德格尔著作的中文翻译就不应逊于西文(英、法、俄、西班牙等)的翻译。

在翻译《存在与时间》时,我们似乎还有一个技术上的选择,即像上面的译文那样,不翻译"Dasein"和"Da",以减少误解。但是,从长远看,这不是一个最好的选择。"Dasein"这个词在海德格尔那里充满了穿针引线的微妙含义,把它赤裸裸地放在那里无异于将理解的负担完全推给了读者。而且,如果我们能找到一个得多于失的译名,那么整个译本的气韵和思路就会活泼起来,对于原作的理解就会深入得多。

现在最流行的关于"Dasein"的译名是"此在"。从上面所翻译的《存在与时间》中讨论"Da"的那一段话(德文版第132—133页),并联系到海德格尔本人的中心思想来看,这个译名并不合适。海德格尔明确地讲到"Da"的日常含义有"这里"(此)和"那里"(彼)的意思。而且,他正是要利用这个词的这种两者兼具的牵挂性来表达"彼"、"此"之间的相互构成,以显示出一个根本的存在境域。所以,"此"这个字与海德格尔的存在论的境域型思路是不合拍的。"此"就非"彼",如何再做手脚?试读一下这段现有中文版中的译文:"本质上由在世组建起来的那个存在者其本身向来就是它的'此'(Da)。按照熟知的词义,这个'此'可解作'这里'与'那里'。一个'我的这里'的'这里'总是从一个上到手头的'那里'来领会自身的。"①这里确有一些字面上的不通之处。"此"意味着"这里",它怎么可以同时解作"这里"和"那里"呢?

前面已经提到,"Da"在德文中是个很活泼、很"滑溜"的词,有"那里"、"这里"、"于是"、"那么"、"但是"、"那个"、"这个"、"因为"、"当……时"、"虽然"等意。具体取何意思要依上下文而定。而且,这个词还常与别的词一起组成复合词,比如"dadurch"、"dafür"、"dam-it"等等。在海德格尔著作的英文译作中,"Dasein"有时被译为"在—那儿"(being-there),就是取"那儿"的不确定但又有所指的某种"域"的特点。当然,这并非很好的选择。"there"(那里)并没有"Da"所要

---

① 海德格尔:《存在与时间》,中文版,第162页。

求的那种发生性和牵挂性。在中文中"那在"这个译名亦不可取。至于另外的选择，比如"定在(有)"和"限有"等，也都不尽合适。"定在"如果作为"确定的存在"，就与海德格尔的"Dasein"所包含的"去在"(Zu-sein)这个意思直接冲突。前面的讨论已表明，在海德格尔的思想中，人并没有一种可被概念规定的本质。"限有"(或类似意义上的"定有")从意思上倒与"Dasein"无何冲突，因为 Dasein 对于海德格尔来讲从根子上就是有限的。但是，"限"或"定"在中文里的意思太死板，毫无活转发生的味道，亦无"域"的含义，所以不合用。

考虑到上节讨论的"Da"在海德格尔"Dasein"中的种种含义，我认为对它的翻译必须满足几个条件。也就是说，它的译名必须具有(1)相互缠结；(2)纯发生或生成；(3)有限；(4)域或存在空间；(5)原初的时间这样五个基本意思。如果可能，最好也有"开启"之意。纵观中国思想史上出现过的文字，环顾我们日常生活的用语，我认为"缘"是一个比较合适的字。这就是说，"Dasein"这个词可译作"缘在"。下面就分述这个提议在字意上和思想上的理由。

首先，按许慎的《说文解字》，"缘"的原意为"衣纯[发音为 zhǔn，'边缘'意]"，"从系，象声。"①"系"则训为"细丝也，像束丝之形。"②所以，"缘"字本有(衣裳的)"边缘"和"束丝"之意，由此，这个字在中文中衍生出了我们的译名所要求的几乎所有的意义。

第二，③从"边缘"和"细丝"，就有了"攀援"、"凭借"之意。比如，"缘木求鱼"(《孟子·梁惠王上》)、"缘耳而知声，……缘目而知

---

① 许慎：《说文解字》，中华书局，1979 年影印本，第 275 页。
② 许慎：《说文解字》，第 271 页。
③ 以下讨论，多有采用《辞源》(商务印书馆，1982 年修订本，第 2455 页)及中华书局翻印的台湾高树藩编纂的《中文形音义综合大字典》(1989 年增定三版，第 1331—1332 页)二书之处。

形……"(《荀子·正名》)、"都卢体轻善缘,此原竿戏也"(《通俗篇》)中的用法就是如此。这便与"Da"所含的"缠结"之意很相近了。

第三,"攀援"、"凭借"等既意味着"因由",如陆游《晓出城东》诗中"巾褐已成归有约,箪瓢未足去无缘",又有了"机会"之意,如《史记·田叔列传》中"少孤,贫困,为人将车至长安,留求事为小吏,未有因缘也";又见于"笼鸟得缘便飞去"(黄君玉:《杂纂·乐自由》)这样的句子中。由此,"缘"便具有了一种原本的"时间"的含义,所谓"恰逢其时"的"机缘巧合"是也。

第四,"边缘"即包含"有限"之意。口语中常讲的"缘分"就有"定分"的意思。比如"淹速从来但信缘,襟怀无日不超然"(陆游:《秋兴诗》)、"如今是你无缘,小生薄命"(《西厢·酬韵》)等句中的用法。

第五,由"边缘"衍生出"围绕"和"沿着"这样的意思。比如《荀子·议兵》中"限之以邓林,缘之以方城"一句,"缘"字就是"围绕"之意。在"缘溪行,忘路之远近"(陶渊明:《桃花源记》)中,则是"沿着"的意思。这两者都与"空间"相关。更何况,"边缘"本身就含有"一块或一条边角的空白"之意,与"Da"的"疏朗开的林中空地"之意颇有相关之处。

第六,最重要的是,由于佛经翻译中使用了这个字,"缘"在中国文化的发展中获得了极丰富的纯思想意义,使它本来就具有的那些"前后(时)牵挂,左右(空)攀援"的字意被极大地深刻化和"存在论化"了。在佛经,特别是大乘中观经论的翻译中,"缘"被用来翻译佛家的一个中心思想,即"缘起性空"的实在观。比如龙树(Nāgārjuna)所著的《中论》就开篇明义地点出此缠结和非概念的"因缘"中道观。请看鸠摩罗什的译文:

不生亦不灭,不常亦不断;

不一亦不异,不来亦不出。

能说是因缘,善灭诸戏论;

我稽首礼佛,诸说中第一。①

"因缘"的(拉丁字母化的)梵文是"pratyaya"。在大乘特别是中观学说中,它的本意并非任何可从观念上理解的"原因",而是纯粹的"攀援"和"牵挂"。在英译本中,"pratyaya"被译为"关系条件"(relational condition)②或"依存(的)"(dependent)。③ 梁启超亦将此"因缘"理解为"关系"。他讲:"因缘这个字怎么解呢?佛典中解释不下几百万言,今不必繁征博引,试用现代通行的话解之,大约'关系'这个字,和原意相去不远。"④将"pratyaya"理解为"关系"或"依存",当然比因果意义上的"原因"要好,但仍然可能引起误解。这里要强调的一点是:这"关系"并非两个现成的存在者之间的关系,而"依存"也并非一个存在者对另一个存在者的依存,不然的话,大乘中观就要被曲解为相对主义的存在观了。实际上,龙树用这个词要表达的乃是一种无任何外在前提的相互攀援的实在观,或纯粹的和空性的缘起观。整部《中论》一再反驳的论点即是各种各样的有前提的和不纯粹的缘起观。这些缘起观对"生"、"灭"、"常"、"断"、"一"、"异"、"来"和"出"这些词的理解不是充分"缘"化了的,而是依据某些所谓"有定性"的观

---

① 龙树:《中论》,鸠摩罗什(343—413 年)译,见《大正藏》第 30 卷,第 1564 页。

② 见稻田龟男(K. Inada)的英译本《龙树:中论之翻译及引论》(*Nāgārjuna：A Translation of His Mū lamadhyamakakārikā with an Introductory Essay*),东京 Hokuseido 出版社,1970 年,第 37 页等。

③ M. 斯普宏(Sprung)的《中论》(月称注)英文译本《对于中道的透彻解释》(*Lucid Expositon of the Middle Way：The Essential Chapters from the Prasannapadā of Candrakirti*),Boulder(America): Prajna Press, 1979 年,第 238 页。

④ 引自《中文形音义综合大字典》,第 1331 页。

念化说法(名)和存在者(相)的。因此,就妄生分别,认为"生者"在根本的意义上不同于"灭者"、"常者"不同于"断者"等等。对于一个佛教徒来讲,这种分别心最常见的表现就是认"涅槃"(nirvāna)所代表的"了境"与"世间"(samsāra)所代表的"苦境"是根本不同的。不然的话,修行和证悟还有什么意义呢?可是,按照龙树和大乘般若学的纯缘起的实在观,涅槃与世间不可能有"存在论"意义上的区别。《中论》讲道:"涅槃之实际,及与世间际,如是二际者,无毫厘差别。"①这是令一切概念型的思维"百思不得其解"的最根本的相互缠结,是慈悲入世的菩萨行的佛学根据,也是后来华严、天台和禅宗思想的泉源之一。

以这样的"存在观"去观照,下面这段《中论》中最著名的文字才能得到一个完整的理解。

众因缘生法,我说即是空[无];
亦为是假名,亦是中道义。②

正因为因缘就是根本的相互缠结而非任何有定性的存在者,此"因缘法"或"缘起"(pratityasamutpāda)本"空"(sūnyatā)。但此"空"并非实在之空或有定性之空。所以,它必化为世间之名相。在这个含义上,它也就是"中道"(madhyama)。此中道并非形式上的"取其中",而是根本意义上的在相互缠结之中。

自古以来,"西方"来的学说不知有过多少种,唯有佛教中的大乘能在思想上与中国文化接通血脉,开出充满灵性和生机的花朵,不能

---

① 《中论》,第 25 章,第 20 节;《大正藏》第 30 卷,第 1564 页。
② 《中论》,第 24 章"观四谛品",第 18 节;《大正藏》第 30 卷,第 1564 页。

不追源到这个相互缠结的中道实在观。中国古文化中占优势的学说（儒、道）从来没有一种根本意义上的等级观。"人皆可以为尧舜"、"阴阳相济"、"通天下一气"的思想方式有助于造成这样一个事实，即中国既没有西方意义上的宗教统治，也没有中古和种姓社会中不变的（"定性的"）等级。在这样一个文化中，那种"妄加分别"的说法总是遭到下意识的抵制。而对佛家大乘这种包含着"众生平等"和"相互缠结"的实在观的思想天然地就有一种亲近感和"缘分"。

可以看出，这种中道之"缘"与海德格尔要用"Dasein"之"Da"所表达者有着思想上的深切微妙的关系。本性空的和中道义的缘起之"缘"以及"缘"这个字本身的丰富含义满足了"Da"所要求的那五种基本意义。第一，"缘"这字义本身就包含了"相互缠结"的结构，通过中观、华严、天台各宗的阐扬，更具有了根本意义上的全息之意及认知上的"通体透彻"和"光明"之意。第二，"缘（起）"、"因缘"即有"纯发生"和"生成"之意。当然，这并非因果意义上和宇宙论意义上的"发生"，而是纯"存在"的和自在自为的。这两种"缘"的意思，即"相互缠结"和"纯发生"，都是以前用来翻译"Da"的词，比如"限"、"此"、"定"所不具有的。第三，"缘（分）"从根本上就是"有限"的。对于神来讲无所谓缘分；只有对于人这种有限存在者，缘（分）才是根本的"命运"。由于这些原因，人这个在其最切近处带着"缘（分）"的存在者才与同样缘起的"世界"或"世间"从根本上不可分，并对这个世界有一种前概念的投射和理解。很清楚，"缘"的思路与海德格尔关于"Dasein"的"在世界之中"、"良知"、"解释学境域"、"先行之决断（打开）"、"牵挂"和"时间"等思想有着相通之处，乃至相互发明之处。所以，第四，"缘"从根本上就不是线性的和可概念化的，而是"际域（际遇）的"、"拓扑的"、"原本空阔的"和具有一个"世间"或"存在论的空间的"。海德格尔的"存在论的域"与这"缘起之域"从思想方式上讲可说是水乳交融。这一点在他后期关于"Ereignis"的讨论中表现得更明显。① 最后,正如上面已讲到的,"缘"还有"机会"和"恰逢其时"这样的原本时间的意思。"缘"有没有"开启"之意呢?也是有的。作为"边角处的空白","缘"具有可与"林中空地"(Lichtung,或译为"澄明")相比拟的"疏朗开"、"打开"之意。此外,"缘起性空"中的"空"(sūnyatā)字,本意即为一种饱满的充满了发生张力的开启。而且,"缘"这个字既是名词,又是动词、副词和介词,②使用起来相当活转,很容易切合上下文的要求。所以,我的结论是:"缘"是一个可用来翻译海德格尔的"Dasein"中的那个"Da"的词。将"Dasein"译为"缘在"会增进读者对于海德格尔思想的了解。

下面,让我们将《存在与时间》中几处讲的"Da"译为"缘",看其效果如何。请读者同时在心中将此译名与"此"、"限"等其他译名作一比较。第一段就是前面译引过但未将"Dasein"和"Da"翻译为中文的那一段。现在,它是这样的了(我对每个单独的"缘"字使用了加重号):

> 在任何情况下,这个从根底上被"在此世界之中"构成的存在者本身就是它的"缘"。按照它的通常意义,"缘"(Da)意指着"这里"和"那里"。一个"我这里"的"这里"总是从一个应手的"那里"来理解自身的;这也就是说,从朝向"那里"的、正在消远〔消泯疏远〕、取向〔采取某个方向〕和牵挂着的存在中来理解自身。缘在(Dasein)的这个生存的空间以这种方式决定了它的"处所",而此生存空间就植根于这"在此世界之中"。这个"那

---

① 参见海德格尔:"语言的本性"、"艺术作品的本源"、"建筑、居住、思想"、"通向语言之路"、"物"、"同一的原则"等篇文章。
② 见《中文形音义综合大字典》,第 1331—1332 页。

里"决定了在世界里面所遭遇者。"这里"和"那里"只有在一个"缘"中才可能;这也就是说,只有当一个作为此"缘"之存在的存在者已经将空间打开了的时候才可能。这个存在者在它最切近的存在中携带着这个解除遮蔽的特性。"缘"这个词意味着这个根本性的打开或解蔽状态。通过它,这个存在者(此缘在)与世界的在——缘(Da-sein)一起,为了它本身就是这个"缘"。①

我相信,对于任何一个了解"缘"的各种日常用法和含义的人,这段话从文字上是通顺的,也是不隔膜的。对于一个具有最一般的佛学知识的人,这段译文是有意趣的和唤起思想的。

再看这一段:"本章[第一部分第一篇第五章]将要阐释'在……之中'本身,即这个缘之存在。所以,这一章分为两部分:(A)此缘的生存构成。(B)此缘的日常之存在和此缘在的沉沦。"②熟悉龙树中道观的人会理解为什么"'在……之中'本身"与"缘之存在"或"缘起"(英文译作"dependent origination")是深切相关的。而且,在这个识度的引导下,讲这个缘的"生存构成"、"日常存在",以及"缘在的沉沦"等等都是再自然不过的了。正是人的因缘构成了所有这些"在世"的形态。如果将这里的"缘"换为"此",不仅行文会变得不够通畅,一些微言妙意也就失去了。此外,二十九节的标题"Das Da-sein als Befindlichkeit",现行译本译为"在此——作为现身情态",确也说得上是文从字顺,但如改译为"作为现身情境的缘—在",则会增加一层缠结发生的意味,等等。总之,希望读者按中文版索引中"Da"字条③给出的所有出处,试将"Da"转译为"缘",即可将本文所讲的关于

---

① 海德格尔:《存在与时间》(*Sein und Zeit*),第132—133页。
② 海德格尔:《存在与时间》(*Sein und Zeit*),第133页。
③ 海德格尔:《存在与时间》,中文版,第534页。

这个词的数层意思慢慢体会出来。

有人可能会问:将"Da"译为"缘"会不会将海德格尔的《存在与时间》染上不必要的佛学色彩,并因而遮盖了它的原意呢?这倒确是一个值得考虑的实际问题。不过,我有几个理由来减轻这种担心。

第一,从上面给出的一些关于"缘"的字义的例子可见,这个字到汉代已具备了我们的译名所需要的那几种基本意思:"攀援"、"凭借"、"机会"、与"时"有关的"机缘"、与"空间"有关的"边缘"、"围绕"、"沿着"等等。所以,即便不考虑大乘佛学带来的效应,这个字也是比较合用的。何况,就是在先秦道家的《庄子》中,这个字也已有"缘督以为经"(《养生主》)这样的玄学和气化的含义了。

第二,中观的识度与海德格尔的存在论虽不尽相同,却实有极深刻的可沟通之处。所以,这样的翻译在很大程度上也是道其所然。

第三,纵然带入了一些佛学色彩,也是得大于失。海德格尔关于"Dasein"的思想的微妙之处非在一个同样或更加微妙的理解背景中不足以充分舒展开来。能通过佛家、道家或儒家来理解海德格尔这件事本身已是一段很有意义的东西方思想交流的"缘分"了。

七、本体论为何是诠释学？

现代中文的哲学术语（其中相当一部分出自日本人之手）中，"本体论"被用来译"Ontologie"或"ontology"；而"Ontologie"的本义是"关于存在（eon, Sein, being）的理论"。所以这个词可以被译为"存在论"、"本体论"、"有论"、"是论"，等等，就看我们如何译"eon"、"Sein"或"being"了。另一个要点则是，"eon"这个词是古希腊文中系动词"eimi"的动名词的中性形式，因而"存在"或本体的问题与这种拼音文字的系词现象，也就是使用"是"的判断句这样的语言现象密切相关。

对于"搞哲学"的人来讲，特别是深受西方古典哲学影响的人来讲，"存在"似乎天然就应是最关键的一个哲学术语。其理由是：它执行着最普遍的（一切东西都是"存在者"，都含有存在）、最高级的（高出存在者，无可理喻）的理智功能；没有"存在"，就一切都"不存在"，也就是一片黑暗，毫无意义，等等。于是，"存在与思维的关系"、"存在的种类和性质"、"存在可不可以被认识"、"如何认识存在"就成了哲学的最重要的问题。然而，我相信，对于那些与利马窦（M. Ricci, 1552—1610）交往的明末清初的士大夫而言，对于清末初读洋玄学、洋理学的中国知识分子来讲，"being"或"存在"的问题想必是个怪诞的问题，追究它似乎是在做一种叠床架屋的费力游戏。讲"花红柳绿"，语意已足，却偏要说个"花是红的；柳是绿的"。历史上讲"天道"、"仁义"、"阴阳"、"自性"、"有无"、"理气"不就是精微之学吗？何必非要围着"存在"作文章？

从今人的角度看,这种反应并不是"思想落后"或"缺少概念思维能力"的表现,而是一种天—真(天然含有某种真理)的反应。"存在"以及它所依凭的语言现象确实是属于某个历史阶段和某种特殊语境的,绝没有涵盖全部人类的纯思维的普遍性。它是一种"行话",而那些还没有受它摆布的人们有理由、并且应该对它感到奇怪。由这种惊奇开始,可以出现进一步的不同反应,其中的一种就是去弄清"存在"的原意。即便作为一个西方人,海德格尔也还没有失去这种惊奇感。他对于"存在"或"本体"的原本含义的追究导致了一种揭示"存在"语境的"诠释学"(Hermeneutik),或本体(存在)论意义上的诠释学。反过来说也是对的,即这种追究导致了诠释学意义上的本体(存在)论。

一般说来,"诠释学"指教人正确地理解和解释他人的话语,特别是文字话语(文本)的技艺。它在历史上特别指神学中对《圣经》的解释方法,在近现代则扩充到对文学文本及其他文本(比如法律文本)的解释。主要由于海德格尔的工作,诠释学获得了"哲学"的或纯思想的含义,与"现象学"和"存在问题"贯通了起来,并且赋予"解释"(hermeneuein, Auslegung, Interpretation)和"文本"以更深广的意义。

然而,这样一种内在的关联,即存在与诠释(hermeneus)的内在关联初看上去是费解的,特别对于那些已习惯于"存在"的观念意义或实体(ousia, substance)意义的人,很难将这种终极的(对于传统形而上学而言就意味着超时空的)实在与"诠释",即一种传递和解释语言信息的活动和技艺联系起来。"存在与思维"的关系已经够困难的了,而"存在与语言诠释"之间更似乎是风马牛不相及。但这里恰恰蕴藏着理解海德格尔思想,在某种程度上也是理解其后的欧陆哲学发展的枢机;扩而言之,它与后形而上学时代的中西哲学对话也密切相关。因此,本文就将讨论这样一个问题:为什么存在(本体)与诠释(语言的理解和解释)内在相关?说得更明白一些就是:为什么原本的存在就是原发的诠释,而原发的诠释也就是原本的存在?

1. 古希腊时代"存在"问题的语言背景

到毕达哥拉斯(Pythagoras),希腊哲学的面貌为之一变。尽管我并不认为毕之前的伊奥尼亚的(Ionian)哲学思想能被所谓"质料因"解释,也不能由那个意义上的"自然哲学"一语概括,但毕达哥拉斯以"数"为本原的看法,较之其前人而言确实是独特的,极深刻地影响了西方哲学后来的发展。除了其他影响之外,这种学说让当时的人们看到了这样一种新的可能,即形式符号的含义及其关系,其实也就是一种特殊的"约定"(nomos)语言和技艺,居然可以表达或"说出"(logos)似乎更确定和精巧的"对立"与"和谐",以及由它们体现出的"本原"。

克塞诺芬尼(Xenophanes)对于神人同形同性论(anthropomorphism)的批判与其说是出自伦理理性的立场,不如说是出自对于"神"这个词的确定含义("定义")以及与之有关的一整套普遍化语言的要求。他已开始为自己的观点进行"论辩"。如果我们仔细地读他关于"神不是发生出来的"等论证,就会清楚地感到他是力求利用语言本身的含义("同类"、"不同类"、"产生")来进行某种"演算",尽管不再用数学的语言了。克塞诺芬尼的学生巴门尼德(Parmenides)也同样受到毕达哥拉斯的影响,当然也认识到用那时的数学语言来直接解释人生与世界是牵强的。他要寻找的是一种有自然语言根基的,但又能进行必然的"数学"推算的"思想语言"。他发现以"存在"(eimi,"是")为中心的一套语言比以"神"为中心的语言更能满足这个要求,因为用"eimi"及其各种变式(estin;eon,mei eonta;einai 等)能做出更适合探索终极真理的"语言游戏"。让我们看他的一段名言:

> 来吧,我告诉你(你要谛听我的话),只有哪些途径是可以设想的。第一条是:存在[者]是存在的,它不可能不存在(that IT IS, and it is not possible for IT NOT TO BE)。这是确信的路径,因为它通向真理。另一条则是:存在是不存在的,非存在必然存在(that IT IS NOT, and that IT is bound NOT TO BE)。这一条路,我告诉你,是什么都学不到的。因为你既不能认识非存在(这确乎是办不到的),也不能把它说出来。①

很明显,这里有某种"自明"的东西,而且主要不是观念上的自明,而是语义上的自明。说:"存在是存在的,它不可能不存在"靠语言本身就"是确信的路径",因为"存在"的含义本身就说的"是存在",而"不是不存在"。从单义的观念上看,这种话是无意义的同语反复,但在当时的希腊语境和思想发展的脉络中,这话却表达出了很独特、深刻的"真理"。"eimi"及其诸变式既有"存在"的含义,又是系动词"是";因此说"存在是;存在不能不是"就确实说出了个意思,即"存在"与"是"这个语言现象是内在相通的。在中文里,说"善善"、"恶恶"、"亲亲"②和"诚者自成也,而道自道也"③是有意义的,甚至是有深意的;而在古希腊文里,说"存在存在"也是一样。更何况,在巴门尼德之前

---

① 巴门尼德:《残篇》2;译文主要取自《古希腊罗马哲学》,北京大学哲学系编译,商务印书馆,1982年,第51页,第4条。
② 《孟子》,尽心上。
③ 《中庸》,第25章。

的赫拉克利特也确实讲过:"我们既踏进又不踏进同样的河流;我们既存在又不存在(we are and we are not)"①一类反衬的话。

"存在"或"本体"问题就是这样进入西方哲学的;它与当时的说话方式内在相关,依其"语势"而发言,就像"道自道"的话与先秦中文内在相关一样。那时的中文却不允许出现"国自国"、"家自家"之类的说法。"存在"这个词将毕达哥拉斯的"数本原说"与克塞诺芬尼对"神"的要求的要义凝聚到了一点,在巴门尼德看来也是最纯粹的一点,即所说的必是其所应是(从数学错误和[克塞诺芬尼所批评的]荷马对神的描写看,"所说的不是其所应是"的现象确是大量存在的);用海德格尔的术语来讲就是:那"让说话带到眼前者本身也就是在场者的在场",②这也就是海德格尔理解巴门尼德"思维与存在是同一的"这一著名命题的基本方式。对于他,这句话意味着:由逻各斯(legein)引导的直观着的思想与存在(在场者的在场)是相互共属的。③而"逻各斯"在《存在与时间》的导论第 7 节中被明确地说成"将那在言谈中'这言谈'所涉及者(wovon in der Rede 'die Rede' ist)开显出来"。说得更准确些就是,"这[真的(echt)]言谈'让人看'(apho...),即让人从这言谈所涉及者本身来看。……那被言谈者应该来自那被此言谈所涉及者。"④可见,在海德格尔的"提要钩玄"的解释中,"存在"绝不只是观念意义上的存在,而是与"言谈"这种活生生的在场现象息息相通的。只有在活的语言现象,也就是表达、理解和解释中,人才能体验"假"的可能,知道"被言谈者"可以不来自"那

---

① 巴门尼德:《残篇》81。
② 参见海德格尔:《什么叫做思想?》(*Was heisst Denken?*), Tübingen: Niemeyer, 1954 年,第 147 页。
③ 参见拙著:《海德格尔思想与中国天道》,三联书店,1996 年,第 58 页。
④ 海德格尔:《存在与时间》(*Sein und Zeit*),1949 年,第 32 页。

被此言谈所涉及者";也才能体会到"存在不能不存在"的说法确实排除了某种可能,而以一种原发的"相互共属"来引导着求真理的人。

这种关于存在与逻各斯(思想着的语言,言谈着的思想)的看法经过了芝诺(Zeno)的悖论和智者们的雄辩术及论辩术的进一步激发,极大地影响了苏格拉底和柏拉图对"定义"的寻求。芝诺反对"运动"和"多"的归谬法使人看到,依凭语言的论辩能独立到什么程度,也就是说,语言的内在逻各斯能与常识对抗到什么程度。因此,对于智者们(Sophists)而言,一切智慧和力量的关键在于"能进入论辩的言说之中";言语的技艺就是思想和存在的技艺。"人"是万物中最奇异者,而奇异中的奇异就是这种存在者能让语言带到任何地方,不管它是诗意的仙境还是论辩的战场。"每件事物都可以有相互反对的说法"正表明"说法"的自由和放浪,而说出"人是万物的尺度"的普罗泰戈拉(Protagoras)也就要马上说道:"[随逻各斯而行的人]既是存在者存在的尺度,也是不存在者不存在的尺度。"这与巴门尼德正相反的"说法"的可领会性同样是靠希腊语言的逻各斯维持着的。倾向于巴门尼德的柏拉图在《智者篇》中却看出证明"非存在的某种存在('是')性"的极端重要,不然就无法"说"明错误和虚假的可能,也就无法"定义"在他眼中是弄虚造假的智者们。而在《泰阿泰德篇》中,他为说明可真可假的"判断(或意见)"为何不同于"知识"费尽了心机,而类似的问题("如何从逻辑角度说明假命题的可能")在二十世纪初激发维特根斯坦写出了《逻辑哲学论》。

亚里士多德对于"存在本身"以及"存在出于自己的本性而具有的那些属性"[①]的研究比巴门尼德的探索更明显地依据希腊语言的内涵。当然,他的形而上学主要依据的只是系词现象或判断句的结

---

① 亚里士多德:《形而上学》1003a。

构,而不是雄辩中的、反诘中的、作为"助产术"而使用的活泼语言。一种存在者或存在状态是不是终极存在或实体(ousia,此词也是 ei-mi 的变体,在这里意指"正是其是"),就要看它是不是只能作判断句的主词(所言者),而不能作谓词(去言者)。个体符合这个语言学要求,因而被当作第一实体,等等。能不能形成或如何参与形成判断句成了存在的规定性。

简言之,到亚里士多德为止,古希腊人对于"存在"或"是"的理解就活在语言的逻各斯之中,尽管从苏格拉底和柏拉图开始,对于"定义"和"理念"(相)的追求在大大消减这语境的力量。至亚里士多德的"实体",尽管它的系词"脐带"还未断掉,但"个体"与"形式"、"质料"等说法已经使得忽视语言逻各斯的倾向,或让这逻各斯干瘪为"逻辑"的倾向成为可能。后来西方存在论的发展就是沿着这条缺少语言本身的诠释力度的道路进行的。语境的在场性(存在)隐去了,只剩下出自这语境的,但已现成化了的在场者(存在者)。这种状况直到二十世纪才得以真正改变。

海德格尔一直将亚里士多德之前(包括亚里士多德)的希腊思想看作是具有现象学和诠释学维度的。他写道:"所有古希腊的伟大思想家,包括亚里士多德,都非概念地(begrifflos)思想。"[1]在他看来,这种非概念的现象学的洞见就表现在对于活生生的"在场状态"(parousia,Anwesenheit)的敏感上。据海德格尔自己回忆,在 1922 至 1923 年间,他有过一次极重要的"精神上的闪光",即领会到了或"看"出了"ousia"对于古希腊人意味着"不断地在场",而不是后人讲的"实体"。[2] 这种在场状态是一种开启(揭开蔽障,aletheia),并持续

---

[1] 海德格尔:《什么叫做思想?》,第 128 页。
[2] T. 克兹尔(Kisiel):《海德格尔〈存在与时间〉的起源》(*The Genesis of Heidegger's Being and Time*),University of California Press,1993 年,第 230 页。

地保存在现场。比如,海德格尔认为表示"存在"(eon)的另一个词是"physis"(一般译作"自然",在中文中可译为"原在"),它的含意是:出自自身的开放(比如一朵玫瑰花的开放),自身打开着的展现,以及那在此展开中显现自身并保持在那里、经受住它的状态。[①] 人通过"技艺"(techne)而引发出这样一种悬浮在当场的意义构成状态,而最重要的人类技艺就是语言。所以,语言的逻各斯,一种原发的"收拢",引导着希腊人对存在的领会。

总之,按照海德格尔,"存在"不是任何现成的存在者或实体,不管它是物质的还是精神的实体。存在总意味着一种根本性的发生("生成"、"开启")和维持着的状态。它与有时态、语态的系词现象相关,但绝不限于判断的形成,而是与更原本意义上的(生存化了的)时间、空间和语言不可分。

2. 人的实际生活经验

探讨存在论(本体论)在海德格尔那里如何变成了诠释学,或诠释学如何具有了存在论的含义,可以有不同的切入方式。比如他对胡塞尔所讲"范畴直观"和系词"是"的讨论,他分析亚里士多德所说的"实际智慧"(phronesis,明智)的文字,他关于巴门尼德的"存在"与赫拉克利特的"生成"为何从根本上是一致的讨论,他对康德"先验想像力的"阐发,《存在与时间》所提及的"诠释学的形势"、"理解"、"解释",尤其是"Dasein"基础存在论的诠释学本性,等等,都是可取的进路。然而,最原本的进路应该涉及海德格尔思想的形成期,即一

---

① 海德格尔:《形而上学引论》(*Einführung in die Metaphysik*),Niemeyer,1987年,第11页。

次大战前后的数年,特别是1919至1922年于弗赖堡大学的讲课。正是在这段时期,海德格尔"发现了他自己,第一次成为了海德格尔"。① 而且,更重要的是,在这些讲课稿,尤其是1920至1921年冬季学期的讲课稿《宗教现象学引论》中,存在论与诠释学的交融以一种方法论上最清晰的方式表现了出来。这"方法"既意味着思想的方法,又意味着表达或言语的方法。

经过多年的思想摸索,②到第一次世界大战后,海德格尔终于找到了自己独特的思想道路,尽管它在未来的延伸是曲折迂回的。上节末尾讲到,海德格尔将古希腊人所提出的"存在"或"本体"理解为一种根本性的发生(生成和开启)和维持着的状态。在他思想形成时,这种状态被明确地看作是人的实际生存状态,或"人的实际生活经验"。这种看法在他1922年10月写成的五十页手稿,即计划中的一本解释亚里士多德的书的开始部分中依然存在。到了《存在与时间》,"人的实际生活经验"被"缘在"(Dasein)所代替,但两者的基本思路是一脉贯通的。缘在的本性——牵挂(Sorge)着的时间性——就是领会存在原义的原初视域。然而,在那本大作中,时机化时间的诠释学和现象学的特性尽管被极天才地展示了出来,而且该书中亦有几节讨论了言谈、理解和解释,但毕竟未与语言诠释学直接衔接。三十年代后半期开始,海德格尔才在发表的著作中明确地将"语言"视为"存在之屋"[当然这个具体说法的出现还要到四十年代],尽管那时他几乎不再使用"诠释学"这个词了。但正如他所言:"来源(Herkunft)始终是以未来[Zukunft,去(zu)着的来(kunft)]的方式

---

① 克兹尔:《海德格尔〈存在与时间〉的起源》,第3页。
② 关于海德格尔的这些思想探索的历程,可参见拙著《海德格尔传》,河北人民出版社,1997年,前6章。

来着";①诠释学—现象学的起源或起点(Anfang)对于他始终是涌流着的源头。

因此,对于海德格尔而言,"存在"或"本体"必须通过人的实际生存状态才能得到非概念化的原发理解。在二十年代初,他就以"实际的生活经验"(die faktische Lebenserfahrung)来表示这种实际状态。他写道:"哲学[对于那时的海德格尔,'哲学'主要意味着'现象学'的'存在论']的自身理解的问题总是被过于轻易地看待了。如果人们彻底地领会这个问题,就会发现,哲学发源于实际的生活经验。并且,这源出于实际生活经验的哲学还要涌流回这经验之中。[所以]这实际生活经验的概念是基础性的(fundamental)。"②然而,应如何理解这"实际的生活经验"呢?它肯定不只是在一般的"实际阅历"的意义上讲的。从海德格尔对于它的论述中,可以看出,这个词指一种最原发的、主客还未分离的人生状态。"实际的"(faktisch)或"实际性"这样的词在德国后康德的唯心主义哲学家费希特和新康德主义者们那里也出现过,被用来形容最无理性的、"野蛮的"生活状态。海德格尔就是取其"最原发的"、"在一切概念分别之前"的含义,但并不认为它就是反理性的,因为那时连理性和反理性的对立也还没有出现。而且这"实际"也绝不意味着"被现实地和因果地决定着的自然状态",因它不能被任何认知理论的前提(主客区别,因果律)说明。它是一种原本的"历史[即活生生经历]状态"。③"生活"(Leben)及

---

① 海德格尔:《在通向语言的道路上》(*Unterwegs zur Sprache*),Pfullingen:Neske,1986年,第96页。中译文参见《在通向语言的途中》,孙周兴译,商务印书馆,1997年,第81页。

② 海德格尔:《宗教现象学引论》,《海德格尔全集》(*Gesamtausgabe*)第60卷(此卷书名为《宗教生活的现象学》,《宗教现象学引论》是它的第一部分),Frankfurt:Klostermann,1995年,第8页。

③ 海德格尔:《海德格尔全集》(*Gesamtausgabe*)第60卷,第9页。

与之相关的"(活生生)体验"(Er-leben)向我们显示出早期海德格尔所受到的狄尔泰和胡塞尔的影响。对于这两者,生活和体验都是发生着的、原本自明的意义源泉。只是狄尔泰讲的生活具有一个明显的历史维度,而胡塞尔说的体验则更多地表现为纯意向或纯意识的。海德格尔则居于两者的交点上,采纳并深化其原发的体验性而摒弃其相对性和意识的主—客二分性,因此他特别要强调这是"实际的"生活。在这个问题和下面马上要讲到的"形式显示"的问题上,海德格尔受过他的师兄拉斯克(E. Lask,1875—1915)的重大影响。[①]

海德格尔这样来描述实际的生活经验的特性:首先,这实际生活的经验方式是"无区别"或"不计较"(Indifferenz)的。也就是说,这种体验中还没有任何使得"……主义"的标牌得以挂上的区别,当然也还没有任何对象域的区别。但这无区别绝不是平板一块,要那样的话就不是"生活"和"活的体验"了。这无区别意味着一种根本的发生可能性(类似于胡塞尔讲的起着根本的构成作用的、"匿名的"边缘域,但将其进一步彻底化和存在论化了),因而根本就不可设想会有什么东西不能与之相通。"这实际生活经验似乎为生活的一切事件提供可能,差别和重音变换也完全处于这[生活经验的]内容自身之中。"[②]很明显,这里讲的"差别"(Unterschiede)不是主客体的区别,也不是对象域的区别,而只是实际生活经验内容自身中的"重音变换"(Akzentwechsel)。所以,这实际生活经验的第二个特点就是"自足"(Selbstgenügsamkeit),它同时意味着主动和被动、经验着与在经验之中被体验和维持着的。[③] 由此也就可知它的第三个特点,即

  [①] 关于这种影响可参见拙著《海德格尔传》第 6 章及拙文"'实际生活经验'的'形式显示'",《德国哲学论丛 1996—1997》,人民大学出版社,1998 年,第 30—38 页。
  [②] 海德格尔:《海德格尔全集》第 60 卷,第 12 页。
  [③] 海德格尔:《海德格尔全集》第 60 卷,第 9 页。

它总是一种"意味深长的状态"(Bedeutsamkeit),即拥有一个在差别中无区别,在无区别的自足中有"重音变换"式的差别的"世界"(Welt),表现为"周遭世界(Umwelt)、共同世界(Mitwelt)和自身世界(Selbstwelt)"。① 所以,这种原本的意义世界,既不是认识论的和形而上学意义上的,也不是实在论和唯心论可说明的,而是一种实际的和诠释学意义上的"形势"。"在这样一个决定着经验内容本身的意味深长的状态的方式中,我经验着所有我的实际生活形势(faktischen Lebenssituation)"。② 在后来的《存在与时间》中,海德格尔直接称此形势为"诠释学的形势"(hermeneutische Situation)。③

可以看出,海德格尔在二十年代初讲的"实际生活经验"近于他后来解释古希腊存在观时讲的"在场"(Anwesen),是一种"出于自身的开放,自身打开着的展现,以及那在此展开中显现自身并保持在那里、经受住它的状态"。这经验还没有区别经验者与被经验的对象,而是作为混然一气(无区别、自足)的意义发生的形势和世界而在场着。这一思想在他于一次大战中(1915年)完成的教职论文(*Habilitation*)中已初露端倪;在那里,"存在形态"(modus essendi)被解释为"一切可被体验者,一切在绝对意义上与意识相对立者,'粗壮有力的'现实;它势不可挡地将自己强加于意识,而绝不被甩开"。④ 更重要的是,这种粗壮原始的存在形态或实际状态并非是硬心的物质实体,而是具有它本身的主动展现方式的特殊理性形式,被称为"存在的主动形态"(modus essendi activus)。于是我们读到这样一段"意

---

① 海德格尔:《海德格尔全集》第60卷,第13页。
② 海德格尔:《海德格尔全集》第60卷,第13页。
③ 海德格尔:《存在与时间》(*Sein und Zeit*),第232页。
④ 海德格尔:《早期著作》(*Frühe Schriften*),Frankfurt: Klostermann,1972年,第260页。

味深长的"、预示他后来思想发展的话：

> 存在形态是处在理性存在之下的直接被给予的经验现实。这里必须指出的有重大意义的东西是：邓·司各脱将这种经验现实也刻画为有"理智"(ratio，理由、度量、动机、方式、关系）的，即带有某种观点、某种形式和某种因缘关系网（Bewandtnis）的。这相当于当今人们的这样一个表达："被给予者"也表现出了某种范畴的规定。①

这是在用司各脱、胡塞尔和拉斯克的术语来曲折地表达一种现象学和诠释学化了的存在观，它的真确含义只有在下一节的讨论才能显露出来。

3. 形式—境域的显示——实际生活本身的展示与表达

从上节的阐述已可看出，海德格尔"实际生活经验"的说法中有两个要点：第一，这种经验是最原发混成的"湍流体验"；第二，这无对象区别的体验本身却已经包含并表现出境域式的意义世界或诠释形势。换句话说，这原发的湍流体验本身的趋动势态就构成着前概念的领会、表达和解释的可能，或活的意义空间；"存在"主动地呈现着、表示着动态的形式和关系结构。海德格尔在 1920 年及其后来的一些年间称之为"形式显示"(die formale Anzeige，形式指引），准确生动地领会它对于理解海德格尔的全部作品，尤其是它们所蕴含着的

---

① 海德格尔：《早期著作》，第 260 页。

存在论诠释学的"方法"是最关键的。

让我们先看一下当时的一位新康德主义者那托普(P. Natorp)对于胡塞尔现象学的两条批评意见:首先,现象学的反思会使生活经验不再被活生生地体验着,而是被观看着;而这就会"止住[体验的]流动"。① 其次,对经验的任何描述都不可避免地是一种普遍化和抽象化,根本不存在现象学所许诺的纯描述。海德格尔极为看重这种痛切的批评,并且相信只有他讲的实际生活经验本身的形式——境域显示,而不只是胡塞尔的意向性构成学说,方能有效地回应它。也就是说,只有让"不被减弱的'生活(或生命)冲动力'"或"生活的最高潜能"②不打任何折扣地被释放出来,才算真正实现了"到事情本身中去!"的现象学口号。换句话说,现象学只有是存在论的和诠释学的,才合乎其最初的"意向"。

那么,应如何更确切地理解"形式显示"这个至关重要的方法论提示呢?海德格尔在他1919年的讲课稿中已经点出了它的基本特点:"在作为可体验者的某物[Etwas,与对象物(Objekt)相对而言的境域存在者形态]的意义中,也正是在它不被减弱的'生活冲动力'中,有着'朝向'(Auf zu)、'指向'(Richt auf)和'投向(Hin ein)一个(确定的)世界'的契机。"③可以看出,这是由生活冲动力本身的"朝向"、"指向"和"投向"所构成的意义世界,正在活生生地自身显现着;既没有被反思"止住",也没有被普遍化和抽象化地表达。这里的表达"契机"是纯关系趋向的("朝向"、"指向"、"投向")和境域式的("世界")。

---

① 海德格尔:《哲学的世界观与观念问题》(1919年讲课稿),见《海德格尔全集》第56/57卷,Klostermann,1987年,第100—101页。
② 海德格尔:《海德格尔全集》第56/57卷,第115页。
③ 海德格尔:《海德格尔全集》第56/57卷,第115页。

更具体地讲,海德格尔利用了胡塞尔对于普遍化(Generalisierung)与形式化(Formalisierung)的区别,然后更进一步,去除了形式化中还存留的对象化因素,从而达到了形式显示这样一个极具独创性的现象学—诠释学的方法或道路(Weg)。古希腊哲学家已经能自觉地运用普遍化方法,通过它,就能形成一个从低级的种或属上升到更具普遍性的属或类的概念等级。比如从"人"到"哺乳类",再到"动物"、"生物"等等;在此普遍化过程中,概念的外延越来越大,内涵越来越小。定义这样的一个概念就是给出它的属和种差,比如"人"可被定义为"有理性(种差)的动物(属)"。① 从表面上看,这种普遍化可以一直向上进行,最后达到最普遍的"存在"概念。但是,依照胡塞尔和海德格尔,这是不对的,因为普遍化到了一定程度之后必被形式化打断。例如,从"红"到"颜色",从"颜色"到"感觉性质"是普遍化,而从"感觉性质"到"本质"(Wesen),从"本质"到"对象"(Gegenstand)则是形式化,因为前者受制于"事物域"(Sachgebiet)的限定,后者则不受此限制。② "红"色有它的事物域,即一切具体的红色事物的集合;"颜色"的事物域则是由一切具体的颜色(红、黄、兰、绿……)组成,等等。但"本质"不受制于这样的事物域(说"本质的事物域由一切具体的本质或性质组成"没有意义),它的意义不能被属加种差的层级次序来决定;它是一个形式的概念,其意义来自"纯粹的姿态关系本身的关系含义"(der Bezugssinn des reinen Einstellungsbezugs selbst),而不来自任何"什么内容"(Wasgehalt)或事物域内

---

① 参见胡塞尔《逻辑研究》第一卷末章和《纯粹现象学和现象学哲学的观念》第一卷(即《观念1》,中译本书名为《纯粹现象学通论》)第13节。海德格尔《宗教生活的现象学》,《海德格尔全集》第60卷,第12节。

② 海德格尔:《海德格尔全集》第60卷,第58页。

容。① 因此,"这石头是一块花岗岩"与"这石头是一个对象"这样两个句子就属于不同的逻辑类型,因为前者的谓词("花岗岩")是事物性的,而后者的则不是。按照这个区分,"对象"、"某物"、"一"、"多"、"和"、"其他"等等只能被视为形式范畴。

自莱布尼兹以来,这个区分已在数学基础的研究方面隐约地为人知晓。现代分析哲学的开创者们,比如罗素和维特根斯坦也很关注类似的"逻辑语法"区分,依据它们去推翻两千多年的形而上学传统。人们却往往没有注意到,欧陆哲学在一开始也明确注意到了这类区分,而且在海德格尔这里这种区别被进一步深化和彻底化,达到了"形式显示",最终引导到"存在论的区分"。

海德格尔看到,这形式化的原本意义可能而且往往被掩盖住。掩盖的方式之一,就是将形式化概念视为"形式本体论的(formal-ontologisch)范畴"。这样,它的关系意义就又受制于普遍的对象域或"形式域"(die formale Region),比如数学中的抽象对象域,在最广义上也是一种事物域。海德格尔称这种看待形式化的方式为"不真正切身的(uneigentlich)理论态度"。为了达到"更本原的"思想和表达方式,他提出了"形式显示",用它来防止形式本体论的倾向,从而进一步实现(vollziehen)纯关系姿态的意义构成。海德格尔写道,"它[即"形式显示"]属于现象学解释本身的方法论的方面。为什么称它为'形式的'?[因为要强调]这形式状态是纯关系的。显示(die Anzeige)则意味着要事先显示出现象的关系——不过是在一种否定的意义上,可以说是一种警告!一个现象必须被这样事先给出,以致它的关系意义被维持在悬而未定之中。"②这种"悬而未定"意味着不

---

① 海德格尔:《海德格尔全集》第60卷,第58—59页。
② 海德格尔:《海德格尔全集》第60卷,第63—64页。

受任何对象域的规定,但它本身又绝不缺少意义;相反,这正是原发的、还未被二元化思路败坏的纯意义实现,因而最适于表达那"无区别"、"自足"、"有深意的"实际生活体验。这是更原本意义上的现象学还原和构成,绝不会"止住"或"抽象化"生活流的原发冲动,因为这被"凭空维持"的纯姿态关系只能靠它们原本趋向的相互构成而实现出其非对象化的意义,因而是纯境域、纯语境和纯缘发构成的。这样才从方法上排除了脱离实际生活体验的实体化倾向。

有了这样一种"形式上的"层层阐析,海德格尔所认可的"现象学解释本身的方法论的方向"与其他哲学方法的区别,以及它本身的特点才清晰准确地凸显出来。这真是一种在西方闻所未闻的依生命的实际冲动势态而境域式地(纯关系姿态式地)构成意义和领会的方法。前人有的强调生命或意愿的冲动力量,有人强调纯形式的结构或"纯描述",但没有一个人能将纯形式完全化于实际生活或生命的原发冲动,从而成为能在"悬而未定"的纯当场构成中从自身开显出先观念的境域领会的契机。这是有原发势态可依的纯描述或纯揭蔽,也就是"让那显示自身者,以自身显示的方式来从其自身那里被看到。"①这"以自身显示的方式"来"显示自身"者就是实际的生活经验。海德格尔后来的思想和写作就运行于此纯现象学的逻各斯(诠释)之道路中。有了这样一种方法论上的准备,再读《存在与时间》,就处处能"看"到或感受到生活实际势态(缘在,Dasein)"凭空"缘构的旋涡幻力和境域本身"得机得势"的微妙显示。

我们读到:"现象学描述的方法意义乃是解释(Auslegung)。缘在(Dasein)的现象学的逻各斯(logos)具有'诠释'(hermeneuein)的

---

① 海德格尔:《存在与时间》,第34页;此段充满"实际生活经验本身的形式显示"见地的话即海德格尔对"现象学"的理解。

特性,通过这诠释,存在的切身(eigentliche)意义和这缘在本身的(eigenen)基本存在结构就被通报(kundgegeben)出来,也就是向属于缘在本身的存在领会通报出来或传达出消息。缘在的现象学就是原本意义上的诠释学。按照这样一个原本意义,这个词就表示解释这桩事情。"[1] 不联系到上面讨论的思路,这段重要的话的确切含义就隐蔽在重重术语或"行话"之中。为什么"现象学描述的方法意义乃是解释"呢?早期胡塞尔难道不是强调对意向体验的纯描述而不做任何自己的解释吗?但我们这里已经知道,这"解释"根本不是依据个"什么"(自然主义视域中的对象或观念偏见)来做的关于个"什么"的解释,它只意味着将人的实际生活经验(缘在)本身的生存动势和所蕴含的消息(Kunde)"释放出来"(Aus-legung)、就其自身地活生生显示出来(An-zeigen)、当场传达出来。所以,海德格尔要接着说:"缘在的现象学的逻各斯具有'诠释'[此词从传达神的消息的赫尔默斯(Hermes)而来]的特性。"这诠释所传达的乃是关于"存在的切身意义"这样的具有终极意义的消息,因此这消息传达本身就绝不是再现式的,而一定如原本的"现象学时间"那样是发生式的和当场构成(呈现)着的;也就是说,是纯"形式—境域显示"式的;让那实际生活经验本身的关系势态以"悬而未定"的、即非事物域化和非再现化的方式当场呈现出来,使那实际经验(缘在)本身包含的前观念领会被不打折扣地实现出来、显示出来。所以,"缘在[即人的实际生活经验]的现象学[纯形式—境域显示的方法]就是原本意义上的[即'存在论意义上的']诠释学"。

---

[1] 海德格尔:《存在与时间》(*Sein und Zeit*),第 37 页。

4. 形式—境域显示方法的例子
——对保罗书信的解释

尽管我们已对形式—境域显示的诠释学方法有了某种"形式上的"了解，但不在具体的例子或"解释"中，就不可能"应手地"（zuhanden）领会它的当场构成的境域本性。下面让我们看一下海德格尔在《宗教现象学引论》中是如何运用它来解释《新约》中的保罗书信的，这种"解释"或"诠释"的基本特点全部体现在了《存在与时间》及他的后期"解释"（对多位哲学家的解释，对诗和技艺的解释，对老庄之"道"的解释，等等）之中。

海德格尔首先阐释保罗的"加拉太书"。保罗不像基督的门徒们那样是凭借与基督的现成关系而"称义"的。他不是基督的直接门徒，反倒在皈依之前迫害过基督徒，在皈依之后又到"外邦人[未行割礼的非犹太人]"那里去传道。这样的"客观历史"的形势就要求，他必须从自己的实际生活经验或"实现着的历史性"中找到并阐释出他的"信"（Glaube）的内在根据，令他自己和其他人信服这确是被钉十字架的耶稣基督所传的福音。海德格尔认为，保罗在这书信中处于"与犹太人基督教的斗争"之中。① 这种斗争表现为犹太律法（Gesetz）与信仰（Glaube）的对立。最早的基督教传道者往往仍然视自己为犹太教徒；他们与传统犹太教徒的区别仅在于相信被钉十字架的耶稣就是《旧约》预言要来的基督，并相信他是要救赎人类的上帝之子。所以，他们仍拘守犹太教的律法，即便向外邦人传教，也要求他们先行割礼，等等。保罗则从自己的皈依经验中敏锐地看出，相信

---

① 海德格尔：《海德格尔全集》第60卷，第68页。

耶稣(为)基督,就已经超出了律法。"人称义,不是因为行律法,乃是因信耶稣基督。"①因此,行割礼不是使灵魂"洁净"的必要方式。在海德格尔看来,这是两种态度之争,即依据现成者的理论态度与依据生活本身的现象学态度之争。保罗的"因信称义"实际上是在要求以人的原本生活经验为信仰的来源,海德格尔说,"这[两者]对立并不是最终性的,而只是一种先导。信仰与律法是两种不同的得拯救的方式。目标是'拯救',而最终则是'生活'。"②所以,海德格尔认为,"原始基督教的宗教性存在于原始基督教的生活经验之中,并且就是这生活经验本身。"③因此,能够领会这实际生活经验本身所蕴含的意义,尤其是将这意义表达(Explikation,解释,说明)出来就是至关重要的。对于这种不依据现成的"什么"而只通过实现着的"怎么"来表明自己信仰的真理性的生活经验来说,表达和解释绝不是一个从出的技术问题,而是推动着宗教经验的原发活动。这样,"传播"(Verkündigung)和"听信"(glaubenden Hören,导致信的听)福音就都是极重要的或"中心的"宗教现象。按照这种"福音解释学"的理解,保罗与他的周遭世域(Umwelt)及原始基督教团体的共同世界(Mitwelt)之间的关联就是根本性的,他与这些同道们之间的通信及其独特表达方式是由这样一个"解释学形势"造成的。它们绝不只是"世界文学"的作品。

只有对这样一个"形势"(Situation)有了敏感,我们才能克服"无法将自己置入保罗的周遭世域中去"这样一个传统诠释学所面临的困难,从而对保罗书信进行有内在依据的而非任意的解释。这也就是说,我们必须能够"从对象历史的(objektgeschichtlichen)关联转

---

① 《新约》,"加拉太书"2:16。
② 海德格尔:《海德格尔全集》第60卷,第69页。
③ 海德格尔:《海德格尔全集》第60卷,第80页。

向(Wendung)实现历史的(vollzugsgeschichtlichen)形势", 而这种转向也就出自"能够被实际生活经验提供的众关联"之中。① 将人类生活看作对象序列的历史, 就无法内在地沟通古今、彼此; 将其视为实现着的历史, 则意味着进入一个不受对象域或事物域局限的、由关系姿态构成的意义形势之中。这也就意味着从抽象化、普遍化转入原发经验的形式显示的方法论境界中来, 获得意义构成的切身依据。海德格尔说道: "'形势'对我们来讲是一个现象学术语。……因此, '形势'对我们就意味着委身于其中的实现着的领会(vollzugsmassigen Verstehen), 它根本不表示序列状态, ……(比如柏格森的'具体的绵延')。……很关键的是, 我们只能在形式显示中赢得形势的复合性(Mannigfaltigkeit, 流形性)。它的[复合中的]统一性不是形式逻辑的, 而只是形式显示的。"②

海德格尔对"保罗致帖撒罗尼迦人前书"的解释就旨在揭示原始基督教信仰经验及我们对它的理解的纯形势构成的本性, 并说明这经验最终应被视为原发的时间性的理由。这封信的"客观历史"背景可在"使徒行传"17章找到。保罗和西拉在帖撒罗尼迦传道三个星期, 既得到了一些信徒, 又招致当地许多犹太人的强烈反对和迫害, 最后不得不"在夜间"由新皈依的信徒陪伴着离开当地, 辗转而到雅典。他非常惦念帖撒罗尼迦那些"以全部生命跟从"了他的信徒们的命运, 于是派他的同伴提摩太前去帮助这些处于困苦患难之中的人们。当提摩太回来, 当面告诉了保罗那些人所具有的"信心和爱心的好消息", 也就是他们与保罗之间的紧密关联之后, 保罗就给他们写了这封充满了生死与共的真情和"形势感受"的信。

---

① 海德格尔:《海德格尔全集》第60卷,第90页。
② 海德格尔:《海德格尔全集》第60卷,第90—91页。

七、本体论为何是诠释学？

但是，如何将这封信和上述的客观历史局面转化为实现着的历史形势中的领会呢？海德格尔指出，这客观的历史关联本身提供了线索。它表明，在保罗和帖撒罗尼迦人之间有一种投入了双方生命的关系，保罗"在他们那里不可避免地在同时经历着他自己"，[1]实现他自己。这确实是一种在关系姿态中实现出的纯关系意义，不受制于任何现成的事物、身份和关系。然而，海德格尔要进一步从这封信的"表达"方式上来彰显这形式显示的局面。他敏锐地注意到，这封信中有一些关键词反复出现，比如"知道"(Wissen)和"成为"(Gewordensein)就出现了十几次。例如："被上帝所爱的兄弟们啊！我知道你们是主拣选的；……正如你们知道我们在你们那里，为你们的缘故是怎样为人。"[2]这表明保罗以两种方式在经历和体验着那些信徒的境遇：(1)他经历着他们的"已成为(基督徒)"；(2)他经历着他们"知道"他们的已成为(基督徒)的这个事态。"这也就意味着，他们的已成为也是保罗的已成为。"[3]因此，对这些词的重复就绝不是或不只是对某些客观历史事件的重复报道，而必须被理解为实现历史中的领会的需要，即要活生生地维持住并加强这种"已成为"的构成行为。换句话说，这重复的姿态(行为)本身就参与着它们当下意义的实现，使得"其已成为正是其当下的存在"。于是，这"正在知其已成为"构成了这"已成为"的存在，而这"已成为"也同样构成了这"正在知"的存在。这样使用和领会着的(词)——"已成为"、"知道"——就是作为形式显示词而非观念表象词而存在，它们带给这语境中的人们以原发的、主客不分的境域领会。"它只能出自基督教生活经验的

---

[1] 海德格尔：《海德格尔全集》第60卷，第93页。
[2] 《新约》，"帖撒罗尼迦前书"1:4—5。
[3] 海德格尔：《海德格尔全集》第60卷，第93页。

形势上下文(Situationszusammenhang)中。"①这"知"和"已成为"就都不能被现成的"谁(知)"、"(知)什么"事先规范住,它们的原本意义就只在说出它们、写下它们、阅读着它们的语境中被当场实现出来。因此,如诗句乐调,它们在境域中的重复出现有着原发构成的意义,表达着紧张饱满的生活体验流的构成趋向。正所谓"惚兮恍兮,其中有精,其中有信"。不靠律法建立的信仰在这种实际生活的形式显示活动中实现着自己、维持着自己,"服事那又真又活的上帝"。②

由此可见"形式显示"的特点。它们不是仅仅表示某种现成对象或状态的符号而是原本意义上的语言、逻各斯和解释,在其使用中总在引发和当场实现出人的实际生活体验本身(缘在)的纯境域含义。简言之,这种词是人生境域本身的缘构旋涡的语言化,是关系境域网中的交缠机变之处,总在两极(说者与听者、个别与一般、过去(未来)与现在、文本与读者)之间"循环"回旋,从而显示出那"不可(表示性地)言说"之原意或缘意。

以这种原发诠释学的见地和方法,海德格尔解释了保罗所讲的基督再临(parousia,在场)的时间含义。③ 而这种时间性和历史性(Geschichtlichkeit)"实际上"亦是原发意义上的"解释",即缘在本身的生存领会的构成和开显。

5.《存在与时间》中的形式—境域显示例释

从现在可及的材料可知,海德格尔于1920年之后努力将形式显示的方法用于教学和著述之中,取得了越来越大的成功。在开始的

---

① 海德格尔:《海德格尔全集》第60卷,第94页。
② 《新约》,"帖撒罗尼迦前书"1:9。
③ 见拙著:《海德格尔传》,第104—105页。

数年里,"实际生活经验"和"形式显示"这样的词经常出现,比如在他对雅斯贝尔斯(K. Jaspers)《世界观心理学》一书的书评里,在他计划中的一本关于亚里士多德的书的"引论"(即那托普手稿)中,"形式显示"被多次使用;并且,该"引论"的题目为"对于亚里士多德的现象学解释:诠释学形势的显示"。此手稿中已出现了大量《存在与时间》中的独特用语,因而克兹尔称它为《存在与时间》一书的"零点开端"。① 在《存在与时间》中,"形式显示"(die formale Anzeige,英译为"formal indication")这个词还出现了七八次,"形式的"(formal)则出现得更多,②但海德格尔大都以"不显眼"的方式使用它们,没有正面讨论其方法论含义。

简而言之,在《存在与时间》里,"人的实际生活经验"以"缘在"来表示,而"形式显示"则由一系列词来代替,比如"逻各斯"、"解释"、"存在样式",尤其是"生存"(Existenz)。比如,我们读到:"生存这个词形式显示地(in formaler Anzeige)表明缘在就是领会着的能存在;作为这种能存在,它在其存在中就是为了其本身而存在着。如此生存式地存在着,我本身就总是这样的存在者。"③"领会着的能存在"就是原发的"诠释"或"解释"的根源;而这"能存在"(Seinkönnen)以形式显示的方式来描述就意味着"生存",即总在"去存在"(Zusein),也就是当场的引发和维持中赢得自身、实现自身的存在方式。④ 在这个意义上,我们可以将海德格尔的学说视为一种"生存思想",也就是"实际生活经验本身的形式—境域显示的诠释学思想"。

---

① 克兹尔:《海德格尔〈存在与时间〉的起源》,第250页。
② 参见附于《存在与时间》新英译本(J. Stambaugh 译)后面由 T. 克兹尔做的术语索引(Lexicon)。
③ 海德格尔:《存在与时间》(*Sein und Zeit*),第231页。
④ 海德格尔:《存在与时间》(*Sein und Zeit*),第42页。

但"生存主义"(Existentialismus, existentialism；或译为"存在主义")却不能用来刻画这种学说，因为这个词已被赋予了过多的主体主义和个人主义的色彩，而且缺少使语言本身当场引发和构意的方法自觉。

实际上，海德格尔在《存在与时间》中用来表达自己思想的所有"关键词"，比如"存在"、"现象学"、"在世界中存在"、"牵念"(Besorgen)、"应手的"(zuhanden)、"缘构关系网"(Bewandtnis)、"所去"(Wozu)、"打交道"(Umgang)、"周遭世域"(Umwelt)、"四处打量"(Umsicht)、"人们"(das Man)、"处身情境"(Befindlichkeit)、"畏惧"、"牵挂"(Sorge)、"朝向死亡的存在"、"良知"、"先行着的决断"、"揭蔽的真理"、"时间性"、"历史性"等等，无不应作形式显示式的理解，或看作形式显示词。比如，此书一开头就指出，"存在"不应被当作一个最普遍的种属概念来把握，[①]其理由在于，它根本就不是一个通过普遍化而得出的概念或范畴，而只能被形式—境域式地理解。不仅如此，海德格尔还尽量利用词与词之间的词根、词头、谐音、双关、隐喻等联系，广构词丛，牵引挂靠，使"关系势态网"的语境构意功能达到更深妙的"圆舞"境界。比如，以"存在"为词根，有"缘在"、"在世界中存在"、"共同存在"(Mitsein)、"去存在"(Zu-sein; Sein zu)等一大族词；"牵挂"(Sorge)则与"牵心"(Fürsorge)、"牵念"(Besorgen)相牵相挂；"所……"(Wo...)又组成一大丛关系趋向词，比如"所去"、"所因"(Womit)、"所及"(Wobei)等等。通过副词、连词和介词(zu, mit, bei, aufhin, in, um)等"虚词"来构造形式—境域显示的语境，是海德格尔惯用的手法。他还常利用一些词的"字面意思"来做语言游戏，以取得"双关"、"多义照应"等等形式—境域显示

---

① 海德格尔：《存在与时间》(Sein und Zeit)，第 3 页。

的效果。比如"Ent-fernung"的词典意义是"距离"和"消除"。海德格尔则在"Ent-fernung"的字面意义,也就是"消除距离"的意思上使用它,[1]以造成或暗示出"既远又近的'诠释学距离'"的微妙含义。"Entschlossenheit"的一般意义是"(决心已下的)坚决状态",但海德格尔在此同时强调它的词头与词尾分开(有了"诠释学距离")后的字面义的交合,即"Ent(充分去掉)—schlossenheit(遮蔽状态)",也就是"充分去除了遮蔽的状态",以与"去蔽真理"(a-letheia)、"揭蔽"(Er-schlossenheit)、"出离"(Ekstase,出神心醉)等词呼应。所以,此词可译为"决断",因"断"有"断开"之意。于是,此词也就意味着"在断开(去除现成化的蔽障)之中形成决定",也就是缘在的一种最原本的自身构成的状态。由此两例可见海德格尔用词之讲究到了何等"相互引发和相互维持"的精微地步,但也令不明"形式—境域显示"之初衷的人感到莫名其妙,甚而对此等自造的"行话"深恶痛绝,视之为故弄虚玄。

我们可以将海德格尔喜用的那一类词称之为"形式—境域显示词",而将他拒斥的一类词称为"观念表示词"。后者是一般意义上的文字符号,用来表示语言之外的某种存在者,比如某种对象、某种观念等;比如"桌子"、"属性"、"主体"、"实体"等;前者则有语言本身的意义,在当场的使用中显示出、构造出语境中才能有的丰满含义。所以,这类词从表面上看往往是姿态关系式的(比如与"da","zu","mit","wohin"…相连)、动作性的或使之动态化的(比如"zu-handen","Seinkönnen","aletheia","Zeitigung")、正在进行之中的(比如"anwesende","vorlaufende")、用小横线分开或结合起来的(比如"Zu-kunft","Da-sein","In-der-Welt-sein")等等。一旦被使

---

[1] 海德格尔:《存在与时间》(*Sein und Zeit*),第105页。

用起来，它们所具有的"悬于空中"的特点更是被叠加、放大到了尽可能充分和活灵活现的地步，使那些意义触须相互"牵挂"而做出了巧妙、双关的语言游戏，构成并显示出缘在(Da-sein)的纯缘发(Da, Er-eignen)意义。于是，以前用板结的观念表示词表达的哲学问题（"存在的意义"、"真理的本质"、"认知的可能"）被解构为形式和境域显示的问题；实体的变为在场的，再现的变为呈现的，关于"什么"的变为自身构成着的。"存在论"的诠释化就意味着让"存在"或"是"不再是关于"实体"或"主体"的，而是形式—境域显示（生存或言说）式的，当场可通过自身而得到领会的。而"诠释学"的存在论化则意味着"解释"不再[只]是关于某个现成对象（比如文本）的，而是让解释者与被解释者共同"动作"起来，进入相互牵挂的纯关系姿态的境域构成之中。只有这样，才能从根本上松解、化开主体与客体或读者与文本相对立的格局，摆脱掉任意性，获得境域显示本身的构成自在性，由此而进入原发的解释和理解之中。

除了其他的考虑之外，理解"存在论"或"本体论"在海德格尔那里发生的变化或"现象学—诠释学化"的关键在于透彻地了解"实际生活经验本身的形式—境域显示"的方法论含义。这既是思想方式的转变，又同时是言语方式的转变。让人的生存经验本身显示出来，就一定会当场构成意义、领会和"解释"；而这种构成也一定是饱含"天然的"言语技艺（techne）和艺术感的。这种显示就近乎"诗"。但绝不只是表达主观情感的手段，而是人与世界的相互交融生发的意境。这就是先于任何主体自我的"能存在"所不得不涉入的"诠释学形势"。

八、罗姆巴赫的密释学——引介二则[①]

1. 罗姆巴赫其人其说

海因里希·罗姆巴赫(Heinrich Rombach,1923—2004)是继胡塞尔、海德格尔、伽达默尔之后,德国现象学界的又一富于独创性的哲学家。如果做一个简单化的概括,可以说,胡塞尔创立了先验意识现象学,海德格尔将它深化为缘在(Dasein)式的存在论现象学,伽达默尔发展出了解释学(Hermeneutik),而罗姆巴赫则继承前两者,特别是海德格尔思想,但加以原结构式的改造,建立了结构现象学以及密释学(Hermetik),与解释学形成有趣的对立。

罗姆巴赫出生和就学于弗赖堡,在弗赖堡大学学习、获博士学位并完成教职论文。他师从海德格尔,但由于战后海德格尔被禁止教学,只得转而由 Max Müller 和 E. Fink 指导。但他与海德格尔一直保持私人联系,博士论文的思路也深受其影响。1949 年起开始在母校教书。1964 年,他受到数所大学的教授席位聘任,最终选中维尔兹堡(Würzburg)大学哲学系,担任首席教授,后来还拒绝了慕尼黑大学的聘任邀请。1990 年以荣誉教授身份退休。他是德国现象学研究学会的创立人之一,任该学会第一任主席。又与他人一起创办了《哲学年鉴》。

[①] 此章的第一部分源自"罗姆巴赫的密释学与意义学说——主持人的话"(《外国哲学》20 辑,北京:商务印书馆,2009 年,第 1—3 页);第二部分是为罗姆巴赫的《作为生活结构的世界》一书中文本(详细出版信息见下面)所写的序言。

自六十年代起,他开始发表多部有独创性思想的著作,比如《哲学的当代性》(1962)、《实体·系统·结构》(1965/66)、《结构存在论》(1971)、《龙斗·流血内战的哲学背景及燃烧着的时间问题》(1976)、《精神生活:一本关于人类根基历史的境象之书》(1977)、《当代意识现象学》(1980)、《世界与反世界》(1983)、《结构人类学》(1987)、《源头:人与自然的共创哲学》(1994)等。这些著作中的一大部分已被译成荷兰文、英文、法文、日文或韩文。他的思想在韩国与日本已有影响,但在中国还少为人知。在德国与西方学界,他的名声也比他的思想价值要小,其原因可能有许多,他为人的孤僻、表述风格的特异,以及与东方思想的某种关联或呼应,都会减低他被西方人和西方化的东方人理解的可能。

以下选录了罗姆巴赫的两篇文章——《世界作为生活的结构》(1996)和《意义》(1997),都是他晚年的成熟之作,由目前正在维尔兹堡大学哲学系读博士的研究生王俊译出。可以说,它们特别是第二篇以特殊的角度展示出罗姆巴赫思想的中枢,即所谓"密释学"(Hermetik)的具体含义。这个思想可能是他对于现象学做出的最重要贡献。

第一篇文章提供了一个思想发展的导引,从古希腊的秩序化了的"本质"或"实体"世界观,到近代的"体系"观,再到罗氏主张的"结构"观。他对"结构"的解释有中国佛教华严宗讲的"一多圆融无碍"的味道,并与西方哲学史中库萨的尼古拉和帕斯卡的"整体与个体互贯"思想有关联;而这一倾向被他用"生活"(Leben,生命)一词点出。然后,他又梳理了现象学的发展轨迹,从胡塞尔的先验现象学到海德格尔的"实际状态的现象学"或"基础存在论",再到他本人的"结构现象学",越来越关注那在反思主体意识之前所成就的意义与生存形态。

密释学与伽达默尔的解释学的不同在于,它认为在一切"视域的开显与交融"之前,就已经有了一个构成意义、达至神契领会的结构化生活,在这个阶段,不同的生命体、结构体之间是相互密封的。也就是说,要理解一个结构,不能只要求或争取它对你的开放,而要进入它的广义上的生活或生命过程,在意义发生的含义上成为它。

第二篇文章(《意义》)要长得多。通过探讨"意义"(Sinn)的发生、维持的机制及其独特性来生动深入地揭示"结构"和"密释学"的含义,极有原创性和理论阐发力。与那种只知分析可对象化的意义条件的分析哲学不同,罗氏力求阐发意义、首先是非对象化的和被生活直接体验到的意义的起源、运作和再生方式,以及它的多种表现。他表明,意义对于人生而言是更真实的一个世界,意义的病态(比如意义流的干涸、渗漏)甚于任何一种疾病。意义不能被人操纵控制,却要求人的亲身参与和共创。由于其全息结构或生活的特征,意义有一些不同于观念对象和因果律的奇异之处,比如"起于微末却可传染全局"的推移性(就像同一位女子只因穿了不同的衣服而进入不同的生存状态),同时需要自生与共创的两栖性,于不可能处侵发出可能的发生性,遭遇它者及无目的漫游中的回乡人性,密释化地生成意义的艺术性,等等。所以,体验意义的原初有效的方式是顿悟而非认知,是进入深度而非打开视域,是艺术作品而非科学技术交流。而意义世界也因此总是复数的。

更有理论启发力的是,罗姆巴赫将自己的密释学与列维纳斯的"他者"与"面孔"学说进行对比,既指出两者的重要相似,又强调它们的思想趋向的不同,很有助于我们理解德国现象学的最新阶段与法国广义现象学的关系。

此外,他在几处坦率指出,这种生活化的结构现象学的深层见地,对于西方主流思想一直是关闭着的,但在东方却可以找到某种可贵的呼应。所以他也写过《现象学之道》(1991)这样的文章,并且十分留意与东亚思想的对话。

总之,在我看来,罗姆巴赫的思想既有深厚的西方哲学,特别是现象学的来源,又有不可忽视的独创性,将现象学推进到了一个新阶段。他使现象学在很大程度在摆脱了西方中心论,从哲学方法上提供了理解"文化际现象"或"文明冲突与相互影响现象"的途径。

2. 罗姆巴赫《作为生活结构的世界》一书中译本导言

罗姆巴赫值得中国学人们的高度关注,因为他将当代现象学及其哲学深刻化到了一个新的阶段,一个可以用"结构现象学"、"哲学密释学"和"境象现象学"来大略指称的新阶段。在这个阶段中,现象学挣脱了它一直习惯性地穿着的西方中心论的紧身衣,更充分地实现出它"朝向事情本身"的致学主旨,让现象学第一次从方法、发生源头和显现方式上,自觉地进入到了原本意义生成的文化性结构中来,因而能看到各种文化和哲理传统本身的终极真实性,自明地感受到它们不受任何更高的普遍主义原则统治的自由、自在与自尊。

而且,罗姆巴赫达到这一步,并非出于体系的和一般的文化多元的见地,而是出自他对现象学方法的自觉继承(他在其著作中多次细致地梳理从胡塞尔到海德格尔,乃至列维那斯的现象学脉络),并加以重大改进,因而能从"实体"、"体系"达到"结构",从"解释学"达到"密释学",从意识分析、人的存在状态分析达到对于包括动植物与山河大地在内的总体存在的生成历史结构的境象阐发。他已在某种程度上看到了"意义生成—维持的机制"(这是我的用语)的真实存在,"结构"从根本上讲就应该是意义结构。凭借这些进展,现象学的观察角度和开显能力又进入了一个新境界。

在罗姆巴赫丰富多样的著作和思想中,就我目前的阅读和理解,密释学(Hermetik)似乎是他各条新思路的集中体现。它表达了这样一个超出了解释学(Hermeneutik)的新见地:在一切导致"效果历史"的"视域交融"之前,已经有了一个独特的、原本的、不顾其他一切关系的意义生成,因而可以说成是一种隐秘的、密封着的源头构成。毕竟,我们要先有了意义,有了意义之源,才能顾及这意义的视域及其交融,尽管这源头也必在境域中生成。罗姆巴赫有时将这样一个意源称作带引号的"我",它不同于西方哲学史上的个体之"我"、"主体",因为它不再是"实心"的我,而只是一个构造意义世界的原生结构。就此而言,动物和植物也有这种"我",因为它们也有充满意义的"我"。这样一个意义生成的独特机制进入了既非普遍化,又非特殊化的发生和悬临的状态,只能通过境象(Bild)来得到较合适的理解,不可用任何二值逻辑来规范。所以,它的"密释",既意味着独一、密封,因为"几事不密则害成"(《易·系辞上》7 章)①,但又不是封闭和绝缘,因为它找不到现成界限来封住自己,所以是"非它"(Nicht-andere)的。换言之,正是因为能够原初体认意义的密释构成,所以反倒能够体谅和尊重其他的原初经验,正如儒家的家庭—家族经验、夷夏之辨反倒能够促成"天下为家"的儒者境界,以及"怀柔"、"来远"而非征服异类的文化间关系。

这样一个密释学见地就将我们带到了古今文化开创者们,比如罗姆巴赫所列举的东西方的伟大哲人的原初经验中,展示了与一般的解释学经验十分不同的思想境界。它那种不可被观念表达的艰

---

① 《易·系辞上》7 章:"[《易·节·初九》:]'不出庭户,无咎。'子曰:'乱之所生也,则言语以为阶。君不密则失臣,臣不密则失身,几事不密则害成,是以君子慎密而不出也。'"

难,自区别又自缠绕的出神圆舞,鼓荡着"无自体"的"自生性",让思想沸腾,让这境界与其他一切派生的、伪本原的哲理区别开来,令这类哲人表现出被原初经验击中了核心意识的非常状态。这是真正能成为江河源头的高山,有自己的雪岭、冰川与天气机制。不用提佛陀、老庄、基督、苏格拉底,只就那些离我们不远的西方思想家,比如荷尔德林、海德格尔和维特根斯坦而言,他们都是具有真正的精神源头的思想巨人,大不同于那些只知做稀释化、叠床架屋化的概念化工作的哲学学者们。

就拿海德格尔来说,虽然他有罗姆巴赫指出的局限(当然罗姆巴赫也完全承认海德格尔的关键作用和思想恩师的崇高地位),但他确是具有源头思想结构或密释学经验的大家。早期海德格尔提出的先于一切二元化分离的"实际生活经验"及其"形式显示",就带有密释学倾向,尽管海德格尔自己认之为是"存在论解释学"的。就此而言,海德格尔的解释学与伽达默尔强调"视域交融"的解释学有重要的区别。为了与古希腊哲学,特别是亚里士多德哲学对话,为了进入西方哲学的主流话语,海德格尔的《存在与时间》在这个要点上有所淡化。他提出了理解的前结构,但它最终是由个人的先行决断和生存时间的将来相度打开,本身并没有成为一个意义发生的完整结构,更没有获得"时代"和"世界"的意义。他于1930年经历了思想的转向,吸取了中国道家"知其白,守其黑"(《老子》28章)的见地,修正了他的真理观,从原来偏向"光明"和"开启式真理"的观点转向了强调揭蔽之前的"隐藏"、"非真"的新思路。由此,他提出"语言是存在之屋",批判了西方真理观和存在观在现代技术文化上的体现,包含了某种文化多样性的思想机制。当然,他在这方面语焉而未详,也没有突破思想方法上的人类中心论。他批判了流俗人道主义的人类中心论,有生存论意义上的生态关怀,但他的基本思考立场还是人类缘在的,即使在他谈"天地神人"四相共舞时,也是这样。所以他绝不会像罗姆巴赫那样谈论"动植物的世界"和"石头的世界"。但无论如何,是海德格尔激发了罗姆巴赫,也激发了列维那斯。罗氏的密释学与莱氏的"不同于存在"的他者哲学有某种相似,都在深刻意义上返回到存在者的世界。只是,罗氏没有完全抛弃存在,并通过使其意义结构化而找到所谓"存在论的总体结构";而莱氏则凭借扯断时间视域的三相关联而达到绝对被动发生的道德"脸孔"。

此书的德文书名是"Die Welt als lebendige Struktur",现在译为《作为生活结构的世界》。① 其中的"世界"是指密释学的多重意义世界,而"结构"即此世界得以出现的意义发生与维持的机制,由此而与"实体"、"体系"区别。至于"lebendige"一词,勉强翻译成"生活的",但要作极其广义的理解,因为它不限于人类生活,而是指一切活生生的、富于生机和活力的东西,或是一切正在生成着、自身维持着的东西。以这种非人类中心的方式,而不像德里达那样诉诸"延异"式的"死亡",也不像列维那斯诉诸永不到场的未来与过去,罗姆巴赫克服了胡塞尔和海德格尔的"在场主义",即某种意识中心论或人类缘在的存在中心论。

我于2004年起接触到罗姆巴赫的学说。当时我在德国讲学,其中有一个学期,就是在罗姆巴赫生前执教的维尔茨堡大学授课,由此见到我系本科毕业生王俊,当时正在此大学的哲学系读研究生。通过他和Leibold老师,我结识了在此系任教的罗姆巴赫的弟子和传人Stenger博士。通过与他的交谈,并阅读他提供的材料,我开始得知罗姆巴赫学说的概要,感到很有些投缘之处,而Stenger听了我的

---

① 罗姆巴赫:《作为生活结构的世界——结构存在论的问题与解答》,王俊译,张祥龙、朱锦良校,上海:上海书店出版社,2009年。

哲学见解之后，说了这么一句话："如果你在罗教授生前遇到他，你们一定会谈得来，他也会非常高兴结识你。"不过说实话，我在一开始读罗氏的短文时，也有过少许不很舒服的感觉，似乎其中有些"大而无当"的构造，过于依赖科学知识。但后来读到他更多的东西，包括此书中的"意义"、"从一到非它的六个步骤"等，开始了解到他的现象学分析的风格和真正的创新之处，这时才确信他的确是在现象学运动和当代欧陆哲学迈出重要一步的思想者，对于我们东方学人有着重要意义（罗氏著作在日本与韩国已经有些影响），于是决定做一些努力，将他的著作和思想传入中国。当然，这也不表明我同意他的所有观点，例如他对于科学的乐观与肯定的态度，对于后人类之人性的信任，以及谈论密释学却没有注意到家庭和亲子关系的原发地位，等等，都是我不能赞同和感到惋惜的。但他的整个学说的推进方向及其睿智洞察，却是我十分欣赏并乐于与国人分享的。于是先请王俊翻译了几篇短文，由我校改后发表在《世界哲学》上，进而策划翻译他的论文集和其他著作。在 Stenger 博士的大力协作下，此论文集的翻译首先完成，它的出版意味着罗姆巴赫的论著在中国第一次登陆，希望由此而能引出更多的后续努力。

　　罗姆巴赫思想深刻，行文时有跳跃，因而译其文章很有些难度。译者王俊先生做了极大努力，我也大致校阅了一部分文章（以斯汀格导言和论文集前半部为主），我带的研究生朱锦良也参与了校改，主要校对了后半部的译文（其中有两篇未深入涉及）。但是，由于时间精力和能力有限，这些工作肯定不是完满的。其中或有表述不很明确甚至误译之处，还望读者不吝赐正。

　　由罗姆巴赫的结构现象学和哲学密释学可以看出，如果"现象学"能够忠实于它的"即现象即本质"的特色，或这个意义上的"即体即用"的致思传统，它的哲理生机是不可穷尽的。尤其是，当进入文化间性(Inter-Kulturalitaet)的新阶段后,它阐发出的思想世界与我们正在为之焦虑的世界,无论那是一个文化的世界、技术的世界、经济的世界,还是政治的世界,都很有一些内在相关性,并同时与我们祖先的悠长深思有着回声不绝的哲理感应。

九、"想像一块红！"

——维特根斯坦破除传统意义理论的一例

在《蓝皮书》(1933—1934年成稿)中，维特根斯坦使用了不少语言游戏的案例去反驳西方最流行的意义理论。下面，我将剖析其中的一个。

这种意义理论可被称之为"观念表象论"。它认为一个词之所以有意义，是因为它代表着某个或某类存在物(不管是外物还是内物)。但是，为什么一个只有物理性质的符号(声音、书写印迹等)能够代表一个或一类存在物(比如"树")呢？这种理论认为，这是因为运用这类语言符号的人心中的观念和概念使然。人听到"树"这个词，出于"联想"，心中就会出现关于树的观念或概念。这些观念和概念由于种种原因——通过学习过程建立联系或凭借某种先天的因缘——就能够指谓在物理世界中的树，因而具有了"意义"(包括内涵和外延)。

顺此道理，就可以说，我们听懂了一句话，是因为在听的瞬间或之后，心中出现了正确的与之相应的观念(串)。一个人能够服从一道指令，是因为他在自己心里对这道指令的语言表达式做了相对应的解释。所以，维特根斯坦写道：

> 如果我给某人这样一道指令："给我从那片草地上取一朵红花来"，他是如何知道该拿哪种花呢？我只不过给了他一个词呀。

一般人首先会给的答案是：这个执行指令的人心里带着一

个红色的心像(image)去找一朵红色的花,并且将此心像与众花相比较,看哪一朵具有这个心像的颜色。①

维特根斯坦接着用了一个例子反驳这种观念表象论的解释。他说:

> 我们移动脚步,四周环顾,走到一朵花前面把它摘下来,跟什么东西也不比较。要理解为什么服从一个指令的过程可以是这样的,请考虑一下这样一道指令:"想像一块红"("imagine a red patch")。在这个例子中,你总不至于去认定在执行此指令之前,你必须先想像出一块红去作为一原型,用它去找到你被命令去想像的那块红色吧。②

这个例子设计得很巧,没有任何理论上的争辩(对于深植于西方哲学两千多年之久的"正宗"原则,一般的争辩是无用的),只是让观念表象论的立论与自身相碰。也就是说,维特根斯坦设计的这个语言情境是:想像的对象也是一个观念("红"的观念)。这样,平日夹在语言符号与外物之间的、有神差鬼使之能的"心像"(感觉观念)不得不面对自己而露出马脚。

首先,我们每人都确实能够去想像一块红。但问题是:按观念表象论的原则,这件事实却无法得到解释。原因在于,如果你听到"想一块红"的指令后必须先有一红观念或心像出现于心,以便理解这道指令,那么这道指令就已经被执行了。所以,按观念表象的原则,在这执

---

① 维特根斯坦(Ludwig Wittgenstein):《蓝皮书和褐皮书》(*The Blue and Brown Books*), New York: Harper & Row, 1960年,第3页。中文引文由笔者译出。
② 维特根斯坦:《蓝皮书和褐皮书》,第3页。

行之前必须还有一番观念联想和指谓的功夫要做。如此递进而无尽头,哪有真能想像出一块红的那一刻呢?结论只能是:观念想像的意义理论无法说明某些日常的语言行为,在根底上含有"逻辑"矛盾。

　　这一例反映了维特根斯坦晚期作品的典型风格,即以简单明白的"小"例子颠覆被视为"当然"的传统西方哲学的台柱子。四两拨千斤,一发动全身。例子似乎是经验的、日常的,但却具有难以抗拒的"逻辑"力度。无怪乎罗素和当时绝大多数西方分析哲学的领袖们无论如何接受不了,或不如讲理解不了晚期维特根斯坦的思想。

　　上面这个例子绝非只反驳了经验论意义上的观念论。对于唯理派的"理念论"和"概念实在论"等等,同样有效。"回忆"出或抽象出"一块红"的理念或概念,不是也就已经执行了这道指令了吗?

　　这样的"思想试验"的结果也并非总是破坏性的。科学史上就不乏这类例子。对于亚里士多德的重物比轻物落地快的理论,对于牛顿物理学的(不考虑"光速不变"的)力与加速度关系的理论,以及罗素悖论发现之前的集合论等等,人们都可以从这类小巧的思想试验(深刻意义上的"思辨")中找到矛盾破绽之处而图新境。比如,伽利略就可设想:如果将一个重物(A)与一轻物绑在一起,这结合物下落的速度比原来那个重物 A 是快还是慢呢?照理说,一快一慢加在一起,速度应取其中。所以,此结合物比 A 下落要慢。但按重量讲,此结合物又重于 A,落地又应比 A 快。此矛盾已暴露古典说法的深层缺陷,不另辟新径就难于再维持了。

　　在《哲学研究》中,维特根斯坦讲:"什么是你搞哲学的目的?——给困在蝇瓶中的苍蝇显示那出去的路"。[①] 受困的蝇子执

――――――――――――――

[①] 维特根斯坦:《哲学研究》(*Philosophical Investigations*),Oxford: Basil Blackwell,1953,G. E. M. Anscombe 译,英德对照本,第309节,第103页。

着于玻璃之外的世界,想通过这似乎透明的玻璃(这里亦可解释为观念表象论中的居于符号与存在物之间的观念和概念)而达到彼世界,只不过是一场虚妄而已。真正的、给它自由的路是不能被这样指示或描述出来的。这路空空如也,无法被表征为任何意义上的对象。怎样才能告诉它或向它显示出这个"空无"的意义呢?这正是维特根斯坦苦心之所在了。

十、维特根斯坦与海德格尔的象论

维特根斯坦与海德格尔分属于现代西方哲学中很不同的哲学思潮。两者的治学风格更是相距甚远。然而,在他们的思想深处似乎有某种相通之处。因此,当我们得知维特根斯坦在1929年对于海德格尔的存在及畏惧的思想——它通常是分析哲学家们(比如卡尔纳普)眼中的最糟糕的形而上学样本——表示理解甚至赞许时,[①]就并不感到多么吃惊。本文就将致力于探测这两位影响深远者之间思想的而非所谓"神秘主义的"关联。具体的做法则是去考察他们两人都涉及的一个题目:象。这个词在德文中是"Bild";在英文中被译为"picture"(维特根斯坦《逻辑哲学论》)或"image"(海德格尔《康德与形而上学问题》)。

1. 维特根斯坦图像论中的构成识度

"构成"这个词在本文中大致意味着"使得某物当场出现并可能",特别要与"对某种现成物的表象"及"由某些我们已熟悉的基本单位组成"这样的意思区别开来。《逻辑哲学论》中的"Bild"通常被翻译成"象"或"图像",并且被不少哲学家,比如罗素、派尔斯和马尔克姆,理解为表象意义上的图像,因而失去了它的构成含义。按照他

[①] 《海德格尔与现代哲学》(*Heidegger and Modern Philosophy*),M.穆瑞(Murray)编辑,New Haven: Yale University Press,1978年,第80—81页。

们的看法,维特根斯坦的图像理论意味着命题图像以对应的方式来表象由对象组成的事态(Sachverhalt)或原子事实,即命题中的名词(比如,"苏格拉底"、"智慧")以及这些名词之间的组合关系(比如"苏格拉底具有智慧")对应于现实中的对象和由这些对象组构而成的可能样式。这是对图像论的一种从本质上有缺陷的解释,因为它没有看到此图像的一个关键的功能,即正是通过图像的构成性,上面讲的对应式的"表象"才可能。由于这个缺陷,这种有还原论倾向的解释(即认为"对象"是一种现成实体,由它组合成事态)很容易被转变为一种关于意义的经验主义标准。并且,按照这种看法,维特根斯坦所坚持的命题的逻辑形式本身不可被表达的观点是古怪的,乃至反理性的。比如,罗素和卡尔纳普就认为,虽然一个语言可能无法被用来表达它自己的逻辑形式,但却可用更高阶的元语言来表达这个语言的逻辑形式。[1]

本文的这一部分将要论证维特根斯坦图像理论的非还原论的以及非唯理论的本性,我称之为"构成的识度"。并且要表明为什么图像的构成功能对于理解维特根斯坦的早期思想是必不可少的。基于这种构成的思路,逻辑形式的不可被直接表达的特性以及它与"逻辑句法"的区别就清楚了。

首先应该弄清楚早期维特根斯坦诉求于"Bild"或"图像"来探索语言表达式的意义可能性问题的动机。在我看来,这个动机来自两个主要的考虑。一是语言的意义一定要与表达式的真值("真"或"假")有关。而且,维特根斯坦这时的真理观还是符合论的,即认为语言表达式的真假取决于它们是否与实在相符合。由于这样一个可

---

[1] 见罗素为维特根斯坦《逻辑哲学论》所写的"引言";及 R. 卡尔纳普的《语言的逻辑句法》(*The Logical Syntax of Language*),London:K. Paul,1937年,第282—284页。

以称之为"与实在相对应"的要求,他也如其他许多分析哲学家一样认命题(Satz),即有真假可言的语言表达式在众多种语言表达式中占了一个特殊的地位,代表了语言的本质。维特根斯坦的第二个考虑可以被称为"意义在先",即要求语言表达式或命题陈述句子必须在被确定为真的或假的之前就具有意义;不然的话,我们就根本无由去确认它们的真假。

这样的两个考虑似乎是相互冲突的,因为后者要求一个语句的意义独立于它事实上的真假与否,而前者则意在将意义与真值联系起来。弗雷格却认为这两个要求可以同时被满足,为此提出了"一个句子的意义即其真值条件"的意义观。但是,在涉及实在世界的语言中,如何真切地理解"真值条件"呢？ 比如,如果用"S"代表"雪是绿的"这句话,它的真值条件应该是"S是真的,当且仅当,雪是绿的;否则 S 就是假的"。问题在于,这种对真值条件的语义学解释似乎在原地踏步,并不直接有助于我们理解真值条件到底如何决定了这个句子的意义。所以,经验主义者认为应该将这句话的真值条件或意义解释为:

> S是真的,当且仅当,S所描述的事态"雪是绿的"可被感觉经验所证实;否则,S 就是假的。

但是,这种解释丝毫无助于意义问题的解决,因为它实际上是跳过这个问题,假定我们已经知道了"雪是绿的"是怎么一回事或理解了这句话的意义,所要做的只是去证实它的真假。

维特根斯坦的"图像"(Bild)意义论就是为了处理这样一个两难局面而提出的。他对于上述的两个要求("维系实在"和"意义在先")所造成的这样一个紧张局面的内在含义比任何人都更敏感。因此,

十、维特根斯坦与海德格尔的象论　143

他也不能同意弗雷格和罗素那种还嫌稀松的意义理论中的一些观点,比如认为专名不只有意谓或指称对象,还有意义;命题可被视为一个复合名词,等等。维特根斯坦坚持,只有在命题或句子(命题符号)的层次上,意义才出现。因为只有命题句才能构成(bilden)有关实在的图像(Bild)。以这种方式,他相信那两个要求被同时满足了。

将命题视为"实在的图像"(ein Bild der Wirklichkeit)[①]是一个极为新颖有趣的思路,表现了维特根斯坦那种领会问题要求所在并深究到底的思想特点。讲"图像",首先意味着命题与实在("事态的存在与不存在",2.06)之间有着某种意义上的对应关系。也就是说,命题图像中的成分与可能事态中的成分相对应,由此就有由命题表达式中的单纯符号所构成的样式与由事态中的对象所可能构成样式之间的对应。(3.21,2.1514)以这种方式,图像理论满足了"对应实在"或"与命题的真值相关"的要求。然而,这种"对应"很明显不会是实现了的对应,或与"事实"的对应,而只能是命题图像与事态单纯成分(对象)的可能组合样式的对应(2.15,2.202),不然的话有意义的假命题就不可能了。但是,按照什么样的标准我们能知道一个命题所表达的是一个事态的可能形式而非无根据的"非存在"呢?这是图像论或意义理论的最吃紧处,稍一放松就会滑入经验证实论或先天观念论。上面已讲到,经验证实论(在类似的意义上也包括先天观念

[①] 维特根斯坦(Wittgenstein):《逻辑哲学论》(*Tractatus Logico-Philosophicus*),4.01,C. K. Ogden 编译的英德对照本,London and New York: Routledge & Kegan Paul Ltd.,1986 年,以下引用此书只给出段落数码。不少评论者将维特根斯坦的"命题是实在(Wirklichkeit)的图像"(4.01)的主张说成是"命题是事实(Tatsache)的图像",违反了《逻辑哲学论》的本意。那样的话,有意义的假命题就不可能了。对于维特根斯坦,"实在"意味着"事态(Sachverhalt)的存在与不存在"(2.06),因而为不表达事实的假命题留下了逻辑可能。"事实"只相当于"事态的存在"(2);因此,作为"事实的图像"的命题从逻辑上讲是不会假的。

论),实际上是以脱开真正的意义问题的方式来设定意义的标准,因而不可用。

《逻辑哲学论》的 2.0123 节至 2.0271 节及 3.263 节似乎是在表述这样一种判断事态的可能形式是否存在于命题之中的标准,即要看命题中的成分所对应的事态中的对象是否存在。而经验主义者,比如罗素等则倾向于将这些对象解释为经验的对象,比如"雪"、"绿"、"白"等等。如果它们存在,则由这些成分组成的命题,比如"雪是绿的"就具有由这些对象所构成的样式的图像,也因此是有意义的,否则它就无意义,并非一个可真可假的命题。如果这些对象的事实上的组合样式(比如"雪是白的",如果用语言表达的话)与该命题的成分的组合样式("雪是绿的")不同,则该命题为假;否则为真。简言之,即命题成分所对应的对象的存在与否决定命题有无意义,对象事实上的组合方式与命题成分的组合方式之间的符合与否决定命题的真假。但问题恰恰在于,我们到底如何能"看出"命题成分所对应的对象是否存在呢?如果诉诸经验观察,实际上就是假定我们有某种直接了解对象或名词意谓存在与否的方法;而且,由于经验对象总是通过命题所描述的具体事态而被观察到的,这实际上也就假定了我们已经在某些场合知道了与这些对象相关的某些命题的意义。这岂不又漏掉了意义问题本身?因此,维特根斯坦一再强调只有在命题(词的合乎句法的组合)和事态(Sachverhalt,奥格登的英译为"原子事实",不甚妥当,因为它只是可能的事实)即对象的构成样式(2.0272)的层次上,词(名字)才有意谓(Bedeutung)(3.3),对象才能被思想(2.121)。我们根本无法离开命题及其意义来考察对象的存在与否。这里我们又面临一个充满了张力的局面:一方面命题有无意义要看其成分指谓的对象是否存在,另一方面对象又无法在脱开事态及其命题的孤立状态中得到思考。(2.0122) 在这里,我们语言的表达能力看起来已达到了极限。维特根斯坦的图像意义论便是为了充分承受这一层层的（解释学）张力和消解其中的对立而提出的，并因此而满足了"意义在先"的要求。

命题图像说的关键是"象"(Bild)的自身显示(zeigen)的含义。这也就是说，只有一幅图像，更确切地说，是一幅逻辑的和有清晰的表达节奏的(artikuliert, 3.141)图像才能让我们在某个意义上看出它确是关于事态的图像而非（比如）概念形而上学的虚构。命题图像所显示的，即一个逻辑形式的存在，恰恰是命题无法作为内容而正面说(sagen)出或表象出的。(4.121, 4.1212)因此，上面讲的关于此图像如何对应于事态的说法和例子（"雪是绿的"）都应被进一步修正和深化。"雪是绿的"这个命题的主谓结构或形式化的表达"(X)(F(X)→L(X))"不可能就是此命题的逻辑形式，因为在这个层次上此命题并不是一幅能被当场理解的图像。此命题的成分及它所指谓者必须是比"雪"和"绿"更单纯也更到底的名字和对象，以便能在形成命题或音节清晰地表达出命题的同时，既作为被构成者又作为此命题的形成所必需者参与进去。(2.02, 2.021)对于这样的逻辑化、单纯化并因此而图像构成化了的对象，已经无法去谈论它们的数量乃至存在与否(4.1272)；这也就是说，它们的存在的可能性只能通过命题图像而显现出来，因为这种单纯化了的对象"仅仅能够决定一个形式而非物质的属性"。(2.0231)所以，命题图像的形成意味着对象的内在组合样式和有关对象的"第一次"出现。在最终的意义上，这些对象并不现成存在于命题图像的形成之先。这也就是说，维特根斯坦讲的对象是世界的实体，但不是现成的实体。

正是因为单纯对象的组成样式（事态）自发地出现于命题图像的形成之中，在这事态与图像之间就存在着一种在此形成中建立起来的、被构成的联系。这也就是说，命题的内在形式与世界的结构在一个重要的意义上已经耦合了起来,(2.1514)即两者都已经预设了或共享了逻辑(形式)和整个的逻辑空间。(3.4—3.42)由于在根本处已经有了这样一种先于真假区别的共享,命题的图像乃是那可以在还未与实在进行比较之前就描画此世界的逻辑的图像。(2.182)也正是因为这样一种根本的在先性,逻辑本身或逻辑形式本身无法被命题像事态那样地表达出来,而只能通过"音节清晰地说出"(3.14,4.032)和形成命题而自发地被显示出来。基于同样的理由,逻辑(不同于逻辑句法)是不能被有意识地违反的。(3.03—3.0321)从这里可以清楚地看到,维特根斯坦讲的逻辑具有一种亚里士多德、弗雷格和罗素的逻辑所没有的原初含义。所以,维特根斯坦这样写道:"人具有去构造语言的能力;凭借这种能力,每个意义都能被表达出来。而且,在这样做的时候,不需要预知每个词是如何意谓的以及意谓着什么。——这正如人们在不知道每个单音是如何发出的情况下能够说话一般。日常语言是人类有机体的一部分,并且不比这个有机体更少复杂性。人类不可能从日常语言中直接抽取出语言的逻辑。"(4.002)实际上,只有在这种"不需要预知每个词是如何意谓的以及意谓着什么"并且"每个意义都能被表达出来"的情境下,有意义的假命题才是可能的。① 考虑到维特根斯坦的"与实在相关联"的意义要求,这种反还原论的天然语言观就更令人感到不寻常。维系着这两种倾向的纽带就是命题的逻辑图像理论,而这种理论是建立在他关于对象或世界实体的"形式"的,即被命题当场表达的可能性的独特理解之上的。通过图像论,实在论和先验论被在某种意义上贯通了起来。"图像"比实在论讲的"事实的图像"和先验论讲的"先天

---

① 参见维特根斯坦:《1914—1916 年笔记》(*Notebooks 1914—1916*),G. H. von Wright and G. E. M. Anscombe 编译,The University of Chicago Press, 1979 年,1914 年 9 月 30 日条目。

形式"都更原本，并因此带出了一系列意义深远的后果。

其后果之一就是"逻辑"不再被理解为思想的正确推理形式或思想中的现成"逻辑对象"(4.441)之间的关系，而是那在命题图像的形成中被显露出来者，是它使得语言和世界形式之间的对应可能。这种具有本体论意义的逻辑与图像的结合在西方哲学史上是极为罕见的。

其后果之二就是这种使得语言表达可能的逻辑及其形式不能再被命题有意义地表达，因为逻辑形式根本不是任何现成者。去说它最多也只意味着通过它自身、以不同的形式去表达它，因而导致重言式。除了这种"在先性"之外，还可将这种逻辑形式的不可表达性理解为：单纯对象实际上超出了明显可命名的范围。① 所以，由命题图像和此类对象的可能构合形态共享的逻辑形式也就比任何可表达的语法的规定性要复杂丰富得多。② 所以，维特根斯坦在4.002中认为日常语言具有一种像人类有机体一样的复杂性，其逻辑是不可表达的。这也就意味着，对语言的使用是一个比对语言的任何语法分析都从根本上更复杂、更微妙也更明白晓畅的过程。(3.262)③这也就是他所讲的"只有命题句才有意义；只有在命题的构合中，一个名字才有意谓"(3.3)的深层原因。命题对维特根斯坦"不是一些词的混合"，(3.143)而是一种被清楚给出的、原本的、依靠自己的"内在性质"(4.124)而显现自身意义的语言使用。在"与实在相联系"的要求面前，命题是唯一被真实使用的和具有构象功能的语言单位。单纯对象的名字不可能有自己的意义，它只能在命题的图像构成中不期然而然地却又是合乎逻辑地获得它的指谓。换句话，单纯对象是

---

① 维特根斯坦：《1914—1916年笔记》，1915年6月21日条目。
② 维特根斯坦：《1914—1916年笔记》，1915年6月22日条目。
③ 参考维特根斯坦的《哲学研究》，第43节。

形成命题图像所要求的和原发地显示出来的,而非经验上给予的。维特根斯坦从一开始就不是一个经验主义者。

与此相关,图像意义论的第三个后果便是逻辑句法或逻辑学家们所从事的逻辑不等于维特根斯坦讲的逻辑形式或逻辑,前者只是达到后者的某种必要条件而已。逻辑句法的功能就在于不涉及符号意义地保证符号使用的单一性和一致性。(3.325—3.33)语言活动需要它,以便让人能够在说出命题时"自动"地,即在还未与实在做比较的情况下形成图像或显示出逻辑形式。这两者——逻辑形式与逻辑句法——的不同可具体地表述为:逻辑形式不可被直接表述,逻辑句法可以被表达或从外在形式上得到规定;前者不可在语言使用中被违反,后者却可以;前者由命题图像与被此图像所描画者共享,并因此就是此命题的意义,而后者却与意义无关;前者是被自发形成的,后者是在关于逻辑句法的书中被事先规定的。因此,如果我们仍然遵守《逻辑哲学论》的语词用法的话,卡尔纳普的这样一种看法,即认为他通过在元语言中构造语言的逻辑句法而证明了语言的逻辑形式是可表达的,是站不住的。而且,逻辑句法对于维特根斯坦而言并不总是与形式化、符号化的语言连系在一起,日常语言的使用本身就是合乎逻辑句法的。(4.002,5.5563)哲学上的混乱只是由于被它的外在形式的含混所欺骗而导致的。

2. 海德格尔的象论

在西方哲学中,另一位赋予"象"以根本的存在论意义的思想家是马丁·海德格尔。不过他并不是在他的最著名作品《存在与时间》(1927年)中,而是在1929年出版的旨在澄清《存在与时间》的真实思想含义的《康德书》(全名为《康德与形而上学问题》)中讨论"象"

的。如上所言,"象论"的出现在维特根斯坦那里是与"对应实在"和"意义在先"这两个理论前提或要求密切相关的。在其后期,由于放弃了"对应实在"这个要求,维特根斯坦就不再需要图像论来阐明他的语言意义观。不过他也绝没有丢弃图像论中蕴含的构成识度。海德格尔则从来没有接受过"对应实在"的要求,也没有相信过"真理符合论"。所以,在《存在与时间》中,他无须通过"象"来表达自己"存在意义在先"的思想。但是,正如他所说的:"到1929年,事情已经很清楚,《存在与时间》中讨论的问题被人们误解了。……康德所写的文字[《纯粹理性批判》第一版]成为了一个避难所。我在那里寻求对我所提出的存在问题的支持。"[1]就这样,当海德格尔要通过与康德这位同时持有"真理符合论"(对应实在)和"先验论"(意义在先)的哲学家的对话而澄清自己的哲学立场时,他随康德一起,并超出康德而达到了一种对于"象"或"图几"(Schema)的存在论观。

在这样一个通过与康德的《纯粹理性批判》(第一版)的对话而进行的思想探讨中,海德格尔亦面临一个类似于维特根斯坦所面临的"两面夹逼"的局面,即"对应实在"与"意义在先"这样两个似乎相互矛盾的要求并存的局面。当然,这两个要求是以不同的形式得以具体表达的。在康德那里,知识的可能性在于:(1)通过感觉直观而与对象相关;(2)通过知性概念(范畴)以思维此表象,从而获得思想的自发性。康德称它们为使我们知识可能的"心灵的两个最基本的源泉"。[2] 简言之为"心灵的接受性"和"知识(理解、知性)的自发性"。[3] 康德亦发现如何使这样两个条件统一起来,或使先天的知性概念获

---

[1] 海德格尔:《康德与形而上学问题》(*Kant und das Problem der Metaphysik*),海德格尔《全集》第3卷,Frankfurt: Klostermann,1991年,XIV页。

[2] 康德:《纯粹理性批判》,统一标准页码,A50,B74。

[3] 康德:《纯粹理性批判》,A51,B75。

得感性，是他的整部著作所要对付的最必要、最困难、最耗他心力的问题。① 他在"知性纯概念的演绎"和"知性纯概念的图几论"两章中全力解决这个难题。海德格尔与康德的对话就主要涉及这两章。在海德格尔看来，康德的问题，即"先天综合判断如何可能？"讨论的就是这样一个"纯概念的可感觉性"②的问题。它实际上也就是"为形而上学置基"这样一个存在论（本体论），而非仅仅认识论的问题。

海德格尔认为，康德之所以会面临这个"二合一"的问题，是因为康德视人为一有限的存在者，人的知识不可能是纯概念的，而必须通过与感性直观的结合以获得意义或可感性（Versinnlichung）。这样，康德在《批判》第一版的"演绎"和"图几论"中，被这个问题的张力所驱迫，走入了一个新的思想境界。他在直观的接受性和思想的自发性这两者之间找到了一个更本源的第三者，即先验的想像力（transzendentale Einbildungskraft）和由此想像力构成的纯象（rein Bild）或几象（Schema-Bild）。在海德格尔看来，先验想像力的居中地位绝不意味着它只是从知性到感性之间的一个过渡环节，或三种认知能力中的一种。如果那样理解的话，康德的演绎就是不成功的，因为它只不过靠举出又一种认知能力或存在者来回答一个"认知的先天综合如何可能？"这样一个实际上是关于存在本身的问题。海德格尔认为想像力的"这种居中（Mitte）是结构性的"③和本源性的。这也就是说，想像力作为产生一切纯粹综合的能力，④是使得感性直观和知性统觉可能的本源。正是在这个意义上它才能使后两者相互关

---

① 康德：《纯粹理性批判》，A98，Axvi；海德格尔：《康德与形而上学问题》，第113页。
② 海德格尔：《康德与形而上学问题》，第19节，第91页。
③ 海德格尔：《康德与形而上学问题》，第64页。
④ 康德：《纯粹理性批判》，A78，B103。

联起来。① 海德格尔特别引用康德《批判》第一版中的一段话来说明他的这种解释是有根据的:"因此,想像力的纯粹的(产生性的,produktiv)综合的统一原则,先于统觉,是一切知识,特别是经验知识之所以可能的依据"。② 这表明,适合于"演绎"需要的原本的想像力不只是一种"再生的(reproduktiv)"表象能力;而必是一种产生性的(但并非创造性的)、纯粹的综合能力,并因而是一切知识及自我意识的前提。由这种想像力构成的象也因此不是一般的心像,就如同维特根斯坦讲的图像不只是表象式的图像一样;而是使概念获得意义和可感性的纯象(das reine Bild)或几象(das Schema-Bild)。③ "此几象……在真实的意义上乃是概念的图像"。④ 它与维特根斯坦讲的图像一样都有"使……可能"的存在论意义上的构成功能。

纯象或几象必须是什么样的图像方能使纯概念及由纯概念构成的判断具有可感性呢?对于康德,特别是海德格尔来说,这种图像不可能是一个关于现成的经验对象的图像或心像,因为那种由再生的想像力产生的具体摹像无法"够到"知性的普遍概念。⑤ 何况,那样的像已经有了某种现成的含义和存在性,因而漏掉了原初的意义和认知可能性的问题。知性概念本身是"空的形式",所需要的是纯构成的象,以便原本地、第一次地赢得可感性和认知意义。康德将这种图像视之为由产生的想像力所构成的纯图像。它与由它衍生出的表象型的图像之间不必有,甚至不能有形状上的类似。康德给的一个例子是:一个关于一般三角形的图像不可能是直角、钝角或锐角的三

---

① 海德格尔:《康德与形而上学问题》,第 103 页。
② 海德格尔:《康德与形而上学问题》,第 80 页;《纯粹理性批判》,A118。
③ 海德格尔:《康德与形而上学问题》,第 103—104 页,第 97 页;《纯粹理性批判》,A142, B182。
④ 海德格尔:《康德与形而上学问题》,第 98 页。
⑤ 海德格尔:《康德与形而上学问题》,第 21 节;《纯粹理性批判》,A141, B180。

角形图像,而只能是一个三角形的几象。① 只有这种几象才能成为三角形概念的图像,使得几何学中的理解成为可能。而靠列举出所有现成的三角形图像的做法于事无补。因此,这种几象类似于维特根斯坦讲的命题的"逻辑图像"。它是"一种可能的几象,对于它没有任何哪个特殊的[有形之象]可以专擅"。② 通过这种纯粹的图像,知性和直观才被构合成一个统一的、可经验的过程,我们的认识才可能。所以,产生几象的先验想像力乃一切先天综合之源。

对于康德,这种几象说到底就是时间。这个被关于概念可感性的演绎所逼出的时间已比"先验感性论"中讲的作为直观纯形式之一的时间更本源。海德格尔认为它和先验图几论乃是《批判》的真正中心,③因为康德在这里将最根本的"可能性"的问题与时间内在地联系起来了,尽管他本人没有真正理解这一联系的存在论意义。④

按照海德格尔的看法,康德之所以会在《批判》第二版中从原来的以先验想像力为一切综合本源的立场上"退缩",⑤就是因为康德还囿于笛卡尔式的主体观,未能将"演绎"贯彻到"主观方面"去。康德进行"演绎"并达到"图几论"的动源就是人的有限性,⑥而这种有限性的存在论后果与视人的本性为一先验的主体的观点不相容。换句话说,正因为人在根本上是一有限的存在,他必须以一种接受性的方式来提供"让对象站在对面"(Gegenstehenlassen)的可能。⑦ 而要

---

① 康德:《纯粹理性批判》,A141, B180;《康德与形而上学问题》,第 21 节,第 99 页。
② 海德格尔:《康德与形而上学问题》,第 98 页。
③ 海德格尔:《康德与形而上学问题》,第 18 节,第 22 节。
④ 海德格尔:《存在与时间》(Sein und Zeit), Tübingen: Neomarius, 1949 年,第 23 页。
⑤ 海德格尔:《康德与形而上学问题》,第 31 节,第 165 页。
⑥ 海德格尔:《康德与形而上学问题》,第 16 节,第 29 节,第 38—40 页。
⑦ 海德格尔:《康德与形而上学问题》,第 16 节。

以一种"有限的"和"现象学的"方式来理解这种可能,靠列举直观与知性的能力都无济于事。只有纯构成性的先验的想像力和几象能中止无穷后退,在感性与知性、可知与不可知的交界处提供出适合于人的有限认知的先验可能。但是,先验想像力的而非统觉("我思")的中心地位威胁到了传统的主体观,将康德带到了一个令他感到毫无依凭的"深渊"面前。"他只能退缩回去。"①

海德格尔认为自己的《存在与时间》就是沿着这条从"人的有限性"到"先验的想像力",再到"几象"或"时间"的道路继续深究的结果。"Dasein"(缘在)更鲜明地体现出人的有限性与存在问题本身的关系。这种 Dasein 的"生存性"、"能在性"和各种"存在样式"可以被视为海德格尔所理解的"几象"。它在《存在与时间》中最纯粹的体现就是"时间"。可见,海德格尔与康德的对话是极有引发力和针对性的。不过,尽管康德看到了认知或有限存在的可能性与时间的关联,他对于时间本身的看法却仍然是传统的和非构成的。

3. 对比与总结

从以上的分析中可见,尽管维特根斯坦的图像论与海德格尔在《康德书》中阐述的象论之间有许多不同,比如理论来源不同——一为弗雷格、罗素和叔本华,一为胡塞尔、康德和亚里士多德;所讨论的具体问题不尽相同——一为语言的意义可能性问题,一为存在论知识(表现为概念的可感性)的可能性的问题;许多具体的讲法和词汇的内涵不同,比如对于"真理"的看法,对于"象"的细节上的解释,对于"逻辑"、"对象"这些词的运用方式等等,但是,两者共享着某种类

---

① 海德格尔:《康德与形而上学问题》,第 168 页。

似的思想结构或识度。它们表现为:

1. 两者对它们的研究所涉入的基本形势的有限性都有一个清楚的认识。对它们来说,这种有限性并不意味着相对主义;而是对于一种彻底性和终极性的要求。用维特根斯坦的话来说就是:这种研究的"逻辑必须将自身都管起来"。① 换言之,两者要调查的都是某种最根本的可能性;由于它,才有了一切有意义的活动、理解和存在。而且,更关键的是,两者对这种调查的原发性都有特殊的敏感,尽其所能地排斥一切"漏掉"或已预设此可能性的做法。

2. 两者都以满足两个似乎对立的要求为此调查的成功指标。在维特根斯坦那里,这两个要求是"(在某种意义上的)对应实在"与"意义在先"。与此类似,在海德格尔对康德的解释那里,它们是"接受性(容纳对象)"和"先验性(不依靠现成对象)"。这也就是说,必须在真正地遭遇到实在之先以影响到人的方式刻画出实在的特征。

3. 两者都由问题的彻底性和两要求之间的张力所引导,达到了以"图像"为中心的意义观和存在论知识观;并都认为此居中的图像既非某种现成对象的映像或心像,亦非抽象的概念,而是在两者之间的本源的构象,或称为"逻辑图像",或称为"几象"、"纯象(比如时间)"。这种本源图像不可能靠外在形式来描画世界,因为构象者还未在主客相对的意义上"见过"实在,而只能够通过无形的、内在的构成形式来显现它。

4. 这种图像的最重要特性就是能被人这个有限存在者直接构成和理解,并使"指谓"和"存在者"这样的状态可能。人的存在和认知的本性就是构成这种意义上的图像。人的有限性使他必须能够在确认由这种图像而来的命题或判断的真假之先就构成该图像并直接

---

① 维特根斯坦:《1914—1916 年笔记》,1914 年 8 月 24 日。

理解它。并且，在这么做时，又必须使此图像所刻画者是事态或存在者状态的、而非概念逻辑意义上的可能性。图像论恰恰是用来回答这个最根本的"……如何可能？"而非"……可能是什么？"这样的问题的。

5. 由于这种图像的"两栖性"，即既可先验地理解又对应于世界的和人的可能性，图像理论既说明了意义和认识的先天依据，又没有落入唯心论和唯我论。维特根斯坦和海德格尔都已从思想方式上超出了近代西方哲学中流行的主体观（包括康德的主体观）。因此，维特根斯坦讲："世界与人生为一体。"(5.621)"这里我们看到，严格贯彻的唯我论与纯粹的实在论相重合。"(5.64) 海德格尔的"Dasein"更是与世界相互构成的生存之人，而非主体。

6. 所以，在更深的意义上，图像为维特根斯坦和海德格尔的思想所提供的是一种最本源的构成场所，在那里人与世界、先天与经验、逻辑与表象相交相遇并相互构成。称之为"象"或"图像"并非因为它与某个现成的存在者相似，而是它构成性地提供了命题、认知与世界相交接和相符合的可能。只有被人在运用中自发地构成者而非对象或主体可以有先在的意义。

7. 这种自发地或由先验想像力构成的图像本身无法再被命题表达，因为，如上所言，通过构成所显示者从本质上比任何被表达的对象都更本源，前者是后者的意义来源。维特根斯坦对这个问题的强调已众所周知。海德格尔视先验的想像力（纯构成或综合的能力）乃是存在论知识之真正源头和中心的看法也断绝了这样一种可能，即纯图像的本性可以被某些由主词和概念组成的判断（不论它是先验的还是经验的）表达。在这个问题上，维特根斯坦和海德格尔与他们各自的老师都是很不相同的。弗雷格、罗素、胡塞尔都赞成一种语言的或意向结构的等级制，即认为低一级的语言和意义结构可以被高一级的语言和意向行为所表达和反思。

卡尔纳普反对维特根斯坦的"基本命题的逻辑形式无法被说出"的观点，认为他在元语言中构建的逻辑句法系统表达出了对象语言的逻辑形式。他没能看到，他讲的逻辑句法并不等同于维特根斯坦所说的逻辑形式，因为前者并不来自图像的内在构成性。此外，他也未看到海德格尔关于存在意义的探讨已经植根于先概念的图像或Dasein存在方式的纯构成，不再是概念形而上学的了。实际上，维特根斯坦和海德格尔都一致认为传统的概念形而上学中缺乏真实的意义机制，并且都持有"哲学终结"的看法。

8. 由于这种原初构成的意义观，这两位思想家都认为（自然）语言不仅是交流现成观念的手段，而更是人的基本存在方式。而且，他们在其后期都强化了这方面的论述。

十一、关于克尔凯郭尔《致死的疾病》*

《致死的疾病——为了使人受教益和得醒悟而做的基督教心理学解说》是索伦·克尔凯郭尔（S. Kierkegaard,1813—1855）最重要的著作之一，于1849年7月出版于丹麦的哥本哈根。在克尔凯郭尔以笔名发表的著作中，此书属于最晚出的那一批，可以视为他思想最成熟时期的代表作。克尔凯郭尔本人十分看重它，认为此书与《基督教中的实践》（1850）都是"极有价值的"。而且，前者还占有一个特殊的地位，"它使我能够在一个比我曾经梦想过的更宏大的范围内说明基督教；关键性的范畴在那里被直接地揭示出来"。[①]

有数个理由使这本篇幅并不很长的书成为"极有价值的"。首先，它"直接"讨论的问题即"自我"、"绝望"、"信仰"的含义及它们之间的关系对于克尔凯郭尔来讲是最关键的。虽然我们不能断言他讲的人生三个阶段——感性的（美学的）、伦理学的和宗教的阶段——有绝对的高低之分，但毫无疑问，宗教阶段或信仰问题是他最关切的。其次，这本书分析信仰的方式不同于他较早时期使用的"辩证的抒情诗"（参见《恐惧与战栗》，1843年发表）的方式，而是一种更精

---

* 此文是为克尔凯郭尔的《致死的疾病》的中译本（张祥龙、王建军译，工人出版社，1997年）所写的"中译本导言"。

① 参见 H. V. 洪（Hong）和 E. H. 洪为此书1980年英文版写的译者导言。*The Sickness unto Death: A Christian Psychological Exposition For Upbuilding and Awakening*, by S. Kierkegaard, ed. and trans. with intro. and notes by Howard V. Hong & Edna H. Hong, New Jersey (Princeton): Princeton University Press, 1980; 第 xv 页。

练、更有形式揭示力的、"代数的"表达方式。① 也就是说,在这本书中他更直接地和更深透地去暴露"绝望"与"信仰"的思想特点和"形式的"的特点。任何人只要读到本书第一部分的开头就会对这一点有所体会了。不过,切须注意,这里讲的"形式的"或克尔凯郭尔本人讲的"代数的"表达方式与传统哲学的"概念的"方式有重大的不同。这种形式的分析更近乎一种现象学的分析,并不要超越人的原初体验,而是在很大程度上去暴露这体验所包含的为概念的和观念的思想方式所达不到的"荒谬"之处、"无公度"之处。因此,这种形式的分析就不能与对于人生生存形态的描述或克尔凯郭尔惯用的"文学"笔法截然分离;相反,这种分析的最精彩处、最纯粹处都与那有现象学深度的文学笔法水乳交融,表现为"反论"、"反讽"、"幽默"等等,(起码在某种程度上)从形式上揭示出了人的真实经验,特别是朝向信仰的生存体验中的超概念维度。

因此,尽管克尔凯郭尔在语言上和表达程式上受到了(被他批评的)黑格尔作品的很大影响,尽管他也用"辩证法"或"辩证的"分析方法,但由于他不离开具体的、原本的个人体验的根本倾向,这些语言和方法在他那里都发生了质的转变;即从概念的把握转变为显现式的,从"正、反、合"这类公式化转变为生存境域式的,从命题的断定转变为讽喻幽默式的或苏格拉底式的。不可否认,"概念"或"观念"在黑格尔手里发生了在传统西方哲学看来是重要的变化,即所谓从"抽象的"概念转变为"具体的"概念,并因而不能只靠传统逻辑中的定义方法来传达其含义。这具体的概念要在一个"辩证的"发展过程中,从正、反、合的不同角度或主体—客体—更丰富的主体的角度来层层

---

① 参见《致死的疾病》,张祥龙、王建军译,工人出版社,1997年,第二部分 A 分部的第一章末尾倒数第二段;以及洪(Hong)译本的第 xiii 页和第 178 页的注释。

十一、关于克尔凯郭尔《致死的疾病》　159

展示或赢得自身的绝对意义。因此,黑格尔也要讲"精神的现象学",即主体如何在历史现象中一步步地克服其片面性而达到更纯粹和更自在自为的自身意识的历程。但是,在克尔凯郭尔看来,这种"具体化"仍然是在一个大的抽象框架中的纵横捭阖而已。它没有达到人生真实体验所具有的那种令人从理智上绝望的荒谬性,更达不到基于对这种荒谬性的领悟而进入的应时发生的信仰状态(比如克尔凯郭尔心目中的"信仰骑士"所处的状态),因而不管它表面上有何其曲折的经历,从根子上是被概念(主体)的普遍性和目的论主宰着、度量着和规范着的。换言之,它只能有概念自我的现象学,而不会有真正的精神自我和信仰的现象学。所以,黑格尔视宗教信仰为低于哲学思辨的一种精神形态,其精神上的合理性可被吸收到后者之中。对于这一点,克尔凯郭尔全力反对。在他看来,无论多么辩证化了的思辨理性仍脱不开抽象的普遍性,因而绝对达不到基督教信仰所要求的那种独一无二的或个人的具体性和除基督之外再无真实依凭的生存境况。而《致死的疾病》全力从思想上去揭示的就是这样一个具体生存的各种绝望形态,它们之间的关系,特别是它们与罪和信仰(去除了绝望的被拯救状态)的关系。

此书分为两部分,第一部分的标题为"致死的疾病是绝望",主要探讨"绝望"(despair)的含义和它在人生中表现出来的各种形态;第二部分题为"绝望是罪",主要分析作为罪的形态的绝望。可见,在这本书中,绝望代表一个关键性的思路。对于克尔凯郭尔,只要人还没有获得信仰,就处于这种或那种形式的绝望之中,尽管他的生存境况从表面上可以显得很正常。换句话说,绝望是对于人类迄今所处的绝大多数生存形态的刻画;克尔凯郭尔关于人的感性(美学)境界和伦理学境界的分析为此论点做了有力的铺垫。然而,他不满足于从心理学和人类学角度来阐发它,因而在此书的一开头就通过讨论"自我"的含义而对于绝望做了形式上的分析。

克尔凯郭尔指出,"自我"意味着在关联中发生的自身与自身的关联,因而只能是一种肯定性的而非否定性的"综合",比如有限与无限、暂时与永恒、自由(可能性)与必然的综合。作为肯定性的综合,这自我在与自身发生关联中就一定会使自身与另一个他者发生根本性的关联;而且,这他者只能被肯定性地理解为这整个自身关联的建立者。这样,我们看到,克尔凯郭尔的自我观与黑格尔的主体观有根本的区别。它不是实体性的,利用辩证的"关联"而发展自身;而是纯关系的,因而从根本上是开放的(能与"虚无"打交道的),被这关联致命地构成或建立着。

可见,在这自我与它的建立者之间或就在这自我之中(因为它本身只是两极之间的综合,并必然关联到他者),有一种微妙的平衡关系或相互构成的关系。偏于任何一边,不管是偏于自我还是他者,或偏于有限与无限、暂时与永恒、自由与必然这些对子中的任何一边,都会导致一种"错误关系"。而绝望就是指"那自身与自身发生关联的综合关系中的错误关系"。① 由于自我不具有任何实体性而纯在自身关联中被建立,它在自身中就找不到任何关于这微妙平衡的观念标准,并因而几乎是势不可免地要滑向某一边。不管它滑向哪一边,都会陷入绝望,而当它想靠抓住两极中的某一极(人的感性和理智只能这么做)去避免绝望时,就势必更加失衡而陷入更深的绝望之中。然而,可以看到,处于绝望之中就意味着以一种失衡的方式处于自我与他者的关联张力之中,因而潜在地更有可能意识到这种关联;所以,当一个人的绝望越具有自身关联性时,这绝望就越被强化,人

---

① 参见《致死的疾病》,张祥龙、王建军译,工人出版社,1997年,第一部分A分部乙节中第三自然段。

也就越痛苦,但也越有可能更清楚地意识到这绝望的真正含义,并因此而越接近拯救的可能。如果他最终意识到一切以现成性为前提的努力都无意义,并因而完全彻底地要依凭于那在自身关联中建立他的力量而成为自身的话,他就会或才会从绝望中解脱出来,获得真正的信仰。

这样一个自我观和绝望观是这本书的思想中枢,一切论述都是由此展开的。正是由于自我在自身关联中与他者关联并被建立,才可能有两种错误关系或绝望:"不要是其自身"和"要是其自身";前者偏离开了自我的一极,后者偏离开他者一极。而且,这两种最重要的绝望可以以不同方式体现于其他的绝望形式中,这些绝望也都是由于"缺乏"了维持平衡所需要的某一极(比如有限性、可能性等等)而引起的。正是由于自我与他者的微妙平衡和根本性的开放性,许多绝望现象或绝望结构才是可理解的;比如一个人的自我意识就一定与那建立了此自身关联者有关。如果这建立关联者被视为尘世之物,比如财产,那这人的自我意识就比较弱,它陷入的绝望也就比较低级。如果这自身关联的来源被视作他的恋人、他的家庭、他的人格一致性,那么这自我意识以及有关的绝望状态就越来越被强化了。如果这关联的建立者被视为上帝,那么这自我意识就被无限地强化,而在这种情况下还不与这建立者达成和解的意识就处于"罪"(sin)之中,不管它要不要成为其自身。所以罪中一定包含了违抗(defiance)和冒犯(offense)。违抗意味着意识到了上帝或在上帝面前而仍然坚守他的现成自我性。冒犯则意味着不接受基督为罪的赦免者,不承认人与神有着质的不同,因而被基督声称他有权赦免人的罪而冒犯,并以这种方式冒犯基督。这样,在罪中持续或不脱开罪的生存本身就是在犯新的罪,因为意识到了最终的自我建立者而仍固守一个封闭的自我及其绝望状态就是在犯最大的新罪。这里我们看到

"时间(持续)本身"在一个终极形势中的构成力量。

由此亦可看出,克尔凯郭尔对于"个人性"和"特殊性"的强调只是一种突破黑格尔和传统西方哲学的手段或方式;他的思想不能被简单地归结为以个人主体性为终极实在的主体主义,而是更近于一种在人的实际生存中实现出来的个人自我与建立它的他者之间的平衡论或相互构成论。这是一种在探求信仰的思想特点时达到的非概念的中道观。因此,克尔凯郭尔的思想并不像它表面上或它(有时)生硬的表达方式所显示的那样是一种完全的反理性主义,它反对的或"冒犯"的只是以黑格尔为代表的概念理性主义,而它本身对于自我和信仰确有一种更深的非现成领会,而这种领会是有构成意义上的理性或理路("启示"的原本含义)可言的。"致死的疾病"是绝望,但这绝望是可治愈的,即被"基督"代表的那样一种人与神、有限与无限、我与他之间微妙平衡的发生状态("复活和生命")所治愈。

本书的笔名是"安提—克里马库斯"(Anti-Climacus);将它译为"反克里马库斯"并不完全合适。按照 H. 洪的看法,"安提"(Anti)在这里并不意味着"反对",而意味着一种等级上的"在前"或"先于"。① 克尔凯郭尔在发表《哲学片段》(1844 年)和《非科学的最后附言》(1846 年)时所用的笔名是"约翰尼斯·克里马库斯";在那里所表达的更多的是一种从哲学角度,而非有明确的终极关切的基督徒角度而做的分析,因而与"安提—克里马库斯"的"为了使人受教益和得醒悟"(《致死的疾病》的副标题)而进行的关于绝望和信仰含义的直接探讨不同。克尔凯郭尔将克里马库斯所表达的思想境界视为比较低的,而将安提—克里马库斯所表达者视为相当高的,甚至高过了他本人实际上所能达到者(这也是他在长时间的思考后最终还是决

---

① 见洪夫妇的英译本,第 xxii 页。

定用笔名而非真名发表这本书的一个原因)。他这样写道:

> 约翰尼斯·克里马库斯和安提—克里马库斯之间有数个共通之处;但它们的区别在于约翰尼斯·克里马库斯将自己置于相当低的地位上,甚至说他不是一个基督徒,而人们可以察觉到安提—克里马库斯自视为一个处于极高层次上的基督徒。……我认为我自己所处的地位比约翰尼斯·克里马库斯高,而比安提—克里马库斯低。[1]

---

[1] 引自洪的英译本,第 xxii 页。

十二、塔斯基对于"真理"的定义及其意义[*]

波兰数学家、逻辑学家塔斯基（Alfred Tarski,1902—　）1933年在《形式化语言中的真理概念》一文中提出了一个对于"真理"（Truth）的语义学定义。它深刻地影响了当时的逻辑经验主义和后来的分析哲学的意义理论，并且导致理论语义学的正式建立。本文试图简单地评介建立这个定义的前因、方式及其后果。

1. 为何要从语义角度定义"真理"

一般说来，语义学（semantics）是研究语言的表达式与这些表达式所涉及的对象（或事态）之间的关系的学科。典型的语义概念是"指称"、"满足"、"定义"等等。"真理"这个概念的含义是极其丰富而且多层次的，历史上对于它的讨论和定义无论从学科角度还是从思想流派的角度看，都是很多样的。但是，如果把它放到语言学系统中来讨论，那么将它作为一个语义学的概念，即作为某些语言表达式（比如陈述句）与其所谈及的对象之间的关系来处理，确实不失为一种简便自然而且容易精确化的讨论方法。

然而，语义概念在学术史上的地位一直是不明确的或者说是很奇特的。一方面，这些概念深植于人们的语言活动中，要完整地表达

---

[*] 此文发表于1986年出版的《外国哲学》第8辑（商务印书馆出版）。

思想尤其是有关认识论、方法论的观点，它们是必不可少的；另一方面，几乎所有要以普遍的和充分的方式来刻画它们的意义的努力都失败了。更糟糕的是，包含这些语义概念的论证，不管它们在别的情况下显得如何正确，却可能导致反论或悖论，比如说谎者悖论，因而使得许多人，包括早期逻辑经验主义的代表人物对它们极不信任，认为要前后一致地使用和定义它们是不可能的，在严格的科学中应该禁用这类概念。

罗素在1902年发现的关于集合的悖论不但导致了所谓数学基础的危机，而且引起了人们对于各种悖论的极大兴趣。罗素的工作表明，悖论并不是表达方式上的故弄玄虚，通过发现和解决悖论，可以更深刻地认识语言和各种表达系统的逻辑基础，甚至会促使一门新的科学或理论的建立。"应该强调指出，悖论对于建立现代演绎科学的基础起到了杰出的作用。正如类的理论方面的悖论，特别是罗素悖论（所有非自身分子的集的集的悖论）是在逻辑和数学的不矛盾形式化方面成功尝试的起点一样，说谎者悖论和其他语义悖论导致了理论语义学的建立。"[1]

从另一个角度看，演绎科学本身的发展也提出了类似的要求。首先，是形式化公理方法的建立。欧几里德的《几何原本》可说是一个实质公理系统的例子，这一类公理系统的公理一般是表述某一类已事先给定的对象的直观自明的性质。但是，由于非欧几何的发现并且在欧氏几何中找到了它的模型，也就是说使它的真理性建立在了欧氏几何的真理性之上，使人们认识到对于空间特性的刻画可以

---

[1] A. 塔斯基(Tarski)："真理的语义学概念及语义学基础"(The Semantic Conception of Truth)，载《哲学分析读物》(Readings in Philosophical Analysis)，H. Feigl and W. Sellars 选编，New York：Appleton，1949年，第59页。

有形式不同但具有真值联系的多个表达系统。①

另外,数理逻辑的建立使形式逻辑具有了某种意义上的"自身的规定性"(黑格尔常常批评旧形式逻辑缺少这种规定性)或一套自足的语法系统,逻辑推理不再仅仅是输送外来内容和真值的毫无本身意义的空洞框架;每个语句的真值都有着本系统内的根据甚至某种判定方法,并且出现了属于该系统本身的重要问题——一致性、完全性、公理的独立性等等,而这些问题都与形式化语言中的真理(或真值)问题密切相关。

由于一开始对形式化公理系统的特性还认识不足,尤其是因为囿于休谟数学观的框框,对于演绎科学真理性的回答首先是形式主义的而不是语义学的。维特根斯坦仅仅依据命题演算的某些形式特点而认为所有的逻辑规则都是重言式,②其真理性在于它们是严格的同语反复,穷尽了一切可能,实际上"什么也没有说"。③ 这一片面看法极大地影响了早期逻辑经验主义的代表人物,如石里克、卡尔纳普。在数学界,这种倾向也体现在以希尔伯特为代表的形式主义学派中,并随后导致了重大转变。为了在数学领域中完全消除产生悖论的根源,希尔伯特提出了著名的"希尔伯特方案"或证明论,即要将数学公理系统相对相容性(一致性)的证明(比如证明非欧几何相对于欧氏几何、欧氏几何相对于实数论、实数论相对于自然数论的相容性)变为绝对或直接相容性的证明;在这种把握"绝对"的证明活动中无法再利用任何一种还需要解释的推演工具,因此在证明论中数学或逻辑公理系统的基本概念都应是无意义可言的符号,公理是这些

---

① 参见王宪钧:《数理逻辑引论》,北京大学出版社,1982年,第三篇。

② 按照逻辑主义的数学观,数学可还原为逻辑。这样,维特根斯坦的逻辑观就影响了人们对于数学的基础乃至科学理论命题性质的看法。

③ 维特根斯坦:《逻辑哲学论》,4.461。

符号的机械组合,无所谓真假,数学相容性的证明变为不需要内容的纯形式符号的推导,完全可以按一个机械的模式在有穷步内进行和完成。但是,在这个富于启发力的方案指导下工作的哥德尔,却发现了所有能包括形式数论在内的系统如果是相容的,则是不完全的,即总可以在它们中找到一个语义上真的句子,它和它的否定在本系统内都不可证;因此这类系统的相容性在本系统内是不可证的。而要去证明这一类系统相容性的元理论必不能比这些对象理论更简单,而是更强更复杂也就更"靠不住"。所以在纯形式的和有穷方法的前提下,数学系统绝对相容性的证明是不可能的。

塔斯基就是在这样的背景下(与哥德尔几乎同时)从理论语义学或逻辑语义学角度回答了演绎科学基础研究中提出的这样一些问题。哥德尔不完全性定理发表于 1931 年,塔斯基关于真理定义的主要思想于 1929 年已完成,并于 1930 年在波兰做了学术演讲。《形式化语言中的真理概念》这篇论文于 1931 年 3 月由卢卡西维兹送交华沙的科学学会,但由于外部原因使出版拖到 1933 年,这也使得塔斯基可以借鉴哥德尔的成果并对这篇论文做了部分补充和修改。[①]

2. 怎样定义语义的"真"

2.1 悖论与语言层次

从边沁(1748—1832)起,不再将词而是将句子作为意义的基本

---

① 塔斯基:"形式化语言中的真理概念"(The Concept of Truth in Formalized Languages),载塔斯基的《逻辑,语义学,元数学》(Logic, Semantics, Metamathematics)论文集,J. H. Woodger 英译,Oxford University Press,1956 年(1983 年此书由 Hackett 公司出了第 2 版。这版的编者是 J. Corcoran),第 152 页注释 1。

单位。弗雷格则认为一个句子的意义就在于它的真值条件或成真条件;正因为如此,句子和组成它的词才有了可传达的客观意义,而不仅仅是洛克等人所讲的带有主观经验色彩的"观念"。塔斯基为了避免心理因素的影响和表达歧义,就将他的真理定义的对象规定为语言系统中的语句,更严格地说是陈述句。

他以亚里士多德的真理定义为讨论起点。"我们希望我们的定义与经典的亚里士多德的真理概念所包含的直觉尽可能地相似——即在亚里士多德《形而上学》一书里这段著名的话中所表达的直觉:'将所是的[或所存在的]说成不是的[或不存在的],或将所不是的说成是的,是假的;而将所是的说成是的,或所不是的说成不是的,是真的。'[①]根据这个定义,"雪是白的"这个语句的真值条件就是:如果雪是白的,此语句就是真的;如果雪不是白的,此语句就是假的。因而下面这个等式成立:

语句"雪是白的"是真的,当且仅当,雪是白的。

将它一般化,即得到一个(T)等式:

(T)　X是真的,当且仅当,P。

在此式中,P代表"真的"这个词所涉及的语言中的任何一个语句,X则代表这个语句的名称。

[①] 塔斯基:"真理的语义学概念及语义学基础",《哲学分析读物》,第53—54页。此定义见《形而上学》第4卷第7章1011b27。吴寿彭的译文是:"凡以不是为是、是为不是者,这就是假的,凡以实为实、以假为假者,这就是真的。"见《形而上学》,商务印书馆,1981年,第79页。

但是,塔斯基认为亚里士多德的这个定义尽管在直觉上是对的,但是它的表达形式有严重问题。我们可以在不违反其形式的前提下构造一个类似说谎者悖论的语言:

> 印在本页这一行上的这个语句是不真的。

当我们问"这句话是真还是假"时,矛盾就出现了;因为从其肯定可以得出其否定,从其否定又可得其肯定,因此它是一个悖论。

经过分析,塔斯基认为毛病出在可以构造出这类语句的语言系统上。这类语言系统不但包含了它的表达式,而且包含了这些表达式的名称和像"真的"这样的语义学词项,尤其是它能够不受限制地把这样的语义学词项用于其中的任何一个语句;简言之,这样的语言系统具有在内部断定自己语句的真值的能力,塔斯基称之为"语义上封闭的语言"。自然语言也属于这种语言。

因此,为了保证语义概念在使用中的一致性,去掉产生悖论的根源,在讨论真理定义或任何语义学问题时,必须禁用这类语义上封闭的语言,而用不同功能的两种语言来代替:第一种是被谈及的作为讨论对象的语言,称为对象语言,第二种是谈及第一种语言的语言,称为元语言。我们就是用元语言来为对象语言构造"真语句"的定义。元语言中不但要有对象语言的所有表达式的名称,而且还有对象语言所没有的语义学的词项,所以元语言比对象语言从本质上更丰富,也可以说,元语言中包含有更高逻辑类型的变项。因而对象语言可以在元语言中得到解释,但元语言不能在对象语言中得到解释。塔斯基已证明,这样一种"本质上的[更]丰富性"对于构造满意的真理定义是一个必要而且充分的条件。① 元语言可以分为两种:句法

---

① 亚里士多德:《形而上学》,第 62 页。

(syntax)元语言和语义元语言。只谈及对象语言的语言表达式的元语言称为句法元语言,比如一般逻辑教科书上谈到某个演绎系统的语法部分(原始符号、形成规则、变形规则等等)的语言;不仅涉及对象语言的语言表达式,而且谈及这些表达式所涉及的对象的元语言称为语义元语言,比如谈到某个演绎系统的语义部分(真假、可满足、普遍有效等等)的语言。① 作为构造这样两种语言的两个著名例子,我们可以举出卡尔纳普的《语言的逻辑句法》(1934年)和塔斯基的《形式化语言中的真理概念》(1933年)。

2.2 真理定义所要求满足的条件
——形式上正确、实质上充分

塔斯基认为,为了保证定义在形式上的正确,除了区分对象语言和元语言之外,还必须说明这两种语言的结构,即将这两种语言都形式化和公理化,保证其中每一个表达式的意义从其形式上就可以被唯一地确定。所以,塔斯基认为要在自然语言中正确地定义真理是不可能的。

对于元语言还需多做一些说明:元语言的基本词项除了一般的逻辑词项和与对象语言的词项意义相同的词项之外,还要有从形式结构上描述对象语言的所有表达式及其关系的词项,以使我们有能力在任何情况下为对象语言的任一个表达式构造元语言的名称。自然,元语言的公理也要相应地反映出这三类词项的性质。此外,塔斯基对于元语言还有另一个更带有哲学含义的要求,即"(涉及对象语言的)语义学词项只能经过定义而被引入元语言中"。② "在这个构

---

① R. M. 马丁(Martin):《真理与指示:语义学理论研究》,1958年英文版,第63页。
② 塔斯基:"真理的语义学概念及语义学基础",《哲学分析读物》,第61页。

造中,我将不使用任何不能事先被归约为其他概念的语义概念。"①他希望通过在元语言中构造这个定义,能够把以前一直含混不清的"真理"或"真语句"概念"归约为纯粹的逻辑概念、被考察的语言的概念和语言形态学的特殊概念"。② 也就是说,归约为任何逻辑学家和分析哲学家也都要承认的在逻辑上形式上完全站得住的那些概念,从而证明语义概念可以像那些"分析的"概念一样毫无矛盾地使用,语义学可以成为语言形态学(the morphology of language)的一部分。

对于真理定义的另一个条件是要求它是"实质上充分的"(materially adequate),即涉及某个对象语言的所有(T)等式都要作为这个定义的结果而被推衍出。③ 在这些出现在元语言中的格式为"X 是真的,当且仅当,P"的(T)等式中,"P"代表对象语言中任何一个已被翻译到元语言中的语句,"X"则代表这个语句的名称。

为什么要提出这个条件呢?首先,既然这个定义要把语义概念归约为非语义概念,那么就必须在语义概念可能出现的一切场合都有办法把包含这类概念的语句置换为不包含语义概念的语句,即穷尽被定义概念(如"真"、"满足")的一切可能的情况。其次,是为了回答演绎科学特别是证明论中提出来的"可证性"与"真理性"的关系以及"排中律"是否成立等问题。一般人的直觉很容易接受这样一个古典排中律式的看法:任何一句话或者说一个判断不是真的就是假的

---

① 塔斯基:《逻辑,语义学,元数学》,第152、406页。[以下为2000年重刊时所加。]本文是将塔斯基这句话中的"其他概念"理解为"非语义概念"。根据他文章的上下文,这种理解似乎是唯一合理的。但后来由于某些人(比如本文末提到的菲尔德)的批评,塔斯基似乎在这一点上"含糊"了起来。参见马克·普拉兹编:《指谓、真理与实在——语言哲学论文集》,1980年英文版,第1页。

② 塔斯基:《逻辑,语义学,元数学》,第63页。

③ 塔斯基:《逻辑,语义学,元数学》,第188页。

（即它的否定是真的）。且不管所谓"形而上学"，就是在数学中也有一些命题或判断的本身被证明是无解的，而且"说谎者悖论"一类的命题对这种信念更是严重的威胁。于是实证主义者和有穷主义者出来说：根本不存在这类柏拉图式的从本体论上就保证了的理念的"真"，或者更进一步，也根本不存在康德式的从认识论上被保证了的有先天综合能力的范畴的"真"或感性直观的纯形式的"真"，而只有所谓"证实的真"或"分析的真"。这种倾向由于数学基础中悖论的发现而得到加强并在直观主义[①]学派的有穷主义中达到极点；他们认为真正的数学命题只存在于有穷构造中，因而拒绝使用涉及"实无穷"的排中律。他们这种看法得到 F.考夫曼和维特根斯坦等人的赞同，希尔伯特虽然出于保护一大批数学成果的目的反对直观主义排斥排中律的主张，但在很大程度上也受到悖论的发现和这种从某一方面看来很合理的主张的影响，在他提出的"方案"中也要把涉及实无穷的数学系统的相容性归约为只涉及有穷构造的数学系统的相容性。卡尔纳普在《语言的逻辑句法》中所持有"算法论"（句法论）基本上也属于这种观点。然而，奇怪的是哥德尔、塔斯基等人却发现了有些形式化命题不可证或在有穷步内不可证但明明白白是个真命题。怎样解释这种"真"与"可证明"的复杂关系呢？哥德尔宁愿做柏拉图式的"客观真理"的解释，塔斯基则显然认为对于形式化语言中的真理问题，做柏拉图式的解释是太宽了，做出了过多的本体论的承诺，而做有穷主义的或证明论式的解释又过窄了，没有把一切真命题都包括进来。他的真理定义的一个目标就是要使这个定义包括所有那些演绎科学中从形式上、逻辑语义上或用中世纪的逻辑术语，从"实

[①] 一般译为"直觉主义"。这一派的代表人物是布劳维尔（L. E. J. Brouwer, 1881—1966），他也受到康德数学观中直观性和主观性一面的影响。

质指谓"(suppositio materialis)上可以判定其为真的命题,而且只包含这类命题;因此,他称这个条件为"实质上充分的"(或译为"确切的"、"适当的")。

2.3 定义的构造

一个语言系统可以包括无穷多个语句,为了使"实质充分"的条件得以实现,就必须提供一个方法使得我们可以从简单的有限的语句构造出无穷多个语句。但塔斯基发现:从那些带量词的形式化语言的形式构造的角度看来,复合语句一般不是由简单语句(不包含自由变项的语句函项)复合而成,而是由简单的语句函项(其中包含自由变项)复合而成。① 比如在塔斯基用来作为构造真理定义的一个具体例子的类演算(the calculus of classes)中,某一个复合语句如 $\bigcap_1 (\iota_{1,1} + \bigcap_1 \bigcup_2 \iota_{2,1})$(意思是"对于任何类 a,a⊆a;或者有一个类 b,使得 b⊆a"),并不是由"$\bigcap_1 \iota_{1,1}$"和"$\bigcap_1 \bigcup_2 \iota_{2,1}$"通过析取(+)构成,而是由语句函项"$\iota_{1,1}$"和简单语句"$\bigcap_1 \bigcup_2 \iota_{2,1}$"的析取再加上全称量词"$\bigcap_1$"而构成。因此,我们只有先定义简单的语句函项和由简单语句函项构造复合语句函项的运算,然后将语句作为语句函项的极端情况,即其中不带自由变项的语句函项处理。塔斯基用递归方法定义了语句函项,即先定义(描述)最简单结构的语句函项(比如 $\iota_{k,l}$,意思为"类 a 被包含于类 b";k 和 l 的值是自然数,代表类变项),然后定义从较简单的语句函项构造出复合语句函项所凭借的运算,比如否定、析取、加量词。但是,一个语句函项无所谓真假,比如我们不能说"X+3=5"是真或是假,而只能讲它能被什么对象所满足,例如"2"。因此,"某个语句函项被某些对象满足"的概念就作为第一个语义概

---

① 塔斯基:《逻辑,语义学,元数学》,第 189 页。

念,即涉及表达式与其对象的关系的概念而被引入,定义这个概念成为塔斯基工作中几乎是最重要的一环。

(这里要提醒一下:对于"满足"和其后"真理"的定义是在元语言中给出的,因此,下面提到的对象语言的各种表达式都已被翻译成元语言了。)

出于技术性的考虑,[1]塔斯基实际上用的是"某个语句函项被对象的某个无限序列所满足"的概念。为了使定义明晰,塔斯基将对象语言的所有变项都用自然数加上了附标,因此一个语句函项中的自由变项和约束变项都是带有附标的,比如类演算中的语句函项 $\bigcap_{2\iota_{1,2}}$;对象的一个无限序列就是该语言所涉及的对象按附标大小顺序排列而成,比如由类演算中所有的类按附标排列成一个无限序列。一个语句函项 x 能否被对象的一个无限序列 f 所满足,取决于与 x 中自由变项 v_i 相应(即有同样附标)的对象序列中的项 f_i。如果按照定义 f_i 满足 v_i,那么这个对象的无限序列也就满足该语句函项。[2]

塔斯基还是用递归方法来定义"满足":

> 定义 22:序列 f 满足语句函项 x,当且仅当,f 是类的一个无限序列并且 x 是一个语句函项,而且它们满足下面四个条件之一:(1)有自然数 k 和 i 使得 $x=\iota_{k,i}$ 并且 $f_k \subseteq f_i$;(2)有一个语句函项 y 使得 $x=\bar{y}$ 并且 f 不满足函项 y;(3)有语句函项 y 和 z 使得 $x=y+z$ 并且 f 或者满足 y 或者满足 z;(4)有一个自然数 k 和一个语句函项 y 使得 $x=\bigcap_k y$ 并且每个与 f 至多在第 k 处

---

[1] 塔斯基:《逻辑,语义学,元数学》,第 195 页注释 1 及塔斯基:"真理的语义学概念及语义学基础",《哲学分析读物》,第 81 页注释 15。

[2] 塔斯基:《逻辑,语义学,元数学》,第 191 页。

不同的类的无限序列都满足函项 y。①

（说明：在塔斯基所使用的类演算的元语言中，"ι"的意思为"被包含于"；"$\bar{y}$"的意思为"非 y"；"$y+z$"的意思为"y 或 z"；"$\bigcap_k y$"的意思为"对于所有 v_k（附标为 k 的那个变项），表达式 y 都成立"；"$\bigcup_k y$"的意思是："有一个 v_k 使得表达式 y 成立"。）

按照这个定义，我们可以把"某个语句函项被对象的某个无限序列所满足"这样一个语义概念的每一个例子都还原为或归约为对象语言的某些表达式及其关系，因而满足了"形式上正确、实质上充分"的条件。比如：类的无限序列 f 满足语句函项 $\iota_{1,2}$ 当且仅当 $f_1 \subseteq f_2$；满足语句函项 $\overline{\iota_{2,3}+\iota_{3,2}}$ 当且仅当 $f_2 \neq f_3$；满足语句函项 $\bigcap_2 \iota_{1,2}$ 当且仅当 f_1 是空类；满足语句函项 $\bigcap_2 \iota_{2,3}$ 当且仅当 f_3 是满类。并且，我们可以利用条件（4）提供的加全称量词的运算而由语句函项构成语句，即对语句函项中出现的每个自由变项都加以约束。因此，我们可以直接用"满足"概念来定义"真语句"。

从条件（4）可以看出，一个约束变项要么就被所有的对象序列满足，要么就不被任何对象序列满足。而一个语句中只包含有约束变项，所以，塔斯基给出了这样一个类演算中的真语句的定义：

定义 23：x 是一个真语句——符号表示为 $x \in Tr$——当且仅当 x 是一个语句并且类的每一个无限序列都满足 x。②

---

① 塔斯基：《逻辑，语义学，元数学》，第 193 页。此定义的条件 4 之所以允许任何类的无限序列可以在 k 处与 f 不同，是由于全称量词 $\bigcap_k$ 已约束了该处的所有变项。
② 塔斯基：《逻辑，语义学，元数学》，第 195 页。

塔斯基接着证明了,只要元语言比对象语言在本质上更丰富,按照这样一个程序来构造一个关于对象语言的形式上正确、实质上充分的定义总是可能的。在1944年发表的《真理的语义学概念及语义学基础》中,他更简明地概括了这个定义:"一个语句如果被所有的对象满足就是真的,否则就是假的。"①

2.4 这个定义的特点

首先,作为上面讲到的"满足"概念的一种极端情况,即被所有的对象序列满足或不满足,这个真语句的定义同样是"形式上正确和实质上充分"的。也就是说,通过这个定义,我们可以把"某某语句是真的"这样一个包含语义学中"真"的概念的陈述归约为[翻译为]由其意义是完全清楚明确的概念构成的陈述,即归约为不包含任何[明显的]语义概念的对象语言的表达式及其关系,而且从理论上讲在一切场合都可以进行这种归约,因此我们可以通过这个定义得到或推论出涉及对象语言每一个语句的所有(T)等式。这就表明,你对于对象语言的了解程度与你对于涉及这个语言的语义真理的了解程度从逻辑上是等价的。如果你理解了对象语言并能使用它,你也就理解了关于这个语言的真理性并能使用"某某语句是真的"这样一类陈述;如果你还不理解对象语言但可以分辨它的符号,你也可以在元语言的(T)等式中给出它的真值条件。

这里需要澄清一个问题,即不能把(T)等式误认为塔斯基给出的定义本身。通过上面的叙述已很清楚,(T)等式只是这个定义所产生的结果,每一个具体的(T)等式只是一个对于"真"的片断定义,它们的全体或逻辑合取才与上面那个"定义23"等值或外延相同。

---

① 塔斯基:"真理的语义学概念及语义学基础",《哲学分析读物》,第63页。

这样,我们就可以得出这个定义的第二个特点,即每一个语句的真值是与整个语言系统的构造方式密切相关的。一个语句是真的,当且仅当它能被所有对象满足。"雪是白的"这句话的真值并不像经验主义所说是依赖于经验中的"雪"和"白"或者某个孤立的"事件",那样的"雪"和"白"是主观的、无法传达的和死无对证的。可以想见,一个没有语言思维结构或概念结构的人或生命,无论经验多少次"雪",也不会懂得"雪是白的",更无从谈其真假。有人曾把(T)等式理解为"'雪是白的'是真的,当且仅当,雪事实上是白的。"塔斯基坚决地纠正了这一似是而非的错误看法,指出某个(T)等式并没有提供断定任何特定语句尤其是经验语句的充要条件,因此与所谓"经验证实"无关。它告诉我们的是"'雪是白的'是真的"与"雪是白的"这样两个语句在逻辑上是等价的。①"雪是白的"这句话真正的逻辑形式是:"对于一切事物而言,如果它是雪,则它是白的。"这一点在形式化语言中更为明显;一个语句是否被所有对象满足,在还没有追究整个语言系统的真理性之前,完全取决于它在某个语言系统中所处的位置,即这个语言的构造方式给予它的结构特点。因此,一个语言系统中的一切语句尽管在形式上不同,但却可以按照这个真理定义区分为真假两类。一切真语句都被所有的对象满足,从而构成一个严格的真语句类或真语句的集合。

这个定义的第三个特点是在元语言中利用了更强的逻辑手段。塔斯基用"满足"概念定义"真",而对"满足"这个概念使用了递归定义,这种定义方式在对象语言中是不允许的。塔斯基同时申明,不使用递归定义而使用正常的定义也是可以的,但这样就必须在定义项

---

① 塔斯基:"真理的语义学概念及语义学基础",《哲学分析读物》,第71页。

中引入更高逻辑类型的变项。①

有必要说明一下:这样一个对于真语句的语义定义与对于真语句的结构定义(structural definition)是不同的。所谓真语句的结构定义就是指给出一个可行的"判定方法",依据这个方法,我们可以判定某个语言中的每一个语句到底是真还是假(但这种判定也可能涉及无穷多步),而不仅仅是给出它们的真值条件,因此这是一个更具体的定义。而且在建立这样一个定义的时候,不需要利用更高逻辑类型的变项。比如在命题演算中可以给出这样一个结构定义,利用真值表我们可以将它变为一个外延相同的语义定义。② 塔斯基在《形式化语言中的真理概念》中也给出了一个类演算的真语句的结构定义,不过又附加了一些公理。但是,在大多数人们感兴趣的形式化语言中(包括狭谓词演算),是无法给出这样一个定义的,而语义定义则在任何一个本质上比对象语言更丰富的元语言中都可以做出。

因此,我们可以说塔斯基这个定义的第四个特点是它具有普遍性。

3. 这个定义的意义

塔斯基给出的这个形式化语言中的真理定义对于逻辑、数学、语言哲学、科学哲学(比如波普的学说)、语言学以及心理学、社会学、文化学、人工智能等方面都产生了深远的影响,有些问题(例如真理与意义的关系)至今仍在被热烈地讨论。这里只就两个方面简单地谈几点看法。

---

① 塔斯基:《逻辑,语义学,元数学》,第193页注释1。
② 塔斯基:《逻辑,语义学,元数学》,第237页注释2。

3.1 它对于演绎科学的意义

如果借用控制论的一个术语,我们可以说,塔斯基建立的语义元语言和真理定义为演绎科学提供了更有效的反馈机制;通过这个机制的活动,演绎科学在某种意义上成为可以控制和认识自己、适应对象环境的主体。关于演绎科学的对象的看法(往往体现在研究方法中),可以大致分为三个层次:以经验的对象为对象,比如穆勒;没有可表达的对象,比如各种形式主义;以自身及其活动为对象,比如塔斯基和哥德尔。

在塔斯基这里,演绎科学作为"对象语言"得到了周密的整体性的研究。他构造的真理定义第一次精确而且充分地刻画了"真语句"的语义特性,因此唯一地决定了被定义语言中真语句的外延。虽然从语法或狭隘的经验的角度看来,它对于判定语句本身的真假并不总是能行的,因而从某种意义上来说它严格而且充分地规定的对象语言的真语句的类只是一种虚类或潜类;有人甚至因此而认为这个定义包含了形而上学的因素或带有严重的哲学暗含。[①] 但是,正如无理数或虚数引入数学曾使得数学所能处理的对象有了革命性的扩充,使得数学有了更强和更一致地描述客观世界复杂现象的能力,并解除了毕达哥拉斯学派所曾有过的那类困惑,塔斯基在形式化语言中引入的真理定义也使我们可以在某种程度上克服只涉及语言表达式形式的语法的局限性,捕捉到语言表达式与其对象之间的某种普遍的和客观的关系——语句被所有对象满足的"真的"关系。这就使得我们对于作为一个整体的对象语言的最重要的一些特性(比如"一致性"、"完全性"等等)有了严格的实质性的把握,并因此得以超越某

---

① 塔斯基:"真理的语义学概念及语义学基础",《哲学分析读物》,第72、71页。

一个语言系统的局限,在不同的表达形式和直观内容的语言之间建立起更深刻的联系和通约,为语义的"真理"概念找到了更客观更逼近现实世界的基础(比如"模型"理论),具有了回答在语法或经验范围内无法回答的问题和表现更复杂丰富的逻辑关系的能力,填补了演绎科学方法论中的某些空白。

(1)从语义角度证明矛盾律与排中律

由于塔斯基的真理定义确切地决定了一个语言系统中所有真语句的类(Tr),并且由于任何一个语句要么被所有对象满足而真,要么不被任何对象满足而假,所以对任何一个语句 x 而言,或者 x∈Tr,或者 x∈Tr(矛盾律)而且,或者 x∈Tr,或者 x∈Tr(排中律)。[①] 根据推论的定义,还可以证明从真语句只能推论出真语句。因此,真语句的类是一个一致的而且完全的演绎系统。这就证明了被直观主义排斥的"排中律"至少在可以定义语义真的语言中是成立的,因而保证了数学中这个强有力的推理依据的合理性,悖论的出现不能归罪于排中律。

(2)区别了"真"与"可证明"

按照这个定义,如果一个形式化公理系统的公理都是真语句,那么从公理推出的定理(可证明句)也就都是真语句,因此可证明这个系统是一致的或协调的。但是,除了那些具有很基本的逻辑结构的演绎系统(如命题演算和狭谓词的演算)外,在相当大一类的数学学科的形式化语言中,并非所有的真语句都是定理或可证句。塔斯基在类演算中找到了一个句子,它和它的否定在类演算中都不可证。当然,这方面最著名的例子是哥德尔的不完全性定理。哥德尔通过他创造的配数法就能将符合有穷观点的元数学中的语法算术化,按

[①] 塔斯基:《逻辑,语义学,元数学》,第 197 页。

照塔斯基的语义学的讲法,就是使元语言在对象语言中得到了解释,元语言并不比对象语言从本质上更丰富。这样的话,就总有可能在可以包括初等数论的形式系统 P 中能行地构造出一个自指的命题 A,用普通语言表示就是:

A:A 在 P 中不可证。

它和它的否定在 P 中都不可证。因此系统 P 是不完全的,或者是说在这样的元语言中不能给出一个实质上充分的真语句的定义,因为那样就会把说谎者悖论式的语句也包括进来。但是,如果元语言比对象语言从本质上更丰富,那么在对象语言 P 中的非决定句 A 就可以在元语言中被判定为是一个真语句(并不构成悖论)。① 因此塔斯基说:"……真理理论如此直接地导致了哥德尔的定理……,哥德尔在他的证明中显然受到了关于真理概念的某种直觉考虑的引导,虽然这个概念没有明确地出现在证明中。"②

所以,在本质上更丰富的元语言中定义的"真"的概念就要比只使用对象语言中的逻辑手段就可精确定义的"证明"的概念在外延上更广,也就是说,所有的可证句都是真语句,但有的真语句不是可证句;一致性可以用真理性来说明,但真理性不能只用一致性来说明。这个事实表明了语言系统中形式推理的局限性,同时表明了塔斯基的真理定义具有更深刻的构造能力,它对于解决形式系统的一些重要问题以及克服数学基础研究中的形式主义倾向具有重要意义。

---

① 塔斯基:《逻辑,语义学,元数学》,第 276 页。
② 塔斯基:"真理的语义学概念及语义学基础",《哲学分析读物》,第 81—82 页注释 18。

(3) 导致"模型"、"推论"等概念的建立

塔斯基通过这个定义建立了形式化语言中的语义学方法,"通过使用语义学方法,我们能够确切地定义一些到目前为止只以直觉方式而被使用的重要的元数学概念,例如可定义性的概念或一个公理系统的模型的概念;并因此使我们能够对这些概念进行系统的研究"。① 为了确切地回答本文一开始叙述的不同演绎系统(比如欧氏几何与非欧几何)之间具有真值联系的问题,一些逻辑学家曾力图以严格的方式定义"推论"(consequence),它的外延和内涵都要比"推导"(derivation)这个概念更丰富,后者只能说明"可证明"概念,但不能充分地说明"真理"(或真值)的概念。卡尔纳普在这方面做了很多工作,但由于他囿于语法范围,因而所给出的定义对于那些包含较多的非逻辑常项(extra-logical constants)的形式化语言就不适用,因而是实质上不充分的。塔斯基在定义"推论"时引入了语义学方法,运用已精确定义了的语义概念"满足"和"真"正确而且充分地定义了"模型"、"推论"这样一些在演绎科学中极重要的方法论概念。②

科学的模型概念和推论概念准确而且充分地说明了表达形式和直观内容不同的演绎系统之间逻辑上或语义上的联系,使得我们进一步摆脱了某一个语言的形式的局限,得以在更抽象也更客观和完整的意义上来对比和把握这些语言系统的特性,而且这些用语义学方法定义的概念比单纯的语法概念更逼近人们具体的和创造性的思维和推理过程。

---

① 塔斯基:"真理的语义学概念及语义学基础",《哲学分析读物》,第 78 页。
② 塔斯基:"论逻辑推论的概念",载《逻辑,语义学,元数学》,第 415—417 页。

3.2 它对于语言哲学的意义

(1) 导致了理论语义学的建立

从前面的简单介绍中可看出:塔斯基在定义语义真的过程中,建立了一整套在形式化语言中科学地定义语义概念的方法,即对象语言与更丰富的元语言的区分和形式化公理化,建立(T)等式的格式,(往往递归地)定义语句函项,定义语句函项被一对象的无限序列所满足;然后利用已被定义的"满足"或其他语义概念来定义所需要的语义概念,比如"真"、"指称"、"推衍"、"定义"、"模型"等等。其中最重要的思想就是,为了正确地使用和理解语言,必须区别语言的不同层次。为此,塔斯基在胡塞尔和涅斯乌斯基的工作的基础上建立了语义范畴的阶(the order of the category)和语义类型(semantical type)的概念,[①]将语言从语义上分为层次;而正确和充分地定义语义概念的充要条件就是构造定义的元语言要比对象语言有更高阶的语义范畴。如果满足以上条件,就不会发生悖论。这也表明了悖论产生的根源并不[一定]是命题的自指或涉及无穷,而[可以]是由于语义层次或范畴的混乱。因此,我们可以说塔斯基的真理定义从语义角度比罗素的逻辑类型论更自然而且更富有成果地解决了防止悖论的问题,导致了理论语义学的建立,为研究语言系统的特性提供了又一种有力的新工具。

(2) 纠正了早期的逻辑经验主义的某些错误论点

从前文(二·4)可看出,塔斯基的定义以极其严格的方式反驳了逻辑经验主义关于一切有意义命题的二分法,即重言式意义上的分析命题与要求经验证实的综合命题的二分法。塔斯基和哥德尔的工

[①] 具体的定义及修正意见见塔斯基:《逻辑,语义学,元数学》,第 218—219、268 页。

作表明,分析命题绝不只是重言式或句法命题,比如哥德尔不完性定理中的命题 A,利用真值表或只限于句法范围,都无法解释其真理性。① 这个定义还表明,"分析命题"的真理性要涉及"对象"(当然不只是主观狭隘的经验对象),因此这类命题具有自己的内容和意义,相对于一个个具体语言系统有自己的特殊性和局限性。没有哪一种语言可以当作统一所有科学的代表绝对真理的语言。另外,这些分析命题的真假还与整个表达系统的结构特点和对象密不可分,而所有经验命题都必须利用这种不完全透明的形式系统来构造自己和表达意义,因此也就根本不存在完全独立于表达介质的"原子经验命题"。而且,正是由于任何语句的意义或成真条件是涉及整个系统的构造特点并因而具有系统内或系统际(通过"模型")的客观性,利用语言可以进行有效交流的事实才得到了一个起码在形式上站得住的解释。

由于塔斯基这项工作完成的如此明确和富于成果,逻辑经验主义中对同一些问题一直有所考虑的比较敏锐的人物(比如卡尔纳普)很快就以适合自己的方式接受了它,修改了自己的理论。当然,这场关系到经验主义原则的多米诺骨牌的游戏并没有结束。

(3) 刺激了对各种语言的语义问题的研究

塔斯基的真理定义给人印象很深的一点就是他几乎是在语言的真空状态或失重状态的形式化的实验站里找到了某种意义单位的分子式或基因链,即能使意义"出现"的几乎是最低限的形式条件;用他的话来讲就是"形式化语言在语义学中的作用可以粗略地相比于孤立系统在物理学中的作用"。② 如同自然科学实验室中的任何一项

---

① 关于塔斯基对卡尔纳普从句法上定义"推论"的批评,参见塔斯基《逻辑,语义学,元数学》,第 416 页。

② 塔斯基:"真理的语义学概念及语义学基础",《哲学分析读物》,第 75 页。

十二、塔斯基对于"真理"的定义及其意义

卓越成就都有助于人们理解深奥的大自然一样,人们期望塔斯基的定义和理论语义学也可以给予各种语言的意义研究以一种全新的系统的工具或者说是一个敏感的神经系统,充当意义、思想与具体语言之间的浮桥。

1967 年,美国芝加哥大学的戴维森(Donald Davidson)在一篇名为"真理和意义"(Truth and Meaning)的文章中运用塔斯基对于真理定义的成果和方法来解决语言的意义问题。一般人都认为懂一个语言的语句的意义要比知道它们的真值条件更复杂,但戴维森贯彻了弗雷格"语句的意义在于其真值条件"的原则,认为两者形式相似,意义问题并不比真理问题更复杂。① 而且,他首先将塔斯基的方法引入了关于自然语言的意义理论的研究中,提出了一些特殊的真理理论。②

当然,对于戴维森的工作也有不同意见。比如杜米特(M. Dummett)认为戴维森关于意义的真值条件理论中包含有"形而上学的内容",不能充分地说明人们对于自己语言的"可证明的理解"。菲尔德(H. Field)在《塔斯基的真理理论》一文中则认为塔斯基实际上并不是如他说的将真理概念归约为了非语义概念,而是将真理概念归约为了其他较简单的语义概念(如"翻译")。菲尔德自己提出了一个以"原始指示"这样一个语义概念来定义"真"的仿塔斯基的真理理论 T1,并且认为 T1 比实际的塔斯基的真理理论 T2 更优越,因为它不但具有 T2 的所有功能,而且由于它免除了必须能将语义概念

---

① 参见周柏乔:"介绍当前分析哲学的主要课题和方法",载《现代外国哲学论集》第 2 集,第 240 页。戴维森的文章见于该作者的论文集《对于真理与解释的探讨》(Inquiries into Truth & Interpretation),Oxford: Clarendon Press, 1984 年,第 17—36 页。

② 马克·普拉兹编:《指谓、真理与实在——语言哲学论文集》,1980 年英文版,第 1 页。

归约为非语义概念的要求,因而可以适用于不精确的或不能充分翻译的语言以及历时语言学。菲尔德认为塔斯基的理论对于数学、语言学、哲学具有极其重要的意义,而且通过他的这一番去伪存真的工作可以使这些意义更加被人承认和发扬光大。①

我们可以说,塔斯基的真理理论目前在西方的语言哲学中扮演了一个重要角色,其影响和意义还是难以估定的。

---

① 马克·普拉兹编:《指谓、真理与实在——语言哲学论文集》,第 83—107 页。[以下为 2000 年重刊时所加]当本文作者九十年代初在美国上塔斯基《逻辑,语义学,元数学》一书第 2 版的编者 J. Corcoran 教授(他与塔斯基有过较密切的学术交往,并且"崇拜"塔斯基)的逻辑课时,曾提出菲尔德的这个批评(即塔斯基的定义并没有完全将"真"归约为非语义概念)请他评议,他的反应是:塔斯基从来没有说过自己已将"真"这样的语义学概念完全归约为了非语义概念。参见塔斯基:"真理的语义学概念及语义学基础",《哲学分析读物》,第 61 页。

第二部分 现象学与中国古代思想

十三、现象学的构成观与中国古代思想[*]

中国古代思想要获得新的生机,离不开与西方的哲学及其他学科的对话。但是,就如同当年从印度和中、西亚这个"西方"源源而来的众多思潮中只有为数不多的一种或几种能与中国思想发生有机的交合而繁衍变通一样,在今天众多的西方哲学流派中,也许也只有少量的能与中国古代思想进行有孕育力的对话。本文要表明,肇端于二十世纪初的现象学,而非任何传统的西方概念哲学,是这样一个待选者。为了论证这个提议,就要首先找到现象学这个并不单纯的思想运动的根本特性,然后审视中国古代思想中是否有与之遥相呼应的倾向。

1. 现象学的构成本性

首先需要声明,本文所讨论的"现象学"(Phänomenologie)是广义的,即包括所有那些受过以胡塞尔为开端的思潮的重大影响的学说,比如海德格尔的、萨特的、梅洛—庞蒂的,甚至列维纳斯的和德里达的,等等。

胡塞尔本人对"现象学"的含义有过各种讲法,比如说它是关于

---

[*] 此文依据作者的一篇题为"现象学的构成观与中国哲学"的文章(《中国现象学与哲学评论》第一辑,上海译文出版社,1995年,第335—350页)改写而成。

"被直观到的现象"的科学、①"本质的科学"、②"一门在纯直观中研究先验的纯粹意识领域的纯描述性学科",③等等。它们往往带有他本人的治学特点,不一定被后继者所认同。比如海德格尔就不会同意将现象学限制在"先验的纯粹意识领域"中。但是,胡塞尔的另一段话可能会被绝大多数受惠于现象学的思想家所赞同,他讲:"现象学同时并且首先标志着一种方法和思维态度"。④ 这也就是说,现象学的独特之处并不在于它研究的是什么领域,而是它看待事物及研究对象的方法和态度。⑤ 但这是一种什么方法和态度呢?人们可能马上会想到胡塞尔力倡的"现象学还原"、"自由想像"等方法。可是,这样的方法其实并不被普遍地视为广义现象学的最重要方法。另外,只限于"在纯直观中所给予者"也似乎是现象学的一个基本态度。⑥但是,问题是如何能更具有方法论含义地理解"纯直观"和"所给予者";或如何将现象学讲的直观与(比如)经验论者、柏格森和神秘主义者讲的纯直观区别开来,并因此将现象学直观中的被给予者与经验主义者讲的感觉直观中的被给予者区别开来的问题。

我认为,现象学或现象学直观的最突出的特点是它的"构成"

---

① 胡塞尔:《现象学的观念》(*Die Idee der Phänomenologie*),倪梁康译,上海译文出版社,1986年,第12页。为了与本文用语一致,中文译文中的个别词语依据德文原文(1950年版,Nijhoff)有所变动。

② 胡塞尔:《纯粹现象学和现象学哲学的观念》(*Ideen zu Einer Reinen Phänomenologie und Phänomenologischen Philosophie*),第一卷(《观念1》),The Hague:Nijhoff,1976年版,引文用边页码(即初版页码)。中文译本名为《纯粹现象学通论》,李幼蒸译,商务印书馆,1992年,边页码同,第4页。

③ 胡塞尔:《观念1》,第113页。

④ 胡塞尔:《现象学的观念》,第24页。

⑤ 海德格尔:《存在与时间》(*Sein und Zeit*),第6版,Tübingen:Neomarius,1949年,第27页;"'现象学'首先意味着一个方法概念。它刻画的并非哲学研究对象的事实上的什么,而是其如何"。

⑥ 胡塞尔:《观念1》,第24节("一切原则中的原则")。

(Konstitution,Bilden)洞见或识度。现象学中讲的"现象"、"本质"、"直观"、"明见性"、"绝对的所予物"、"意向性"等等只有置于此原发的构成中才是有新意的。胡塞尔本人对于这一点有所认识,他写道:"一切问题中的最大问题乃是功能问题,或'意识对象(性)的构成'的问题。"①

"构成识度"是与西方的传统形而上学和自然主义(经验主义)的方法论相对而言的。在这类方法论视野里,存在者和被认识者都是或可以是某种现成者(Vorhanden,objective presence),某种可以被非境域地(non-contextually)把持的对象,不管它被说成是"理念"、"实体"、"本质"、"形式"、"规律"、"对象",还是"印象"和感官给予的"实在的内在"。②简言之,这种方法产生的是逻辑上可以孤立化处理的"存在者"(being)。现象学家则否认这种现成存在者的原本性,认为它们已经是某种把握框架的产物了。"现象本身"或"事情本身"一定是构成着的或被构成着的,与人认识它们的方式,尤其是人在某个具体形势或境域中的生存方式息息相关。换言之,任何"存在"从根本上都与境域中的"生成"(Werden,becoming)、"生活"(Leben)、"体验"(Erleben)或"构成"不可分离。哲学的活动不能从一开始就被置入某种观念框架里,因而带有不必要的先入性和任意性。它要求显现者自明地给出它们的存在证据。而这里的关键在于,此"自明地给出"对于现象学来说只能或首先意味着在活动("体验"或"生存")中的当场构成。胡塞尔写道:"事物在这些体验中并不是像在一个套子里或是像在一个容器里,而是在这些体验中构成(konstituieren)着自身,根本不能在这些体验中实项地(reell)发现它们。'事

---

① 胡塞尔:《观念1》,第86节(176页)。
② 胡塞尔:《现象学的观念》,第34页。

物的 被给予',这就是在这些现象中这样或那样地显示自己(表现出来)。"①这段话清楚地表明"构成"乃是"被给予者"、"现象"以及所有内在超越者的存在方式。这也就是现象学比别的许多学派更深刻和更具有原发性的原因。胡塞尔之所以强调直观体验,是为了保证构成的当场性和他所理解的方法上的彻底性。由于这种方法上的改变,传统西方哲学中的一些理论前提或逻辑(比如一与多、本质与显现的二分)开始失效,认知过程被认为必然要涉及那些模糊的、晕圈状的,处于一与多、有与无、投入与反思之间的"边缘域"(Horizont)。实际上,胡塞尔要把哲学变成一门"严格科学"的卓绝努力不期然而然地以一种难能可贵的"严格方式"释放出了被巴门尼德和柏拉图关入咒瓶中达两千多年之久的"变易生成"的魔鬼。

构成思想的提出有其思想上的动机和道理。如果望文生义的话,"现象学"应该代表一种还原论的倾向,即将我们谈论的一切存在者还原到"现象"或"纯直观显现",以取得某种直接的自明性、所予性和确定性。但是这样理解的现象学不过是"现象主义"(phenomenalism),也因之达不到真正的自明性和客观的所予性。通过经验而现成地给予一个主体的现象总可能出错,比如错觉的发生。它最多不过具有纯主观体验的、因而是无真实含义的确定性,绝不足以成为知识的起点。在这个问题上,胡塞尔比传统的经验主义者和唯理主义者都更敏感,看出后两者的起点都不真正严格,因为他们已不自觉地将某种现成的存在性附加到了他们所认为的绝对确定的起点上。这位现象学的创始人讲的"还原"尽管表面上与笛卡尔的怀疑排除法及经验主义的现象主义立场有某种相似,却主要是为了清除掉任何附加的和耽误事情本身显现的存在假设,以便开显出更纯粹意义上

---

① 胡塞尔:《现象学的观念》,第16页。

的现象本身。可以设想一下,这种进一步失去了现成存在性的、似乎被完全掏空了的现象能以一种什么方式出现和维持住自身呢? 按照胡塞尔的看法,它只能是被意识行为(Akt)或意向行为(Noesis)所构成的意识对象或意向对象(Noema)。意识行为存在于任何有笛卡尔式的"我思"(cogito)的地方;反过来也是一样,任何自我意识都必然是构成某种意识对象的意向行为,即"对于某物的意识"(Bewusstsein *von* etwas)。① 这种由意向行为本身("[我]思")所构成的意向对象([我这个现象的]在)乃是更纯粹和确凿的现象,与传统的感觉表象和概念表象都不同。在承认意识为先的前提下,这种现象本身具有的客观性和协调性在某种意义上是"明证的"和难以拒绝的,就像笛卡尔讲的"我思"明证地构成并保障了"我在",尽管胡塞尔要尽量去掉笛卡尔"我思故我在"的连环套中的主体孤立主义和实体主义。胡塞尔也因此相信他发现了一个全新的意识领域或现象领域,近代西方哲学对其怀有"隐秘的渴望",②但终因其方法不适当而无法达到。

当然,即便是在现象学运动中,对于"构成"的理解③也大有不同。胡塞尔的前期和中期的构成观带有他个人的思维特点,还强烈

---

① 胡塞尔:《观念1》,第64页。
② 胡塞尔:《观念1》,第118页。
③ "构成"(Konstitution)这个词在胡塞尔的现象学术语中占有相当突出的地位。在早期海德格尔那里,它仍然频繁出现,但已经不再扮演"关键词"的角色。后来的不少现象学家已不太使用这个词,因为,如下面马上要讲的,胡塞尔赋予它的含义如不被进一步彻底化或存在论化,就还带有经验论和基础主义的残余。但是,这并不影响本文的论旨,因为这里以各种方式对它做了更广更深的处理和说明。之所以还要坚持用这个词,除了对于胡塞尔作为现象学创始人的尊重之外,是因为它与后来的存在主义、解释学或解构主义中的关键词相比,离传统哲学的用语要更近一些。所以,如果能以一种深化的方式来使用它,就可以在不引起误解的情况下起到连接传统与当代的"居中"桥梁的作用。另一个理由是:"构成"与"现成"在中文里的发音和含义正好相对,利于本文的讨论。

地受到传统的唯理论乃至经验论的影响,很有一些不够精深的地方。构成对他而言就是意向性的构成,属于纯意识的领域。而且,在最低级的"质素"(hyle)的层面上,不存在有意向性的构成。① 这样理解的构成就近乎一种最终"奠基"于感觉材料之上的层层"赋形",带有经验主义,甚至是胡塞尔自己猛烈批判的心理主义的不彻底性。海德格尔和萨特则以各自的方式在更根本的意义上来理解现象学的特性,认为构成应该是非基础主义的和彻底的。它不应该预先设定主体与客体、形式与质料的二元化区别,然后在这个框架内做一些揭示构成的工作。比如,对于早期海德格尔(他那时受到胡塞尔、拉斯克(E. Lask)和生命哲学的共同影响)来说,质料与形式在人的实际生活经验中已不可能从逻辑上被分开。所以,在人的生存形态和语言表达中显示出来的"形式"并不"建基于"感觉材料之上,以形成更高阶的范畴直观的对象。相反,这种形式以一种更在先的或更原发的方式"存在着",它就是生命或生活(Leben)这种原发冲动的"质料"本身具有的"原/缘形"或"原境域构形"(Bild, Gestalt)。② 他认为这才是"到事情本身中去!"这样一个现象学口号的真切含义。因此,对于这样的现象学家而言,构成就不只意味着"意识对象性"的构成,而首先应是最原初的人本身(Dasein)或"为自身的存在"(being-for-itself)的构成;并同时是世界和"在自身中的存在"(being-in-itself)的

---

① 胡塞尔:《观念1》,第172页以下。但进入发生现象学阶段(1915年之后)的胡塞尔改变了这个看法,认为质素或感性材料也不是被感官现成地、瞬间地提供的,而是要通过内时间意识发动的被动综合而匿名地、前对象化地被构成。也就是说,除了这里谈到的主动意向行为之外,还有更深层、更自发的被动意向行为,其源头就是川流不息的内时间意识。

② 关于早期海德格尔思想的形成,可参见本文作者的一篇文章:"'实际生活经验'的'形式显示'——海德格尔解释学初论",《德国哲学论丛(1996—1997)》,人民大学出版社,1997年,第29—52页。

构成。从他们的用词——"Dasein"和"être-pour-soi"(为自身的存在)——中亦可体会出,传统的反思型的主体观与意识观已被一种纯自身构成的、前静态反思的乃至后静态反思的人性观、意识观和相应的实在观所代替。"构成"因而具有了存在论的而非仅仅是认识论的含义。

因此,我们可以说,胡塞尔讲的那种构成意识对象的意向行为仍然带有某种不够自明的存在假设,即认定准静态反思式的"我思"的绝对存在性。因此,它并非是彻底地自身构成的,也就是说,它的存在论基础是先定的或唯心论的而非构成的。但是,我们不能说胡塞尔对这个问题毫无知觉。在他关于"内在的时间意识"的学说①中,胡塞尔认为通过还原产生的绝对意识其实并非最终者,它也是在现象学时间中"在某种深藏的和完全独特的意义上被构成"的。② 所以,他认为时间意识的问题是"极为重要的问题,可能是全部现象学中最重要的问题"。③ 绝对意识和先验主体性就在这种内在时间之"流"中被构成。因此这种时间意识的构成就要比意识对象和对象化意识的构成更原本。但是,尽管胡塞尔对于现象学时间的结构分析相比于传统的非构成的时间观有重大突破,却并没有达到存在论意义上的突破,因为他实在无法超出笛卡尔发现的自我意识这个"阿基米得点",去理解一种类似"赫拉克利特之流"的更根本的构成。④ 如

---

① 参见《胡塞尔全集》(*Husserliana*)第10卷,1966年版,R. Boehm 编辑,Kluwer 出版社。英文版为《论内在时间意识的现象学(1893—1917)》(*On the Phenomenology of the Consciousness of Internal Time*(*1893—1917*)),J. B. Brough 英译,Kluwer 出版,1991年。此书包括海德格尔1928年编辑出版的《关于内在时间的现象学的演讲》(*Vorlesungen zur Phänomenologie des inneren Zeitbewusstseins*),并有大量最新的材料和考证(B部分)。

② 胡塞尔:《观念1》,第163页。

③ 胡塞尔:《论内在时间意识的现象学(1893—1917)》,英文版,第346页(及罗马数字页码第18页)。

④ 胡塞尔:《论内在时间意识的现象学(1893—1917)》,第362、360页。

果那样的话,他感到他的努力就会"落入一种极端的怀疑论"。① 他只能将此"时间构成之流视为绝对的主体性",②并以这种方式再次肯定了绝对意识的最终性,从而抹杀了或起码稀释了时间问题的"独特意义"。为此,他在多处慨叹时间问题尽管如此重要,却是"所有现象学问题中最困难者"。③ 应该指出,胡塞尔的这一态度与康德对待《纯粹理性批判》中"演绎"问题的态度非常相似,后者对于他自己发现的由"先验想像力"构成的"时间纯象"也有类似的困惑。④

后起的现象学者,特别是海德格尔,并没有死守"绝对意识"这个终极。海德格尔深究"时间"的现象学存在论或解释学本体论的构成含义,认为人的本性并非是那脱开了,甚至是主宰着构成的先验主体性,而是境域式的存在构成——"Da-sein",即"缘在"或"在缘"(是其缘)。⑤ 这样,"构成"就不再局限于意识的功能主体这个框架内,而是那使一切显现或"事态本身"可能的前提。人从根本上就是此纯缘境(Da)或纯构成;它没有自己的现成本质(比如"思想的主体"、"理性的动物"等等),而只在让世界显现的方式中获得自身。人与世界的根本关系并非是主体与客体的关系,而是那在本源的发生中获得自身的相互缘构(Er-eignis)⑥和相互构成,也就是他在二十年代初讲的"实际生活经验本身"的"形式/境域显示"。存在论意义上的"时

---

① 胡塞尔:《论内在时间意识的现象学(1893—1917)》,第 361 页。
② 胡塞尔:《论内在时间意识的现象学(1893—1917)》,第 79 页。
③ 胡塞尔:《论内在时间意识的现象学(1893—1917)》,第 286、290 页。
④ 海德格尔:《康德与形而上学问题》(*Kant und das Problem der Metaphysik*),《海德格尔全集》(*Gesamtausgabe*)第 3 卷,Frankfurt:Klostermann,1991 年。第 31 节以下。
⑤ 海德格尔:《康德与形而上学问题》,第 4 部分。关于将海德格尔的"Dasein"译为"缘在"的理由,作者陈述于题为"'Dasein'含义与译名——理解海德格尔《在与时》的线索"一文中,见《德国哲学论文集》第 14 辑,北京大学出版社,1995 年,第 35—56 页。
⑥ 这是后期海德格尔著作中的一个关键词,它的基本含义在《存在与时间》的前一大半章节中已有相当充分的表现。

间"之所以在海德格尔前期思想中占有重要的地位,就是因为在这里,早期海德格尔构成思想比较容易达到一个形式上清晰的表达,以一种摆脱了主、客二元分立的方式体现出 Da-sein 的纯构成的或纯境域显示的含义。海德格尔后期讲的"语言"、"道路"、"四相的圆舞"、"技艺"、"开显之域"等等,也都是从不同角度阐释构成或"缘构发生"(Ereignis)的思路。总之,在海德格尔这里,"现象学构成"达到了本体论或存在论的极致。

2. 中国古代思想中的构成见地

中国自远古到近代,有易学、仁学、道学、方术、玄学、性命之学、理气之学、心性之学、缘起性空之学、禅学、义理之学等等,笼而统之可称为"中学"或"中国古学",但没有(狭义的)哲学。"哲学"(philosophy)这个词和它的基本内容、方法出自古希腊,绵延于欧洲和伊斯兰的中世纪,主—客对峙化和系统化于西方近代,激变于十九世纪下半叶和二十世纪。"中国哲学"这个词和与之相应的一门学问产生于中学与西方哲学在十九世纪末和二十世纪初的遭遇。然而,迄今为止,这种遭遇远不像历史上的佛学东渐那样是一种精神上相互碰撞和自由融合的有机过程,而是迫于外在形势的亦步亦趋。西方哲学以征服者的姿态,以它现成的方法和系统化门类来宰治和切割"中学"这块"蛮荒之地",告诉到那时为止还只会读"诗云子曰"、佛禅老庄的人们什么是哲学,什么东西属于"中国哲学"。而且,这种征服还要经过他人之手。先行一步的日本人翻译西方哲学的大量词汇被借用,"先入为主",直到今天仍然占据着翻译界,甚至哲学界的主流。中国与西洋、东洋之间的不平等条约在这里表现得更微妙、更沉痛,也更令人无可逃避。

在今天,要搞"中国文化本位的哲学研究"势不可能,因为"哲学"本身,包括"中国哲学",①浸透了西方哲学的方法论,绝非几个口号和意向可骤然改变的。中国的哲学只有与西方哲学,特别是激变之后的现代西方哲学进行更深入和多维的对话乃至有激发力的冲突(Widerstreit),缘构发生,方有希望摆脱目前仍然存在的"被征服"的状态。现在的问题是,在西方哲学中,与中国古代思想的图新最有或比较有缘分的是哪一种思想方式呢?很明显,绝不会是概念形而上学的方式,因为在那种模式和眼界中,中国古学乃是哲学思想上的侏儒;用黑格尔的话说就是,它乃是"没有概念化"的、还"停留在无规定(或无确定性)之中"的"最浅薄的[纯粹]思想"。② 事实上,任何一种还依据现成的概念模式——不管它是唯理论的还是经验论的,唯心论的还是实在论的——的哲学思想都极难与东方哲理思想,特别是中国古学进行有效的对话。但是,到了现象学的阶段,情况就大不一样了。它的思想方式是构成的而非概念抽象化的,在根本处容纳和要求着像"边缘域"、"时机化"(Zeitigung)、"无"这些与具体的和变易着的境况相关的思路,因而在无形中消除了中西哲学对话中的最硬性的,也是最大的障碍。当然,必须看到,即便在胡塞尔这里,由于他的构成学说的不彻底,有柏拉图主义宿根的"观念"仍然主宰着大的格局,东西方对话仍然受到极大的阻碍。③ 如果我们认为现象学的最重要特征是一种直观还原型的意识分析,那么中国古学的主流

---

① 以下使用"中国哲学"这样的词语时,"哲学"一词是在广义上,即在"任何深化对终极问题的理解的活动"这个含义上使用。

② 黑格尔:《哲学史讲演录》(*Vorlesungen über die Geschichte der Philosophie*),第一卷,贺麟、王太庆等译,三联书店,1956 年,"中国哲学"部分,第 128、120 页;德文本(即 K. L. Michelet 1833 年本)第 141、144 页(此页引文由中文译者根据 J. Hoffmeister 1940 年本增补)。

③ 参见本文作者的另一篇文章:"胡塞尔、海德格尔与东方哲学",《中国社会科学》(北京),1994 年第 6 期,第 45—55 页。

就说不上有什么现象学的素质,唯一靠得上边的是印度传来的唯识论。与此相对,当我们如上面所讲的视现象学的精华在于其构成思想,特别是彻底的存在论意义上的构成洞见,那么中国古学就确实"有一肚子话"要与现象学交流了。海德格尔本人就已强烈地感受到了这种交流的必要。

中国古代文化的一个最重要的思想源头是《易经》。它用"象数"对付的是一个"变动不居,周流六虚,上下无常,刚柔相易,不可为典要,唯变所适"①的局面。然而,与古希腊的思想进程,即从毕达哥拉斯的"数",经巴门尼德的"是(存在)",到柏拉图的"理式"这样一个主流进程相左,《易》的"二进制"的、充满了变易势态感的象数②并没有导向一种贬低和脱离变易现象的"存在"论哲学,而是开启了一个不离现象与生成的、"极深而研几"③的阴阳天道之学。"参[三]伍以变,错综其数。通其变,遂成天地之文;极其数,遂定天下之象。非天下之至变,其孰能与于此。"④简言之,这《易》就是在"生生"⑤变易(或投入原发过程的动态思想)之中而非之外通达"不易"和"简易",⑥"故能弥纶天地之道"而"与天地准"。⑦ 研究《易》所得到的不是超境况的普遍本质和规律,而是"彰往察来"的"知几"或"知化",⑧也就是

---

① 《易·系辞下》,第8章。
② 关于这种象数的"时机"和"变势"特点的讨论,可参见本文作者的文章"中国古代思想中的天时观",《社会科学战线》(吉林),1999年第2期。
③ 《易·系辞上》,第10章。
④ 《易·系辞上》,第10章。
⑤ 《易·系辞上》,第5章。
⑥ 《易纬乾凿度》[东汉时解《易》之书的逸文辑集]讲:"'易'一名而含三义:所谓易也,变易也,不易也。"也就是认为《周易》之"易"有"简易"、"变易"和"不变"三种含义。
⑦ 同上书,第4章。注意,对于先秦人来讲,"天命靡常"。因此"天地"意味着一个阴阳消息、变化趋时的生动世界。
⑧ 《易·系辞下》,第6章,第5章。

一种"屈伸相感"①的时机智慧或浸透于变化之中的境域知识。

严格说来,中国古学并不是达不到概念哲学的高度,它之所以"没有概念化",是因为它的那些深受"变易中的天道观"影响的主要流派从一开始就对于概念抽象的缺陷有一种几乎可以说是天生的敏感或反感,并因此而求助于"构成"的方式。在先秦的儒、道学说中,有一种很独特的怀疑态度或"悬置态度"。它不像在巴门尼德—柏拉图传统中那样是针对流变的"现象"的,而是针对从现象中抽象出来的普遍"本质"和"规律"的。"子罕言利与命与仁。"②"子贡曰:'夫子之文章,可得而闻也;夫子之言性与天道,不可得而闻也。'"③孔夫子的这种"置之不理"的态度之所以能引起孔门弟子们的关注,说明当时对这些"重大课题"的讨论和关心是普遍的。这也就是说,孔子在他数十年的漫长讲学和授徒中表现出来的这种特殊的"罕言"态度不会是偶然的,而是表现着他的思想的一个极重要的倾向。它并像后世理学家们(程朱)所言,应归于"圣门教不躐等",④或孔门有什么不轻示弟子的密传心法。正如孔子本人所讲:"二三子以我为隐乎?吾无隐乎尔。"⑤该说该教的,夫子何曾秘而不宣?但他对那些可能会引起古希腊和古印度哲人兴趣、只能靠概念去思辨的问题,比如万物的本原、善恶的本性、天道(逻各斯、梵)的超越含义、灵魂(阿特曼)与鬼神的有无等等,却有意识地不谈。"季路问事鬼神,子曰:'未能事人,焉能事鬼?'敢问死。曰:'未知生,焉知死?'"⑥

为此,不少人持有与黑格尔一样的看法。按照黑格尔,孔子"只

---

① 《易·系辞下》,第5章。
② 《论语》,9.1。
③ 《论语》,5.12。
④ 朱熹:《四书章句集注》;《论语》部分,5/12注释。
⑤ 《论语》,7.23。
⑥ 《论语》,11.11。

是一个实际的世间智者",他所言者不过是一些"老练的、道德的教训",既琐碎又无内在联系。而且,"我们根据他的原著可以断言:为了保持孔子的名声,假使他的书从来不曾有过翻译,那倒是更好的事"。① 所以,有些想"保持孔子的名声"的新儒家学人,也就真的不看重《论语》,而是在宋明理学中去找儒家"哲学"的最充分表述了。本文作者的看法恰恰相反,认为孔子教训的源头真义就在"子曰"的本文而非后人的注疏乃至五花八门的"语类"之中。与一般的看法相左,孔子深信他的学问中有"一以贯之"的思想识度("道")。② 曾子将其理解为"忠恕"。③ 孔子则将"恕"解释为"己所不欲,勿施于人"并认为此一言"可以终身行之",④而且也就是"仁"的本义。⑤ "己所不欲,勿施于人",并不是一个告诉你去做什么、不做什么的道德律令,比如"要爱你的仇敌"、"不可杀人"等等。究其实,它并未传达任何现成的"什么",而只是揭示出一个人与人相互对待、相互造就的构成原则,一种看待人生乃至世界的纯境域的(contextual, situational)方式。这个意思贯通于孔子关于"仁"、"礼"、"德"、"学"、"君子"……所说的一切。因此,孔子的仁学并不受制于任何现成的存在预设。从积极的角度讲,这种仁(之)义就是"己欲立而立人,己欲达而达人"。⑥ 同样不依赖任何现存的"什么",而只要求自己与他人的相互构成。在这个意义上,孔子讲:"能近取譬,可谓仁之方也已。"⑦ 达仁之方式(道)只是一个反身而诚(能近取譬)、乐莫大焉而已。说

---

① 黑格尔:《哲学史讲演录》第一卷,"中国哲学"部分,第120页;德文版140页。
② 《论语》,15.2(及4.15)。
③ 《论语》,4.15。
④ 《论语》,15.23。
⑤ 《论语》,12.2。
⑥ 《论语》,6.28。
⑦ 《论语》,6.28。

它是"推己及人"(朱熹)却不确当,因为此处之"己"乃是未定者,只能在立人的具体情境之中构成。循此思路就可注意到,对孔子而言,"好德"就可以、而且应该从"好色"这种切近的经验中取譬,[①]只有达到了后者那样自发和纯然当场构成的程度方为真。所以《中庸》12章讲:"夫妇之愚,可以与知焉,及其至也,虽圣人亦有所不知焉。"这可以被说成是孔学中摆脱一切外在的存在规定性的"不勉而中,不思而得"[②]的现象学知识论。因此,孔子虽然"罕言"那通过概念范畴来加以规定的"仁",却要在、而且只在具体生动的对话情境中来显示"仁"的本性上多样的语境含义或"生成"的含义。孔子关于仁的各种说法之间确有"家族类似",但又不可被对象化、观念化为不变的种属定义。也正是出于这种现象学和解释学的识度,他将古代的"信天游"、"爬山调"一类的"诗"视之为"无邪"之"思",在"韶"乐中体验到"尽美又尽善"的境界。[③] 这种思想倾向在后来的两千多年中有力地促成了一个思想、伦理与艺术相交融的中国文化。在这个关键点上,孔子的思想方式是非常彻底的,不仅不同于墨子、杨朱这些孳孳于彼此、你我的学派,也不同于后世以"天不变,道亦不变"为依据的天人感应化和理学化了的儒家学派。《论语》中洋溢的那种活泼气息即来自孔子思想和性格的纯构成特性,而后世儒家的每况愈下则只能归为这种特性的逐渐丧失和某种现成者比如"天理"的独霸,尽管我们也不能说,先秦之后的儒家完全没有了孔子的构成见地。

从表面上看,这种可与现象学的构成识度,特别是海德格尔的"缘在"与"缘构发生"学说相比拟的仁道观和人性观似乎只限于人与人之间的关系和修养方式;但是,正如"缘在"在海德格尔那里引出了

[①] 《论语》,9.17。
[②] 《中庸》,第20章。
[③] 《论语》,3.25。

"在世界之中"、"良知"、"时间"与"存在"的真义一样,孔子的仁道也与"中(庸)"、"诚"、本源的"时"及"天地万物"息息相通。在孔子看来,仁既不独在己、亦不在彼,而是在"己"与"人"、此与彼的相交相构之"中",因此,被他认为是至德的"中庸"①并非限于形式上的"定于两极端之间"(所谓"不偏之谓中,不易之谓庸"),而是"在纯构成和运用(庸)之中"。"庸"这个词中的"平常"义体现于上面讲的"夫妇之愚"的人伦日用之中,为圣贤之端绪。"庸"的"(运)用"义则不可限于对于现成物的运用,而应在恕道、仁道的纯构成意义上理解。这样的"实践智慧"(phronesis)就要比概念的"理论智慧"(sophia)更原本,更透彻到底。所以孔子的学说和人格总给弟子以既切近笃实又精微高明之感,所谓"瞻之在前,忽焉在后。……虽欲从之,末由也已"②是也。人在原本的构成之中则必诚,因他还无己可自守,无伪可巧饰。所以,人在至诚或仁恕的构成之中必与天地万物相通相成,"诚者非自成己而已也,所以成物也。成己,仁也;成物,知也。性之德也,合内外之道也,故时措之宜也"。③ 正是在这样一个打通"内外"的仁道构成观或"中—诚"观中,我们才可理解为什么"能尽人之性,则能尽物之性",为什么"中也者,天下之大本也"。④ 将构成性的"中"(中庸、中和)而非任何概念原则和实体作为"天下之大本",并认之为"时中"(zhòng),⑤是极为不寻常的中国特色,唯有印度佛学大乘思想家龙树的"中论"在某个意义上有类似的识度(但龙树学说里"时"这一维较弱,且孔学中无"空"义)。由此也可看出,佛学在印度

---

① 《论语》,6.27。
② 《论语》,9.10。
③ 《中庸》,第25章。强调符为引者所加。
④ 《中庸》,第1章。
⑤ 《中庸》,第2章及第25章。

的灭亡和广义的中观派在中国的兴旺繁衍确有思想上的根据缘由。

人们往往视道家为儒家的对立面,殊不知两者在思想方式上多有相通之处。它们之间的区别往往是关于"什么"的,比如最终的境界是仁还是大道,求此境界的依据是人伦关系还是自然(无)本身,达到此至境的途径是"学"还是"损"(反本归源),治国立身靠礼乐还是靠反本归源,等等。但它们之间的相通之处则在于对最高境界(仁、道)本身的理解。对孔子和老庄而言,这最终的根源都不是任何一种"什么"或现成的存在者,而是最根本的纯境域构成。上面已讲过了孔子的仁恕之方。老庄的"道"也同样不是任何一种能被现成化的东西,而是一种根本意义上的"湍流",总在造成着新的可能,开出新的道路。① 换句话说,道并非像近代人常常解释的那样是"根本的普遍规律"、"抽象的绝对"、"物质实体和它的规律"等等。流行的两种解释,即认为道或是"普遍规律",或是"(物质或精神的)实体",就是上文提到的用西方哲学的概念方法来宰治中国古代思想的例子。由于方法本身不对头,这类解释从来就是方枘圆凿而不靠谱。于是就有"道"是心还是物,老庄学说是唯物论还是观念论这类根本就争辩不清,也无助于理解"道"的真义的辩论。

"道"如果可以被概念名言道出,即"非常道"或不是真正意义上的道,那么,该怎样理解"常道"呢?不少人将这个"常"解释为理念或物质实体的"永恒不变"(the eternal)。但老子却说:"知和曰常"。② 又这样讲"和":"万物负阴而抱阳,冲气以为和"。③ 所以,"知和"或

---

① 海德格尔将老子的道理解为"湍流"(Strom)和"开道"(Weg-bereiten)。见他的"语言的本性"("Das Wesen der Sprache"),《在通向语言的道路上》(*Unterwegs zur Sprache*),《全集》12 卷,Frankfurt: Klostermann, 1985 年,第 187 页。
② 《道德经》(即《老子》),第 55 章。
③ 《道德经》,第 42 章。

"常"即是知晓阴阳相冲相和而生元气,并因而构成万物的道理。这样看来,"常"并非指某个现成实体或概念原则的守恒,而是本源的发生(Er-eignis)式的构成。但是,如果将这种发生理解为某种实体的"运动",则又是归其为实体的存在特性而非根本性的构成了,失之毫厘而谬以千里。《老子》16章讲:"夫物芸芸,各复归其根。归根曰静,是谓复命,复命曰常,知常曰明。"这里讲的"常"取的是循环往复之义;说它是"静"(或"独立而不改"),是"周行而不殆"①都对,也都只讲出了一半的道理。道本身则只可理解为有无相生,②动静相成,③惚恍混成的发生构成,④先于一切现成规定性。"反者,道之动。"⑤

黑格尔将老子的"道"理解为"单纯的、自身同一的、无规定的、抽象的统一"。⑥这是从概念哲学的视野所能得出的"正确"结论。但我们在海德格尔那里看到的是另一种评论:"此[老子之]'道'能够是那移动一切而成道之道路。在它那里,我们才第一次能够思索什么是理性、精神、意义、逻各斯这些词所原本地、即出自它们自身本性地要说出的东西。"⑦由此可见,经过现象学的思想变革特别是经过了海德格尔的存在论现象学或解释学现象学,西方哲学家对于"道"和整个中国古学的态度有了多么巨大的转变。⑧ 概念的辩证法并不足以

---

① 《道德经》,第25章。
② 《道德经》,第1章及第2章。
③ 《道德经》,第5章。
④ 《道德经》,第14章及21章、25章。
⑤ 《道德经》,第49章。
⑥ 黑格尔:《哲学史讲演录》第一卷,"中国哲学"部分,第131页;德文版144页,具体引文由中文译者取自J. Hoffmeister 1940年本。
⑦ 海德格尔:"语言的本性",《在通向语言的道路上》,第187页。
⑧ 关于海德格尔与"道"的关系,可参见本文作者的《海德格尔思想与中国天道》(三联书店,1996年)和《海德格尔传》(河北人民出版社,1998年)。

使黑格尔看出《老子》一书思想上的丰满,只有现象学化了的,或存在论构成化了的思想才在老子那里发现了一个比西方概念哲学讲的"理性、精神、意义、逻各斯"更加原本的思想源泉。

老庄书中处处充满了或隐含着相缠相构、冲和化生的思路。这种即有即无的"玄"境①与生存论现象学的注重当场(Anwensenheit)构成的特性有着虽然隐微但深刻的联系。老庄之书通过许多"无状之状、无物之象"②来显示道的先概念的蕴意,比如"谷"、"水"、"风"、"柔"、"朴"、"环"、"枢"、"(无用之)大树"……,特别是"气"。"气"意味着纯粹的构成态而非现成状态,处在阴阳相交相荡的发生和维持之中,与儒家讲的中庸有异曲同工之妙。所以孟子也可以讲"养气"。而且,类似于孔子视"六艺"和日常人伦为启发仁性之机制,《庄子》视日常劳作的技艺为去除成见、达到领悟人生和"游乎天地之一气"的途径。庖丁解牛、轮扁论书、佝偻者承蜩、梓庆为镰是比较著名的例子。庄子心目中的至人或圣人就是那能"乘天地之正,而御六气之辩"的"无待"之人;"无待"意为不去依赖于任何现成者,因此才能达到乘御天地气化的原构成境界。

以上讨论了现象学的构成识度,这种识度对于理解中国古代思想的意义,以及孔子、老庄学说中的"构成"含义。由于篇幅所限,这里无法较充分地讨论佛学的中观思想和那些在中国佛学中有过重大影响的学说。不过,稍具中国思想史知识的人应该可以"直感到"龙树《中论》和惠能《坛经》中的鲜明的构成思路。《中论》开篇处的"八

---

① 《道德经》,第1章。
② 《道德经》,第14章。

不"(不生不灭,不常不断,不一不异,不来不出)和一系列的破执论证可视为东方思想中的"现象学还原(悬置)",由此而导致不依赖任何一边或任何一种现成者的存在论意义上的缘起构成观。其中讲的"空"(Sunyata)并非死寂之空和可观念化的空无,而是意味着不执著于任何现成者的完全彻底的缘构,因而又有"充满"之意。这样的"缘起性空"的学说必然是纯构成的。

由此可见,现象学的根本特性如果被理解为"原本处的构成",那么它与东方思想,特别是中国古学的主流就大有对话和相互激发的可能。而西方的以巴门尼德—柏拉图主义为脊梁的传统哲学,无论其理念化程度多么高,概念体系多么庞大,逻辑推理多么堂皇,先验主体多么突出,辩证法思想多么发展,却恰恰不能理解中国思想的微妙之处。这一点毫不奇怪,就如同一位概念—观念型哲学家无论如何也找不到理解胡塞尔,特别是海德格尔、后期维特根斯坦、德里达的思想门径一样。其根本原因就在于,概念化哲学是建立在某种现成的、抽象的"什么"之上的,而现象学和中国的儒学道学所提示的则是纯构成的发生境域。

十四、中国古代思想中的天时观

了解一种文化的主导思想方式与了解这种文化的时间观有内在关联。这不仅仅是马丁·海德格尔的看法的一种延伸,而且可以在另外一些黑格尔之后的西方哲学家(比如尼采、柏格森、胡塞尔等等)那里找到这样那样的支持。按照这个思路,要比较深入地理解中国古代思想,就需要知晓它所包含的时间观。这个问题到目前为止似乎还未引起人们的足够关注。

中世纪以来,西方人对时间的最主要两种看法,一是末世论(目的论)的,二是物理自然的。前者来自基督教,认为真实的时间由人与上帝的关系构成;因此,时间或历史向着最终决定这种关系的那个终点——最后审判——而趋进。后一种时间观与人测量时间的精密手段相关。按照它,时间从根本上讲与人的存在与否无关,它是一种客观的、匀质的、不可逆的单向流逝,本身无意义可言,只是物质实体存在的一种方式。当然,二十世纪以来,在科学、哲学的新进展中,出现了新的时间观,其中尤其以广义现象学的时间观与我们有关。至于古代西方的或古希腊的时间观,是个有趣的问题。首先,它既不是末世论的,又不(只)是物理自然的。其次,我们看到,古希腊的奥菲斯(Orpheus)教认为:时间(Chronus)乃是运动与区别的本原,因而也就是万物和世界的本原;[①]另一种说法则将时间当作是收获之神。

---

① 参见汪子嵩等著:《希腊哲学史》,人民出版社,1988年,第75—76页。又见 WK. C. 格思里(Guthrie):《奥菲斯和希腊宗教》(*Orpheus and Greek Religion*),London,1952年,第80—95页。

因此,后来的古希腊哲学中讲"生成"、"变化"和"运动"的学说可以被看作对于这时间本原的某种解释,而讲"数"、"存在是一"、"理念(相)"的学说则力图超出这种时间(即不再认时间为本原),或将时间凝固在没有"过去"与"未来"的"现在"之中。亚里士多德折衷二者,将时间定义为"关于前后的运动的数"。① 总之,对于古希腊人,特别是前苏格拉底的古希腊人来讲,时间起码隐含地(implicitly)是个涉及本原的问题,但它在二十世纪之前的西方哲学中极少作为一个本原问题得到直接的关注。

到目前为止,治"中国哲学史"的学者们往往是通过西方传统"哲学"的概念形而上学视域来理解中国古代思想;所以,迄今极少有人能关注这种思想本原意义上的时间问题。然而,只要我们不带形而上学偏见地阅读先秦,特别是战国之前的文献,就会强烈地感到"时"的突出地位。在那样一个塑造中华文明特征的生机勃勃的"时"代中,最智慧的人们大都有一种原发的时间体验;而这在别的文明传统中是罕见的,正如古希腊人对纯形式之"数"和"存在"之"相"的体验在其他文明中几乎不存在一样。

先秦人讲的"时"主要指"天时","敕天之命,惟时惟几"(《书·益稷》);②"天地盈虚,与时消息"(《易·丰·象》)。但这天时并不只意味着"四时"和"时制"(比如夏之时制、周之时制),而有着更微妙的"消息"。我们可以称"时制"、"四时"等意义上的天时为"天之时",即天的时间表现,而称原本微妙的天时为"原发天时"或"原发时间"。所谓"原发"(originally happening),是指这时间不可还原为任何"什么",比如一种目的和手段的关系,一种物质的循环运动,而是出自时

---

① 亚里士多德:《物理学》,219b1。
② 此文引用中文古典文献时尽量在行文的括弧中给出出处。其中的加强符皆来自引者。

间体验自身的循环构合或发生。时间体验一定涉及"想像",或者表现为"保持(已过去者)",或者表现为"预期(将要到者)";但原发的时间体验中的保持绝不只是对过去事情的"再现",对未来事情的"预现",而一定是过去、现在、将来相互依存着的当场呈现。当然,就是那时人讲的"天之时"也绝不是物理自然的时间和对这种时间的测量规定;它们源自阴阳、八卦、五行的理解方式,与人的生存状态和行为方式也有内在关系。此外,有关天时如何体现在人类历史中的学说也不只是邹衍和古文经学家们讲的"终始五德之说",[1]而有更活泼的和非定序化了的表达。

本文就将探究先秦人的"原发天时"观,展示这种天时观如何演变为各种"天之时"学说,以及它们对于中国古代思想和文化的巨大影响。

1.《易》的原发天时观

儒家的经书和另一些先秦子书,比如《孙子》、《老子》、《庄子》等,包含着对原发天时观的丰富精微的阐发。我们先来看一下作为"群经之首"且为儒道所共重的《周易》中的天时观,它对于中国天道思想的影响可谓至深至远。

组成八卦的最基本单位"阴"(— —)和"阳"(—),并不只是"象征"两类基本的存在形态,更不能理解为两种基本元素(elements)或亚里士多德讲的"质料";从字形上看,此两字都与"日"有关,字义也与日的向背和运行位置有关;故《易·系辞上》6章言:"阴阳之义配

---

[1] 今人蒋庆从公羊学立场批评了终始五德说,将它与公羊学所讲的"通三统"、"张三世"之说区别了开来。见蒋著《公羊学引论》,沈阳:辽宁教育出版社,1995年,第310页以下。

日月"。对于中国古人而言,日(与月)正是与人的生存活动相关的"时"的来源。因此,《易》中的阴阳本身就意味着终极的相交和相互引发,由此而生出变化、变化之道和不测之神意。所以,"一阴一阳之谓道。……生生之谓易,……阴阳不测之谓神"。(《系》上5章)四象、八卦、六十四卦就是这种阴阳本性的表现,在二爻、三爻和六爻的层次上各"通其变"、"极其数","是故刚柔相摩,八卦相荡,鼓之以雷霆,润之以风雨;日月运行,一寒一暑"。(《系》上1章)

按照这种理解,易象的主要功能是在"通变"和"生生"之中显现出"天下之至变"。(《系》上10章)而这阴阳相互引发的"至变"对于中国古贤而言即原发之时。所以,《系辞》下传第一章讲:"刚柔[即阴阳]者,立本者也;变通者,趣时者也。""趣时"就意味着"趋向适宜的时机"。① 可见,"易"之变通绝不只是数理上的组合通变,而是指在此卦爻的变化势态("趣"或"趋")之中开启并领会到"时机"或"天时"。反过来说也是对的,即《易》所理解的"时"不是物理自然的时间,也不是外在目的论意义上的历史时间,而是在错综变化的摩荡趋势中所构成或媾合而成的原发时间。"天地氤氲,万物化醇;男女构精,万物化生。"(《系》下5章)原发时间或"易时"绝非线性的,也不只是形式上循环的,而是氤氲醇化而生的时境、时气。更重要的是,这"相推而生"(《系》上2章)的原发时间必与人的"彰往察来,微显阐幽"(《系》下6章)之"知"不可分。也就是说,此原发时间乃是"时机",得此时者必"知几(机)",而能以"神"会事。"几"即变化之最微妙、最氤氲化醇、动于无形而得机得势之处。故"易,圣人之所以极深而研几也"。(《系》上10章)"几者,动之微,吉之先见者也。君子见几而作,不俟终日。"(《系》下5章)"知几"(《系》下5章)就是知时

---

① 黄寿祺、张善文撰:《周易译注》,上海古籍出版社,1989年,第570页。

机,乃学《易》之第一要务。

当胡塞尔和海德格尔以现象学的方式来研究"时间"时,发现这种原发意义上的(既非宇宙论的,亦非目的论的)时间除了各种"趋向"及其"相互媾生"之外别无他物,连"先验的主体性"也不能在这"赫拉克利特之流"中维持。然而,正是这毫无现成性可言的"至变"是我们"领会"或"理解"世界和自身的源头。《易经》和《易传》的作者们在这一点上与胡塞尔和海德格尔相通,即深知终极实在是不可被对象化、实体化的,所以一再讲这样的话:"易之为书也不可远,为道也屡迁。变动不居,周流六虚,上下无常,刚柔相易,不可为典要,唯变所适。其出入以度,外内使知惧。"(《系》下 8 章)将组成卦象的六爻说成"六虚",正说明卦象、卦理本身以机(几)变为本,根本不预设任何"元素"的存在,而是在"不居"或"不可为典要(典常纲要)"的"周流"和"出入"之中构生出象和爻之时机含义("度")。简言之,"易象"之义即时机(几)之义、时机之"度"。"易之为书也,原始要终以为质也;六爻相杂,唯其时物也。"(《系》下 9 章)。

从上面的分析可见,易象无论作为一个整体还是部分都是"时物",即原发时间的存在形态或构生形态,而不是任何现成的存在形态,比如已确定下来的象征结构和数理结构。其中总有正在当场实现之中的流动和化生,永远不可能被完全程式化、哲理化和"电脑化",而这正在"化生着的"的境域就是原发的时间或天时,在过去、现在与未来的相互交媾中生成;"夫易,彰往而察来,而微显阐幽"。(《系》下 6 章)如果用海德格尔的术语,我们可以说这易象即原本意义上的"现象"(Phänomen),意味着"依其自身而显现自身"(das Sich-an-ihm-selbst-zeigen),[①]就凭借自身中的各种变化趋势的交媾

---

① 海德格尔:《存在与时间》(*Sein und Zeit*),Tuebingen:Neomarius,1949 年,第 31 页。

而显示出自身的时机化含义。①

以这样一种方式来读《易》,就不仅能看出"卦时"、"爻时",而且能体会出所有真切的解释方式中的时性。在《易》特别是其中的《彖辞》里,"时"这个字大量出现,比如解释《乾》一个卦的文字中,"时"就出现了十多次,并且具有非常突出的诠释意义。在《豫》、《随》、《坎》、《革》等十二卦中,《彖》作者一再赞叹它们的"时义(或'时用')大矣哉",表现出对"时"的重要性的深刻领会。《尚书》中也有大量的"时"字,但其中大部分被训解为"是",只有少数可读为"时机"、"适时"。《易》中的"时"则大多应被理解为"时机"。

现在让我们简略地总括一下"时"在《周易》中的一些含义。

首先,"时"被用来表示某一卦的特别突出的时机含义。比如《随》卦(下《震》上《兑》)的彖辞这样讲:"随,刚来而下柔,动而说。随,大亨,贞无咎,而天下随时。随时之义大矣哉!"《周易译注》的现代译文为:"随从,譬如阳刚者[这时指下《震》]前来谦居于阴柔[这里指上《兑》]之下,有所行动必然使人欣悦而物相随从。随从,大为亨通,守持正固必无咎害,于是天下万物都相互随从于适宜的时机。随从于适宜时机的意义多么宏大啊!"②又比如《革》卦(下《离》上《兑》),彖辞写道:"革,水火相息。……天地革而四时成;汤武革命,顺乎天而应乎人。革之时大矣哉。"译文为:"变革,譬如水火相长交互更革;……天地变革导致四季形成;商汤、周武变革桀、纣的王命,那是既顺从天又应合百姓的举动。变革的时机是多么伟大啊!"③

---

① 作者对于"象"的原意的讨论还见于另一篇文章:"观象",见《读书》,1998 年,第 4 期。

② 《周易译注》,第 153 页。有些研究者对于"亨"、"贞"有不同的解释,但这类分歧与这里讨论的问题无直接关联。

③ 参考《周易译注》,第 406 页,但有所变动。

其次，广而言之，六十四卦每一卦所表达的都是一种特殊的"卦时"，刻画出那样一个时刻的形势和人所应取的态度。比如《泰》卦表达"通泰"之时的形势（下《乾》上《坤》）、机制（"天地交而万物通"、"内阳外阴"）、趋向（"君子道长，小人道消"）和人应取的行动姿态（"征吉"、"包荒，……得尚于中行"、"归妹"、"勿用师"等）。其他任何一卦都是这样。

第三，每一爻位（初、二、三、四、五、上）都有特定的时机含义，且分阴阳（奇数位为阳，偶数位为阴）。爻之阴阳与位之阴阳相合为"当位"，否则"不当位"。在不少情况下，当位者（也就是当时者）吉，不当位者有咎。正所谓"六位时成"。（《乾·象》）这些以及更复杂的一些讲究就是《系辞》中讲的"六爻相杂，唯其时物也"的含义。

第四，不管是卦还是爻，"时乘"、"及时"、"时发"、"因其时"、"时中"、"时行"（见《乾》、《坤》、《蒙》、《大有》等卦）都意味着"吉"或"无咎"；就是本来不利的局面，只要当事人因其时、"奉天时"（《乾·文言》）都可避难成祥。而"违时"、"失时极"（《节·象》）就总意味着不利或灾祸。由此可见，"时"在《易》的领会视野中乃是活的终极，而"与时偕行"、（《乾·文言》，《坤·象》，《益·象》）"与时消息"（《丰·象》）就是《易》让人达到的最高"神"境。所以，《系辞》讲："生生之谓易，成象之谓乾，效法之谓坤，极数知来之谓占，通变之谓事，阴阳不测之谓神。""知来"（知晓将来）的关键就在于进入阴阳不测、唯变所适的时境中，从而能与时偕行。

第五，因此，解释易象的一个原则就是：阴阳交遇则通、则吉，阴阳不交则受阻、有咎。这既指一个卦中的上下卦的关系，又指六爻之间的关系。比如《泰》卦乾下坤上，乾阳本性向上，坤阴本性向下，所以必交遇；于是"天地交而万物通也，上下交而其志同也"，吉祥亨通。《否》卦则是坤下乾上，上下卦相背而行，无交遇，因而"不利"；"天地不交而万物不通也,上下不交而天下无邦也"。说到爻之间的关系,则阳爻遇阴爻则通,遇阳爻则受阻。《周易尚氏学》视这条诠释原则为"全《易》之精髓"。①

"交"或"遇"就意味着相异者、相对者摆脱开自己的现成属性而完全投入一个相互转化的形势之中,从而化生出新的时机和对此时机的领会。所以,这种相交转化正是最根本的"至变"。正如现象学分析中所讲的"过去"(Retention,保持)与"将来"(Protention,预持)的交融构成了活生生的"当下时机"(Augenblick),阴阳("阴"可理解为"过去","阳"可理解为"将来")的交合则孕生出氤氲"时气"。"气"在先秦思想中总含有"时机变化"以及对此机变的领会的意思,并不是"气一元论",如果我们在西方形而上学的意义上理解这个"一元论"(monism)的话。

第六,基于这种理解,我们应该在"阴阳交而产生出时机,使人能呼应时机"的思路上来理解"中"。它是另一个解释易象的重要原则。正是因为阴阳两极的交遇才生出了活泼的居中,而这在氤氲鼓荡中被构成和维持着的居中气象正是时机或原发的时间。所以《大有·象》讲:"'大有'[下乾上离,只有第五位是阴爻,余皆为阳爻],柔得尊位大中,而上下应之,曰大有。其德刚健而文明,应乎天而时行;是以元亨。"译为现代文就是:"'原本所有',譬如阴柔得居尊位[六五爻]而张大了中道,上下阳刚纷纷[与之]相应相交,所以称'原本所有',也就是'大有'。它的德性既刚健而又文采鲜明,与天相应,得时而行;所以至为亨通。"②此卦之所以"亨通",在于它含有的唯一一个阴爻正处于"五"这个尊主之位(上卦的中间),且有向下趋势,因而能与

---

① 参考《周易译注》,第 45 页。
② 参考《周易译注》的译文,但有较大改动。

阳爻们充分地相应相交,生成"原发之中",因此"应乎天而时行",以致亨通大有。简言之,这"中"就应理解为相交发生和维持之中,时机的出现和领会之中。正如《蒙·象》所言:"以亨行时中也"(可译为:"通行到时机里,就可居中,就可命中")。至于比较外在意义上的"中"、"正",都是由这个原发之"中"衍伸出去的。

一些其他的解《易》讲究,比如三才、承、乘、比、应、据、互体、反对等等,都直接或间接地与上面讲的"阴阳交而生时处中"这样一个最根本的易道、易理相关。

第七,所有这些解《易》的"原则"或讲究都不是可独立地、机械地运用的规则,而是在相互化洽之中的趋向指引。当机领悟和当机立断是解《易》的最终时机,而全部《易》及其解释方式都是为了帮助人进入这个"时—机"(几)之中。

2. 其他的原发天时观

上一节的讨论达到了这样一个结论,即易理之根本在于"阴阳交而生时处中"。可知《易》的一切预设,比如阴阳和象数,都无"自性"可言,都是为了构设出、参与到时机领会或原发天时的媾生之中。这与西方的概念形而上学有巨大差异,而与诠释学(Hermeneutik)化的现象学思路有一些重要的相通之处。

对于这两者,原本的时间都是一种纯粹的"象"的构成,用德文"Bilden"表达最合适,因为这个词的动词(bilden)意为"发生"、"构成";名词(Bild)则为"象"、"画像"等。而且,它们都视原本的时间本身充满了与人生最相关的意义,决定或生成着人、民族、国家的命运(天命)。这样的时机化和域化的时间乃是我们一切"知"和"领会"的源头。

中国文化中出现的几乎全部有生命力的学说和学派都与这样一个"与天地准"的易理源头相关。它们的成熟形态一般都强调了这个原发易理时机中的某一方面,比如汉儒强调礼制,也就是象数的结构、位置那一方面,道家则强调易几中的"变动周流"和"与时偕行"的一面。阴阳家强调阴阳和象数的一面,因而与汉儒有共通之处。不过,它们都不会完全舍弃另外的方面;如果那样的话,就无持久生机而言。正因如此,它们都能够在内部形成不同的,甚至是相对立的倾向,比如儒家中出现了宋儒,道家变成了道教。

然而,在春秋时期,颇有一些好学深思者以原本的方式领悟着这个源头,以各自的方式天才地体现着变易交会之中的天时。下面让我们检视四位:范蠡、孔子、老子、庄子。

范蠡是春秋末越国大臣。越王勾践不听其劝,以致大败于吴国,经历了极大困苦与耻辱。然后,在范蠡辅佐下,"十年生聚,十年教训",待时机成熟,一举灭掉吴国而称霸。范蠡对于天时和阴阳变化之几微有深切领会。他讲:"天道盈而不溢,盛而不骄,劳而不矜其功。夫圣人随时以行,是谓守时。"① 这"时"的表现可谓"变动不居,上下无常",因而使不精于此道者莫名其妙,往往动辄得咎。范蠡"因阴阳之恒,顺天地之常",得以领会时机的生熟正反,多次劝阻勾践"得时不成"、"逆时"而动的意向。他苦心等待和促成的就是"人事与天地相参"或阴阳相交而构成的最佳时机。一旦时机来临,"从时者,犹救火、追亡人也,蹶而趋之,唯恐弗及",马上促使越王出兵伐吴。用兵的进退攻守,皆以阴阳之变为根据,"顺天道,周旋无穷",致使"吴师自溃"。吴王卑辞请和,勾践欲许之,范蠡则以天时之理力谏勾践。他说:"圣人之功,时为之庸[用]。得时不成,天有还形"。最后

---

① 《国语·越语下》。以下言范蠡者皆出此处。

击鼓进兵,灭掉吴国。范蠡可说是深通易理天时之人。

孔子是中国历史上最有影响力的思想者。但记载他言论的《论语》却没有以理论的方式来讨论天道、性命这些"大问题"。因而被黑格尔贬为"老练的、道德的教训"和"散文式的理智"。① 而不少人也确实认为儒家的"外王"极致在汉儒,内圣的极致在宋明儒,而对孔子之为"圣"的道理只好含糊敷衍过去。其实,《论语》乃是儒家思想最深刻原发的表现,其仁说与易理之精髓息息相通。当然,尽管孔子好《易》,却并不主要依据卦象来思考和教导学生;他"学而不厌,诲人不倦"者是"艺"或"六艺",即"礼、乐、射、御、书、数"。另一种讲法则认为六艺指"六经",即《诗》、《书》、《易》、《礼》、《乐》、《春秋》。不管怎样,"艺"意味着灵巧、机变、有尺度感,在适时应和之中让"阴阳"或"相异者"相交,从而当场引发出某种事物和情境,因而能养成人的分寸感和对时机的领会。

"艺"是理解孔子为人的一个关键。"子云:'吾不试,故艺。'"(《论语》9.7)"子曰:'志于道,据于德,依于仁,游于艺。'"(《论语》7.6)他的一生就是在艺中升华,而又转过来,用艺去转化升华弟子们的一生。他终生"好学",所学无非艺也。从"多能鄙事"之艺到博古通今之艺再到尽性知命、"从心所欲,不喻矩"之艺。《易》不用讲了,《书》之外的其他四艺无不是"时机化的艺术"。《礼记·礼器》言:"礼,时为大,顺次之。"②孔子又讲:"克己复礼为仁。"(《论语》12.1)这意思是放弃自己"固、必"之"我"(《论语》9.4),而融入那和穆中节的礼时之中,体会到"人"与"己"的根本关联和相互建立(《论语》6.28),从而知"爱人"(《论语》12.22)、"知天命"(《论语》2.4)。礼对

---

① 黑格尔:《哲学史讲演录》第1卷,三联书店,1956年,第119、132页。
② 可译为:"礼制以适应时机为最重要,再者才是要合乎顺序"。

于孔子绝不就是一套外在的繁文缛礼和固定的国家体制,而是"与时偕行"的通天艺术。因此,亲身参与其中是绝对必要的,"吾不与祭,如不祭"(《论语》3.12),"祭如在,祭神如神在"(《论语》3.12)。后一段引文应理解为:"在祭神的时刻到神意所在之处去",或"在祭神的时刻与神同在"。"神"对于孔子永远意味着在礼乐等技艺所引发出的时机中所体验到的神性,与《易·系辞》讲的"阴阳不测之为神"颇为相通。孔子对诗与乐的挚爱在世界思想家中是罕见的(《论语》7.13,3.25,8.8,16.13)。他对于含有众多民歌的《诗》这样讲:"《诗》三百,一言以蔽之,曰'思无邪'"。这"无邪"之"思"对于他正是一种富含时机智慧的"纯思",可超出诗句的对象化内容而在新的语境中获得新鲜的诠释含义。因此,他不但本人爱引《诗》,而且特别鼓励学生创造性地诠释《诗》,以造成领会礼和其他问题的时机或意境(《论语》1.15,3.8)。至于《春秋》,绝不只是史书,而是孔子的政治、伦理和思想智慧的最富时机(事件的时机、语言的时机)性的表达。可以说,这些艺在孔子那里是转化了的卦象,通过它们而领会到更有"文"化含义的易理。

这些就是孔子的"中道"或"中庸"的源头。没有技艺活动开显出的原发时境,就无活生生的"至"极(《论语》6.27)和"不勉而中"(《中庸》20章)可言,而只有外在的折衷。所以,对于孔子,中庸的终极含义就是"时中";(《中庸》2章)即"随时以处中",或"总在最佳的时机中"。于是,《中庸》讲:"喜怒哀乐之未发,谓之中;发而皆中节,谓之和"。(《中庸》1章)这正是礼、乐、诗等艺术让人达到的时机化境界。"中也者,天下之大本也;和也者,天下之达道也,至中和,天地位焉,万物育焉"。(同上)这"中和"正是对"原发天时"的最合适的一种领会和表达,深合易理。能"至中和",则"天地位焉,万物育焉",因为"天时"对于中国古贤来讲就是活的终极、生成着的"中极"。孟子赞孔子为"圣之时也者"(《孟子·万章下》),可谓言中!

老子的学说尽管不看重"艺",但同样富于时机化含义。看不到这一点就可能会将道家视为"中国古代的形而上学"的典型。老子讲:"万物负阴而抱阳,冲气以为和。"(《老子》42章)正是由于阴阳的相激相交("冲"),以至有气化之"和"。此处"冲"字既可训为"涌摇交汇",又可训为"虚",从字面上看,则与"中"也有关。两极相交而生居中之虚境,于义亦妥。帛书甲本此字就是"中"。按先秦人的思路,这阴阳交生之中虚或中和者,必含有原发的时机性。"致虚极,守静笃,万物并作,吾以观复。"(《老子》16章)可见在这虚极之处,有"作"有"复",以构成"惚恍"之象。"视之不见名曰夷,听之不闻名曰希,搏之不得名曰微。此三者不可致诘,故混而为一。……是谓无状之状,无物之象;是谓惚恍。迎之不见其首,随之不见其后。执古之道,以御今之有,以知古始,是谓道纪。"(《老子》14章)①"夷"、"希"、"微"都是"无状之状,无物之象",也就是"不有不无"的那样一种"惚恍"的居中状态,因此"不可"被规定("致诘")为任何可对象化之"物",或可描摹、再现之"状"。但它们又都有来去出入可言,"天地之间,其犹橐籥乎?"(《老子》5章)但这"来"不见其首,这"去"不见其后,因它们与"今"混而为一。故这"三者[夷、希、微]混而为一",可以理解为原发时间的三时相[将来、过去、现在]媾生合一的氤氲状态。而且,原文确实马上谈到了时间之"今"与"古"。今与古的交织回荡构成了"道纪"和"自然"。所以司马迁在《史记·太史公自序》中写道:"道家使人精神专一,动合无形,赡足万物。其为术也,因阴阳之大顺,采儒墨之善,撮名法之要,与时迁移,应物变化,立俗施事,无所不宜,指约而

---

① 此章最后一段依帛书本改动,即将王弼本的"执古之道"变为"执今之道";"能知古始"变为"以知古始"。参见《帛书老子校注》,高明撰,中华书局,1996年,第298页。

易操,事少而功多。"能看出道家乃"因时为业,……时变是守"(同上序),很有见地。但须知道家的这个要旨与《易》理相通,也就是与先秦儒家的天时领会相通,而将"儒墨"置于同一档次大为不妥。至《庄子》,此"时"义大张。"乘天地之正,而御六气之辩,以游无穷"(《庄子·逍遥游》),就是游于原发天时的境界。这不限于"安时处顺,哀乐不能入"(《庄子·养生主》)这类说法里的时机领会,更意味着"游乎天地之一气"(《庄子·大宗师》)的终极或中极时机化境界。比如"山木篇"讲的"处乎材与不材之间"就意味着这样一个"与时俱化,……以和为量,浮游乎万物之祖,物物而不物于物"的"时中"境界。

由以上这些阐述可知先秦人对"时"的极度敏感和原发领会。这里需要指出一点,即"随时"、"与时消息"、"守时"、"因时"等,绝不只是"按(现成的)时刻表做事",更不是无真义可言的"机会主义",而意味着进入或参与到原发时间或天时的构成之中。只有在其中,才能"随"和"因"。所以,随此天时而动就必为此时所化而"至诚",也必因此而"可以赞天地之化育"(《中庸》22章)。这就是《中庸》讲的"合外内之道也,故时措之宜也"的意思。(《中庸》25章)在《中庸》的语境中,"至诚"相当于本文讲的"原发时间",所以"诚者不勉而中,不思而得,从容中道",(《中庸》20章)并不只是被动地顺因外在的规律。"善必先知之,不善必先知之,故至诚如神。"(《中庸》24章)此为圣人境界。

3. 天时的各种表现——天之时

这种对原发时间的关注来自中国的远古传统,也反过来深刻地影响着先秦之后中国文化的走向和特征,由此而形成了各种时间上的讲究和安排。有的还保持了对于原发时间的体验,有的则在一定程度上流于外在的时间格式(Schematismus)了。

中国古人"仰观于天"的长久热情在其他文明古国也有,但中国人由此不仅发展出测时的历法和作预言的占星术,而且将这种比较外在意义上的"天时"转化到人的生存领会和行为态势中来,发展出了一种天人相参的时机化的时间观。中国人真正看重的既非物质自然之天,亦非主体之人,而是在其中摩荡生发着的生存时境。

《易》一开始并不只是一部用以占卜的书,也绝不只是"观类取象",象征和描摹现代人讲的"自然规律"的书。从根本上说来,它是一部"参天时"之书,通过卦象和解释来领会阴阳、天人相交相背之时的种种形势和处身之道。由此而可看出"德"或"美德"(比如"健行之诚"、"潜隐之韧"、"避咎之惕"、"履正之中",等等)乃是时机化形势本身所要求的,而天地万象之变化也竟可以视为媾生原发时间和生命意义之"易"。所以《系辞》说《易》是"广大配天地,变通配四时,阴阳之义配日月,易简之善配至德"(《系》上6章)。它表达的是超出西方分类原则的一种原发混成的智慧。因此,由它可以变化出或关联到中国文化的方方面面,不管是历法、兵法、医术、建筑、艺术,还是治国和修身之道。

历法早已配合于易象。比如"十二辟卦方位图",其"来源甚古";[①]它是将易卦中十二个有序的"阴阳消息"卦按"东西南北"等方位排列,十二"地支"与之配合。由此而见一天十二时辰和一年十二月份中的易理——阴阳如何消长;同时可见时间与(地理)空间方位的关系。类似的、做得更精巧复杂的"图"还有许多,比如揉进了"节气"的"卦气七十二候图"和"卦气六日七分图"等。由此,《易》与历法结合,而中国的历法自古便与人的活动时机紧密相连。

---

① 《周易译注》,第56页。

这种"阴阳消息"的大思路再配上"五行说",就构成了后世许多学说的基本构架,比如《黄帝内经》和董仲舒《春秋繁露》的阴阳五行说。《易》通过上述的"方位图"就可与"五行"相关起来。四时(春夏秋冬)对应于木火金水,季夏(《黄帝内经》叫"长夏"或"中夏")对应中央土。于是,五行也有了时间性。而且,这时间的关系是"相生",即木生火,火生土,土生金,金生水,水生木;对应四时的相生;其次,这时间是循环往复的,如四时(四季)的往复一样。当然,五行本身还有"相克"的关系(所谓"比相生,间相克")。《黄帝内经》是中国影响最大、时间最古远的医书。它就以这种具有"天之时"特性的阴阳五行说为中枢,发展出了一整套藏象、经络和五运六气的医学思想。《素问·天元纪大论》[1]云:"夫五运阴阳者,天地之道也,万物之纲纪,变化之父母,生杀之本始,神明之府也,可不通乎!"《素问·六微旨大论》道:"黄帝问曰:'呜呼远哉!……天之道可得闻乎?'岐伯稽首再拜对曰:'明乎哉问天之道也!此因天之序,盛衰之时也。'"按照这个思想,人的五藏(心肝脾肺肾)配五行:肝配木,心配火,脾配土,肺配金,肾配水。所以肝主春,心主夏,脾主长夏,肺主秋,肾主冬(《素问·藏器法时论》)。这样,它们就有了时间性,它们之间也就出现了相生相克的关系。而这与人的养生和治病大有关系。它告诉你什么时候该有什么样的生活状态,"应则顺,否则逆,逆则生变,变则病"(《素问·六微旨大论》)。例如,"春三月,此谓发陈,天地俱生,万物以荣。夜卧早起,广步于庭,被发缓形,以使志生,生而勿杀,予而勿夺,赏而勿罚,此春气之应,养生之道也"。"逆之则伤肝,夏为寒变,奉长者少。"(《素问·四时调神大论》)考虑到春天"发陈"的特点,诊治病人和用药方式就都要顺应之。何况,五行贯通宇宙间一切事物,

---

[1] 《素问》和《灵枢》皆属《黄帝内经》,引用时不再标出《黄帝内经》字样。

比如有"五色"、"五味"、"五志"等等,因而人的行为、心志(心态)和药性无不有五行,也就无不有天然的时间性。而针灸所依据的经络腧穴,与《易》有更直接的关系,是五藏六腑上应天时的方式。"十二经脉者,此五藏六腑之所以应天道也。"(《灵枢·经别》)经络有阴阳之分,每条经或络都有五个重要的腧穴,当然也配于五行五时(四时加上长夏),因而针灸取穴时要依不同的时候而刺不同的穴位。此外,按"子午流注"的学说,这十二经脉又配于十二地支或每天的十二时辰,人身的气血被认为每个时辰流注到一经之中,从寅时流注肺经直到丑时流注肝经。再将已有五行属性的五腧穴配以天干(两个天干配一个穴),于是按照干支配合的六十甲子结合方式,可推算出某一经脉中的某一穴位在什么日期的什么时辰打开,由此而引导人们的治病、养生、练功的时间安排、方位取向、药味药量的选择等等。中国人的那种几乎是无时不有、无处不在的"讲究"和"说头",就来源于这种发自《易》的天时观。

此外还有更复杂的"五运六气"之说,用以推算每年每季的气候及其与人的身体的关系。我想除了在中国古代的这种重天时的文化中,哪里也不会出现如此精微的"时刻表"。但更重要的是,这种推算虽然有法可依,却又绝不是完全机械的,不然就丧失了原发天时的"原发"意义。这么多本身有时间性的因素相互影响、"化洽",所得出的不可能只是死板的定数和"规律",而更有时潮的"随—机"趋向。① 最终的决断或决定性的判断只能由那能充分感受这时潮之人临机作出。正所谓"时中"是也!不背医书者不晓规矩方圆,只背医书而不知运用之妙者,必治(致)人于死地。对于中国古人,凡事做到精微

---

① 《素问·六元正纪大论》:"帝曰:'余司其事,则而行之,不合其数,何也?'岐伯曰:'气用有多少,化洽有盛衰,盛衰多少,同其化也。'""同化"意味着构成时机的各种因子(比如"气"、"运")的叠合化洽。

处,无不有个太极阴阳五行,也就是变易之时机几微。这里确有理性的深思熟虑,但也绝非只限于概念理性和因果关系;在最关键处总离不了时机化的理性,也就是"圣之时"的裁决。所以养生治病如治国用兵,必"上知天文,下知地理,中知人事"(《素问·气交变大论》),才会得机得势,透微入里,游于天时的韵律之中。

可以设想,这种阴阳五行、变通周旋的易理完全可以用于理解历史和社会政治。以上已经提及孔子作《春秋》,内含微言大义,即在历史之时机情境和叙述之语境中"寓褒贬,别善恶"。战国时的邹衍,"深观阴阳消息,……称引天地剖判以来,五德转移,治各有宜,而符应若兹"(《史记·孟子荀卿列传》)。看来,他已有意识地将"阴阳消息"、"五德[即五行的表现]"与君王之"治"联系了起来。而且,这"五德"的时间似乎也不只是指一年之中的季候,而包括了朝代或历史时代。汉代的董仲舒著《春秋繁露》,将阴阳五行的历史观和社会政治观与《春秋》直接挂连,全面阐释出儒学的"天之时"的含义,建立起儒家在中国文化中的正统地位,对后世影响极为深远。

董仲舒相信"天人一也"。(《春秋繁露·阴阳义》)天性唯时,故人性亦唯时。天有春夏秋冬之四时,人则有喜怒哀乐之四气;反过来说也可以,即天有喜怒哀乐之气,人有春夏秋冬之时。(《繁露·天辨在人》)而关键在于:"与天同者大治,与天异者大乱。"(《繁露·阴阳义》)这一点对于"人主"或"王"尤其重要,因他一身系天下之安危。董仲舒写道:"古之造文者,三画而连其中,谓之王。天地与人也,而连其中者,通其道也。取天地与人之中以为贯而参通之,非王者孰能当是?"(《繁露·王道通三》)这种以文字为"象"而通其原意的作法颇有《易》的古风,而其阐发的王与天地贯通之"中"也颇有深意。"是故王者唯天之施,施[法]其时而成之;……然而王之好恶喜怒,乃天之春夏秋冬也,其俱暖清寒暑而以变化成功也。天出此物者,时则岁美,不时则岁恶。人主出此四者，义则世治，不义则世乱。是故治世与美岁同数，乱世与恶岁同数，以此见人理之副天道也。"（同上）王法天就是法天之时变而成就社稷黎民，故他的好恶喜怒之发皆中节（即"义"的原意），就如同天之四时皆守时，则世治，如天之岁美。可见人主与天以时相通。"人主立于生杀之位，与天共持变化之势，物莫不应天化。"（同上）非常清楚，这正是《易》与阴阳五行思想的衍生和体现。

更进一步，董仲舒还相信人的德行的内容亦从法天而来，比如"仁"从效法天的"复育万物，既化而生之，有养而成之"的"无穷极之仁"而来。（同上）而"忠"、"孝"则取之于"下事上"的"地之义"。（《繁露·五行对》）而且，人之阴阳与天之阴阳"可以类相益损"。所以，"天之阴气起，而人之阴气应之而起，人之阴气起，而天之阴气亦宜应之而起，其道一也。明于此者，欲致雨则动阴以起阴，欲止雨则动阳以起阳，故致雨非神也。而疑于神者，其理微妙也。"（《繁露·同类相动》）比起用宗教祭礼来祈雨祈晴的做法，董仲舒的天人感应说更直接，完全不依赖神灵。当然，这绝不是实证理性的思路，也不只是"巫术"，而是一种理性信念，即从阴阳五行的气化变易学说衍生出来的理性信念，也就是将原发时间观以比较呆板的方式运用到人生的具体情境中来的结果。按照它，董仲舒甚至可以相当详细地推断出，君主、官史、人民在什么样的时候（春夏秋冬）中做什么样的事情会产生什么样的具体结果（《繁露·五行顺逆》、《繁露·求雨》、《繁露·止雨》等），就像《黄帝内经》"五运六气"说所推衍的那样，只是后者主要涉及气候灾变与人的身体中的五藏六腑的关系罢了。因此，正如上面已说过的，董仲舒的推断尽管提供了大的思想背景，但也绝对代替不了原发的时机决断，因为这正是所有这些天时推衍的根据所在。原始反终，才会有真正的"应天因时之化"（《繁露·五行相生》）。

关于时代、朝代之变易，董仲舒有"三统"或"三正"之说。"三统",就是指三个相继的朝代,各以不同的颜色、时制来"一统于天下"(《繁露·三代改制质文》)。这颜色首先来自物候之时机,比如当寅月(十三月)之时,"天统气始通化物,物见萌达,其色黑"。如以这个月份为时制之"正月",则是以黑色为统,于是朝服、车马、旗帜等重要标志皆取黑色。退后一个月(丑月,十二月),则"天统气始蜕化物,物始芽,其色白";因此,以丑月为正月的朝代为白统,其色尚白。因其看重"正月"的确定,视之为"王"受天命的象征,故亦称"三统"为"三正"。"王者必受命而后王。王者必改正朔,易服色,制礼乐,一统于天下;……故谓之'王正月'也。"(同上)

照此说法,儒家并不只是按"阳尊阴卑"之说而维护"三纲五纪"的尊卑秩序,更依据阴阳易变而"天道靡常"的道理来接受并积极参与时代或朝代的更替,"汤武革命,顺乎天而应乎人。革之时大矣哉!"(《易·革·彖》)非如此不可谓"奉天应时"之真儒、大儒,而只是固守死礼的陋儒、腐儒。但儒家能接受的朝代变易必是真正应天承运、以德配天者,所以"王者[即新王]必改制"(《繁露·楚庄王》)也就是必以新统新时换旧统旧时,不然不足以示区别、"明天命"、"见天功"。无此《易》变,则无"正"、"统"可言,亦不会长久。这一说法或思路影响了后世历代君王。可见中国的"正统"观中充满了天时见地。

更奇特也更深刻的是,董仲舒和今文经学家们不仅赞成朝代变易或政体"历时"说,还主张这变易之中的和谐共在,即"通三统"的"同时"说。这"通三统"讲的是,以新王或新时代为主导之统,但同时要让前两统或前两王之后代以非主导的或边缘的方式存在;也就是此二者被退封百里而为公侯国,"使服其服,行其礼乐,称客而朝。"(《繁露·三代改制质文》)这二统仍奉其祖先当王时的正朔时制,因而在其方圆百里的公国中仍服其故有之服色,行故有之礼乐,当朝天子也以"客待之,而不臣也"。

新王或新统又出现后,最老的旧统就退出三统,而被称为"帝"。帝有五位。新帝进入五帝后,最老的帝又退出以保持"五帝"之数。退帝者被称为"皇",共有"九皇"。退出九皇者才为民。"从文化基因"或"形式"的角度上看,不主当前时制的两统仍是"统",只是不是"正[在主导之]统"。但它们代表了"过去",也在某种"惚恍"的意义上代表了"未来",因过去了的某一统起码在形式上会再现而主宰未来的一个时代。这三个时代或时间向度的贯通,就是"通三统"。这"变"而"通"构成了任何一统或只变而不通的三统所没有的活生生的"天时"感受,即传统、现实和将来的充满仁爱、正义和憧憬的微妙交融,赋予历史、文化、社会以原发的和自然和谐的生存意义。由此让我们领会到孔子讲的"兴灭国,继绝世,举逸民"的深邃含义。这是中国古代儒家天时观在政治、历史领域中最有特色的一个表现,是原发的、时机化了的"人(仁)道主义",在西方的政治理论中找不到对应者。董仲舒对《春秋》笔意(即寓褒贬于其中的记述方法)也做了许多讨论,比如"玉杯"、"竹林"、"玉英"等篇。这些都是更直接具体的时机化分析("别嫌疑")。这里限于篇幅,就不作讨论了。

至于由邹衍开始的"终始五德"的政治与历史学说,就比较呆板了一些,重在(朝代所主之)德与德之间的次序,是五行说的比较外在的运用。不过,即便这里也表现出中国古人的历史观和时间观不是线性的、目的论式的,而是循环的,与生存化的时间紧密相关。①

上文阐述了中国古代的天时观在《易》和几位大思想家那里的

---

① 公羊《春秋》派或今文经学中的"三世说"(认人类历史由或将由据乱世、升平世和太平世组成),似乎有目的论之嫌。但对三世说的解释往往含糊不清,既可以是"希望哲学",又可以是"复古慕古"而含"循环"之义。不过,可以肯定,《礼运》中"大同书"所描述的大同世界(相当于太平世)比较近于西方思路中的"理想社会"的模式,而少天时智慧。我对三世说的评价与蒋庆君所说者(见蒋著《公羊学引论》,第5章,第9节)不尽同,尽管我在阅读其书时受益良多。

"原发"表现,以及它如何延伸到中国的古医学和政治、历史、社会的学说中。在我看来,不深刻了解这种天时思路,就不可能进入中国古代思想和整个中国文化的枢机之中,也就不能真正理解之。

从以上的讨论可见,这种天时观与对人的生存形势的领会相通。在这个意义上,它与西方的现象学时间观比较接近,尤其是与海德格尔的解释学化的现象学时间观接近。然而,也不可忽略它们之间的重大不同。现象学的时间观,哪怕是海德格尔所讲的,都首先与个人的原发体验相关;尽管这不必是主体主义的,而是历史的和解释学境域化的,但起码它的讨论方式要以个人体验("主体的内在意识"、"缘在"(Dasein))为中心进行。中国的古代天时观则不然,它出自与社团、种族的生存息息相关的日、月的循环消长,并被《易》象化,通过阴阳的"媾生"势态和机理来领会时机的构成特点。所以,这种时间观能孕育出各种极为精巧、复杂和准时准点(地点)的应时技艺和学说。在"朝向将来"(以"将来"为时间重心)这一点上,天时观与海德格尔的时间观相仿佛,但在海德格尔那里,这种"朝向"或者表现为个人在"朝向死亡"中做出"先行决断"的体验,或者表现为对于那已消隐之"神"的"等待"姿态。在《易》和《黄帝内经》中,这种朝向却是更丰富和活泼得多的;既可以是准时准点的预测("知几可以前知"),又可表现为"以德配天"的时机化智慧("是故圣人不治已病治未病,不治已乱治未乱"——《素问·四时调神大论》)和活生生的信仰。然而,古代中国的天时观缺少现象学那样的详审分析和追究,因而多为活灵活现的"体现",而寡于反思境域中的"纯现",以至往往被后来的思想家们所忽视遗忘。

十五、境域中的"无限"

——《论语》"学而时习之"章析读

说到"无限",往往令人想到宇宙时空的无穷广大和久远。初念及此,一个少年人会为之震撼和困惑,生发出许多"天问"。① 然而,仔细推想,可知这种无限从根本上讲只是否定性的,非将人生的一切削平拉直到毫无自身意义而后止。相比于这样一个无穷大的过程,任何生存形态的含义只是无穷小。这种无限的效用是让失败者得些慰藉,得势者愁些惆怅。它总涉及某一个方向上的无穷多的步骤,总可以更多,总也完不成。黑格尔称之为"恶的无限",因为人的理性一旦卷入其中,便如入"黑洞",在无穷后退中"莫知其极"。所以,西方人辩论时总试图将对手推入这类无限之中,比如芝诺反对运动的前三个论证,都是这种策略,以此来证明不变的"存在"或"是本身"是唯一的确定性和实在。中世纪的人则用类似的策略来"宇宙论地"证明神的存在。这些论证要说的是:你如果不想陷入这种恶无限,就只有坚持或坚信存在只是一(它不能是多,不能包含"非存在"),上帝必定存在。巴门尼德和芝诺学派之外的哲学家们曾想松动这样一个尴尬局面,即要么完全不动,要么一动而不可收、直到无限的局面,但直至本世纪初,很难说有真正意义上的成功,即总也不能按照理性的路子表明变动着的现象本身就是真实的。因此西方传统哲学的主流中,

---

① 屈原写有《天问》,其中不乏"遂古之初,谁传道之?上下未形,谁由考之?冥昭瞢暗,谁能极之?"这样的问题。

存在总高于现象(因现象里掺入了"非存在",是给人以虚幻"动"感的"印象"),普遍总高于特殊,灵魂总高于肉体;因为必须靠前一方来抵抗住恶无限的蛇吸。

然而,还有另一种"无限"。它不是线性的可无限延长,而是以非线性的曲折反复来赢得无穷。称之为"无限"或更恰当地称之为"无穷",是因为用线性的方式,比如"割圆术"(以越来越多的多边形逼近圆形),永远不可能达到它,而只可无穷地逼近它。然而,与恶无限不同,这种无穷有其"现象";一条曲线、一个圆就是它本身,作为线性方式总可不断逼近但又总也达不到的极限呈现在我们的视野里。这样一种局面可以以各种变样出现于人们的体验中,不管是科学的、艺术的,还是哲学和纯思想的。有这样一种"东西"或状态,以现成的所有方法都不能实现它,只可"向往"它、趋近它,但它却可以活生生地出现于人们的视野里。这种局面不只唤起震撼和困惑,更引人去寻求某种超出了现成方法的微妙方式来直接进入它。相比于以前的两千年,二十世纪的西方科学、艺术和思想对这样一个局面有了特殊的敏感。

以下将探讨孔子与这种局面的关系。途径是去解读《论语》的第一章。这部书中的孔子是活的,但后来汗牛充栋般地解读却往往去减少这活力。用上面的思路来表达就是,它们或者将他拖离《论语》之语境,变成抵抗恶无限的"无限存在者"或观念中的"圣人",或者将他按入"有限"之中,成为只知讲"伦理"或"常识"的老夫子。以下试图要做的就是寻找"过"与"不及"之间的更原本的孔子,那里才有活着的无限。

1.

这一章的原文是:"子曰:'学而时习之,不亦悦乎?有朋自远方来,不亦乐乎？人不知,而不愠,不亦君子乎？"

迄今几乎没有人从思想上特别看重这一章。它既未言"仁",亦未谈"礼",似乎只是一个编排上的起头,而不是内在的开端。可是,如果我们深入到《论语》的语境之中,会体会到这一章乃至这一章中孔子所说的第一个字具有的极深的含义,由它才能进入孔子的思想境界之中。

传统注释家们对于这个"学"字有两大类看法。第一种认为它是个"虚字"或及物动词,指"去学个什么"。比如朱熹在《四书章句集注》中主张:"学之为言效也。人性皆善,而觉有先后,后觉者必效先觉之所为,乃可以明善而复其初也。"①"效"一定是指去仿效个什么,这里按朱熹当然意味着"效先觉之所为"。另一种看法认为这个"学"字只能是个"实字"或"名词",不然不可以作为"习"的对象。毛奇龄《四书改错》这样批评朱熹:"学有虚字,有实字。如学礼,学诗,学射、御,此虚字也。若'志于学','可与共学','念终始典于学',则实字矣。此开卷一字,自实有所指而言。……且'效'是何物,可以时习？……学者,道术之总名。"②这两种解释有一个共同点,就是使"学"完全受制于"所学",不管这所学指先觉之所为还是道术。可是,孔子在这里只讲"学而时习之",并未讲"学圣"或"学道"。而且,从《论语》全书看来,"学"在一些重要地方不能被置换为"学什么"或"学的什么";不论"学(的)什么",总遗漏了孔子讲"学"本身中所蕴含的那样一种更纯粹活泼的意思。

在一般情况下,"学"与"所学"似乎不可分,谈"学"一定要落实到所学的什么上来。但孔子却常要"还原掉"所学而只讲"学"。这并非

---

① 本文所引中国古籍中的加强符皆是引者所为。
② 引自程树德:《论语集释》。中华书局,1990年,第3页。

只是为了"缩写"而"言简意赅",也不是为了达到一个普遍概念,而应理解作,这"简易"本身就是"变易",因而能使"意赅",达到无论多少"所学"也达不到的"中极"。① 在这种情况下,孔子关注的是"学"这样一个原发的现象或状态。以否定的方式讲就是:"学则不固。"(1.8)②"固"意味着"固执"于某种现成者,因而"蔽"于斯。③ 它代表着孔子所最反对的一大类人生样式和思想方式。"子绝四:毋意,毋必,毋固,毋我。"(9.4)孔子所戒绝摒弃的这四者——"意,必,固,我"——都属于这一类,指进入不到时机化境域之中的僵执自闭的态度。"学"则恰与之相反,它破除对现成者(不管它们是物质性的还是观念性的)的固执,因而能引人入境。

"学"本身的含义在古希腊人意识到的"学习悖论"中可被更真切地感受到。柏拉图的《美诺篇》(80E 以下)讲到了这个悖论:

> 曼诺:苏格拉底啊,你到哪条路上寻找对其本性你一无所知的事物? 在未知的领域中,你拿什么作为研究对象? 即使你很幸运,碰巧遇上了你所探求的东西,你又怎样知道这就是你所不知道的东西呢?
>
> 苏格拉底:曼诺,我明白你的意思。你知道吗? 你引入了一个极其麻烦的论题,即一个人既不能研究他所知道的东西,也不能研究他不知道的东西。他不能研究他所知道的东西,因为他

---

① 在很多情况下,《论语》只能被这样现象学地——"到事情本身中去"地——读懂,添足式的解释反倒使原意不明白了。

② 以下引《论语》只在行文括号中给出篇章数。比如"1.8"意味着第 1 篇("学而篇")第 8 章。

③ 《论语补疏》:"此《注》'固'有二义:一为蔽,一为坚。"见《集释》,第 33 页。后人大多取第二义。这里取第一义,因而将"学则不固"与前面的"不重则不威"平列起来读,这样从语法上讲更通顺。

知道它，无需再研究；他也不能研究他不知道的事情，因为他不知道他要研究的是什么。①

按照这个思路，"学"就"所学"而言从"逻辑上"就不可能，因为所学者或是你已经知道的或是你还不知道的；而这两种情况都使学不可能或无意义。"学"一定要求一种介乎"已知"与"还不知"的中间状态，但这在持二值逻辑观、真理观和实在观的传统西方哲学中，是一个无法真正说清而只能靠插入"第三者"含糊过去的问题。直到十九世纪末，"现象"（"'假'象"）、"生成"、"运动"、"时间"等，都一直未得到通透明了的理性说明。因此，"苏格拉底"或柏拉图只能提出"灵魂不朽（因而已知道了一切）"和"回忆说"来说明学习的可能，"所有的学习不过只是回忆而已。"②当然，这只是一种"含糊"的策略而已。

春秋之时，华夏之域，似乎没有这样的论辩；但孔子对"学"本身所要求的和所能引发的那样一个居间境界的含义，却定有极深的领会。"子曰：'七室之邑，必有忠信如丘者焉，不如丘之好学也。'"(5.28)可见"好学"是他自认的独特之处。众弟子中，他独许颜渊"好学"。"哀公问：'弟子孰为好学？'孔子对曰：'有颜回好学，不迁怒，不贰过，不幸短命死矣，今也则亡，未闻好学者也。'"(6.3；又见11.7)以子贡之敏锐，曾参之诚恳，子夏之才气，有若之充实，都不能算好学，可见"好学"绝非指"喜好"一般意义上的"学"和"所学"，而应理解作"对学本身的居中境界好之乐之而不离之"。因此，我们在《中庸》第8章读到："子曰：'回之为人也，择手中庸，得一善，则拳拳服膺而弗失之矣。'""中庸"对于孔子而言乃是"中极"，"子曰：'中庸之为德

---

① 引自苗力田主编：《古希腊哲学》，人民大学出版社，1995年，第249—250页。
② 引自苗力田主编：《古希腊哲学》，第251页。

也,其至矣乎,民鲜久矣'."(6.29)它是超出一切二值方式的最微妙的时机化智慧,被称为"时中"。① 《中庸》第 1 章这样描述:"喜怒哀乐之未发,谓之中;发而皆中节,谓之和。"这里"未发"可以被更深切地理解为观念和二值逻辑的区分还未行之有效的那样一种原本状态,所谓"天下之大本也";② 这也就是"学本身"所要求和进入的那样一种状态,不然就没有真正意义上的学。在这种状态之中,就有了一种超出单单"学个什么"的境域式的或原本呼应式的学法,即"不勉而中,不思而得,从容中道";③ 也就是所谓"发而皆中节,谓之和"的状态。

确实,只有颜回对这种状态感受最深。"颜渊喟然叹曰:'仰之弥高,钻之弥坚,瞻之在前,忽焉在后。夫子循循然善诱人,博我以文,约我以礼,欲罢不能。既竭吾才,如有所立卓而;虽欲从之,末由也已。'"(9.11)这段叹辞既有子贡的"夫子之不可及也,犹天之不可阶而升也"(19.25)之意,但要更深切精微得多,充满了一个在学境之中而非之外的人的体会。夫子"善诱人",让弟子于不明见于其已知,又不隔绝于其未知的过程中入其学境;继而让他越来越深切地感受这境界本身的惚恍居中性。两"弥"字,"瞻前忽后",都显示这学境本身总是超出所能学的东西,所能"立"的原则,所能"从之"的门径;但这超出并非像不可阶而升的天那么高远"无限",却恰恰总是源源不绝地构生出丰富的意蕴,令人好之乐之,"欲罢而不能"。正因为如此,才有所谓"孔颜乐处",即这师徒二人的最相契无间处:"子曰:'贤哉回也!一箪食,一瓢饮,在陋巷,人不堪其忧,回也不改其乐。贤哉回也!'"(6.11)

---

① 《中庸》,第 2 章。
② 《中庸》,第 1 章。
③ 《中庸》,第 20 章。

由此我们可知"学而时习之,不亦悦乎"这句话中"时"与"悦"的含义。这"时"不只是一般意义上的"时常",而是"学"所要求和包含者。"学"一定处于"已知"与"未知"还未从逻辑上割分的状态,即一种原发的"过去"与"未来"相交而维持着的"当下"之"中",也就是颜回所体验的"忽后瞻前"而"欲罢不能"的"时"之当"中"。这样讲来,学本身就要求和蕴含原本的而非物理的时间性,或一种活在时机境域之中的不可穷尽的终极(中极)。这样的学本身就会"时习之",也自其本性就要求"反"和"复",以"见天地之心"。① 这重复并非只是重新找回和维持那已学者,而同时就会引出新的可能,"温故而知新",(2.11)在中节应和之中摩荡不绝。如果没有这乐声一般氤氲相揉的时境,则学无可能。因此学境本身总走在所学者之前,以其乐境时境"诱人",使学者悦之,"饭疏食饮水,曲肱而忱之,乐亦在其中矣。"(7.16)可见对学本身有体会者必时习之,也必"悦乎"。这段话讲的是学本身的状态和境界,引领全书乃至全部儒家思想。从"艺"的角度讲是领会"礼"、"诗"、"书"、"乐"、"易"、"春秋"的关键;从"作人境界"上讲则是引领到"君子"和"仁人"的开端。

由于"学"本身总在使人"不固",使人入境,它相比于众德性就处于一个特殊的地位上。孔子这样讲:"好仁不好学,其蔽也愚;好知不好学,其蔽也贼;好直不好学,其蔽也绞;好勇不好学,其蔽也乱;好刚不好学,其蔽也狂。"(17.8)任何德行如只当作"所学"而持之好之,则被其本身所"固"所"蔽"。要解其蔽,唯有入"好学"之境,感受"如有所立卓,末由也已"的状况,方能还仁、知、信、直、勇、刚以本来面目。当然,这"好学"或"学"绝非只限于书本、师徒之学;它是人的一种最不受制于现成者的生存形态,可以有各种表现。"子曰:'君子食无求

---

① 《易·复·彖》。

饱,居无求安,敏于事而慎于言,就有道而正焉,所谓好学也已。'"(1.14)

简言之,"学"是这样一种活动,它使人超出一切现成者而进入一个机变、动人和充满乐感的世界。①

2.

对于"有朋自远方来,不亦乐乎?"一句,注释家们往往要去找使"有朋自远方来"可"乐"的更现实的原因。刘宝楠《论语正义》言:"[朋来]既以验己之功修,又以得教学相长之益,人才造就之多,所以乐也。《孟子》以'得天下英才而教育之'为乐,亦此意。"②朱熹《论语集注》道:"朋,同类也。自远方来,则近者可知。程子曰:'以善及人而信从者众,故可乐。'"这都是认为:自己的所学所教得到众多信从同志或门人,因而可乐。言外之意就是:"有朋自远方来"这个形势本身还不足以使之乐,必须是学友或弟子自远方来向我求学闻道才有可乐之处。这未免拘板了。此句在古本中,大多为"朋友自远方来"。③ 按王国维等考证,"朋"的词源义为作货币之贝,"二贝为朋",或"五贝一系,二系一朋"。至于"朋党之名,起于汉代"。④ 这里的"朋"或"朋友"的含意应是"相交好之同好或同志"。⑤ 这意思就比较松活,不一定非是同门,更不一定是弟子门人,只要有交缘者即可。

---

① 孔子有时将"学"字在不那么原本的意义上,也就是"学个什么"的意义上使用。比如:"可与共学,未可与适道;可与适道,未可与立;可与立,未可与权。"(9.30)其实,"立权"合在一起正是"学"本身的特点。
② 引自程树德:《论语集释》,第6页。
③ 引自程树德:《论语集释》,第5页。
④ 高树藩编:《中文形音义综合大字典》,中华书局,1989年,第684页。
⑤ 高树藩编:《中文形音义综合大字典》,第684页。

其实,这第二句本身就可解,而且比那些附加的解释更有深意;它所说的是:"有朋(或朋友)自远方来"这个形势本身就令人"乐"。为什么呢?首先,"朋"字表明见到了"相交好者",其中有"交"。但为何一定是"远方来"的朋友呢?因为无论从空间还是时间角度上讲,"远"使得这"交"获得了一种"近交"所缺少的宏大势态和情境,以致成为近乎纯境域之交,彼与此、过去与现在(乃至未来)在自远方来的朋友出现的时刻同时呈现,交融为一个相应和的饱满境域。这种情境引发的意潮不能归为某一个或某几个因果事件,而是感触繁多,相摩相荡,因而产生了乐(yuè)感或乐(lè)感。此"朋"来得越"远",则带有越宏富的人生势态和意义空间,这种"重逢"或"反复"就越是充分地境域化,因而其"乐"(此"乐"的本义应是感兴涌发,不一定是狭义的"快乐")便越是纯粹生动。① 正是在这个境域的层次上,而不主要是"所学"和"所乐"的层次上,"学而时习之,不亦悦乎"与"有朋自远方来,不亦乐乎?"发生了内在的呼应。

音乐之"乐"与快乐感兴之"乐"在汉字中相同,这种文化上的"巧合"也反映在孔子的境界之中。他对音乐的敏锐深刻的感受在古代的大思想家中是罕见的。"子在齐闻《韶》,三月不知肉味,曰:'不图为乐之至于斯也'。"(7.14)他所说的"不图为乐之至于斯也"中的"乐"字,不仅可训为"音乐",而且,结合"三月不知肉味"的短句,亦可理解为"感兴快乐"。能够如此长久地沉浸于《韶》乐之中而乐之,不只因为此音乐感官上的"美",也由于它的境界之"善"("子谓《韶》,'尽美矣,又尽善也'"。(3.25));反之亦然。"尽美尽善"的乐境最能

---

① 杜甫的《赠卫八处士》是对这种"重逢"的一种描述:"人生不相见,动如参与商。今夕复何夕,共此灯烛光。少壮能几时?鬓发各已苍!访旧半为鬼,惊呼热中肠。焉知二十载,重上君子堂。……夜雨剪春韭,新炊间黄粱。主称会面难,一举累十觞。十觞亦不醉,感子故意长。明日隔山岳,世事两茫茫。"

打动孔子,是他为人和思想的极致。音乐是原发时间的艺术。孔子终生习之、修之并用来教学生的其他五种技艺——《诗》、《礼》、《书》、《春秋》、《易》——也无不具有原本的时间性,或起码可以作时机化的理解和运用。

孔子居然尝试用语言来描述音乐的境界。"子语鲁大师乐,曰:'乐其可知也。始作,翕如也;从之,纯如也,皦如也,绎如也,以成。'"(3.23)他的意思是:音乐开始时,必[让五音或人的各种感受]同时涌现;展开时,充满了应和,纯净明亮,源源不绝,以此而成就。这不是关于任何对象的叙述,而是对"境域"感受的纯描写,其中几乎没有实词,只有虚词,比如副词、动词、形容词。而且,可以更进一步地来理解它:乐境需要"始作"之"同时涌现"(翕如),需要"展开"("纵之")的纯和连绵的意义空间和时间,并因其中阴阳、彼此的充分相交而闪烁出境域本身的意义光彩。大意境由此而被构成。这是孔子一生通过"艺"来追求的人生、社会、国家和思想的境界。"子曰:'兴于《诗》,立于礼,成于乐。'"(8.8)人在此境中,不能不乐,因它最合乎人的本性("仁")。学此艺就不能不令人"发愤忘食,乐以忘忧"。(7.19)学习这种艺,"知之者不如好之者,好之者不如乐之者"(6.20);因为只是知之而不好之、乐之,还只是未真知。"有朋自远方来"之所以使人"乐",也就是因为其中有"始作,翕如;从之,纯如;皦如,绎如",令人生的种种感受回荡应和,而不能定于一处。其中既有美感,亦有善端,更有对于"学"本身的境界的开启。

3.

第一句和第二句已经打开了理解第三句("人不知而不愠,不亦君子乎?")的语境。能在"学而时习之"和"有朋自远方来"中得愉悦大乐者,不会对于"人不知"或"别人不理解、不赏识我"的状态感到怨恨("愠");而这种人也就是孔夫子心目中的"君子"。

《论语》和以后的儒家传统中,"君子"与"小人"代表相对而言的两种人,它们主要不是指现实的社会身份或阶层,而是指两种相反的生存方式,即以境域为真实的生存方式和以现成者为真实的生存方式。"君子和而不同,小人同而不和。"(13.23)这里讲的"和"是境域层次上的,如乐声的应和;"同"则是现成者层次上的,如物与物的特性之相同,人与人私意之混同。"和"要求现成者层次上的不同,如五声与五味,及不同者之间的相交相即,以构生出非现成的"和"的乐境和美好的滋味。"人莫不饮食也,鲜能知味也。"[①]其含义可推广为:人莫不生存于世间,却鲜能品出其中不同类者相交而发生出的"中庸"或"中和"至味。"君子"就意味着那力图去品尝中和境域味道的人生形态。"同"则限于一个层次,只在已有者之间求同存异,因而其人生中无深刻的交构生发。从"时"的角度看,"同"只让过去(已有)呈现于现在,而不能使之与未来相交而构成生动的境域式的"当下"。在这个意义上,我们可以理解这样一句孔子的话:"君子上达,小人下达。"(14.23)"上"意味着超出"实项(reell)内容"和"实在的现成者"而"成境";而"下"则指本源的意境也要下堕和对象化为现成者。这是两种不同趋向的生存方式,将它们各自解释为"向上进步"、"通达于仁义",或"向下沦丧"、"通达于财利",[②]究其本源,都不错,但还未尽显其纯思想的含义。正因为这种"上""下"之趋向的不同,孔子就说:"君子之德风,小人之德草,草上之风必偃。"(12.19)"风"是境域式的,生动机变而感应天意或"天气"的;"草"则是现成物,有所依附,

---

[①] 《中庸》,第4章。
[②] 见金良年:《论语注释》,上海古籍出版社,1995年,14.23;杨伯峻:《论语译注》,中华书局,1980年,同章。

在一个层次上随风摇摆而无深意可言。此外,"孔子曰:'君子有三畏,畏天命,畏大人,畏圣人言。小人不知天命而不畏也,狎大人,侮圣之言。'"(16.8)只有君子能感受到"天命"、"大人(有道德之人)"、"圣人言"的真实存在,敬之畏之;小人却不能体会这种境域的存在,只会对有形的、可直接产生因果效应("利害")的东西产生畏惧和兴趣。

这第三句话中的"愠"字耐人寻味。它表明君子不对"人不己知"产生怨恨。马克斯·舍勒(Max Scheler,1874—1928)着意讨论过"怨恨"(Ressentiment)的道德含义。他讲:"怨恨是一种有明确的前因后果的心灵自我毒害。这种自我毒害有一种持久的心态,它是因强抑某种情感波动和情绪激动,使其不得发泄而产生的情态;这种'强抑'的隐忍力通过系统训练而养成。"[①]这里的要点是一种时间上的延迟和酝酿。一个人受到伤害,立刻反击(比如挨了耳光之后立即回一耳光),就说不上是"报复",更不是"怨恨"。"怨恨产生的条件只在于:这些情绪既在内心猛烈翻腾,又感到无法发泄出来,只好'咬牙强行隐忍'。"[②]所以,它容易在仆人、被统治者、被冒犯而无力自卫者那里被酿成。当然,绝不止于这些人,任何从"形式"上符合这么一个结构的生存形态都可能(而不必然)落入其中。舍勒提及残疾人和犹太人。[③] 一旦怨恨形成,它会利用人生的各种机遇来滋养自己;时间越长,就越是消耗性地侵入人生的机体,把更多的生命意义攫夺到它的自维持和自衍生的癌机制中来。按照舍勒,它的极端表现形式甚至可以是高尚的和合乎理性的,比如宣扬"普遍的爱"或"平等的、客

[①] 马克斯·舍勒:"道德建构中的怨恨",见刘小枫编校:《价值的颠覆》,罗悌伦等人译,香港:牛津大学出版社,1996年,第5页。

[②] 刘小枫编校:《价值的颠覆》,第8页。

[③] 刘小枫编校:《价值的颠覆》,第11页。

观的价值",等等。但其根底处仍是隐忍和对有势力者的报复。"迄今为止,全部人类历史所包含的人类活动的诸类型中,都存在着巨大的怨恨危险;这一危险对士兵最小,对于祭司一类人最大。"① 尼采指责基督教的爱和(奴隶)道德是最精巧的"怨恨之花"。"从那报复的树干中,从那犹太的仇恨中,从那地球上从未有过的最深刻、最极端的、能创造思想、转变价值的仇恨中生长出某种同样无与伦比的东西,一种新的爱,各种爱中最深刻最极端的一种。"② 舍勒反驳之,认为基督教之爱是自上而下地,有更大的生命力者(高贵者,美好者)俯就贫乏者(低贱者,丑陋者)之爱。③ 但他认为近现代的"普遍的人性之爱"(allgemeine Menschenliebe)④确是"植根于怨恨"的,表现为世俗的人道主义、劳动价值观、主体化或客观化的价值观、有用价值凌驾于生命价值等。⑤

依据这种看法,"怨恨"或"愠"(朱熹很恰当地将之训为"含怒"而非简单的"怒")与人的生存样式和道德状态大有关系。它与"学"本身正相对。两者都是一种可自维持的、含有"内在无限性"的意义机制,而且都与人的生存的、现象学意义上的时间有关,都要求或自发进行着"时习之"。只是,怨恨从根子上是受制于所怨恨的对象的,或

---

① 刘小枫编校:《价值的颠覆》,第 27 页。
② 刘小枫编校:《价值的颠覆》,第 3—4 页。
③ 刘小枫编校:《价值的颠覆》,第 47 页以下。
④ 罗悌伦先生将"allgemeine Menschenliebe"译作"普遍仁爱",并在 75 页译注中认为此词"与中文'仁'字刚好吻合",可谓败笔。从字面上,"Menschen"指"人(们)",并非"仁";从意义上讲,如果取"仁"的爱人之意,也是有差等的爱,正与舍勒用此词要表达的意思相左。此译本在其他"Menschen"出现处皆译作"人";如果认为"与中文'仁'字刚好吻合"的话,何不将"Menschengattung"译作"仁类"而非"人类"(第 76 页),将"allgemein Menschlichkeit"译作"普遍仁性"而非普遍人性(第 109 页)? 其实,说到"中文",墨子的"兼爱"倒与此词组更靠近些。
⑤ 刘小枫编校:《价值的颠覆》,第 75 页以下。

狂妄任性或守规苦行,因而是自闭的、变态苦熬的(尽管可以有"满足");而学本身则活在生机的源头涌发处,"乘天地之正",因而是"发而中节"的,乐在其中的(尽管可以有"贫"、"苦"、"穷"、"哀")。所以,孔子特别强调君子之"不愠"、"不怨",(14.35)就是为了避免陷入怨恨的强大机制,而使人生从根本上被定向化和道德规范化(比如墨家、法家)、非境域化,甚至"清高"和"退隐"也成了怨恨的一种精致表达。"我则异于是,无可无不可。"(18.8)这样,原发境域中的"乐"、"学"、"允执其中"就都不是奢侈品,而是一个健全的、保存着幸福和"天下太平"的可能性的人生形态所不可缺少者。

也正是出于这样一些理由,孔子之"不愠"不能理解为"完全不在乎"、"毫无牵挂"。作为一个活在自己的生命和思想的追求之中的人,而非一位有"天堂"可依靠的"圣子",他不会无动于自己的济世抱负无法实现的状况。不少章节(17.5,17.7等)都表明他对此是很在乎的。当然,这种"牵挂"既没有现成化为钻营和不择手段,也没有硬化为拒斥"隐者"和"二氏(佛家、道家)"的自傲。孔子对真隐者,包括劝讽他的隐者都抱一种深深敬意,(5.23,18.5,18.7,18.8)对那种生活方式甚至有某种向往,(5.7,11.26,17.19)然而,他实在是不能一隐了之,"夫子怃然曰:'鸟兽不可与同群,吾非斯人之徒与而谁与?天下有道,丘不与易也。'"(18.6)正是在这等"牵挂"(海德格尔称之为"Sorge")之处,方透露出(erschliessen)那活在人生原发境域之中的孔子气象、真正的(a-letheia)圣人气象。中国的至圣乃是"圣之时者也",①圣之境者也,而非圣之超越者也。

---

① 《孟子·万章下》。

孔夫子的最大特点就是"不可固定化";而且,正是由于这"不可固定"是那样的彻底,它必要活化为人生的境域式生存,化入时间(历史)境域、语言("文")境域和艺术境域的原发意义构成之中。所以,当我们读《论语》时,感受到的是一阵阵活泼机变的"夫子气象",而不是任何用普遍化的原则可概括的东西。从某个角度看,它给予中国文化以"好的影响";从另一个角度看,又是"坏的影响",比如阻碍了"科学思想方法"的形成,减慢了中国的"现代化",等等。我想说的只有一点,无论如何,孔子和《论语》使中国文化有了一个永不会被填死的"活眼",人们总可以在那里找到思想的生机。而这,应该正是"无限"在境域中的含义了。

十六、海德格尔的语言观与老庄的道言观

到目前为止，我们知道海德格尔两次在他生前的出版物中讨论了中国的"道"(Tao);①另在两处引用《老子》和《庄子》中的话来说明自己的思想。② 在那涉及"道"的两处地方及引用《庄子》的那篇文章中，海德格尔都以某种虽不直接但明白无误的方式提示了"道"与语言(Sprache)的关联。这是一个令人深思的现象。我们知道，无论在东方的思想界还是西方的汉学界和中国哲学界，人们往往强调道与无言的关联，或断定任何意义上的语言("可道")是达不到道本身("常道")的。这个倾向以及受这个倾向影响的老庄著作翻译不会不影响到海德格尔这位与道家结下了几十年因缘的思想家。但是，海德格尔似乎没有被这种流行的看法完全束缚住。在与中国学者萧师毅一起翻译《老子》的短暂合作(1946年夏)③中，他对于中文《老子》中的每一个字的含义的不知疲倦的追问显然导致了某种直接体验，使他五十年代和六十年代在演说和著作中发表了上面提到的那些关

---

① 海德格尔:《同一与区别》(*Identität und Differenz*),Pfullingen:Neske,1957年,第28—30页;"语言的本质",见《在通向语言的道路上》(*Unterwegs zur Sprache*),1986年,第198页。

② 海德格尔:"思的基本原则",发表于《心理学和心理疗法年鉴》(*Jahrbuch Fuer Psychologie und Psychotherapie*),第6集,年度合订本1/3,弗赖堡和慕尼黑:卡尔·阿尔勃出版社,1958年,第40页。《流传的语言和技术的语言》(*Überlieferte Sprache und Technische Sprache*),赫尔曼·海德格尔出版,1989年,第7—8页。

③ 萧师毅(Paul Shih-Yi Hsiao):"我们相遇在木材市场",载于《回忆马丁·海德格尔》(*Erinnerung an Martin Heidegger*),Pfullingen:Neske,1977年,第119—129页。

于道的言论。这里,令人关注的是,海德格尔是在一种什么思想背景的驱动下超出了流行的看法,达到了对于道的某种与语言相关的理解?而且,我们还想知道,海德格尔的这种理解除了表现出他自己的思想倾向之外,是否确有某种"中国方面"的根据?换句话说,中国"道"的思想含义中是否有某种能与海德格尔所说的"语言"进行相互牵引的东西?所以,下面的讨论将说明这样三个论点:第一,海德格尔对语言的看法是一种与传统语言观不同的、非表征的和域构成的存在论语言观;第二,不仅"道"这个字自西周时起就已有了"言说"这样的含义,而且,老庄也绝没有完全割断道与语言的根本联系;第三,如果我们正确地理解了海德格尔的语言观以及老庄的道言观,那么两者之间尽管有区别,却的确有从思想上进行对话的可能。

1. 海德格尔的语言观

这里讲的"语言观"不应被理解为:海德格尔有一个基本的思想,从那里衍生出了某种对语言的观点。相反,海德格尔的语言观与他的最深切的思想密不可分。所以,在这个问题上,一些海德格尔研究者们的看法是站不住脚的。他们认为海德格尔在"前期"主要通过揭示缘在(Dasein)①的存在的方式来理解存在的意义,基本上忽视了语言这个维度;而在"后期"则主要通过讨论语言的本性、诗和自身缘构(Ereignis)来理解存在和我们这个技术的时代。其实,海德格尔在前后期尽管有表达方式和强调方面的不同,但两者的基本思路却是"一气相通"的。语言的存在论意义在二十年代或更早的时期中已是驱动他思想的一个主要动力。这种关切通过"解释学"(Hermeneu-

---

① 参见本书第五章。

tik)而与《存在与时间》(1927年)的中心思路——缘在与时间域——相交融。在"关于语言的对话"(1953—1954)中,海德格尔谈到促使他走上以《存在与时间》为开端的思想之路的一个重要动力就是他在大学读神学期间(1909—1910)所熟悉的"解释学",一门探讨圣经语词与神学思辨思想之间关系的学科。① 解释学处理的这种关系实际上就是语言与存在的关系的隐蔽形式。当他写作《存在与时间》时(始自1923年夏),海德格尔通过将现象学解释学化而达到缘在(Dasein)的基本存在论。② 所以,他在《存在与时间》中写道:"缘在的现象学就是原本意义上的解释学。……这种解释学同时也是这种意义上的'解释学',即找出一切存在论研究的可能条件。"③当然,在这样做时,他也同样转变和深化了"解释学"的含义,即从"解释的艺术"变为对于存在的解释(Anslegung)和理解的根本前提。④ 以这种"缘在"的方式,语言与存在的关系深深浸透了整本《存在与时间》,尽管其中正面讨论语言的章节并不多。

那么,海德格尔到底如何看待语言的本性呢? 与他关于缘在的看法相对应,他不认为原本的语言是任何一种意义上的现成物,无论理解为"交流手段"、"符号系统",还是某种"人类活动"。语言是纯粹的显现(die Zeige),即"让……显现出来、被看到和听到"。⑤ 海德格尔称之为"说"(die Sage):"语言的本性(Wesende,或译"存在性")乃是此作为显现之说。它的显现(Zeigen)并不基于任何一种符号或信号(Zeichen);相反,一切符号都自某个显现而生出。在这个显现的

---

① 海德格尔:《在通向语言的道路上》,第96页。
② 海德格尔:《在通向语言的道路上》,第95页,第121页。
③ 海德格尔:《存在与时间》(Sein und Zeit),Tübingen: Neomarius,1949年,第37页。
④ 参阅海德格尔:《在通向语言的道路上》,第98—99页。
⑤ 海德格尔:"到语言之路",同上书,第252页。

域（Bereich）中并且出于这个显现的意图，这些符号才能是符号。"①所以，后期海德格尔特别强调真正的语言先于我们的言语说话（Spreches），只是通过向语言敞开或进入语言的显现域，我们才能够去言说和去思想。所以，"语言比我们更有力，也因此更有份量。"②

但是，这并不意味着海德格尔的后期的语言观从根本上不同于《存在与时间》中的思想，因为那本书中的"缘在"已经意味着一种超出了传统的"主体"思想的存在论。用缘在（Dasein）来刻画人的本性，与用显现之说来刻画语言的本性一样，都是将传统的现成概念——"主体意义上的人（我）"与"符号系统意义上的语言"——化解为在"去在"和"去说"中赢得自身的域型构成。因此，说语言先于言语，并不是说语言从逻辑上或时间上先于言语而独立存在，而是说那使我们能说、让我们能说的总已被投射在了我们的言说之前，作为一个本源的视域（Horizont，或译为"地平域"）而给予了我们说话能力和与之相应的一个世界。所以，这种域与我们从来都是"形影相吊"和相互构成的。这也不只是胡塞尔现象学中讲的边缘性的域。按照海德格尔，它就是我们存在的真正的"中心"或"重心"所在。③ 说到底，语言与人在非形而上学的意义上是相互做成或构成的。没有任何缘在会没有这种原本意义上的语言，也没有任何语言会不缘在式地存在。这就是海德格尔自 1934 年起最关注的而且实际上是贯穿他全部学术活动的一个思想——自身缘构（Ereignis），即一切真实的存在都是在相互引发中成为自身和保持住自身的。语言与在也是在这种缘构中获得自身的。海德格尔在"语言的存在本性"一文中用

---

① 海德格尔：《在通向语言的道路上》，第 254 页。
② 海德格尔：《在通向语言的道路上》，第 124 页。
③ 海德格尔："诗人为何？"，《林中路》（*Holzwege*），Frankfurt: Klostermann, 1980 年，第 6 修订版，第 278 页。

"语言的存在本性：存在本性的语言"(Das Wesen der Sprache：Die Sprache des Wesens)这样一个双套语来显示这种相互缘起的构成状态。所以，对于他，"这条[到语言之]路就是自身缘构着的"(Der Weg ist ereignend)。①

从以上讨论中可见，语言对于海德格尔已具有了"理解存在的地平域(视域)"或"存在论的构成域"的意义；"因为语言乃是最精巧的，也是最易受感染的摆动。它将一切保持在这个自身缘构的悬荡的构造之中。就我们的本性是在这个悬荡着的构造中所造成的而言，我们就居住在此自身缘构之中"。② 通过这样一个"开口"(Offene)或"疏朗见光之域"(Lichtung)，我们拥有了一个世界，一切存在者"是其所是"，也"非其所非"。究其实，以语言为中心的一组思路在海德格尔的后期思想中行使着"缘在"之"缘"(Da)、"牵挂"(Sorge)和"时间"域在他的早期思想中的作用。这是一种表达方式的"转变"(Kehre)，而非哲学识度和根本思路的转变。

作为这样一种存在论意义上的构成域，语言无法再被还原到任何存在者，不管它是符号系统、观念表达，还是交流活动。我们只能说："语言言说"(Die Sprache spricht)。③ 这不是无意义的同义反复，而是在语言这个缘构域中的"摆荡"，以便让语言说出它本身构成的纯意义。海德格尔在表达思想的关键处往往运用这种"重言"或"粘言"方式来揭示出那无法被概念定义的自身显现的含义。比如，"物物化"("Das Ding dingt")、④"时间时机化"("Zeitlichkeit zeitigt")⑤

---

① 海德格尔："到语言之路"，《在通向语言的道路上》，第261页。
② 海德格尔：《同一与区别》，第30页。
③ 海德格尔："语言"，《在通向语言的道路上》，第12页。"到语言之路"，《同一与区别》，第254—255页。
④ 海德格尔："物"(Das Ding)，《演讲与论文集》，Pfullingen：Neske，1978年，第166页。
⑤ 海德格尔：《存在与时间》(Sein und Zeit)，第328页。

或"时原本上作为时间的时机化而存在"("Zeit ist ursprunglich als Zeitigung der Zeitlichkeit")、①"域化着的域"("die Gegend als das Gegnende")。② 还有稍稍变化一点的方式,比如"缘在就以在(是)其缘的方式存在"("Es[Dasein]ist in der Weise,sein Da zu sein"),③"缘构有缘"("Das Ereignis eignet",或译为"本源的拥有者(Ereignis)拥有"),④"此缘构着即此自身缘构本身"("Das Ereignende ist das Ereignis selbst"),⑤"开道之道路"("be-weegende Weg")。⑥ 除此之外,海德格尔利用一切机会(往往是同一个词根加上前、后缀),形成一簇簇、一片片的互缘词。比如:从"sein"到"Da-sein"、"Seinkoennen"、"Zu-sein"、"In-der-welt-sein";从"langen"到"gelangen"、"verlangen";从"Riss"到"Aufriss"、"Grundriss",等等。这样做就是为了让词与词之间、前文与后文之间出现相互牵引(Zug,Bezug)的缘构张力。这些做法都可以看作是"让语言自己说话"的不同方式,相应于他关于缘在"现象学"的原本意义的理解:"让那显现自身者以自身显现的方式来从自己本身被看到。"("Das was sich zeigt, so wie es sich von ihm selbst her zeigt, von ihm selbst her sehen lassen.")⑦这绝不是一般意义上的"咬文嚼字",而是如他所说的"自身缘构的圆舞"(der Reigen des Ereignens)。⑧ 通过这种相互的投射,板结的语言外壳被"咬嚼"开,并被拉抻、缘化为一气相通的

---

① 海德格尔:《存在与时间》(*Sein und Zeit*),第331页。
② 海德格尔:"语言的存在本性",《在通向语言的道路上》,第197页。其中"Gegnen"(域化)这个词是海德格尔自造的。
③ 海德格尔:《存在与时间》(*Sein und Zeit*),第133页。
④ 海德格尔:《在通向语言的道路上》,第247页。
⑤ 海德格尔:《在通向语言的道路上》,第247页。
⑥ 海德格尔:《在通向语言的道路上》,第187页。
⑦ 海德格尔:《存在与时间》(*Sein und Zeit*),第34页。
⑧ 海德格尔:"物",《演讲与论文集》,第173页。

域。这也就是海德格尔在他自写的诗中所吟唱的"素朴者的壮丽"(Die Pracht des Schlichten)。①

这里的关键就在于人和语言本身都不是形而上学实体性的,而就是缘(Da)本身。所以,这缘的显现或重复绝不会是无意义的,因为它并没有一个使得它被关闭在自身中的实体可自守。如音乐的和诗的重复一样,它自身的舒卷开合必构成或承接住先概念的生存(Existenz)本义。因此,海德格尔又讲:"语言本身在根本的意义上是诗(Dichtung)。……而诗的本性是真理的创构(Stiftung,又可译作'馈赠')。……创构即是溢流和馈赠。……此真性的和诗构的投射(Entwurf,或译'筹划')是对那样一个境域的开启,缘在作为历史性的〈存在〉就被抛投入其中。"②缘在之所以能听懂(hören)语言的说而不只是被说的语言,就是因为它从根本上就是缘(Da)性的,并因此属于这个缘构域。我们能说出语言,乃是因为我们首先能听语言的说,③更因为我们和语言都属于自身缘构或位于自身缘构之中。④

根据这样一个思路,语言本身就不只是一个空洞的交流手段,也不就是那只在使用中才具有意义的游戏规则,而是一个承载着原初"消息"和含义的存在论域。它收拢着、滋养着和保存着我们的生存世界。在这个意义上,海德格尔讲"语言是存在之屋"(das Haus des Seins)。⑤ 在同一个意义上,他又讲:"解释学的方式(das Hermeneutische)首先并不是意味着解释(das Auslegen),而只是带来消息

---

① 海德格尔:《出自思想的经历》(Aus der Erfahrung des Denkens),普福林根,G.耐斯克出版社,1947年,第13页。
② 海德格尔:《林中路》,第61页。
③ 海德格尔:《在通向语言的道路上》,第254页。
④ 海德格尔:《在通向语言的道路上》,第260页。
⑤ 海德格尔:《在通向语言的道路上》,第111、166、267页。

(das Bringen von Botschaft und Kunde)。……因为[语言]决定了解释学的关系。"①《老子》21章也谈到一个含有先概念的消息的道域:"孔德之容,惟道是从。道之为物,惟恍惟惚。惚兮恍兮,其中有象;恍兮惚兮,其中有物。窈兮冥兮,其中有精;其精甚真,其中有信。自古及今,其名不去,以阅众甫。吾何以知众甫之状哉?以此。"道的本性是"惟恍惟惚"的"构成域"。这"惚恍"既不是一片混乱,也不是一个纯无的空洞,而是其中"有象"、"有物"、"有精"、"有信";也就是,承载着原初的"消息"和"大象"。这样,具有孔德(冲虚大德)之容的人就必然"惟道是从",并通过此惚恍的大道而"知众甫之状(即存在者们的原初状态)"。

2. 道之说

以上这个小小的对比,以及整个海德格尔思想与中国之道的比较研究都在提示和要求一个对于道的语言维度的理解。但是,到目前为止,这样一项理解的工作似乎还没有开展起来。阻碍这个研究并把人束缚于"道本无言"这样一个含糊公式的主要原因有两个:第一个是比较技术性的,即不少学者否认或不晓得"道"在先秦老庄之时已具备了"说"或"道出"的意义;②第二个则是理解上的,即认为老庄都完全否认道与言的真实关系。这种看法不仅流传甚广,从时间上也竟可以上溯到魏晋时期的王弼。下面的讨论将表明,这两种看法都是错误的或(在后一种情况下)是不求甚解的,可名之曰以成见

---

① 海德格尔:《在通向语言的道路上》,第122页。
② 比如[美]阿兰·瓦茨(Alan Watts)的《道:水流之路》(Tao: The Watercourse Way)与 A. C. 黄(Huang)合作,New York:Pantheon,1975年,第38—39页。在那里瓦茨认为"道"在公元前3世纪(他心目中的《老子》写作期)不具有"说"的意义。

代替证据的"研究道的两个教条"。此外,本文要力图说明:去揭示道的存在论构成的、非表征的"道言"义,对于思想本身的运作而言是合宜的。所谓"合宜"是指:这样一个新解释既不是无凭证的,又会有助于理解"道"的"有无相生"的玄妙之处;而且也不会损害道的基本含义。应该强调的是,这种解释并没有声称"道"应被唯一地理解为"说"。它只是力主"存在论"意义上的"道言"应是"道"的丰富含义中的一种,而且是比对于道的概念化了的解释——"万物所以生之总原理"或"最普遍的原则(物质实体和它的规律)"[①]——要更合宜也更有趣的一种。简言之,"道言"是对"道"的一种出于思想本身的需要的(解释学意义上的)、又有文字凭证的解释。下面,先讨论"道"这个字的词义。

"道"的最早含义应是"道路"。《说文解字》里讲:"道,所行道也。"[②]《诗经》中"周道如砥,其直如矢"("小雅·大东")句中,"道"即指又平又直的大路。从这个原初义,衍生出一些其他的含义。其中主要的几个是:"通(打开)"、"引导(教导、指导)"、"规则"和"说(言)"。下面一一例举,重点自然是关于"说"或"言"这个词义。

"道"作为"(使之)通畅"似乎是"道路"的自然延伸义。《尚书·禹贡》讲:"九河既道",即是指疏通河道而使之顺畅。《左传·襄公三十年》言:"不如小决使道",也是在此意义上使用"道"。

"道"又有"引导"、"领导"、"指导"之意。比如《论语·学而》:"子曰:'道千乘之国,敬事而信,节用而爱人,使民以时。'"

"道"被凝固化为名词,具有"规则"、"方法"、"道德规范"、"道德"

[①] 参见冯友兰:《中国哲学史》上册,中华书局,1964年,第218页。任继愈主编《中国哲学史》第一册,人民出版社,1966年,第44页。在那里任继愈认老子的"道"为"事物存在和变化的最普遍的原则。它有物质实体和它的规律这两个方面的意义"。

[②] 许慎:《说文解字》,中华书局影印版,1963年,第42页。

和"本源"之意。例如《论语·学而》的"三年无改于父之道,可谓孝矣"。又见《论语·公冶长》:"夫子之言性与天道,不可得而闻也。"

最后,对于本文也是最重要的,"道"在先秦或不晚于《老子》、《庄子》写作的语言时期已具有了"道言"或"讲说"的意义。《尚书·周书·康诰》中有"既道极厥辜,时乃不可杀"一句。其中"道"只能作"说出"、"坦白地讲出"解。原意是指"[对那些偶然犯了大罪之人]他既然已经完全讲["道"]出了犯罪实情,就不可杀之"。蔡沈的注为:"既自称道,尽输其情,不敢隐匿;罪虽大,时乃不可杀。"[1]另一处在《尚书·周书·顾命》,其中写道:"曰:'皇后凭玉几,道扬末命,命汝嗣训……。'"这里的"道"也只有"说出"一解,意为:太史官向周康王传达周成王临终遗言,说道:"大君王依着玉案,郑重地说出临终遗言,命你谨守文王武王之大训。"[2]

应该指出,古文献学者们一致认为《尚书》中"今文、古文[本]皆有"的二十八篇是真书,其中特别"周书"部分"是保存下来的当时的原有文献"。[3] 所以,这两处证据说明在西周早期(公元前一千年左右),"道"已具备了"道言"之意。

此外,在成书年代近于《老子》(有人认为先于《老子》)的《论语》中,有这样一条:"子曰:'君子之道者三,我无能焉;仁者不忧,知者不惑,勇者不惧。'子贡曰:'夫子自道也。'"("宪问")其中第二个"道"字被所有注释者解为语言的表达活动。比如,朱熹的注为:"道,言也。自道,犹云谦辞。"[4]

---

[1] 《四书五经》上卷,中国书店,1958年,《书经集解》,第88页。
[2] 《四书五经》上卷,第126页。
[3] 刘起钎:"《尚书》",收于《经书浅谈》,《文史知识》编辑部编,中华书局,1984年,第20页。
[4] 程树德撰:《论语集释》,第三册,中华书局,1990年,第1011页。

十六、海德格尔的语言观与老庄的道言观

与《庄子》同时代产生的《孟子》一书中,至少有两处"道"在"道言"的意义上被使用。其一是"梁惠王上":"孟子对曰:'仲尼之徒无道桓、文之事者,是以后世无传焉'。"朱熹注道:"道,言也。"其二在"告子下":"有人于此,越人关弓而射之,则己谈笑而道之;无他,疏之也。其兄关弓而射之,则己垂涕泣而道之;无他,戚之也。"朱子的注为:"道,语也。"细读原著的上下文即可知,在这两处,除了"言"和"语"之外,对"道"绝无他解的可能。

在《老子》的第一章第一句即"道可道,非常道"中,第二个"道"字从古至今已被广泛地理解为"说"或"言"。[①] 这样的话,第一个和第三个"道"字如何能完全与"言"无关呢?一般人的理解是,这句话恰恰是要完全否定不可言之"道体"与"道言"的关系。但通读一下这一章,就可知这种广泛流行的看法并无道理。这一章是这样的:"道可道,非常道。/名可名,非常名。/无,名天地之始;/有,名万物之母。[②]/故常无,欲以观其妙;/常有,欲以观其徼。/此两者同出而异名,同谓之玄,/玄之又玄,众妙之门。"在这里,"道"与"名"平行对举,绝不是像许多评论家认为的那样是将两者完全对立,贬"名"而扬"道"。第二句"名可名,非常名"具有与第一句一样的格式:"a 可 a,非常 a"。所以,第一个"名"与第三个"(常)名"享有与所谓"道体"一样的地位。然而,谁又能否认"常名"是一种与"名"或语言有关的存在呢?当然,它与第二个概念性的和规范性的"名"不同,但却毕竟是"常名"。老庄惯用这种破(表达的、概念的、逻辑的)"小"以显(纯显

[①] 见《中国哲学史资料选辑》,中国社会科学院哲学所中哲史室编,中华书局,1984年,第 596 页。王力:《老子研究》,天津古籍书店影印本,1989 年,第 6 页。又见陈文灿(Wing-Tsit Chan)所编《中国哲学资料集》(*A Source Book in Chinese Philosophy*),普林斯顿(Princeton)大学出版社,1963 年,第 139 页。

[②] 这两句话又可断为:"无名,天地之始;有名,万物之母。"下面的"无欲"与"有欲"也有这两种断句法。但这种不同并不影响这里的讨论。

现的、先概念的、超逻辑的)"大"的手法。这里讲的"常道"是"大道"、"(无端崖之)大名",哪有什么道体与名体的完全对立呢?有的只是"大道"与"小道"、"大名"与"小名"的一种(生发性的)对立关系。所以,下文就立刻讲道:"此两者["有"和"无",或"有名"和"无名"]同出而异名,同谓之玄,玄之又玄,众妙之门"。这是一段让所有割裂"道"与"名","无(名)"与"有(名)"的人无法解释的话。而且,它表达的恰恰是老子思想的精华或"妙"处。

《庄子》中有多处在"道言"意义上使用"道"这个字的例子。比如,"齐物论"中讲:"夫大道不称,大辩不言,大仁不仁,……孰知不言之辩,不道之道?若有能知,此之谓天府。"这是中国古文中,特别是《老子》《庄子》中常用的表达微妙意思时的方式,即给出一系列排比句,每一句中都是"大 A 不 a"这样的或稍加变化的格式。其中 A 指这个词的超出二元对立的、非概念性名言可表述的含义;a 则指还陷于彼此二元的、依靠概念性言语的词义。"A"与"a"有时就是同一个字,比如"大仁不仁"、"上德不德";有时则是不同的近义字,比如"辩"与"言"、"道"与"称"。所以,讲"大道不称",正说明在庄子心目中"道"与"称道"是近义的,具有"道言"或"说出"的意思。庄子就是基于这个意思,用"大道不称"或"不道之道"来否定大道可被概念性的言语("称"、"小道"、"小名")作为一个对象表达,以显示此道本身的自身原发性和"道出"本性。用海德格尔的表达方式,就是:"道道"(Sprache spricht)而不能"被道","可(被)道之道"就不是"道本身"了,因为"道道"恰恰是"可道"的前提,如"大辩"是"言"的前提一样。谁能完全否定掉"不言之辩"以及与之相排比的"不道之道"与非概念的语言活动的关联呢?不然的话,为什么毕竟还是叫它"辩"和"道"而不就是"寂"、"理"、"性"或"体"呢?

在《庄子》的"天下第三十三"中,还有一段文字学上的佐证。这里讲:"诗以道志,书以道事,礼以道行,乐以道和,易以道阴阳,春秋以道名分。其数散于天下,而设于中国者,百家之学时或称而道之。"一些注释家将前六个"道"字训为"达"、"通"或"导";但都将第七个"道"字训为"(称)说"。① 这是因为"道"与"称"连用就排除了其他解释的可能。而且,前六个"道"字也并非完全没有"道出"或"道言"之意。"诗以道志,书以道事"中的"道"起码可以理解为与"说出"相关。当然,训为"通"、"达"也都对。从这里恰恰可以看出"道"的含义的演变——从"道路"到"疏通"、"引导"、"(使之)达到"乃至"言说"——是何其自然的事情。所以,海德格尔在"语言的存在本性"一文中既认"道"的原意为"道路",又认之为"思想着的说(Sagen)的全部秘密"之所在,② 是很有见地的理解。对于人来讲最重要的一个"通达"方式就是"道出"或"说出"。按照老庄,只有"道出"本身("道言"、"大道")而非它的退化形式("人言"、"可道之道")是最根本的通达和源泉。

　　从以上的讨论和分析中可见,不但"道"字起码自西周时起就已经有了"言说"之意,而且就在《老子》《庄子》中,这种意思也有了切近的表现。为什么老庄总要讨论道与名言的关系呢?恰恰是因为语言与最根本实在的关系已经进入了他们的思想视野,成为了一个头等重要的问题。而且,我们已经看到,尽管他们都否认那服从于概念思维的言语可以达到道,却绝非否定道本身的道言或道道的惚恍成象的本性。不然的话,就无"同谓之玄,玄之又玄,众妙之门"的可能了。这也就是说,老庄以"道可道,非常道"和"大道不称"这种方式揭示或提示出了一种体现在大道、大言中的非表征的和无法概念化的语言

---

① 参见郭庆藩编辑:《庄子集释》,台南市,唯一书业中心(翻印本),1975年,第1069页。

② 海德格尔:《在通向语言的道路上》,第198页。

观。《庄子》更直接地表达出了这种语言观和理解道本身的不可分割的关联。在"齐物论"一章中,除了上面已引过的一段外,还有"大知闲闲,小知间间;大言炎炎,小言詹詹"这样的话。明确地区分了超概念表达的"大言"和表达概念及对象的"小言"。实际上,整部《庄子》就是由这种大言构成的。"齐物论"中的另一处描述了这种大言的方式:"化声之相待,若其不相待。和之以天倪,因之以曼衍,所以穷年也。何谓和之以天倪?曰:是不是,然不然。是若果是也,则是之异乎不是也亦无辩;然果然也,则然之异乎不然也亦无辩。忘年忘义,振于无竟,故寓诸无竟。"①了解海德格尔的语言观及维特根斯坦的"语言游戏说"的人对这段话会有极多的体会。"化声"意味着随语境而转化,不受制于固定的观念和对象。这种缘境而"待"的道言倒更是"不相待"的或不受制于表达对象的。"是不是,然不然"可以理解为上面引述过的"大仁不仁"、"大道不称",以及"为无为"、"味无味"、"无状之状"这种表达方式,即通过"不是"化掉概念名言的"小是",而张扬"是本身"、"然本身"。正因为这样的"是(本身)"是道言本身的显现,所以"是之异乎不是亦无辩"。这样,"是"与"不是"最终都"寓诸无竟",即居于大道本身的缘构语境之中。②

在"寓言第二十七"和"天下第三十三"中,庄子更用"寓言"、"重言"和"卮言"来表达他的"言无言"的道言观,认之为是"独与天地精神往来"、"应于化而解于物"的从事于道的方式。其中的"重言",或可理解为"道道"、"生生之谓易"、"亲亲为大"这些语言本身的言说方式也未知。从"天下"篇可知,庄子或庄子门人对庄学的理解中有一个极为突出的道言维度:

---

① 引自王先谦编:《庄子集释》,中华书局,1954年,第17页。
② 虽然我知道海德格尔和西方哲学中讲的"存在(是,eon,sein,be)"与庄子在这里讲的"是"有许多不同,但还是禁不住要提醒一下两者之间的相关和可对比性。

庄周闻其风而悦之,以谬悠之说、荒唐之言、无端崖之辞,时恣纵而不傥,不以觭见之也。以天下为沈浊,不可与庄语,以卮言为曼衍,以重言为真,以寓言为广。独与天地精神往来,而不敖倪于万物,不谴是非,以与世俗处。其书虽瑰玮,而连犿无伤也,其辞虽参差,而諔诡可观。彼其充实,不可以已,上与造物者游,而下与外死生无终始者为友。其于本也,弘大而辟,深闳而肆;其于宗也,可谓稠适而上遂矣。虽然,其应于化而解于物也,其理不竭,其来不蜕,芒乎昧乎,未之尽者。

这种"瑰玮连犿"、"参差諔诡"的"卮言"、"重言"、"寓言"、"谬悠之说"和"无端崖之辞"难道仅仅是一种个人的表达风格而只具有文学价值吗?显然不是。这种非概念表象的道言恰恰是超个人的,是达到"彼其充实不可以已,上与造物者游,而下与外死生无终始者为友"这样的本源或"本体(存在)"境界之道。只有这样的大道大言能揭示和显现小道小言无法接近的原本。所以,"其于本也,弘大而辟,深闳而肆;其于宗也,可谓稠适而上遂矣"。当然,这种显现不是线性的或概念定义式的,而是拓扑或境域式的。因此,"其应于化而解于物也,其理不竭,其来不蜕,芒乎昧乎,未之尽者"。

3. 道与说的相互引发

前面两部分的绍述和讨论指向了这样一个结论:对于海德格尔和老庄而言,语言或"说出"具有两种含义,一是人用来传送信息的手段和符号系统,二是原本的、纯显现的存在论域或发生境域。前者只与现成的(vorhanden)存在者打交道,去表达、传递人心中的念头、思想或概念。这种语言活动的真理性只在于通过"陈述"或"形成命题"

这种形式而与外在的"现实事态"相对应。在这个意义上,我们说这种语言活动是服从于概念的或观念的思想方式的,所以是一种概念表象语言或"小言"。它预设了和加强了主客分离的二元存在论和认识观。与之相对,第二种语言观认为原本的说或道(言)先于任何二元本体论和认识论。"太初有道(logos)",[①]这道与最根本的实在("存在本身"、"至道")是一而二、二而一的相互引发的构成关系。海德格尔称之为"Ereignis"(自身缘构)。在道家则是通过"反者,道之动"的种种方式而显现,比如"阴阳相冲"、"有无相生"、"彼是方生"、"惚恍虚涵"、"大言炎炎"、"正言若反",等等。老庄著作中讲到"无言"与"无名"之处,究其实都是在否认概念表象的小言或人言能达到至道,并非完全否定言与道的关系;相反,这种表达恰恰是要通过"反"或"损"掉人的小言而达到道的大言。不然的话,老庄讲的那些"常名"、"其名不去"、"大言"、"与造物者游"之类的"参差之辞"就都毫无着落了。

　　传统对道家的解释中许多自相矛盾之处都来自对"道(言)"的两重意义的混淆。在那些追随王弼的解释者们看来,言或名只能是概念表象的,所以只能与"有"或"形而下者"打交道。对于形而上的"道体",就只能"无言"。但《老子》《庄子》本身和所有后人的解释又都是由言组成的。于是这些解释者们就只好这样讲:道本不可言,但又不得不去言之,所以暂且勉强地、不得已地去言它,以便通过这言去达到无言的道境。这就是所谓"得意忘言,得鱼忘筌"所要讲的。这种貌似深刻的说法中有一个极大的而且无法克服的弊病,即:如果道毕竟不可言,那么你如何能通过言说它而得其意呢?那样岂不更加深了对于"末有"的执著而离"大本"更遥远了吗?解开这个言道死结的

[①] 见《新约》"约翰福音"。

唯一途径只有一条:承认言本身中有与道相"调适而上遂"者;即有一个先概念的语言维度,道通过它或就在其中向我们道其所道。前面的两章表明了,对于海德格尔和老庄而言,这样一个道其所道的语言维度确实是存在的和至关重要的。

对待语言和最终实在,哲学家们可以各采取两种不同的态度。即:他可以认语言的本性是概念表象的或先概念表象的,也可以认最终实在是概念实体或非概念实体。这样的话,就有几种不同的可能。一个相信语言和实在的本性都是概念性的哲学家,比如传统的形而上学家们,就根本不会去注意到语言的存在论问题。一个持语言的概念表象论和实在的非概念实体观的哲学家,或相反,一个持语言的非概念表象论和实在的概念实体观的哲学家,则必然会关注"言道"或"通过语言去表达实在"的问题。他们往往否认语言的道性并达到怀疑论、相对主义、直觉主义或神秘主义。前两种态度实际上是对传统形而上学、经院哲学的抗议,而后两种则总要陷入言道死结。也就是说,直觉主义者和神秘主义者一方面努力去追求非语言的求道或悟真的途径,比如,瑜伽、气功、坐禅、苦行、卜筮、仪式和图像;另一方面,他们又发现自己非用(广义的)语言去理悟和传播真道不可。于是就只有诉诸上面讲的"言筌"说,也就落入了一个无法解脱的死结之中。

在语言与实在关系的问题上,第四种可能的态度就是,认这两者的本性都是非概念的和构成的。这样的话,原本的语言与原本的实在就没有存在论意义上的区别了。两者相互缘起、相互构成而一气相通。海德格尔与老庄都具有这样一种识度。

持言筌论或语言工具论的人往往认老子"以无为本",所以在理解道的最关键处必须"言筌路断",跃入玄冥之中。从上一章的讨论可知,老庄最根本的道观其实是"有无相生"、"同谓之玄"和"应于化而解于物"的。但是《老子》书中也确有"天下万物生于有,有生于无"(40章)这样的话。不过,读这种句子时必须联系其上下文看,方可知其微言大义。比如,这句话所在的40章的全文是:"反者,道之动;弱者,道之用。天下万物生于有,有生于无。"讲"有生于无"乃是道之反动的一种方式,其目的在于损去人们常常执著的小有而显现"有无相生"(2章)和"惟恍惟惚"(21章)的玄境,并非是认"无"为一形而上学的实体,像黑洞一样吸尽存有而不吐出。《老子》全书处处都浸透了这种相互反转而成活的"道之动"。讲"无名"处也要讲"有名"(1章、32章),讲"无为"就也会讲"为无为"(3章、37章、63章)。这一道之命脉在《庄子》那里更是发扬光大、姿态万千。揭示有无相生、彼此互构、是非相缘的结果就是要使人达到"因是"之自"明"("齐物"),也就是"达到事情本身"或"道本身",让道自道而不被割裂和概念表象(小名小言)化。

所以,一位思想家讲"无"比"小有(存在者)"更本源,并不一定是在断定无的概念实体性。海德格尔在《存在与时间》和"什么是形而上学?"中都讲过"无"先于存在者的本体论或存在论的地位,但却绝非如一些东方的学者所认为的那样是在讲无的实体观。他是通过讲缘在(Dasein)之无而让存在本身显现,并因此而使众存在者在其所在、是其所是。[①] 说简单一点,他是通过"无"而达到"大有"或"存在本身"。因此,这个无也就是缘在之缘(Da)。可见,对于一个穷根究底的思想家来说,讲无不碍真有,讲有也不碍真无。而一个倾向于将思想概念化的理论家(比如王弼)则往往进不到有无相生的域性的缘分之中去。尽管这种人也能从概念上讲讲有与无的"辩证"关系,但

[①] 参见海德格尔:"什么是形而上学?",《基本作品》,D. F. 克里尔(Krell)英译,纽约,哈泼和罗(Harper & Row)出版社,1977年,第110页。

毫无相互引发的玄义妙味。这种平板化、干瘪化的一个重要表现就是否认道言与道本身的相互引发。他们以为这样一来就否定了道的一切有性和概念可把捉性,殊不知却是恰恰将道本身当作了一个最抽象的概念,在去掉道的小有的同时也丢掉了它的大有,即那在惚恍开合中成象、在有无相缘中放出悟性光明之道境。在各家思想中,几乎都有一些后起的权威解释者以这类方式断了自家的道脉。小乘佛教之于释迦牟尼、宋儒之于孔子、刻板的"参话头"之于惠能,都是如此。先秦以后道家作为一种哲理思想日趋衰微,其中最重要的原因就是失去了有无相生的构成识度而陷于"道本无"论或"道本无言"论。这是一种由概念式的思想方式("作为形而上学的实体的道只能是无"、"语言和现象界只能是有")逼出的神秘主义或是思想上的懒惰主义。既然道与语言思想无根本关联,求道者除了成为气功大师、炼丹术士或预言家之外,还能做些什么呢?用海德格尔的术语来说就是,这时的道家就自动退出了构成人们历史真实性的"纯存在"或"纯思想"的境界,堕入了现成"存在者"所属的松散世界。它的道祖所具有的构成识度倒要靠后来的佛家(华严、天台、禅)阐扬了。

海德格尔与老庄讲的"无"往往含有一种"用"或"无用之大用"的意思。[①] 这个意思也可以联系到他们对待语言或道言的态度上。简单说来就是,两者都是通过"无"或"无(现成和小有之)用"来"损"(《老子》48章)去概念表象的小名小言,从而彰显一个原本的、纯粹的语言或道言之域,使人化入其中而得真道之大用。海德格尔用"解释学的形势"、"自身缘构之域"、"开口"、"游戏空间"等来形容这个纯粹的语言境域。老子则往往将其表示为"惚恍窈冥"(21章)、"专气

---

① 参见海德格尔论及庄子"逍遥游"末段讲"无用之大用"段落的小册子:《流传的语言和技术的语言》,1989年,第5—9页。

致柔"(10章)、"虚而不屈,动而愈出"(5章)、"虚极而作"(16章)、"周行不殆"(25章)的"玄牝之门"(6章)。此混成道境中"有象"、"有精"、"有物"、"有信"(21章),可谓"绵绵若存,用之不勤"(6章),与那僵死的"实体之无"又有何干系?这样一个先于概念名相的道言之境在庄子那里更是汪洋恣肆、培风积厚、"气"象万千而得其"大用"。

不可否认,海德格尔和老庄表达各自的语言观的方式有所不同。海德格尔上大学时学习神学的经历唤起了他对于"解释学"的关注,并由此极大地影响了他对于现象学存在论和语言本性的看法。因此,语言的存在论意义问题在他的思想中处于一个特别显著的地位。三十年代以后,"语言"所代表的一组问题是他写作的中心议题。在老子那里,尽管语言与实在的关系也是一个极重要的问题,其表达方式则常常是"正言若反"的,即通过否认概念名言的道性而开示大道、大象和大言。在《庄子》一书中,语言本身的道性得到了更多的正面讨论。但总的来说,海德格尔比道家更为肯定和正面地讨论了语言的存在论维度。尽管这样,以上的讨论表明,海德格尔和老庄在这个问题上的看法不仅不矛盾,究其实倒是深刻相通的。所以,尽管海德格尔知晓中文"道"的文字学原意是"道路",却仍然认为"'道'这个词中隐藏着说的全部秘密"。[①] 本文第二、三部分的分析和论证说明了,他这个看法不仅有文字学上的根据,更有思想上的启发力。在某个意义上它帮助我们看到了道的丰富含义,尤其是这些含义之间的相互牵联和投射。

对于海德格尔和老庄,求真的关键都在于化开小名、小有而让大道或存在本身所代表的最根本的构成之域呈现出来。这个原本域越

---

① 海德格尔:"语言的存在本性",《在通向语言的道路上》,第187(全集本)/198(单行本)页。

是纯粹和完整地呈现,它就越是声气相通地展现出它的构成本性,从而"说"出或"道"出它本身蕴含的非概念的"消息"。在这种情境下,无论它是大自然无言给予的、诗或音乐显示出来的、良知良能开启的,还是悟性的探索揭示的,我们都会听到这个境域本身的澎湃呼唤。"梵[道]音海潮音,非彼世间音。"

不少人特别是一些日本学者,往往将深受道家影响的禅宗视为"言语路断"的典型,却看不到此断绝之路是如何化解为大道大言的。实际上禅宗的真正创始人六祖惠能倒恰恰是反对非语言的坐禅得悟说的。他在临终时还念念不忘摒斥"不立文字"的悟性说:"又云:'直道不立文字。'即此'不立'两字亦是文字。"(《坛经》,"付嘱第十")正是他开创了通过粘连的机锋对话而揭示语言的纯构成境域的开悟法。这些语言活动的目的都在于打掉、去掉、化掉小言小有而让悟道之境自说自道。多如牛毛的禅宗公案讲的无非是这桩大事。让我们看其中之一:

山[夹山和尚]乃散众束装,直造华亭[地名]。船子[德诚禅师,在华亭渡撑船。下面称"师"者就是他。]才见,便问:"大德住什么寺?"山曰:"寺即不住,住即不似"。师曰:"一句合头语,万劫系驴橛"。师又问:"垂丝千尺,意在深潭。离钩三寸,子何不道?"山拟开口,被师一桡打落水中。山才上船,师又曰:"道!道!"山拟开口,师又打。山豁然大悟,乃点头三下。①

德诚禅师让夹山和尚"道"。夹山要开口道那"系驴橛"一样的"合头语",被打落水域之中。才上船,德诚逼他"道!",又因要开口被

---

① 普济:《五灯会元》上卷,中华书局,1984年,第176页。

打,于是大悟。这里面有没有"道(言)"？最终是谁在"道"？！既非夹山亦非德诚,而是他们已在其中的"道！道！"本身。这也就正是本文要借重海德格尔来重新揭示的"道"理了。

十七、思想方式与中国观

——几位德国思想家的中国观分析

"汉学"(sinology, Chinese studies)意味着对中国的研究,尤其指外国人对中国历史文化的研究。这种研究有各种方向、层次和后果,但都有助于塑成某种中国观,即对于传统的或原本意义上的中国的一套基本看法。这类看法在一个世纪前可能只影响到外国的很有限的一些人,比如学者、政治家和商人,但在今天这样一个全球化的时代,则势必具有更普遍得多和深刻得多的含义。这类看法可以很不同,有肯定性的正极和否定性的负极,以及这两极之间的各种混合形态。从历史上看,在某个时代正极表现得多些,另一个时代中则多为否定性的看法。以德国为例,自莱布尼兹、沃尔夫以来,德国人的中国观经历了赞赏(起码是尊重)、贬抑、(俯就式的)同情、诋毁和再发现等多个阶段。对于中国古代文化的了解角度和深度也有变化。十七、十八世纪时,莱布尼兹建议"由中国派教士来教我们自然神学的运用与实践";[①]腓特烈大帝以中国为镜子来批评教皇;但到十九世纪末,德皇威廉二世却倡导一次扑灭"黄祸"的十字军;而二十世纪的,特别是经历了一次大战的德国文化界对中国的"道"又产生了热情。关于这些差异的原因,可以到国力的强弱、文明的兴衰、形势的需要等方面去找,但也可以从持有中国观的当事人的思想方式这个角度来探讨。本文将分析几位德国思想家的中国观与其思想方式的

---

① 夏瑞春编:《德国思想家论中国》,陈爱政等译,江苏人民出版社,1995年,第9页。

关系,以期从中找到一些有普遍意义的东西。

1. "理性"的含义

十七、十八世纪时,中国文化对于启蒙运动思想家来讲意味着:人间生活可以不靠一神教的信仰和体制而具有秩序、道德、教养、满足和灿烂的文明。在他们看来,中国文化建立在一种自然理性基础上。对于莱布尼兹(G. W. Leibniz, 1646—1716)这位新教思想家,这种自然理性包含有与基督教不矛盾的神性体悟。后人往往认为,莱布尼兹和他的弟子沃尔弗(C. Wolf, 1679—1754)受到耶稣会士们提供的赞誉中国材料的误导,而得出了与实际不符的过分乐观的结论。情况远不这么简单。莱布尼兹清楚地意识到西方的科学、逻辑、形而上学等"缜密和理性的思辨"学说为中国文化所缺少,中国的特长在于"实践哲学",也就是"伦理和治国学说"①方面。[此种看法亦有偏,他在我们下面将谈及的信中对之有纠正。]而且,他那封"论中国人的自然神学"的信(写于1716年)的大部分,在利用耶稣会士龙华民和方济各会的利安当提供的材料来反驳这两人的结论,即中国古代思想的主流是唯物论。他看出孔子思想中有超越的和通神意或天意的维度,②表现出他敏锐的思想嗅觉。就是他对于易卦的二进制解释,虽然是典型的西方数理思维的体现,但可说是天才横溢。这些都可作为文化间创造性"误读"的出色例子。他之所以能够如此,与他本人的单子论所表现出的"预定和谐"(一中有多,多中有一)的有机思想方式密切相关。如果他持笛卡尔的二元论,就很难看出

---

① 夏瑞春编:《德国思想家论中国》,第5页。
② 秦家懿编译:《德国哲学家论中国》,三联书店,1993年,第87页,第112页等。

朱熹和孔子言论中的这些微妙含义。沃尔弗身上有笛卡尔的影响，因此他虽然对中国热情有余，但其中国观中缺少这些精微之处，只知强调中国人的"不以敬神为基础"的"自然［理］性力量"，[①]及一种经验主义的智慧。其实，沃尔弗的中国观——认为中国文化以自然理性和经验理性为基础——在当时的西方具有普遍性，赞扬和批评它的（右如教会中的保守派，左如卢梭）都有类似的局限。

沃尔弗和莱布尼兹的共同局限是：只限于儒家，而且过于依赖宋儒的理学，甚至误认宋人讲的"理"为儒家本源。除了以上提到的莱布尼兹死前写的那封信中的一些闪光（说"中国人信神"也有偏，但起码有矫枉之效）之外，他们基本上持有这样一种后来流行于西方的看法，即中国的自然理性和道德是一种依据经验的智慧。关于这种经验的、实践的理性的精妙处，在那样一个先天概念理性与感觉经验理性二分的思想时代，实无从捉摸。而且，当莱布尼兹有机的、和谐的先天理性被康德的批判理性，特别是后康德的德国古典哲学中的辩证理性代替之后，对于中国的自然理性的否定性看法就占了上风。

2. "发展"观视野中的中国文化

康德创立了意在结合大陆唯理论和英国经验论的批判哲学。其实，它以康德本人没有自觉到的方式提供了更深入地理解中国式理性的某种可能。不过这要在二十世纪现象学视域中才可能实现出来。康德认为人的概念理性在涉及终极问题时只能产生二律悖反，即总会导致自相矛盾。以康德为起点，又声称超出了康德的费希特、黑格尔等都持一种概念的辩证发展观，即认为通过悖反、矛盾而形成

[①] 夏瑞春编:《德国思想家论中国》，第33页。

了一种合理的、朝向终极真理的发展过程。这是发展观在哲学中的体现。此外，出于各种原因，主要有殖民扩张、传教和科学进展，在西方形成了以西方文化为顶极来划分文明与野蛮阶段的进化论思潮。具有这种发展观的思想家几乎都将中国文化视为现存最古老、也就是最低级原始的文明形态。后启蒙时代的赫尔德（J. Herder）认中国为"一具木乃伊，周身涂有防腐香料、描画有象形文字"；"中国人以及世界上受孔子思想教育的其他民族仿佛一直停留在幼儿期"。① 黑格尔（G. Hegel）认为中国文明形态，即它的宗教、科学与哲学代表人类精神历程中的最原始和最不发达的阶段。用他的辩证逻辑的行话来说就是：所谓中国智慧（"天"、"道"、"易"、"仁"）不过是最抽象的原则，其中没有主体的自由和内在的概念规定，因而只能体现在最外在的感性之中。比如，"天是一抽象的普遍性，是自然关系和道德关系本身完全未定之总体。……［因而是］完全虚空的东西"。② 关于《易经》中的卦象，黑格尔承认它们是"极抽象的范畴"，但是"只停留在最浅薄的思想里面。……这种具体没有概念化，……［因此在其中］找不到对于自然力量或精神力量有意义的认识"。③ "没有一个欧洲人会想到把抽象的东西放在这样接近感性的对象里。……这是从最抽象的范畴一下就过渡到最感性的范畴"。④

与黑格尔同时代的谢林（F. Schelling）则更干脆，认为中国连作一个最贫乏的起点的资格也没有，因为从这里发展不出更高的形态。⑤

---

① 夏瑞春编：《德国思想家论中国》，第 89、91 页。
② 夏瑞春编：《德国思想家论中国》，第 101 页。
③ 黑格尔：《哲学史讲演录》第一卷，北大哲学系外哲史教研室译，三联书店，1956 年，第 120—121 页。
④ 黑格尔：《哲学史讲演录》第一卷，第 122—123 页。
⑤ 夏瑞春编：《德国思想家论中国》，第 164 页。

"中国人是绝对史前人类所留存下来的一部分。"①所以,中国人不像其他民族那样进入过神话、宗教等阶段,而是一块独特的活化石,其中没有本质性的变化和"自由发展"。中文保留了原始语言的原则,即"没有发展为语词的单个性,个别没有脱离整体"。"中文就像另外一个世界的语言。"②孔子所做的只是"确立旧有的准则"。而且,中国在欧洲的声誉是出于耶稣会士们的有意维护,因为他们"把中国看成落入他们手中的一个省"。③

马克思和恩格斯持一种社会经济结构(生产力和生产关系)的发展论,因而理所当然地视十八世纪的中国为"小心保存在密闭棺木里的木乃伊",④毫无惋惜地预言"这个世界上最古老国家的腐朽的半文明制度"的"末日正在迅速到来"。⑤ 从政治经济学的角度,马克思重视太平天国,认为它起到了缩小西方资本主义海外市场,并从而促发资本主义世界的经济危机的效果。"直接随之而来的将是欧洲大陆的政治革命。"⑥由于他们对于西方资本主义的批判,因而能看出这种文明的虚伪和残暴的一面,并能为那时的中国政府说一些公道话。然而,整体说来,中国古文明对于他们而言是一种落后的、过时的、注定要死亡的和没有内在价值的东西。

至于社会进化论者,比如斯宾塞(H. Spencer,1820—1903),就更是要按他们认定的社会进化和发展标准将人类分为优等民族与劣等民族,并认为"物竞天择,适者生存",优者侵略、统治和淘汰劣者天经地义。毫不奇怪,他宣称盎格鲁—撒克逊为优等民族,因其享有较

---

① 夏瑞春编:《德国思想家论中国》,第136页。
② 夏瑞春编:《德国思想家论中国》,第155、157页。
③ 夏瑞春编:《德国思想家论中国》,第167页,第141页。
④ 《马克思恩格斯选集》第2卷,第3页。
⑤ 《马克思恩格斯选集》第2卷,第16、21页。
⑥ 《马克思恩格斯选集》第2卷,第6页。

多个人自由和异质性。按照这个思路,纳粹的种族主义从理论上也无可厚非,只是它颁发"优等"的具体理由不同,用毒气室来淘汰过于生硬残忍,而且淘汰的主要对象是一种西方人(犹太人)也犯了规罢了。由此可见,西方中心论里潜藏着什么样的理论可能。无怪乎晚年的严复以"利己杀人,寡廉鲜耻"八字形容之。十九世纪末,严复特意将这种学说译介到中国,打破或颠倒传统的"夷夏之辩",造成震撼或刺激全民族人心的巨大持久的影响。中国人要承认自己是劣等,面对的西夷却是优等!当然,严复选择的是赫胥黎的《天演论》(《进化论与伦理学》),因为赫胥黎强调人的伦理努力可以制衡自然的进化,避免被淘汰的命运。然而,严复那时心目中的"伦理努力",主要是吸取西方文化之"体",与他晚年目睹了一次大战后的看法,即"以为耐久无弊,尚是孔子之书,四书五经"大不同。然而,自清末民初以来的社会思潮基本上处于发展观的视野中,因此也就包含了其中的种种浮浅主张和深刻悖论。问题又在于,要回到"中学为体,西学为用"也断乎不可能了。而"互为体用",如果毕竟在某种意义上可能的话,其真切交点又何在呢?

3. 原发体验为知识之根

十九、二十世纪之交,尤其是二十世纪初的二三十年间(就在我们的"五·四"运动大呼"民主与科学"的时候),西方知识和文化思潮有了重大变化。不仅传统的概念形而上学失去了吸引力,就是鼓噪一时的实证主义也很快在漏洞百出之中退潮,一种更有境域敏感的思想方式出现于各个领域中。相对论、量子力学、现象学、维特根斯坦的分析哲学、文学艺术中的种种新流派,都具有一种不同于以往任何一派的新气象。它们的一个共同倾向就是认人的原初的(不只是实证的、现象主义的)体验为知识和艺术之根,摒弃一切脱开这种体验的概念建构和假定,只以此体验所揭示的活生生的关系境域为真为美。这种思想方式上的转向带来了新的中国观。德国思想家们开始更多地关注中国的道家而不是理学化了的儒家。犹太神学家马丁·布伯、科学家海森堡、思想家海德格尔就是这方面的几位代表。布伯(M. Buber,1878—1965)于1910年就翻译出版了庄子的《言论和寓言选集》,并写了一篇很有分量的后记。他认为:"主宰东方各民族的是一种合一性,它同西方的命运观和上帝创世观截然不同。""道根本不打算阐释世界,而是认为:存在的全部意义就在真实生命的统一之中。"①因此,道就是原始的"未分状态"。按照他对于庄子的解释,"只有未与世界分离的人才能认识世界。认识不存在于对立之中,不存在于主体与客体的辩证关系中。它只存在于万物的统一之中。统一就是认识"。② 更关键的是,对于布伯,这种原始的统一并不完全等于发展的初级或低级阶段,而具有它本身的深刻道理。换言之,这种原发的、"永远只能重新开始"的统一中自有本源的智慧,不是分裂发展的形态能够完全"扬弃"的。"西方思想史的特征就是存在和应为、科学和法之间日益加剧的分裂,而这一点却为东方人所不知"。其实,这原初的统一是人类各种智慧的原发土壤。"一多于有关耶稣、佛或老子的内容,多于他们想要说出的东西。"③这种在直接"统一"或"合一"中达致原发真理的见地与布伯的神秘体验论(或神秘"主义")的精神背景有关,也反映在他著名的"我与你"的神学洞见之中。

---

① 夏瑞春编:《德国思想家论中国》,第186、201页。
② 夏瑞春编:《德国思想家论中国》,第208页。
③ 夏瑞春编:《德国思想家论中国》,第187、192页。

海德格尔深受布伯这本庄子选集译本及其后记的影响。[①] 当海德格尔在 1930 年经历他的思想"转向"时,在一次讲演中当众向主持人索取布伯的这本"《庄子》"的寓言集",并读了其中"秋水"篇末尾"庄子与惠施濠上观鱼"的故事,用来说明自己的观点。深受胡塞尔现象学影响并使之彻底化了的海德格尔完全抛弃了盛行西方多年的发展观,视阴阳、显隐充分相交的"源头"或"起点"为最伟大者。因此,他不仅在前苏格拉底的古希腊哲学中找到更关键的东西,而且能在中国天道中看出为以往的观念哲学家们看不到的玄妙之义,并视之为正能启发当今为西方的技术文化所苦的人类的智慧。至于这位二十世纪最有影响力之一的西方思想家与中国道的深刻关联,则是需要整本或多本书讨论的题目了。[②]

海德格尔极大地影响了法国的存在主义、解释学和后现代思潮。在后现代的视野中,西方中心论的所有理论支柱都塌倒,中国观当然也有了极大变化。德里达(J. Derrida)对于中文书写文字的赞美(虽然从技术上讲并不内行)与赫尔德、黑格尔、谢林等对于中文的贬低正相反对。我并不认为未来西方人的中国观会总是褒扬的,但可以肯定,传统的那些思想方式带来的贬抑理由将很难盛行了。

从以上的简略阐述中可以看出:一个人的中国观与他或她的思想方式有着相关性。它在近代西方主要体现在对"发展"的看法上,但其根子还在于是否接受西方传统形而上学中包含的二元化思路,即以形式与内容、主体与客体的分立为前提的理性观。这一结论同

---

① 参见 R. May:《海德格尔[思想]的隐蔽来源》(*Heidegger's Hidden Sources*),Routledge,1996 年。

② 参见拙著:《海德格尔思想与中国天道》,三联书店,1996 年。

样适用于中国人本身。从最原本的方法论含义上,而不是感情和意向上,当今不少中国学人似乎还停留在十九世纪。在这个世纪之交时,我们似乎应该更专注地倾听上一个世纪之交时人类思想发出的新声音,它们的含义还远远没有得到充分领会。

十八、观"象"

王树人、喻柏林的《传统智慧再发现》(以下简称《传》)[①]突出了"象"的思想地位。"中国传统思维方式的其他特性[比如'富于艺术性'、'天人合一的整体观'、'动态平衡观'——引者]都是由这个'象'的性质所决定的。"(下卷189页)

这个如此关键的"'象'的性质"何在呢？从此书的上卷可看出，此象与经过隶变的汉字的象形性根基有关，被喻柏林称之为"多维编码"(比如按音编码和按形编码)；"汉字比表音文字具有更浓缩的更大的信息量"。(16页)《易经》的卦象更深入地表现出多维编码的特点。而且，缘于象的领悟活动("象思维")亦通禅意，在"直观、直感、直觉的体验方式"(173页)之中得"韵外之致"和"言外之意"；(189、168页)更在书法中得"笔势"，(224页)在南宗画的"似与不似之间""气韵俱盛"，(254页)在诗中入"意境"。(271页)"诗书画同属一境层"，(236页)或书画同源、诗画互喻之所以可能，一个关键原因就是它们以象相通。汉字不只是音符，又不只是象形文字。它内含象性，伏有发意之几。只有这种文字的书法或笔意方能通画意、诗意、禅意和卦意。

以王、喻二先生的"再发现"为端，可以追究一下这象的含义。

---

① 王树人、喻柏林:《传统智慧再发现——常青的智慧与艺魄》，作家出版社，1996年2月。以下引用此书只在括弧中给出页数。不特别注明者为"上卷"。

1. 至极有几[①]

老子讲:"大象无形"。(41章)象不能与时空无关,不然的话就是概念范畴。但象又不能是落入时空里边的"形象",因而只能在与时空本身的原发关联中存身。

如何化开形滞而又不离时空本身?不妨先观察一下《易》象。每个卦象或卦画似乎都有定形,因此也被一些人称之为"卦形"。然而,解《易》者有办法让它们"变动不居,周流六虚,……唯变所适"。按《传》,"分而变"(112页)是卦象的构成原理。从表面上看,此"分而变"指《易传》所讲的太极、两仪(阴阳)、四象、八卦、六十四卦,由两分并通其变构成。但细查历代传下来的解卦之术,可知此分变"无微不至";即利用卦象"形"、"位"、"序"中的每一种分辨可能、重组可能和变化可能,可使卦象"转换与流动"(下卷188页)起来。更确切地讲,在象数家们的手中,解释维度大大增加,比如一爻可阴可阳,但此阴阳与它所处的爻位之阴阳(单数爻位为阳,双数为阴)相关,就有"得位"与"失位"之辨。此外,又有"承"、"乘"、"比"、"应"、"据"、"中"、"互体"、"旁通"、"上下"、"往来"等讲究。其结果就是形的松活、变转和暗通。因此,这象绝不只是"形象"、"图象"或"象征"。这"连环套式的循环运动"(126页)造成了"全息性"(89页),从而化去形的呆板,却保留了象的直观。卦象之形并非完全失效,而是被转化为有境域弹性(用维特根斯坦的话讲就是"家族相似")的解释趋向,就如同楷书转为行草,工笔画变为写意画。所以解卦总有所据,所据

[①] 《庄子·天下》引述惠施:"至大无外,谓之大一;至小无内,谓之小一"。这里反其意而谓之"至极(处亦)有几"。

者究到底又只能是一个相应相求的领会势态而非定则。[①] 而且,对于领会最前沿的问题,势态的"发而中节"比定则要准确有效得多。

王弼《易略例·明象》讲:"故言者所以明象,得象而忘言;象者所以存意,得意而忘象"。他是主张不拘于言象,因为汉朝人过繁的取象解经的讲究在不少情况下反倒败散了易象的解释势能,类似于波普所说的通过附加假设,处处都可找到例证的伪科学理论。但他未弄清这些讲究的本义和真正难处所在。他似乎要将意与象分为两片。"是故触类可忘其象,合义可为其征。义苟在健,何必马乎?类苟在顺,何必牛乎?"这样,"义"就差不多是近乎"普遍观念"的"类",而象就近于形象,意(或义)与象之间原发的相互关联就差不多抽缩为普遍与特殊、形而上与形而下的关系了。这种思路会导致"以无为本",而非"有无相生"。

"无形大象"也不就是类,而仍是象。这大象就是在转换("易"之一义)中生发出领会和解释态势的意机("几")。"一阴一阳之谓道。"(《易·系辞上》)阴阳并非等于二进制,它里边总有"交"或某种讲究的可能,因而更能体现"极深而研几"的"生生"之性,总能在观念思维认为是个"什么"(基本元素、实体、理式、结构)的地方"摩荡"出个来头、说道、"机一会"或生发之几。这也就是"阴阳不测之谓神"的含义。所以真正的象没有实底,无方无体,甚至微处也还是有"几"、有变,"鼓之舞之以尽神"。不然不可称为"天下之至变"。(《易·系辞上》)所谓"全息性",就是从这"无形有象"的"混成"中来。"象"出现于任何层次和至微中。这样的象,就确与"气""韵"有相通之处了。中国人有时"穷讲究",认"渊源",因他要处处有象;有时又"没讲究",

---

[①] 参例:库恩认为(《必要的张力》,1979年)对科学范式的选择有"价值"依据而无"规则"或"算法"依据。价值依据可依境域而调整。

无入而不自得,因他知处处有象。

微电脑技术的信条,按《时代》($Time$,1996年12月2日)编辑者的看法,就是:"最大的力量来自最小的源头。"(56页)依此观点,在当今工业世界中,力量就在于能将最多的信息挤压入最小的空间。这就是驱使一些科学家尝试去在原子、分子层级上建造智能机器人的动力。这与象思维有表面上的类似,即在被通常认为是"一个"东西的地方找到成象的构意结构。但这类似只是浅层的,因为它毕竟以原子、分子为其实底,由此而向上建构。这种在终极处的呆板使得它可能被现代技术实现,但也使其从根本上不通透。它预示的生活形态比传统工业所造就者更精巧,(同一杂志69页)但也更危险。

2. 居间引发

象无实底却又构意发蒙。由此可知它虽"不可[作为对象被]言",却有言的机理。它不靠"是什么"言,也不能只靠"不是什么"言,而要通过居于是非之间、有无之间、概念与形象之间、阴阳之间、天地之间的境域来言。"一阖一辟谓之变,往来不穷谓之通;见乃谓之象。"(《易·系辞上》)象似乎永远是个乞儿、托钵僧,一个靠两极的边缘施舍而度日的流浪汉。"天地设位,而易行乎其中矣。"(同上)但这透入骨髓的居间性正是其灵性所在。写意画在"似与不似之间",书法讲究"空处联络"、"虚处藏神",诗论中讲"得之环中,来之无穷",都是在体味涵泳这个居间引发的状态。由此方能"真气内充"而得原本意势。至于有(是)与无(不是),倒是因此居间而成立者。张载《正蒙·参两》曰:"聚散相荡,升降相求;氤氲相揉。盖相兼相制,欲一之而不能。"此"居间"如果有真切意义的话,就不能再被视为某个"一",或某种能具有任何实体性的本源,二元论也不济事。如佛家中观所言,"它"并无自性,只是假名;此假名方是真缘或真源。这样理解的本源就只表现于相互的引发、投射和凭"空"维持,只是一个纯"势"。

古今中外,一个道理说到微妙(不有不无却活泼呈现)处,令人会心处,都有这居间引发的势态和风韵。赫拉克利特、智者、亚里士多德(其伦理学)自不必说,近代的哲学家,只要穷究到底,莫不以某种方式感应到这纯居间状态的魔力。具体说到"象"(德文为"Bild")的有康德和早期维特根斯坦。① 康德讲的"图几"(Schema)是居于感觉经验所产生的心像与知性概念之间的认知形态。它有心像(比如心中的某个三角形的形象)所没有的普遍性,又有概念(关于"三角形"的概念内涵)所没有的直观可体验性,因而应被理解为一种由先验的想像力构生出的"纯象",比如一个既非直角、锐角,又非钝角的纯直观中的三角形。对于康德,无形有象的"时间"乃是最重要的图几或纯象。不过,尽管他在概念与心像、普遍与具体的夹缝之中发现了纯象的"游戏空间",却并未洞察它的原本性。是海德格尔在其《康德书》中深究了它的思想含义。② 至于早期维特根斯坦讲的语言意义所由出的"象",并不只是一种对应于可能事态的逻辑结构。要知道,这对应是在自然语言活动中自发产生的,(《逻辑哲学论》4.002,5.5563)因而这象的基本单位所对应的"对象"就不可能是可指示出来的对象,而只是一种构成设定(其实体性或现成性并不比易象中的阴阳爻更多)。于是,这象的"逻辑形式"也就具有了与人的生存一样"无实底"的丰富性和最原本的启发性。没有这样一个见地,就会像罗素和卡尔纳普那样,纳闷维特根斯坦为什么一定要神神秘秘地断

---

① 参见:"维特根斯坦与海德格尔的象论",本书第八章。
② 参见拙文:"海德格尔的《康德书》",《德国哲学论文集》13辑,1993年。

定这象所显示者绝对"不可(被当作一种对象)言"、"不可道"。不管后期维特根斯坦有了多少变化,但有一点与前期是一致的,即看到那使语言意义可能者("象的逻辑形式"、"语言游戏中的使用"、"人的生活形式")绝对不是任何意义上的现成存在者,不管这现成者被理解为"可被说及者",还是"心像"或"私有观念"。"纯居中"在他这里意味着在原发的使用之中、在一切可观念式地把握的两极之中。

3. 时机化

中国古代敏锐的思想者,比如孔子、老庄、孙子、范蠡等等,都明白真实绝不能对象化、观念化的"道"理,因此也都知道居间发生的终极性,不论是阴阳之间、虚实之间、奇正之间、过与不及之间,还是有无之间、言与不言之间。中国古学的精华里从没有过"范畴"、"概念"的中心地位,只有"中道"、"中庸"或"大象"的丰满机变的表现。《老子》曰:"孔德之容,惟道是从。道之为物,惟恍惟惚。惚兮恍兮,其中有象;恍兮惚兮,其中有物。"(21章) 以上所讲的所有要点似乎都可以在这段引文中找到端倪。然而,尽管无实体和定法可依,这惚恍却定要冲和成象,因而必表现为机缘,即时机的成熟开显,但又绝不熟显到可据而有之的地步。《易传》称这隐形的大象为"几"。《周易正义》讲:"几是离无入有,在有无之际。"张载《正蒙·坤化》则认为:"几者,象见而未形也。"所以《易·系辞》说:"知几其神乎!几者,动之微,吉之先见者也。""变通者,趣时者也。"这几,就意味着原发的时机或天机,整部《易》的卦、爻充满了时机("时成"、"时乘"、"时发")的含义;知几得时则"神乎",用兵、治国、修身,无往而不利。康德虽得出纯象(图几)为时间的重要结论,但他讲的具体的时间图几实在是无多少机变可言的图式。中国古人手中的"象—几—时—中",却活灵活现于人的史境、生境与语境之中。范蠡讲:"圣人随时以行"(《国语·越语下》),《庄子》讲"与时消息"(《盗跖》),这从时见象也绝不只是功利的,它可以张大为质诸天地鬼神而不移的仁义至诚。"中庸"既意味着"执其两端用其中",更意味着发而皆中节的"时中"。(《中庸》1—2章;《易·蒙卦·象传》)诚就是指在至变、不测、"无息"中的"见[现]乎隐"和"显乎微"(同上书1章),所谓"至广大而尽精微"。唯天下之至诚为"能化"、"前知"和"如神"(同上书23—24章),与知几同一境界。"诚者不勉而中,不思而得,从容中道,圣人也。"仁并不意味着对于某种道德律令的固执,而是指"能近取譬"的从容中道。这"时中"里也包含着"杀身以成仁"的可能。① 禅宗则更是如此。"禅机"即时机,"应无所住,而生其心"。(《坛经·行由》)在行处坐卧、机锋对语中随机解缚,方有妙悟。

4. 直接可理解

循维特根斯坦的思路大致可以说,"象"就是指形成原初的"意义"(Sinn)的最必要的那些东西或那个构造空间,不多也不少。这样理解的象就比任何实证的真假是非要原本,是使它们可能者。因此,象不可能靠与什么现成东西对应来获得意义("对应"、"象征"预设了意义),而只能凭借其本身最直接的构成来得到显现能力。维特根斯坦在《逻辑哲学论》中讲:"不用向我说明,我就能[直接]理解命题符号的意义。……命题[这里指最小的构意单位——引者]显示它的意义。……所以命题凭借实在的内在特性来描述它。"(4.02—4.023)

---

① 参见程颢诗:《偶成》。

之所以能这样,就是因为命题乃是实在的象。(4.01)这里可以看出这位令他同时代的几乎所有其他分析哲学家困惑的人的思想的两栖性。"实在的象"似乎意味着关于某个东西的象;但究其"实",这并非实在物的实在与象的构成不可分(他后来就深化了这后一条思路)。这不是先验唯心论,因为象的构成与时空(起码是"逻辑空间")中的语言行为相关。这象是最原本意义上的、凭它自身就能被直接领会的引发结构。一般意义上的观念、表象、概念、结构、符号、象征、图像,都做不到这一点。维特根斯坦用"逻辑的象"来表示这种渗透到人的生命世界的最边缘的象的特点。(2.182,3.03)他的教育和文化背景使得他只能通过这种方式表达其洞见。我们的讨论却用了"极有几"、"居间"和"时机"来"显示"这象的原发特性。用观念哲学的方式来分析周易与老庄,可以得出不少"规律",比如"自然主义"、"循环性"、"整体性"、"阴阳等对立互补"、"由天道及人事",等等。但若无象居其中,则无根本的粘连、牵引、朴拙和天趣,反成了务必化去方可"见天地之心"(《易·复卦·象传》)的累赘。

以上粗陈管见,浮光掠影,无非是想引起人们对于"象"的兴趣。它确是一个有中国特色的、但又可能与其他国度的某些学说(还可提到胡塞尔和德里达)呼应的思路,但并非东方人或强调在直觉中主客合一的思想家就容易体会到它。比如,日本的西田几多郎认为:"真正的纯粹经验是不具有任何意义的,而只是照事实原样的现在意识。"(《善的研究》第一编第一章)这里就只有混蒙,而无构成的几微了。追究"智的直觉"的牟宗三已(批判性地)接触到了海德格尔的《康德书》,却居然没看到"纯象"对于这直觉的关键意义,不能不归于他的"超越形而上学"的视角。[①] 要能在芸芸"现象"中看出纯象,非追究到意义的尽头不可。它是让已成定局的死棋又活起来的眼,是总在边缘处滴下晶莹雪水的源头。

[①] 牟宗三:《智的直觉与中国哲学》,台湾商务印书馆,1970年。

十九、边缘处的理解

——中西思想对话中的"印迹"

中西哲学和思想相互理解的重要障碍是什么？是观念的"无可公度性"、双方在文化传统和社会结构上的巨大差异或"生活世界"的不同？当我们试图翻译一部西方哲学著作，并力图使译文让中国读者也能够理解时，面临的主要困难是什么？译者们经常抱怨的是找不到合适的词语来翻译原著中的某些关键词，比如柏拉图的"eidos"（中文译为"理念"、"理式"、"相"，等等），亚里士多德的"eon"（"存在"、"是"、"实存"），黑格尔的"Dialektik"（"辩证法"、"矛盾法"、"对谈法"），海德格尔的"Dasein"（"此在"、"缘在"、"亲在"、"实在"），等等。尤其是当原著作者有意识地做相互映衬、双关和隐喻等语言游戏时，对等的翻译几乎是不可能的。像海德格尔的"zuhanden"（"应手"、"上手"、"用得称手"），与"vorhanden"（"在手边"、"现成的"、"现成在手"）有词根映射，与"Zusein"（"去存在"）、"zu……"又有词头映射。此外，像海德格尔的"Ent-fernung"（"距离"、"去掉距离"）、"Ent-schlossenheit"（"决断"、"去掉遮蔽"）和德里达的"différance"（"趋别"、"分延"）等，都是在依据德文、拉丁文、法文本身的构词方式来做思想游戏，而在中文这种非拼音的表意文字中，存在着相应的构词方式和双关含义的概率几乎是零。法文的"differer"（来自拉丁文"differ"）有"区别"（differ）和"拖延"（defer）两个含义，名词化为"différence"时则如同英文的"difference"一样，只保留了"区别"这个"正派的"、逻辑上清晰的含义，而掩盖了"拖延"这个"含糊的"和时间化的意义。德里达造出"différance"这个与"difference"发音相同,书写上却有一个字母之别(第二个"e"变为了"a")的词,不仅要逆逻辑化、意义抽象化的方向而动,恢复"区别"与"拖延"的双关,而且同时抗衡"语音中心论"传统,显示文字印迹相比于语音而言有更原本的构意功能。[不过,"印迹"(trace, Spur)在这里不等同于书面文字的物理性质,而是那使得在场的语言(既包括书面语又包括口语)可能的"趋别"结构、"再现"结构的显现。参见德里达《声音与现象》第5章第3点。]"区别"和"拖延"联在一起就有了新的含义:"区别"本身含有了拖延、粘黏以及与不现成者或不在场者的关联,因而它不是概念式的区分,而是牵连着、引发着的分孽、滋长和蔓生。被区别者之间有着永远无法被当场实现出来的"阴[隐]性"联系。所以我试着将这个词译为"趋别"(或"趋分"),取其"趋向着(也就是拖延着、牵引着)"而不是已经完成了的"区别"之意,正如现象学意义上的时间的三个维度是在相互趋别着而不是区别着一样。译为"差延"或"分延",好处在于明白地显示出了"差别"与"拖延"的双关,但又失去了"différance"与"différence"在语音上相同的特点。在这个意义上,人们可以讲"différance"是"不可译的",或是"译不准的"。

但是,这种词语上的和概念上的无公度状态并不从根本阻塞翻译,以及由翻译引发的相互理解。所谓"译不准",是指语词的所指无法取得实在的、唯一的一一对应,但问题在于人的理解主要依据的不是这种概念化思想要求的、能脱离语境的抽象对应,而是本质上更丰富的对应或呼应,比如能经受得住变形歪曲的拓扑式的呼应。经过"译者注"或类似的"边缘式的"说明,像双关、隐喻等"惚恍"(《老子》21章)游戏就可以在很大程度上为另一种文字中的读者所理解。如果再加上本语言中相似的游戏现象,则效果更佳。比如"春蚕到死丝方尽"(李商隐:《无题》)中的"丝",以"音同义(或"字")不同"的方式影射着"思";但这"意/字不同"的不同或区别并不是一刀两断式的,而是包含着"拖延"。"丝"的字面意思也影响着、牵挂着对"思"的理解和欣赏,它并非一个可被分析还原掉的替代符号。对这样的语言现象的说明会引向中文语境中对"différance"的理解。

至于对于异质文化传统、社会结构、时代背景、个人传记的介绍,肯定会泛泛地增进读者对译文的理解可能,但又代替不了对于语言的"游戏"现象本身的直接体验。这种介绍不可能是全面的,而且也是通过"翻译"的,不管是文字的翻译还是其他技术手段的翻译,因而又是有选择的。

有人总以为语言游戏造成的"晦涩"和"含糊"会从根本上妨碍跨语言的理解,使翻译面临巨大挑战。他们却没有看到这样一个事实,即所谓"晦涩"的哲学思想者,比如赫拉克利特、黑格尔、海德格尔,印度的龙树和般若空宗,等等,却往往在中文世界中得到了更多的理解。我相信德里达也将是这样。

那么,这里所讲的"理解"到底意味着什么,或应该如何被理解呢?简言之,理解(Verständnis, understanding)并不主要在于正确的命名、单一的对应和判断的真实,而意味着理解与被理解双方的相互引入,并由此而形成新的理解视野和行为。所以,理解是很原发的精神生命的生存方式,与"知道"(Kenntnis, knowing)不一样。知道一个东西(实体)的属性或一个事实,但并没有新的视域的开启和追求,则此知晓之中并无理解。"知道"与"不知道"总以某个现成视域以及由此而蜕化成的观念框架为前提。虽然有些"知道"与"不知道"会引出理解,但许多,甚至绝大多数成人们的知道与不知道是不生育的瘪籽或死道。在中文里,"理解"可被更贴切地表达为"领悟"、"悟道"或"开道(开导)",它总能"举一反三","触类旁通"。当然,这"一"也是由双关、互射、隐喻等"相互构成着"的。举例来说,佛教及其翻译在古代中国就达到过"理解",而其他许多从当时"西方"来的文化和思想则从未能达到这一境界。最迟到南北朝的僧肇,中国人已能被佛教文本所引动,进入一个与中国传统(比如道家)相关联,但又确实是新的领会视野中,摩荡出一个又一个新流派和新思潮。经过三论、天台、华严,达到那极其灵变、新鲜和切身的禅宗的领悟形态,其流风不仅披及中国的思想、艺术和习俗的方方面面,而且影响到日本、朝鲜等东亚文化。按现在的某些佛学研究者的观点,无论是鸠摩罗什等人的翻译,还是天台、华严和禅宗大师们对佛教经典的理解,都不尽合乎梵文文本的原意。然而,且不说某个特殊时代的某一批学者的看法是否有权判定什么是客观的"原意",即便我们尊重这种研究的成果(事实也正是这样的),也会清楚地看到,理解可以在偏离(而不是割断)这种考据学意义上的原意的情况下发生。谁又能说中国佛教的繁衍中没有对印度佛教思想的理解?

现在,让我们回到本章开头处提出的问题:中西哲学思想相互理解的主要障碍是什么?在我看来,这障碍就在于理解方式的不对头、呆板和框架化。换言之,就是对于理解的不理解或死解。许多人认定理解的关键是所指的同一化、术语的规范化、概念的准确(逻辑)化和方法的科学化,而翻译的"信"与"达"的理想就是按照这个被视为唯一正确的概念框架来设定的。这是一种本质主义和还原主义的"理解—翻译"观。它的潜台词就是:西方的经典形而上学和科学的方法放之四海而皆准,应该用来规范一切交流,避免错误。只有按这种方式进行的跨语言交流才叫"真正的翻译"、"可译",不然就是"错译",或"不可译"、"译不准"。这种看法起码仍然盛行于当今中国的知识界。"英语的霸权"、"西方话语的霸权"的根子就在于西方形而上学与科学理念和方法的霸权。它在近代科技、工业、商业和战争中的成功使得人们相信它在哲学思想中也应该同样地成功。卡尔纳普

《世界的逻辑构造》(1928年)和《语言的逻辑句法》(1934年)就是这种信念的典型体现。

以这种观点看待文化间的交流，就会认为最适合于交流的是那些从本质上能够被单义化的信息，不管是通过数字化、实证化还是概念逻辑化来获得。因此，最适合于翻译的就是符合于这种存在和知识理念的信息族，比如商业信息、工业信息、科技信息等；过"低"或过"高"就都有越来越严重的"译不准"的问题，比如对口语（相声、通俗小说、电影），特别是俚语的翻译，以及对戏剧和诗的翻译。"哲学著作"的位置比较特别，一部分著作被认为近乎科学著作，比如西方阐发唯理主义原则的文字、古典经验主义的著作和现代逻辑分析学派的著作，不管其用语如何造作、推理如何复杂，还是被当作从原则上是可译的或比较可译的；而另一部分，即那些与"文学"糅在一起的（比如柏拉图对话中的某些部分）和利用语言游戏及语境本身来表达思想的（比如海德格尔、德里达、伽达默尔的著作），则被认为是原则上不可译的或起码是难译的。中国的经典文献，比如《论语》、《孟子》、《老子》、《庄子》等，按这种标准，是很难翻译的。但也有另一种反应，即相信通过西方传统哲学、文学、历史学、社会学或人类学的概念框架的梳理，能使之可译。

总之，在这种传统观点看来，那些仅以语言为传输信息的中性手段的文献是可译的，其传达的信息也是易于理解的，而那些与语言本身（语言的构成方式和语境）有瓜葛的文献是不可译的或难译的，因为对后者而言，语言本身是不透明的。

然而，问题在于，没有自然语言或第一语言的本身的参与，不在语言游戏之中，不体验到语境本身的摩荡伸缩，人们能否达到"理解"的境地？整齐划一的翻译促进的是理解还是"汉语规范化"？"汉语的简化"和"译文的规范化"加深了我们对自己的文献和其他文化的文献的理解，还是使之贫乏？是增进了中文的尊严还是向西文霸权的屈从？维特根斯坦认为任何有意义的语言行为都可以看作"语言游戏"。海德格尔相信语言本身（生存语境）先于任何可指称化、概念对象化的语言活动，只有倾听语境的"道言"，我们才能在领会中发言。德里达主张语言与双关与趋分（différance，差延）不可分。使语言可能的"印迹"就出现于这双关着、趋分着的"间隔"（intervalle）或"间隙"（espacement，Riss）之中，牵扯着、翻转着、凑合着、搓揉着阅读和说话的双方，引出理解和进一步的理解。理解本身就在"分延"着或"区分"着，因而渴求着"进一步"的理解。这样看来，理解的根本不在于线性的对应，即能指符号与所指（包括所译原著的所指）的对应和相符，而在于结构中的多维可能的开启和沟通、语言游戏的形成和语境印迹的"播撒"（dissémination），也就是边缘感的活跃、"对应"在"遗失"后的"再现"以及构意间隙的蜂窝状出现。情况难道不是这样的吗？想一下学生们在什么情况下达到领会，会有助于这个思路的理解。只靠概念语词的定义、分析和讲解是远远不够的，必须有多种技巧的训练，这包括经典文章的背诵、做题、改错、对比、超前、拓宽、重复、做实验、时间间隔、交叉触机等等。这些训练带来了不同的维度、切入角度和语境感受，形成只有在语境（the contextual）中才能形成的"悬空"反应方式，即与（考题的）掩藏、不确定、陌生、可错打交道的方式，并由此而造成了各式各样的边缘感受。然而，训练过强会使技巧僵化为技术和机械操作，反失去了理解的可能；只有保持乃至增强训练中的游戏蕴意和间隙化功能，技巧才会巧化为技艺，"边际效应"才会出现，逐渐引发出理解和领会。而只有在这种先概念的领会视域中，概念才会活起来，显示出它真正的意义。

　　游戏意味着自发的参与与完全的投入、有内在的参与方式（但不一定强化或硬化为"竞赛规则"）、包含无法被事先确定的关键因素，因而虽无实证意义上的真假可言,却总有成功与失败的交缠,总有新意义或趣味的临时构成和不断去构成它们的冲动(上瘾)。这就是人的局限,人的"缘起性空"的本性。人就不能被安排着去理解,被概念规定着去理解,被理想化、神化、肉体化、物质化地去理解,而只能在游戏的回旋空间中达到豁然贯通的理解。上帝想怎么理解就怎么理解,非生命的物体似乎不需要理解,只有生命体、有情者需要理解,而且只会迂回曲折、费时费力、折腾来折腾去地理解。人的愚笨,人的不可避免地要去犯错误源于兹,而人的内在自由的不可剥夺,德行的不完全迂腐,也源于兹。

这样看来,文字的最可理解处,正是语言的自构旋涡处和游戏之处,即语言自身的呵痒蹭痒之处(比如笑话、诙谐),害羞、逆反而又率真之处(隐喻、反言、重言),舞蹈歌唱之处(诗、词)。据康福德(F. Cornford)讲,现在译为干巴巴的"理论"(theory)这个字对于古希腊哲人来讲意味着"热情动人的沉思",这颇有深意或内在的道理,因思到精微处本源处,无不有能召人入其中的动人之处,天机盎然之处。庄子就清楚地意识到,他的思想不可能不以"谬悠之说,荒唐之言,无端崖之辞,时恣纵而不傥"地表达出来,进行"卮言、重言、寓言"一类的语言游戏。然而,按传统的观点,正是这最可理解的文字最不可译,或者,只有将这类文字中的游戏性平整掉,通过概念化的框架规范之后,才是可译的。迄今为止,绝大多数中国先秦文献的西文译本就是这样译出的。通过这样的译本,或更重要地,通过这样的概念化、单义化的解释框架,就无法达到对于中国古代思想的原发理解,因为引发理解的语言技艺和游戏机制已经如同我们城里的野草那样,被砍削殆尽了。至于对于西方的哲学文献,由于不去追寻形而上学背后潜藏的游戏机制,比如数学、政治、法制、军事和艺术,只知在概念化层面上计较命题的含义,也就无法测知这种观念化理性运动的底蕴。当然,以这种方式就更不能领会西方古代和现代的那些非概念的、有"游戏"意识的思想者(比如赫拉克利特、詹姆士、艾克哈特)了。

没人会否认,翻译这种"游戏"文字要比译平板的文字从技术上更难,后者中的大部分工作现下已可以用智能软件代做。但是,这种艰难正是做一个需要理解的人所不可避免的。没有内在的不可测和为了对付这不可测而进行的随机创造,比如在另一个语种中试图去表达原作中的双关、隐喻、谐音,就不会有动人的理解。语言游戏现象使得线性的对应翻译不可能,但并未使翻译本身不可能;相反,它倒是逼人去进行那可能引发出理解的翻译,也就是丢开"一天译五千字"一类按部就班的计划,潜心于对原著的揣摩、品味和理解,然后在另一个语言的结构中,就合着那个特定语言的特殊表现方式,摸索和开创出一种新的表达。它是原作"播撒"出的"印迹",悬浮于一个微妙的平衡之中。相对于原作,这新的表达几乎肯定要做"扭曲",拓扑式的翻转、拉挤、错位。这里既有造成断裂、歪曲而完全丧失原意的危险,又有不毁掉原本(原来的文本)生机而让其在新语境中成活的些微希望。"何处有危险,何处也就有希望。"(海德格尔所引荷尔德林[Hölderlin]的诗句)没有这种危险之处,也就没有这种希望,这正是上边讲到的"边缘"和"空隙"的含义。真正的翻译是非机械的、将技术变为艺术的转化,有希望引出领悟的转化与"变易"。它总在涉险,"挽狂澜于既倒"或被狂澜吞没。

因此,我主张的翻译和交流的策略可用那句耶稣的名言来表达:"将是恺撒的还给恺撒,将是上帝的还给上帝。"对于那些被说成是"好译的",好啦,让它们被"好好地"高效译出;对于那些虽然复杂冷僻,却还是"可译的",可请专家学者们"可钉可铆"地去移译;至于那些被视为"不可译的",首先要掂量清楚这"不"字的份量,千万不可将它们还原到"可译的"对应框架中译出,那无异于"快快点亮煤气灯,好看到黑暗的样子"(詹姆士语),或"砍下古树,以便研究它生长的奥秘"。这"不可译"不会活着变为上边讲的那种意义上的"可译",而只可能在"试着去译"或"变易腾挪着译"中跨越文化间的"字幕[文字差异造成的蔽障]"。

对于这最后的,也是最困难又最有趣、最有可能引发出文化间的相互理解的翻译,还可给一个具体的建议,即这种译文应放弃"平整可观"和"以原著文字为中心"的要求,而以增加理解的维度为目的。所以,"译者注"要从以前的仆从地位上升为多中心之一的地位,形成与正文互映互喻的一个经纬结构,就如同中国古籍的注疏一般,甚或更突出得多。这不仅指译者注的份量和频率大大增加,也指注评的功能种类或维度的增加。译者不仅给出第一次出现时的关键词的原文及构词特点、游戏方式的说明,而且要显示出它们在行文中的应机表现,这些词相互之间的或明或暗的关系网络,它们在其他作品、包括其他作家的文字中的前兆、呼应、折射和流变,它们在其他的技艺和文化形态中的谐音与余韵,等等。而且,以"集注"的方式给出有此著作以来其他研究者、译者的译法、注释、解释、评议、变形转现等等。此外,译者可在某句、某段、某章及全文之后附上自己由此而生的反思、评点、感触,如"太史公曰"或"脂砚斋评"一般。由于明白地标出是译者的"独出心裁",反会减少"在无形中歪曲原著"的危险。最后,一部完整的译本还应包含原著的原文,以增加一个维度。总之,译本以有机的多样、质的多维为尚,而不以"短、平、快"为荣。

因此,这样的译者不是翻译软件,也不只是文字工匠,而是边缘处的"幽显阐微"者,即文字游戏的参与者、化而再构者、"反—思"者;一句话,理解的引发者和播撒者。传统的独白写作方式和简单对应的翻译方式不应该继续垄断思想交流的文坛。原著是工作平台,译作是工作作坊和工作本身。它不仅提交工作的实质成果或传统意义上的译文,而且要再现那达至理解的过程、结构和边缘语势、语戏和语境。早期维特根斯坦说他在《逻辑哲学论》中所讲的是梯子、脚手架,理解了它们就明白了它们本身是无意义的,并将它们抛掉。魏晋玄学里也盛行"得意忘言"讲法。但问题恰是:我们要达到的首先是、最终也是理解和深意,所以我们永远需要梯子、脚手架和那些使梯、架可能的过程。原著只能在不断的"趋分/差延"的多维蛛网、蜂窝和迁徙途中才能得到某种理解。这种译本的读者也不再只是翻译结果的接受者,而是翻译过程的参与者,词句的掂量者,篇章的谋划者,困惑的承受者,边缘的感受者,猝然间的相遇者,以及思想方式的自我更新者。

附录:关于《海德格尔思想与中国天道》的通信

祥龙兄:好!

前不久才看了你的《海德格尔思想与中国天道》,这几天又重新翻阅了一下关于海氏那部分的读书笔记,觉得有很多话想与你说。我很后悔这么晚才看这本书,书是1997年买的,但一直未看,去年在海南相识后就想看,但还是放下了,具体原因几乎说不大清楚,可能是疏懒,也可能有更深层次的原因。国内学者所写的有关海氏的书我是都看了的,很想研究一下中国学者作西方哲学时自身的一些特征(被抛在世的那种"在先"的东西),并与当年的"黑格尔热"作一番比较(这两位大家构成中国人研究西方哲学的空前集中的目标),从中似乎可看出中国大陆两代学人(改革前与改革后)的相同与不同,当然着眼点还是那种"在先"的东西对我们自身的遮蔽;但看了你这本书,使我改变了一些想法,至少也同时意识到某种遮蔽着自己的东西。我想很坦率地说,大作是我所看到的有关海氏研究中留给我最深印象的一本书。几个关键词语的译法变了,整个思路也跟着变,而且自成一家之言。附带说一下,希平兄的《海氏早期思想研究》也很让我折服,里面有种"洞察"的东西,如说海氏"有农民式的直觉"(和狡猾——这是我加的)等。然而大作在国内引起的反应可以说微乎其微。假设在三四十年代,如果有这样一本书问世,一定会引起热烈讨论,而大作在某种程度上也一定享有"开山之作"的美誉。我不是说这对个人有多么重要,我只是觉得中国学人正在失去某种极为可贵的东西(传统),也在一个侧面揭示着我国学术无法繁荣的原因。

"文人相轻",对出现在身边的研究成果不大在意,学术外的"牵挂"太多,这一"痼疾"怕是改不了了,至少在我们这代人身上。

看了你的大作,有许多问题想进一步请教,或者说,想与你论辩一下。在整个西方哲学史上,海氏在你的笔下几乎成了一位前无古人、后无来者的独此一人。就与东方天道的靠拢而言,在你的译解下,海氏著作中的词语也东方化了,这毕竟是件很让人费解的事:除非你能把全部西方哲学的重要范畴都以东方的固有词语去理解,然后找到一种介乎其间的译法,否则海氏的独特性总让人感到不可思议:为什么偏偏是他?而且就他这么一个人?海氏的弟子和研究者也似乎少有从这个角度进行研究的,你这本书是只有中国人才能写出来的,如一个"缘"字,还有"缘起"、"缘故"、"缘由"、"开合"、"恍惚"之类的词,似乎西方人并不会在西文中找到类似的译法(他们也大都不通中文)。因个别词语的新译法而涉及整个思想方式的改变,这是个很可怕的大题目,不知谁人能完成。但你确实开了个头。前两年与梁志学先生聊天,他说海氏的"林中路"应译为"迷津",但他又想不出别的词语或书名是否都能这样去译,至少不想把 Dasein 译为"缘在",也未如你一样把"Da"解释得如此玄妙,如此灵虚可悟。陈康先生当年译《巴门尼德斯篇》,也提到许多希腊词的新译法,如 concept 译为"相",如 idea 不能译为"观念"等等,但也只是他这么说了,你在书中也依旧使用的是"概念"、"理式"等等。张东逊、张君劢等人也似乎在译法上作过一些努力,但也不了了之。总之我有些怕你如陈康老先生一样,或步他们的后尘,成为"独此一家"。由海氏的独此一家,到译法、想法、整个思维方式的独特而可能成为"独此一家"的解释,这是我既担忧、也无能为力的第一个想法。

第二个问题,中国人非概念、纯思想的思想活力也许可以到古印度或先秦的源头那里去找,再想复活,在我看来已不大可能。海氏尽管与众不同,但他的用语、他的表述方式及思想脉络仍是西方式的,更何况有康德、狄尔泰、胡塞尔、荷尔德林、亚里士多德等人的可资借鉴。他那些独出心裁的用语及词语的组合,尽管全然自造,但"词根"仍活在德语的今天,人们(大众)也并不陌生,问题只在提供另一套解释。然而我们这里却不行。死去的确实死去了,现代汉语已从根本上改变了我们的思维方式,我们接受的主要是西方古典哲学那套训练,西方人自己的突围已感困难,更何况我们自己那套僵硬的意识形态话语,我们没有了(词语的)传统,也根本不可能让远古那套死去的词语重新表达我们今天的感受,比如"缘"字,似乎也只有靠(海氏或)你才可能在纯哲学的层面如此解释一番,无论是西方还是东方,此套解释(入思方式)在学术界尚不能流行(认可),更遑论民间。

第三个问题,西方哲学从古典向现代的转折在我看来主要集中于从二元论的思维模式中走出,附带的还有一个挣脱概念式思维哲学问题的倾向。东方向无西方的"对立"(或二值逻辑)的思维传统,一直讲的是"合"或"中庸"。比较胡塞尔与海氏的"分叉",胡氏尽可能清除了传统认识论中的二元论如感性理性、现象本质等,海氏则在本体论的主客二元论上下工夫;东方传统思想可能在本体论的意义上提供一些消除二元论的思想资源如天人合一等,但缺失的认识论(一讲认识论总有主客关系)到底给我们自身带来什么缺陷,或因此而不可能使我们如西方近代哲人那样面对二元论的困扰而力求突破,这恐怕也是一个值得深思的问题。文明发达、科技进步恐怕都与在"分"中以求客观的哲学倾向有关,现代西方哲学一直在扭转,但我们的扭转方向似乎与他们不一样(不同步),或者说我们有我们自己的问题,这问题也恐怕不是重讲"天道"、讲"反身而诚"的问题,做学问可以,孤独而寂寞地自己去想、去写也可以,但对我们而言的"原初体验视域",恐怕一下子就说到纯思想的"终极视域"上也不行,因为大量的理解还在"称手"、"沉沦"、"被抛"、"良知"、"向死存在"的日常经验或"实际生活体验"之中,而对中国人的用语来说,至少在当代,已少有"纯"的或"形而上学"的意味,而这种意味的培养或训练(弥补中国人所缺失的东西),恐怕就是另外的话题了。那么,在不这样谈"终极视域"(也许全人类的文化形态这样一谈就没有了什么差别——而你是仅靠思想自身的逻辑力量达到这一结论的,如说佛学的终极探索被思想逼到"既非常有、也非常无"的现象界等等。)的前提下,我们能做些什么,使我们的语言重新具有意味,使句子的表达更能突破概念的桎梏,使思考与感觉更切身、更具有"原初体验性",这也许是一个更可以讨论的问题。

海德格尔几乎可以按他自己的理解随心所欲地翻译《老子》,因为那种翻译只是为了思想的交流,而无论怎么交流,都会纳入他的思想轨道,而这个轨道在西方学术界又有着广泛的思想基础,我们却不行。你在书中说过,学问到了"纯青"状态时,就自会有一种纯指引、自维持的东西(所谓的形式、公理等),我们没有这样的东西,所以一切还在散漫之中,新颖的译法、说法,差不多也多是自生自灭。不过在你这本书中,"缘在"、"原在"(physis)还好理解,说海德格尔的"道性"也可以,尽管有点"太"(莫)"明"(名)其"妙"。我一位朋友当年把萨特的"mauvaise foi"译为"自欺",虽说滋生许多歧义,但字面上还可理解,把"factieite"译为"散朴性",又取《老子》中的意思,结果谁都不满意。解释(翻译只是一个方面)的乃至哲学自身的界限(不是指标准)到底何在或有无界限?在对哲学问题的思考中,当语言、文化的因素不得不纳入我们的视野时,这个问题真变得有点含糊了,除非我们真的能恢复"道"、"缘"、"几"、"象"这样一些词语的既具普遍性、又未脱开直观的"纯思想"意味,而这种意味,说是"恢复",其实比外来"移植"更难。

好了,志扬兄要去开会,会见到你,便匆匆随手打下这些字,语句不通,意思不明,但也只好如此了。一个世纪的思想情绪(虚无、相对、非理性),一个如何走出西方哲学的概念式思维,这既与惯常理解的海德格尔有关,也与你在这本书中所作出的卓绝努力有关,这也是我正在思考的问题,所以才啰嗦了这么多。

祝好!

陈家琪[注]

1999.10.7

[注] 陈家琪,1947年生,现为海南大学社会科学研究中心教授。

家琪兄:

来书早已收到。你对拙著潜质的估价对我而言是一种激励,与它的论辩则更是一种激发,令我反复阅读之下,亟思写点东西与兄商讨。这几个月来,这些问题常萦绕心头,但由于诸事缠身,至今方得落笔。实际上,自《海德格尔思想与中国天道》(以下简称《海道》)出版以来,除了肯定性的反应之外,我已面对过不少类似的疑问,兄的三个问题以更学术化的方式集中了这些疑问,且都涉及中西沟通的重大问题,不由得我不在此略陈己见。

第一个问题涉及如何估价海德格尔与中国思想乃至语言的关系。我确实相信,在西方哲学史上,海德格尔是一位与中国天道学说有着特殊关系的人(另外还可举出赫拉克利特和现代的德里达),其原因在我看来是他的思想方式确与"道"有了某种内在的呼应,他对老庄的长期兴趣不是误读造成的,也不是猎奇心理的结果。《海道》和我后来出版的《海德格尔传》(1998年,12、18章)对这一问题在思想和事实两方面都有挖掘。R. May 的书《海德格尔的隐藏着的思想来源：东亚对于他的影响》（英文本 1996 年出版）也提供了不少有关事实。当然，我还不愿得出他那么强的结论。至于兄讲的"海德格尔弟子和研究者也似乎少有从这个角度进行研究的"，我想说的是：就西方这一边讲，对这个问题也还是有人关注的，比如著名的海德格尔研究者波格勒(O. Pöggeler)。从总体上说来他们讲得比较少，或是因为西方中心论的无形影响，或是因为不懂中文。海德格尔本人对"道"心仪已久，但若没有与萧师毅合作译《老子》的经历，使他在某种程度上从中文文献那里了解了"道"的多种含义，恐怕也不敢在公开出版物上讲道谈玄的。而在东方人这一边，日本和韩国的学者是很看重海德格尔与东方的特殊关系的。我从自己留学、研究以及访问海德格尔家乡的经历中也确实感到，有些日本人和受其影响的德国人（比如海德格尔的长子）一直在力图抹杀、淡化海德格尔与中国思想的特殊关联，而想突出他与日本禅的特别关系。

关于将"海氏著作中词语东方化"的问题，我是这么想：首先，将西文著作译为中文就已是一种"东方化"了。当然，兄心目中多半认为现时学界的流行翻译算不上是严格意义上的或有问题的东方化。但是，在这件事上应该看到，现在流行的哲学术语大部分出自日本人之手，并不一定很适合中国人的理解方式。当然，它们先入为主，人们似乎已习以为常。但是，如果说用它们来移译传统西方哲学著作还勉强可以的话，那么用它们来套译经过巨大变革的现代西哲中的一些新思想词汇就远远不够了。比如"Dasein"，按传统的翻译黑格尔的方式译作"定有"就不行，而现在较流行的"此在"的译名太呆板，并且不适当地鼓励了一种对于"Dasein"的主体性理解，不合乎海德格尔要用它来表示的那样一个在"彼"和"此"之间活转而成境的意思。所以《存在与时间》的中译者之一王庆节君在使用"此在"多年后还是感到熊伟先生以前的"亲在"译法更佳。(见《自由的真谛——熊伟文选》398页)我将这个词译作"缘在",确有学理上和文理上的考虑(我写过"'Dasein'的含义与译名"一文申说理由,载《德国哲学论文集》14辑),绝不只是为了东方化而东方化。有许多译名我也只是从众而已。我的总的看法是:现在应该鼓励译法的多元化、语境化,不可强求译名的统一。当然,每位译者都有责任详细说明自己这样译的理由。翻译不是为了统一思想,而是为了激发思想,不是吗?据说《存在与时间》的日译本有七种之多,这样也才能给读者提供不同的阅读角度。兄担心我的翻译亦如陈康、张东逊等人的努力一样成为"独此一家",不了了之。确实有这种可能。但我倒是愿意从另一个角度来看:多一种译名和解释,就多一分中西沟通的可能和机缘。何况,时代的潮流、理解的方式也在变化,对海德格尔的了解越多越深入,对译名的感受也就会越精细准确,有生命力的翻译有很大的概率不被完全遗忘。比如最近杜维明先生就在《百年中国哲学经典》的序中使用了"缘在"的译法。就是兄提及的陈康先生的"相(idea, eidos)"的译名,近些年来又大有复兴的趋势了。(见汪子嵩等所著《希腊哲学史》2卷14章)

兄对中国古代思想不可能再复活的判断和给出的理由,我感觉很有份量,也为之忧虑,但又总觉得还不至于绝望到什么也不用做的地步。现代汉语毕竟还没有拼音化,西方古典哲学对中国古文献的宰治也还未到严丝合缝的地步。比如兄提到的"缘"字,不仅在佛经翻译中、在当今东西方哲学比较(例如耿宁(I. Kern)的"从现象学的角度看唯识三世"一类的文章)中,甚至在现代中文口语和书面语中,都还是个相当活跃的词。由于它与时间变易中的世间体验息息相关,所以在译解传统西方哲学——这种哲学以超时间的形而上存在为鹄的——的活动中"不能流行",但在翻译反形而上学、注重生存时境和语境的当代西方思想的文字中就很可能派上用场。海德格尔后期对"道路"(Weg)的多种含义着迷,并用它来解释老庄之"道"。了解了他的思想的这种"道路"或"道"的特点,可能就不会感到说海德格尔的"道性"如何如何是"'太'(莫)'明'(名)其'妙'"了。我确实搞不明白,为何西方的古代能活在海德格尔这样的现代人那里,而我们的更具"变易"、"时中"特点的古代就该在一个趋于强调变易和时间的思想重要性的时代中死亡?

兄讲的第三个问题,在关于东西方关系的讨论中常被人们以不同的方式争论,可简称为中国文化的阶段缺失症。没有经历过像西方那样的形而上学、主体性和现代性的中国如何能有真切意义上的后形而上学、后主体主义和后现代文化?没有过二元论或二值逻辑传统的中国如何能真正理解胡塞尔和海德格尔所做的克服二元化认识论的努力?我不但承认、而且看重这种"不同步"的状况,并认为正是由于这种不同步,我们可以从海德格尔这样的颇有"道性"的后形而上学思想家那里学到真正新鲜的纯西方的东西。要知道,胡塞尔和早期海德格尔对于数学和逻辑都是极其关注的,后期海德格尔对于数学和现代技术的深刻关联的探讨和批判也绝不只是一种反感情绪的表达。问题还在于,中国古代思想很难从直接的形而上学化、认识论化、逻辑范畴化中受益。所以这种似乎是"跨阶段"的东西对话中其实也隐含了那"不在场"的缺失阶段。不明了传统西方哲学的特点和问题,就无法真正理解胡塞尔和海德格尔的变革的新意所在。历史上当佛教传入中国时,中国也缺失印度的因明逻辑和名相辨析的阶段或训练,但那并不妨碍中国佛家和非佛家的思想者们主要从反名相的般若学,特别是大乘中观学说中获得思想复兴的原动力。

总之,我觉得关键还是要对西方和东方各自有深入的理解。翻译多了,成气候了,有心者就可逐渐看出西方思想的底蕴,也就是它的生命力所在和局限所在,看出当代西方反省这局限的意义,并由此而看出中国思想完全可能走一条既受到西方思想深刻影响,而又复兴自己的非形而上学思想的道路。我个人的经历这样告诉我(尽管不能排除它"自欺"的可能):没有现象学、分析哲学和解构主义,特别是海德格尔、维特根斯坦和德里达思想的启发,我就无法真正看出中国古文献中原来蕴含着如此丰富的思想可能。我同意兄所说的,有时"恢复"比"移植"更难,因为前者涉及更多的维度,要克服更多的习见。但我还是相信,"文艺复兴"从形式上讲有普遍的意义:不"复"则无真实长久的"兴"可言。"复,其见天地之心乎?"只靠移植,或可产生一时之繁荣,但更可能招致文化生态的灾难。不过,这种耸听危言已不宜在此聒噪了。

再次感谢贤兄思深意远的诤议,使我受益良多。以上自辩自解者,或不足以回复之,还望海涵。

即颂

文祺

弟祥龙谨复

庚辰正月初五

二十、中国哲学？道术？
还是可道术化的广义哲学？

将中国古代学术中的某一部分叫做"哲学"，并按照冯友兰先生的主张，认为"科学的方法，即是哲学的方法"[1]，然后循名责实地建构出一个"逻辑的、科学的"中国哲学，这条道路已将中国古学研究和使这古学当代化的努力引入了困境。最近受到关注的"中国哲学的合法性危机"的讨论只是它的一种表现。这困境可比拟于用现代西医的方法来使中医"科学化"的情况。强迫实施"中西医结合"所导致的是中医思想源头的枯萎，被"废医存药"（其实"药"也在被现成化和胶囊化，或者被危险地"有效成分"化）。于是，中医的本来面貌和它的当代活力就离我们越来越远了。

那么，为什么一定要叫这部分古代学术为"哲学"呢？难道没有别的选择吗？我们的古人曾称那些关于终极真实的探讨为"道术"。《庄子·天下篇》云："古之所谓道术者，果恶乎在？曰：无乎不在。神何由降？明何由出？……皆原于一。不离于宗，……不离于精，……不离于真，……以天为宗，以德为本，以道为门，兆于变化。"这就确实不只是一般的实用技术，而是求根本大道和真理之术。那么，今天为什么不用"道术"这样的词呢？为什么不称当今大学中的哲学系为"道术系"？称"哲学社会科学"为"道术社会科学"？原因很简单，"道

---

[1] 冯友兰：《中国哲学史》上册，绪论第2节，中华书局，1961年（1931年初版），第5页。

二十、中国哲学？道术？还是可道术化的广义哲学？

术"不合中国现代大学和学术思想中盛行的西方学术体制。比如,道术里面文、史、哲乃至"科技"之间的区分很浅淡,起码不是学科性的,"哲学(就其西方的传统意义而言)"却是老老实实地遵循这一套从西方中世纪的教会大学到现代大学都实行的学科分类。在这种严格的分科体制中,即便把哲学叫道术,它也只能是一只马戏团里的老虎,哪里还有占山为王的威风?而"道术社会科学"就更是一个有些滑稽的组合了。当然,如果哪个大学的校长敢于将哲学系更名为道术系,也确会有一种提示的作用,告诉我们这里面是有问题、有苦恼的。

因此,毋庸讳言,将中国古学中的道术称作"哲学"并由此而建立一门"中国哲学"的主要原因,是西学东渐后的西方学术体制霸权的树立,乃至日本人翻译的西学词汇在中国学术领域中的主导。[①] 换言之,这是两重学术思想和话语的殖民地化——西洋的与东洋的——的后果。抹杀这样一个痛苦记忆,让人觉得似乎"哲学"天经地义地是一门普遍性的学问,是一种有意无意的集体压抑的结果,于中国学术的精神健全和自由发展相当不利。

如果我们能真正面对这个问题,情况也不一定就是完全的绝望。把道术转换为哲学的主要害处来自狭义的哲学观,如果突破了它,不穿这只"小鞋",就还有新的可能。从冯友兰、胡适到牟宗三,对哲学的理解都是狭义的,即认为以柏拉图和亚里士多德学说为范式,以康德和黑格尔为高潮的传统西方哲学的形态与方法是哲学的典范和不二法门。它的基本特点是:主张终极的真实可以、而且必须通过静态反思中的概念范畴、作为确定的观念对象来把握,因而哲学思辨所需的工具或技巧是逻辑推演(数学的贫乏化表现),所用的是概念化语言,交流的基本方式是论辩与论证。理由是:既然真理只与确定的广

[①] 参见钟少华"清末从日本传来的哲学研究"一文,《世界哲学》2002年增刊。

义对象关系有关,那么就总可以在纯理智中越辩越明,因为能说者一定可以在对象化的意义上说清楚,或"是"或"非",或"存在"或"不存在";而这些都与人的身体感、手艺、时机无内在关系,与天(天象、天时)地(风土、生态)、祖先、历史和文化也无关,总之,与我们的世界总已经并总要卷入其中的活生生的变化过程无内在关联(黑格尔的辩证逻辑发展还说不上有这种关联)。这种观念对象化的学术的发展也就不可避免地要通过更细致地区分研究对象来获得,并因此导致越来越细密的学术分科,哲学所自许的"世界观的综合作用"也就越来越形同虚设。

而东方的古代思想,特别是中国的思想,就特别不同于这一种概念对象化的哲学系统。在我们的古人看来,终极真实者——道、仁、太极、中、和、悟等——不可能作为"意、必、固、我"(《论语》9.4)的对象被领会。无论什么,一旦在任何意义上被对象化("可道")、理念化了,脱开了阴阳相济的变易过程,就不是根本的真实("常道")了。他们所追求的真理与生存形态,不是超越的不变者,而是变易中的"不易","有无相生"着的"恒道","造端乎夫妇"的"察乎天地","与时偕行"过程里的"从容中道"。

正是由于中国古学的这种生成于世间境域的特点,它不可能在这变易之外找一个"能够撬动地球"的阿基米德式的"理想支点",也不可能因此而发展出一种被认为是绝对正确的推演术和相应的范畴概念化语言。这样,如果它还想维持有效的和连续的思想探索,就必须依重某些能引发"唯变所适"型思维的"术"或"技艺",比如象数、礼、乐、诗、书、史、兵法、手艺、针石、气功等等,以便在其动态的诸形态中穷理尽性。称之为"道术"是相宜的,因为它们确实是使人得道和行道之术,开显变易过程本身的节奏与样式。《庄子·养生主》中的庖丁这样讲:"臣之所好者,道也,进乎技矣。"反过来讲也是对的:

无其技,道亦不可得,尤其不可作为一个传统延续下去。在这个意义上我们可以说,"知行合一"深入到了中国古代思想的骨髓之中。因此,逻辑、论辩与论证对于中国古学的主流(儒、道、佛),都不是最合适的求道、传道与论道的途径。它看重的不是在现成观念群中判定是非、反驳对手的方法,而是能引出更深思想和人生能力的发意几微。"仁者,其言也讱","大辩不言"。而学术的进步也就不能主要靠对象域的细分,而要更多地靠技艺(术)的获取、改善与创新来赢得。此乃"学一术"的真义。

法国汉学家杜瑞乐先生在其论文"儒家经验与哲学话语——对当代新儒家诸疑难的反思"一文[①]中,认为当代新儒家如牟宗三所面对的一个"根本性困难",就是以西式学科体制之中的狭义哲学来重构传统儒学,使儒学失去了与它的传统实践——"无论是礼仪方面的还是身体践行方面的"——的内在联系,因而面临丧失其原本意义的危险。我赞同这一看法,但并不完全同意杜先生的另一个隐含着的判断,即中国古学与哲学的联手一定会导致根本性的困境,"哲学"只应在狭义上被使用。诚然,将中国古学盲目地狭义哲学化,危害莫大;但当今之世,完全不与哲学或其他人文学科牵连的中国古学在大学和主流体制中就难于容身,并会大大减少它与世界上可援以为友的新思想的联系机会。所以,让中华古学研究只是"守死善道"或"彻底非哲学化"就弊大于利,实非上策。至于对于中华古学的原本精神生态的保护,是另一回事。出路多半还在于使哲学广义化,容纳道术。那么,这样做的结果会不会导致哲学本身的蜕化变质呢?我想不会,因为一来狭义哲学还存在,二来西方当代哲学的新发展表明,即便在西方,突破了狭义哲学的形态,哲学也没有在那些地方"终结"

---

① 见《中国学术》2003.2,总第14辑,第1—37页。

掉,而是逐步进入了一个包含非观念对象化的、先于主客分离维度的多样化哲学的时代,或一个后现代的、网络化、多元化、生态化、原生化、技艺化的哲学时代。它不仅是一种社会上的思潮,而且正在悄悄地、缓慢地改变西方的学科体制。尼采、柏拉图、海德格尔、后期维特根斯坦、梅洛—庞蒂、德里达不是已经或正在进入哲学系的课程与博士论文之中吗?而对学科交叉(interdisciplinary approaches)的强调不也正在部分地软化传统的分科意识吗?

因此,在一定程度上被道术化、技艺化的哲学就不仅是可能的,而且正是被某些哲学思潮所要求和鼓励的。比如反基础主义和反超越真理论的实用主义者杜威,早已强调哲学与某种现实的技艺乃至技术实践的关联;对于叔本华和尼采来说,音乐具有根本的哲学含义;在海德格尔及解释学者们的眼中,技术以及作为技术的柔性根源的技艺(technē)所带来的是"存在论的"思想后果;后期维特根斯坦则认为"语言游戏"是语言意义的源头;而在"趋别"(differance)中留下"印迹"的"文字(学)",也成为德里达的关注点;等等。在这较开放的局面中,传统的狭义哲学的影响虽然依然很大,并依傍着科学霸权主义而有可能在相当长的一段时间内仍然主导学术界,但是,既然科学本身的范式(paradigms)局限都已通过库恩(T. Kuhn)的阐发而为人知晓,狭义哲学的范式局限难道会被"文[文化、文字的根本性影响]盲"们长久掩盖起来吗?于是也就有人开始怀疑这样一种发展阶段论(杜先生也肯定不会赞同它),它规定中国人在一班时代列车上只能用一种姿势站立,即必须先"自我坎陷(否定)"①,搞西式现代化、完全尊崇狭义的科技与哲学,等这遥遥无期的现代化完成之后,

---

① 参见牟宗三《现象与物自身》一书,或《道德理想主义的重建——牟宗三新儒学论著辑要》,郑家栋编,中国广播电视出版社,1992年,第503页以下。

等"封建文化"和道术思想丛林被完全伐尽,其土壤也被冲走之后,再搞后现代或广义的哲学。除了其他问题之外,这种理论让人起疑还有一点,这就是:它为自己给出的理由或建立的权威不就是来自这狭义的科技与哲学本身吗?

在一种广义的哲学视野和被稍稍松动了的学科体制中,对待中国古学的态度就可以是多样的。愿意沿袭近一百年来的中国狭义哲学研究传统的人,尽可以继续去发掘中国古代哲学的"范畴发展史";以这种方式来重新解释儒家的研究者也可以继续在孔孟那里找"超绝形而上学";但他们同时也要容忍别人以其他的方式来研究、实践和复活中国古学。这些另类的教学研究与实践体验,只要是在追求终极理解,也应被承认为是真正的哲学活动。而对于这些在新的方法论境域中来走老路的人们来说,没有六艺和耕读传家的儒家,缺少丹道的道教,不管静坐观心和族规族约的宋明理学,就不是活的儒、道和理学。一句话,无道术的哲学就不是他们认同的哲学。所以,他们会认为"哲学系"、"哲学研究所"或许应改为"哲学-道术系"、"哲学-道术研究所"更合适些。当然,这些身处逆境中的人想必也不会傻到或狂妄到还要去干涉他人的形而上学爱好和狭义哲学事业的。至于"争鸣",那总是会有的。

二十一、儒家哲理特征与文化间对话

——普遍主义还是非普遍主义？

当今是普遍主义盛行的时代，又是亟须文化间对话的时代，而强悍的普遍主义有可能威胁到文化间对话。儒家如何在这样一个时代中理解自己真实的文化身份，并以恰当的方式参与全球的文化间对话？

为了方便我们理解和讨论这个问题，本文将在如下意义上使用"普遍主义"这个词：普遍主义（*universalism*）是指这样一种思想方式和行为方式，它主张最有价值——不管是认知的、伦理的、宗教的、经济的、政治的、还是其他的价值——的东西可以作为命题而得到直接表达，而且这种价值总可以、并且总应该被普遍地推广，或者叫做被普遍化，形成一种对所有有关现象都无差别地有效的"标准"。（所谓"无差别"，主要指不考虑时空条件造成的差异。）这种最有价值者或者被称为"真理"，[①]或者被称为"正义"、"至善"、"知识"等。

与此相对，非普遍主义（*non-universalism*）不认为那些有终极价值的东西可以被独立的命题充分表达，因为它们总与具体的变化过程有内在关联，所以总须要在历史情境中以合乎时机的（zeitigend, timely）方式被实现出来，而不能按照某个号称是普遍有效的现成标准被造就和推广。非普遍主义并不否认具体情境中的准普遍化诉

[①] 按照这种思路，真理与"可能"、"一些"、"变异"无关，而只与"必然"、"所有"和"不变"相关。这个意思，古希腊人已经想到了，比如毕达哥拉斯和柏拉图都认为，真理与至善只是"一"（唯一不二，贯通一切），而绝不是"二"（可能这样，也可能那样）。

求,也就是,非普遍主义者可以相信终极真理的存在,或者相信自己掌握了这种真理,也愿意与更多的人分享它,但他们不认为这种真理可以在任何重要意义上离开发生的境域,被孤立为某种观念化的或理想化的高级标准。所以,普遍主义者与非普遍主义者在不少情况下可能显得很接近,他们都不是或起码可能不是虚无主义者、相对主义者,但是,他们之间的区别是更深刻的,因为在非普遍主义哲理的中枢,没有一个柏拉图主义式的硬心,即那个可被理念化、观念对象化和定义化的价值标准。就此而言,非普遍主义也很不同于特殊主义(particularism)或个体主义(individualism),因为这后两者的哲理中枢处也都有个可孤立看待的硬心,只不过表现为特殊状态或个体罢了。

一个学说、宗教和文化是否是普遍主义的,决定它的一些重要的特征。西方某些学者讲的"文明冲突"和"历史终结"就只发生在普遍主义文化的相遇和盛行之中。当两个非普遍主义学说和文化遭遇时,可能会有摩擦或磨合,但不会出现你死我活的冲突。当一个普遍主义遭遇一个非普遍主义时,可能出现普遍主义要同化对方与非普遍主义的反同化的争执或冲突,它可以是很剧烈的、生死相关的,但从原则上讲,不是你死我活的。如果两个强普遍主义遭遇,那么它们尽管可能为了暂时的生存而妥协、签约,但从长远看,或从原则上讲,它们之间是你死我活的关系。

这篇文章将主要论证这样两个观点:第一,主导中华文明两千多年的儒家不是普遍主义;第二,这样一个特点会深刻影响儒家与全球其他文明对话的立场与方式。而且,如果有人想在中国或其他什么地方的文化现实中复活儒家,那么就必须尊重儒家的这个关键性的哲理特点,以及由它而形成的文化间关系。

1. 儒家是一种非普遍主义

为了说清儒家的哲理特质,我们应该首先回到儒家的源头,看看孔子开创的这个学说与文化到底是不是普遍主义的。首先可以问,在儒家最重要的文本《论语》中,有普遍主义吗?毫无疑问,孔子讲了很多似乎可普遍化的话,比如:"性相近也,习相远也。"(17.2)"君子忧道不忧贫。"(15.32)"[仁者]爱人。"(12.22)"夫仁者,己欲立而立人,己欲达而达人。"(6.30)这些句子都不含专名和时空限制词,所以似乎是普遍有效的。这样理解的话,孔子就是在主张,所有人的本性都是"相近"的,所有的君子都会"忧道",所有的仁人都"爱人"并遵行"道德金律"。但是,完整地阅读《论语》会让我们发现,这些话都不能做普遍主义的解释,都不符合上面所说明的"普遍主义"的含义,也不同于康德式的伦理普遍主义表述。①

孔子说"性相近",但没有将这个"近"落实为观念化的对象,不管是后来孟子讲的"性善",荀子讲的"性恶",还是西方人讲的"理性"、"主体性"等。这个"近"倒是与维特根斯坦(L. Wittgenstein)讲的"家族类似"(Familienaehnlichkeiten,family resemblance)相近,表明一种超出普遍与特殊、是与非二元区别的倾向。君子"忧道"也不可普遍化,因为孔子也讲"君子不忧不惧"。(12.4)这种针对具体场合和具体时间来说话的例子在《论语》中俯拾皆是,甚至就在一章中针对两弟子问"闻斯行诸?"(11.22),给出表面上对立的回答。

---

① 康德在《道德形而上学的基础》中讲,一切有道德含义的行为都是这样的行为,它"使得我能够立定意志,要求我的行为的格准(Maxim)成为一个普遍规律"。(译文取自北京大学哲学系外国哲学史教研室编译的《十八世纪末——十九世纪初德国哲学》,下卷,北京:商务印书馆,1982年,第309页。文字上稍有调整。)

儒家讲仁者"爱人",但要求首先爱自己的亲人,"立爱自亲始",(《礼记·祭义》)而这个"亲亲"①原则也可以说成是普遍主义的吗?从表面上看,它也是普遍化的,要求所有的人都去爱其亲人,但它却从思考方式上就不同于"无差别地爱一切人"或"爱神"("神"是无限的),因为它的要求某些涉及时空差别所造成的差异,即"亲"中总有的差异,因而不满足普遍主义对"爱人"的要求。也就是说,就"爱"的内容而言,未满足普遍主义的这样一个要求,即普遍化价值会导致"形成一种让所有有关现象无差别地来模仿的'标准'。(所谓'无差别',主要指不考虑时空条件造成的差异。)"按照这个要求,主张"文化是多元的",尽管其表述方式与"文化是一元的"(意即有一个标准来衡量谁是"最先进的文化")相似,却不是一个普遍主义的主张。

另一方面,儒家的"亲亲"也不是特殊主义的,"孝弟也者,其为仁之本与!"(《论语》1.2)爱自己的父母兄弟,并没有充分对象化的界限;真爱家人,则此爱就会溢流向他人和世界:"亲亲而仁民,仁民而爱物。"(《孟子·尽心上》)但不要忘了,"己欲立而立人,己欲达而达人"(6.30)也不是一个普遍主义主张,因为儒家认为只有先通过"亲亲"和学艺,能够将亲子之爱以时机化的或"考虑到时空造成的差异"的方式推及世人,才能知道什么是合适的、真实的"立"和"达",不然就会有硬性运用金律和银律标准造成的荒谬:我欲抽烟也鼓励我儿子抽烟,我不要吃蒜也禁止他人吃蒜。

正是由于有意识地要躲开普遍主义和特殊主义二元化的陷阱,《论语》中的孔子对于任何普遍化思想与言论表现出了异乎寻常的警戒,形成了一个"孔子不言"的特别现象,被弟子们一再记录下来。"夫子之言性与天道,不可得而闻也。"(5.13)这样看来,17.2("子曰:

---

① 《中庸》:"仁者,人也,亲亲为大。"

'性相近也,习相远也。'")虽然谈到了"性",却不算这种以普遍化方式去"言性"。"子曰:'予欲无言。……天何言哉?四时行焉,百物生焉,天何言哉?'"(17.19)"子罕言利与命与仁。"(9.1)等。所以,本节一开始举的那些例子,或似乎是普遍表述的话,在孔子那里都不能当作普遍主义命题或康德意义上的行为准则来看。它们是孔子真诚相信的主张或真理,当然希望看到它们更多的实现,但孔子同时意识到不能将它们当作普遍主义的标准来规范人生,而只能将它们当作"音乐主题"①来看待,总需要活生生的和有现实差异的人生经验来实现之、维持之。所以表面上的不同表述,甚至是相反的表述,总是可能的。从思想方式上讲,孔子的学说超出了普遍与特殊的二元分裂(the dualistic dichotomy between the universal and the particular),一与多在"从心所欲不逾矩"的"艺境"中互融,在不厌不倦的"好学"中被千姿百态地实现出来。"子绝四:毋意,毋必,毋固,毋我。"(9.4)这是孔子思想的独特性和深刻性的天才显示,不被一切普遍主义思想者所理解,不同于西方传统哲学与宗教的基本路数。这里既没有文化与思想的相对主义、特殊主义,也没有普遍主义与绝对主义,而是既艺术化又仁道化、既性情化又天理化、既政治历史化又终极化了的天道时义,或时机化的天道主义。无怪乎孟子称孔子为"圣之时者也"。(《孟子·万章下》)所以,按照本文一开始的概念说明,孔子思想属于典型的非普遍主义。

孔子之后,这个微妙的"时义"被后人、包括一些儒者逐渐有所淡

---

① 维特根斯坦《哲学研究》中讲:"理解语言中的一句话,要比人们的能相信地更贴近理解音乐中的一个主题。"(527节)"我们所说的'理解一句话'往往是在这样一个意义上讲的,即它能够被另一个表达相同内容的句子所置换;但是我们也在这样一个意义上来理解一个句子,即它不能被任何其它句子所置换。(就像一个音乐主题不能被另一个音乐主题所置换一样。)/在前一个情况中,这个句子表达的思想被不同的句子所分享;在后一个情况中,则只有凭借这些语词在这个情势下所表达的东西。(理解一首诗。)"(531节)

化。比如从孟子、荀子起,就开始偏离孔子的艺术化的天道时义,辩论人性之善恶;汉儒编织"三纲五常"的框架;宋儒则标榜脱开"人欲"的"天理";等等。但由于孔夫子作为开创者的崇高地位和《论语》的圣言效应,儒家的思想倾向与历史效应作为一个整体,还是非普遍主义的。孟子还在主张"执中"也必须有"权",(《孟子·尽心上》)董仲舒力倡"通三统"、"天人感应",宋明儒讲的"理"究其极也应该是一多互融、阴阳互生的"太极",而不是干巴巴的道德律令,所以后来有泰州学派和王夫之的接续。因此,儒家文化或中国传统的主流文化一直是天道主义,没有普遍主义宗教文化中的那种种曾广泛存在的不宽容和扩张主义,比如长时间、大规模地排斥异端,进行宗教战争和建立大帝国的侵略战争,搞屠灭其他文化的信仰征服和领土攫夺,进行有组织的境外传教,等等。甚至到中国传教的利玛窦(Mathew Ricci,1552—1610)也注意到这种巨大的文化差异,在其《利玛窦中国札记》第一卷第6章中加以讨论。他写道:

> 他们[中国人]与欧洲人不同……[并且]非常值得注意的是,在这样一个几乎具有无数人口和无限幅员的国家,而各种物产又极为丰富,虽然他们有装备精良的陆军与海军,很容易征服邻近的国家,但他们的皇上和人民却从未想过要发动侵略战争。他们很满足于自己已有的东西,没有征服的野心。在这方面,他们和欧洲人很不相同,欧洲人常常不满意自己的政府,并贪求别人所享有的东西。西方国家似乎被最高统治权的念头消耗得筋疲力尽,但他们连老祖宗传给他们的东西都保持不住,而中国人却已经保持了达数千年之久。[①]

---

① 利玛窦、金尼阁:《利玛窦中国札记》,何高济等译,中华书局,1983年,第58—59

这一段四百年前由一位耶稣会士写下的话,今天读来,其卓越见地让人拜服。它是在两个还各自完整的异质文化和信仰的交接处、争执处,在最切身的文化对比体验中直接感受到的和反复核对过的见解,其真实性要比后来的许多戴上西方中心论的有色眼镜之后的研究要强得多。而且,它的真实性还表现在了后来的历史进程中,还多半要表现在未来。西方文化追求"最高统治权"的不懈努力,其动力就应该是其普遍主义,因为按照这种主义,或它的号称有普遍效力的标准,只能有一个最高者或胜利者,其他都是被征服者和失败者。而以儒家为主体的中国传统文化,之所以"没有征服的野心",尊重其他文化的自主性,没有"传教"传统,但又富于"崇高品格"和"视死如归"的守道精神(见上面注释所引译文),其思想根源就在于孔子所继承、深化和发展了的那个艺术化和时机化了的天道主义。这样的天道文化不可能是普遍主义的。它不被普遍主义所理解,而被普遍主义所摧残,几乎是命定了的。如果连这样从根本上尊重文化差异性的伟大思想传统都可以叫做普遍主义的话,那么天下就没有不是普遍主义的重要文化了。

2. 儒家与其他文明打交道的方式

如果以上所言不谬,那么儒家的哲理特点,按照本文所区分的概

页。他紧接着还写道:"这一论断似乎与我们的一些作者就这个帝国的最初创立所作的论断有某些关系,他们断言中国人不仅征服了邻国,而且把势力扩张到印度。我仔细研究了中国长达四千多年的历史,我不得不承认我从未见到有这类征服的记载,也没有听说过他们扩张国界。……标志着与西方一大差别而值得注意的另一重大事实是,他们全国都是由知识阶层,即一般叫做哲学家[儒士]的人来治理的。……因此,结果是凡希望成为有教养的人都不赞成战争,他们宁愿做最低等的哲学家,也不愿做最高的武官。……更加令外国人惊异的是,在事关对皇上和国家忠诚时,这些哲学家一听到召唤,其品格崇高与不顾危险和视死如归,甚至要超过那些负有保卫祖国专职的人。"(第59—60页)

念,是典型的非普遍主义,也就是说,真正的儒者认为儒家的学说——孝悌生仁义,礼乐致王道,天人以时和——是终极真理,也希望尽可能多多的人群和民族认同这真理,但他/她不认为这真理可以被理念化地独立表达出来,形成一个有普遍化之效的高级标准,因而可以脱开实际的文化生命过程去"放之四海而皆准"。相反,他们认为儒家的真理是由人的实际生活、天地的四时节奏和文化的古今交汇所构成和实现的,是自然与人文现象本身的趋向。所以,他们最关注的,不是如何向全世界扩张自身的价值体系,并在这扩张中得到原非属己的物质利益和精神利益,比如领土、资源、财富、名牌、时髦、皈依,而是如何保持自己的生存境地和人际关系的纯净、健全和自然而然的兴旺发达。换句话说,普遍主义鼓励的是一种线性的功利关注,①即关注如何以最小代价赢得最大的利益收获,不管是精神利益还是物质利益;而儒家的非普遍主义则是一种非线性的生态关注,不管是人文生态还是生物生态,"夫大人者,与天地合其德,与日月合其明,与四时合其序,与鬼神合其吉凶。先天而天弗违,后天而奉天时。"(《易经·乾·文言》)

因此,当儒家文化遭遇其他文化时,它最关注的不是信徒数量的增减、军事力量的强弱、贸易收支的正负、硬软实力的升降,甚至领土的一时得失;而是文化生态的维持,即家庭—家族礼制的健全、儒家经典的传承、选贤机制的运作、仁义礼智信的不坠。孔子之所以承认管仲这位个人德行并不理想的政治家为"仁",(《论语》14.16)一个重要原因就是"微管仲,吾其被发左衽矣[如果没有管仲,我们大概要像胡人那样披发、衣襟左开了]"。(《论语》14.17)管仲辅佐齐桓公,抵

---

① 即便是似乎纯精神的普遍主义,比如纯科学的、宗教的普遍主义,其根底处还是力量和功利。这一点早已被培根、尼采和另一些西方思想家指出。

御异族的侵略,使华夏民族免于沦落;但孔子在这方面最看重的,是管仲所成就的中华文化生态的维持,即由人民的穿戴所代表着的华夏礼制乃至整个周文化的传承。另有一章,清楚地反映出孔子相关的思维方式:

> 季康子问政于孔子曰:"如杀无道以就有道,何如?"孔子对曰:"子为政,焉用杀?子欲善而民善矣。君子之德风,小人之德草,草上之风必偃。"(《论语》12.19)

季康子的主张是相当普遍主义的,认为无道与有道可以被以对象化的方式分开,所以似乎很"卫道"式地要"杀无道以就有道"。从孔子的回应看来,他不仅反对季康子的具体策略,而且隐含地反对这位统治者的整个思维方式。在孔子看来:人不可能找到区分有道与无道的固定标准(参见《论语》9.4),所以通过"杀无道"来"就有道"本身就是非道的。然而,人确实可能进入道,只是不能通过确立普遍化的概念、命题或统治者的权威来达到,而只能通过培育和维持健全的社团与个人生命中的自然—人文生态结构,来让道出现。这是"政"的本义(得天地之"正"),即通过礼乐教化,使孝悌忠信的天然种子油然生长,由此而形成茂盛和谐的生存状态("生态"之又一种含义)。因此"君子之德"不来自神的"诫律",也不是出人的自由意志的"道德命令",更不会以教会决议、法律行政的普遍化方式(包括民主的普遍化程序)发挥作用;它只能来自人最天然的亲子之爱,由艺术化的礼乐、诗书滋育熏陶,并且要以"风"这种既非普遍化亦非特殊化,或既普遍亦特殊的时机化方式来影响人间。同理,不建设这种文化生态,而只是扩大领土,推广自家的信仰,对于儒家来说,毫无意义。

所以儒家最看重的是人类生存的文化土壤及其在它上面生成的

广义"生态"结构、"身体"(Leib 而不是 Koerper)结构,而不是先天规范性的和事后对象化的东西。为此,尽管孔子本人似乎对于农艺毫无兴趣(《论语》13.4),但儒家一定要以农为本(同时允许不危害农村的城市与商业),因为只有经营农业的生存方式才有利于稳定淳厚的家庭—家族结构;同时以深入到乡村角落的教育来兴起"君子之德风",以使天下大化,自发和谐地生生不已。《孟子》多次讲了这个王道仁政策略,比如"滕文公上"第三章,从"有恒产者有恒心"讲起,但不是将此"恒产"看作西方人心目中的"私有财产",而是理解为公私互融的"井田制",①"乡田同井,出入相友,守望相助,疾病相扶持",同时要"设为庠、序、学、校以教之"。这就是儒家和传统中国文化的"耕读传家"的伟大传统。主要靠它,赢得了两三千年的文明连续,因为哪怕是成功的异族入侵者,一旦进入这个文化生态中,就被它的柔和如风,但也化物如风的伟力感召。而且,这个耕读传家的文化身体结构自发自持,即便"国破",但文化意义上的"山河〔还〕在",基本未失,因而能够跨朝代地延续下去。

这种注重原初生态的文化特点,也影响到以儒家为主导的中华文化与外来文化的交往关系。印度的大乘佛教之所以能成功地传入中国,一个重要原因就是它受到龙树(Nagarjuna)的"涅槃即世间"(Nirvana [the state of Buddhist enlightenment] is samsara [mundane existence, empirical life-death cycle])和"方便"(upaya, expediency)思想的深入影响,尊重儒家的文化生态,不与其争同一个生态位(eco-niche)。比如佛家鼓励人出家修行,似乎与儒家的"孝"原则冲突,但是在佛教传入中国早期,就已经有牟子的《理惑论》来谐调这

---

① 《孟子·滕文公上》:"方里而井,井九百亩,其中为公田,八家皆私百亩,同养公田。公事毕,然后敢治私事。"

种不一致,将出家说成是一种孔子也赞成的"权"变(《论语》9.30)或方便法门,"至于成佛,父母兄弟皆得度世",[1]所以是大孝。而且,牟子将出家说成是一种"奇""异"的行为,[2]不视为常轨,这样就不会与儒家的日常孝道发生直接冲突。因此,尽管在现实中也曾出现这两个异质文化间的短期摩擦或争斗,但总的说来,佛教这种文化间对话的态度,使它不仅能够扎根中华文化土壤,开花结果,而且多次——比如南北朝、五代和清朝——作为异族入侵者最后转入儒家文化的中介、协调者,或儒家文化与周边的其他文化(比如西藏、蒙古)打交道的中介。

与此相对,基督教进入中国,如果从景教(Nestorianism)入华算起,至清朝末年,已有一千多年的历史,但一直不成功,一个重要原因就是教会和教皇坚持普遍主义的传教原则,不尊重儒家为主的中华文化的生态结构。利马窦(M. Ricci)在明朝末年来华,为了解决这个问题,煞费苦心地建立了所谓"利马窦规矩",[3]它的一个表现就是尽可能淡化"祭祖"、"敬孔"的宗教性质,使得中国的基督徒可以保持这个传统而不与基督教崇拜一神的主旨冲突。在这个规矩的指导下,耶稣会发挥了极其可贵的沟通中西文化的历史作用。但后来的传教者和教皇破除了这个规矩,坚持中国基督徒不可以拜祖先和孔子,要在伦理源头处向儒家争夺生态位,于是与中国清政府发生了"礼仪之争",这次可贵的对话机会就失去了。清帝禁教,是出于保护儒家生态的合理考虑,并没有违反对话原则(对于它,下面有进一步讨论)。

---

[1] 《中国佛教思想资料选编》,石峻、楼宇烈等编,第一卷,中华书局,1981年,第8页。
[2] 同上书,第6页。
[3] 孙尚扬:《基督教与明末儒学》,东方出版社,1994年,第23页。

十九世纪中叶以来,也正是由于这样一个"安土重迁"、耕读传家的儒家特点,使得中国传统文化特别不能适应从西方压来的现代性生境,因为在那里面,普遍化的"强力追求"而非非普遍化的"生态追求"是第一原则:农业被边缘化、产业化,而人口的频繁迁移、城市化、高科技崇拜,使得家庭—家族结构急剧退化,再加上教育和国家意识形态的全面非儒家化,甚至反儒家化,这一切,使得儒家赖以生存的生态结构遭到了严重破坏,甚至完全被毁灭。于是,今天的儒家似乎只能以"博物馆化"和商业化的方式存在,成为研究的对象,谈论的对象,制造"封建主义复辟"恐惧的怪脸,导演"二十一世纪是中国文化的世纪"的道具,赢得市场利润的广告,可能还有照亮北京奥运会开幕式的几盏彩灯。

如果儒家毕竟还能在现代环境中存在下去,[①]这样的学说进入当代文化间的关系时,就势必采取某种独特的对话姿态。首先,由于它的非普遍主义的本性,它不可能采取任何意义上的导致"文明冲突"的立场,即便面对咄咄逼人的普遍主义文化的进攻,它也不会被改造、激化成决斗场上的斗士,种族仇恨的火源,自由贸易的狂热竞争者,乃至致命的高端武器的追求者。所以,儒者一定会是一位文化间的对话者。当然,它会深入批判普遍主义给人类带来的巨大危害,全力抵抗各种普遍主义——经济的、科技的、政治的、军事的、意识形态的、语言的、娱乐的——浪潮的冲击,为自己的生存竭力奋斗,绝不屈服于这似乎是不可阻挡的"时代潮流",因为它相信自己主张的终极真理性,怀抱着可质诸天地鬼神而不移的良知和自信。在这方面,它的坚决是无与伦比的,因为这并不是在坚持某个可以观念对象化

---

① 关于儒家在当代和未来的生存之道,我写有一些文章,比如可参考"建立儒家文化保护区的理由与方式"、"'重建儒教'的危险、必要与中行路线",载《思想避难:全球化中的古代中国古代哲理》,北京大学出版社,2007年,第2、16章。

的标准(因而总有可能改变或修订这个标准),而是在坚持让人的生命具有意义的仁道结构,即上面讲的自然—人文的生态结构;说白了,它是在为自己的生存可能而坚持不懈,因为它的真生命就系于这个结构。这种坚决与它对于文化间对话的渴望是并存的,因为它同时相信儒家的真理可以诉诸人的生存直觉和长远的理性良知。

这样看来,虽然儒家与任何其他文化之间没有你死我活的冲突,却总面对可能让自己受伤害,甚至让自己死亡的威胁。在这样一个普遍主义盛行的时代,真正的非普遍主义文化总是一种"朝死的存在"(Being-towards-death,海德格尔语)。也就是说,在它那些敢于不跟进普遍主义的竞争、不像电脑升级般"不断发展"自己而另起炉灶的做法后边,一定有某种"遗嘱",有"乞活埋"①的勇气,有"不同于存在"(otherwise than being,列维那斯[E. Levinas]语)的哲理"面孔",和以"替补者"(supplement,德里达[J. Derrida]语)而非"绝对在场者"为意义源头的洞察。所以,它对于生态破坏、道德滑坡、社会不义、可能的核灾难、生化灾难等问题的对策,主要不是出于恐惧它们的后果,出于功利主义的算计,或出于宗教信条的约束,而是出于它要保护自己和人类的生命依托——亲亲—仁民—爱物—礼乐—耕读—传家——的文化本能。儒家的根深蒂固的非普遍主义使它从源头处就是生态的、道—德的、正(政)义的、文—化的、身体的、非"奇技淫巧"的。真儒家不可能有对高科技的崇拜,对全球化的高效率、高收益的无止境的追求;真儒者是深刻意义上的农民、士子、艺术家和行王道的政治家的结合体,不可能是唯利是图的全球化市场经济的弄潮儿,也不可能是党派政治的热衷者,更不会是宗教狂热者,和打着"为知识而知识",而实际上是"为力量[金钱、名声、力量感、自满足

---

① 王夫之《鹩鸪天注》(见《船山鼓棹初集》):"六经责我开生面,七尺从天乞活埋。"

感]而求知"的无德行的科学家。在儒家看来,普遍主义者,比如全球化的商人、资本家、党派政治家,狂热宗教领袖和无良知的科学家,都无资格以这种身份来决定人类的未来。决定我们未来的,只能是以母亲、父亲、祖父、祖母、儿孙、族长、村长、乡长、县长、农人、工匠、医生、儒士、道士、佛教徒、基督教徒、伊斯兰教徒……这样的"生态"的身份,来参与各类活生生的社团政治的人。儒家天生就有家、有乡、有县,有土地、山川、四季,有童年、男女、辈分、老年人,有礼乐、艺术、诗歌,有家谱、族谱、地方志、县志和历史传统。而普遍主义者们却没有这些,或正在丧失这样、摧毁这些。

因此,在全球的文化间交往中,儒家除了采取非冲突的姿态之外,还坚持一个"允许中止交往"原则,即坚持各民族文化必须相互尊重各自的原初生存方式,不能在非自愿的情况下要求对方"开放"或参与不平等的交往,就像十九世纪英国和当时的其他一些强国要求中国所做的。每个文化都有自己的家,因而都有权决定自己的家门是开还是关,什么时候开、什么时候关,与什么人打交道,不与什么人打交道。这也说是说,文化间对话要首先保证对话每一方的原生生存权,这样才有真正的对话,而不是以对话名义或任何别的名义(比如"民主"、"科学"、"启蒙")搞的普遍化。对话不应该以减少"他者性"(alterity, otherness)、文化的异质性和"面孔"的多样性为代价。比如,历史上中国与印度的交往,就是真正对话的典范,因为它没有减少各自文化的特点,反而增大了文化多样性,产生了中国佛教,比如禅宗、天台宗、华严宗这样的新的文化物种。而西方自近代以来搞的殖民化、全球化,包括知识领域中的科学化,政治领域中的民主化或极权化,则是反—对话精神的典型,急剧减少了文化多样性,完全践踏了"允许中止交往"的对话原则。

作为总结，我们可以说，儒家不是普遍主义，也不是特殊主义，而是以家庭关系为源头、以农耕为根本、不崇拜高科技、以礼乐教化为治国原则、以仁政王道为政治追求的天道主义，或可说成是一种本土化而又天下化、伦理化而又艺术化和时机化了的天道主义。它在与其他文化和信仰打交道时，可以很宽容，就像在它两千多年中所做的，以致形成儒、释、道三教和而不同、互补互促的文化局面；但另一方面，它坚持文化间对话必须以保持任何一方的原本文化生态为前提，所以必须有"允许中止交往"的对话原则，反对任何普遍主义的文化侵略和同质化扩张。只有这样，才会有真实意义上的和可持续的文化间的对话，乃至人类各民族与文明之间的和谐相处。

二十二、二十一世纪的儒学[①]

同仁们、同学们、朋友们：

我发言的题目是"二十一世纪的儒学"，但其中的主要问题却来自前一个世纪。儒学在二十世纪遭遇了"数千年未有之大变局"，也可以说是"大灾难"。几乎是学绝道丧，气息奄奄，靠极少数知识分子和乡野草民勉强维持，而整个国家和民族的主流毫不犹豫地走上了西方现代化[②]的道路。就在这样一个人类文化史中的奇观——一个伟大传统的主体的自行崩溃——之后，我们站在二十一世纪的起头处，能否期待另一个人类文化史的奇观，也就是这个现在极其式微的学说和文化的复活乃至复兴呢？问题是沉重的，未来是迷离的，而回答它对于我们这些开始思念传统的人们来说，是一桩不得不发奋而为的事情。

儒家或儒学为什么会在上一个世纪急剧衰败？它为什么在应对

[①] 此文是作者在北大高等人文研究院挂牌仪式（西元2010年9月28日）上的主题发言稿的全文。

[②] 亨廷顿在他的《文明的冲突与世界秩序的重建》一书第3章主张，现代化与西化之间没有根本联系。之所以得出这个结论，是因为他只就一些具体的特点来区分"西方"和"现代"，没有从历史的、哲理的（或文化基本特征的）深度来理解现代化的实质，于是断定现代化会激出民族主义和"文明间的冲突"，看不到这冲突——如果有的话——已经是在西方现代化格局之中的冲突了。

海德格尔则在《现代科学、形而上学和数学》、《技术的追问》等文章中论证，现代化和现代科技的根子就古希腊的数学、存在论（形而上学）、基督教的神学和西方学术的逻辑学之中，其时间意识表现就是只关注那已经筹划定了的"现在时"，只有"对强力的意愿"，而对"已经存在"和"将来"的根本开放性缺少感受，所以将一切存在者当作座架中可摆置的对象。

西方全球化的现代化压力时,与欧亚板块上的其他大宗教和悠久文化传统相比,相差得那么远? 是的,基督教—现代国家—工业革命的西方,向全世界平推的殖民狂潮势不可挡,摧残了不知多少非西方的文化,但印度教、佛教、伊斯兰教、神道教等等,却守住了自己的根基和制高点,而儒家或儒教却在很大程度上被淹没。[①] 这其中有两个重要理由,第一,儒家在她的最根本处,也还是一个不离人间生活的学说和实践传统,尽管她也有"极高明"的哲理和"杀身以成仁"的信仰;因此,当这人间生活的结构由于西方的侵略和摧残而发生巨变时,儒家就特别地不适应。传统政治体制和教育及选拔体制的消亡(比如科举制和君主制的消失),之所以对儒家和儒学产生那么大的影响,是因为它们标志着或预示着中国人的实际生活结构的突变。

第二,由于各种历史不利因素的凑合,儒家知识分子越来越不能看出,在这么一个西洋东洋武力逼迫的情境下,天与人、理与势、心与身、道德与强力如何能够"合一",于是让儒家的学说与实践陷入了二元分裂的境地。由此我们就看到,尽管当时的所谓"顽固派"坚持了圣圣相传的仁义道德之大义,却囿于宋明理学的理气之辩,对于国家民族的现实命运给不出透彻切当的说明和建议;而洋务派、变法派以实力(也包括科技实力、国家体制及民族素质之实力)来强国保种,合

[①] 这里讲的"在很大程度上被淹没"指的是:儒家的团体不复存在,儒家在社会主流生活和主流体制中缺少实质性影响。具体论述见拙著《思想避难:全球化中的中国古代哲理》(北京大学出版社,2007年)第1章。那里提出判断一个文化是否存在或是否健康存在的四个指标:看这个文化(1)是否还有严格意义上的传人,也就是以团体的方式、用自己的生命实践自觉传承此文化道统的人们;(2)它赖以生存的最基本社会结构是否还在;(3)它的基本价值取向是否还能影响人们在生活中做出的重大选择;(4)它的独特语言是否还活在人们表达关键思想和深刻情感的话语和艺术形式之中。经过一番考察,发现这四个指标所涉及的现象,当代儒家或者完全丧失,或者只能抱残守缺,表明儒家已经处于严重的生存危机之中。近些年来,儒家有复活迹象,令人欣喜,但其历史的真实性和持久性还有待考察和考验。

乎时代需要,确实是当时必行之举,但因缺少真切的思想转化能力,逐渐陷入崇尚强力的西方现代化道路,并在严复的《天演论》和《原强》中达到了那个时代最到位的思想和话语的自觉。严复甚至在翻译赫胥黎《进化与伦理学》的段落中,也自出机杼,擅自改变原文,加入"强者后亡,弱者先绝"、"强皆昌,……弱乃灭亡"①一类鼓吹弱肉强食的所谓进化论或天演论的话,并在他本人的"案语"中,一再反驳赫胥黎书中"伦理学"的那一边,而用斯宾塞的推崇"力"原则和民族优劣论的社会进化论来顶替。②

《天演论》是中国近代乃至现代史中最成功也是最致命的一本书,从此,弱肉强食化的"物竞天择"说、"适者[宜者]生存"说就风行天下,成为知识分子主流的共识,令他们甚至在两次世界大战的力量化危机面前也没有醒觉,直到今天,它的影响还在深层发挥作用。③但问题在于,一旦只以广义的"实力""强力"来服人,那么儒家就非但毫无优势,而且无存在之必要了,全盘西化的各类激进派就觉得不但可以抛弃儒学,而且要通过新文化运动或文化革命来将儒家和中华古文化彻底污名化,视之为中华民族积贫积弱的总根源。千古兴亡的中国历史中,多少次国亡学不亡,这次却是国亡学即亡,国立而此学不再立了。

当今的中国正在强大起来,全世界都在感到中国的崛起。然而,儒家能靠这崛起带来的某种民族主义或对"软实力"的需求而复活

---

① 《天演论》,赫胥黎著,严复译[作],科学出版社,1971年,"导言一",第1页;"导言六",第23页。

② 这些按语反映了严复《原强》中这一段话的基本观点:"民民物物,各争有以自存。其始也,种与种争,及其成群成国,则群与群争,国与国争。而弱者当为强肉,愚者当为智役焉。迨夫有以自存而克遗种也,必强忍魁桀,矫捷巧慧,与一时之天时地利洎一切事势之最相宜者也。"(此文原载1895年3月4—9日天津《直报》)

③ 《天演论》在"文革"中(1971年)居然被允许再版,说明它对于毛泽东思想的意义。

吗?能靠"和"字和"孔子学院"走遍天下,获得它的复兴所需要的创新能力吗?不行的,因为那没有解决造成儒家困境的最大问题,任何虚捧和利用都不足以让这么深远巨大的文化—宗教—哲理传统从尘埃中复立,达到真实的复兴。儒学必须在她与实际生活的关系上有作为,而这首先就意味着她要改变、调整近代以来僵化了的思想方式,使她能够在对实际生活的理解、解释、批评、参与乃至重塑中扬长补短,获得在西元二十一世纪的新鲜生命力。

但这是一个什么样的实际生活呢?简单说来,这是一个按西方模式进行现代化乃至后现代化的实际生活,一个强力追求开始威胁到我们这种人类的基本生存方式的实际生活,一个已经不再或将要不再自然,也不再有中国传统核心价值的实际生活。在其中,甚至家庭、家族乃至天地父母,都不再是我们自然而然的生命出发点和归宿了。中国的生存结构,包括她的精神世界和学术界,已经在很大程度上被广义地西方化了。通过高科技,以及这高科技的"形而上学的存在—神—逻辑学机制"(海德格尔),人类正在热切地寻求非人化或超人化,当然还有超道德化、超乡土化等等。儒学如何在面对这样一个实际生活时调整自己呢?

首先,儒学必须在极为真实的或牵一发而动全身的意义上,而不只是在"天人合一"的催眠口号中,突破二元分裂的思想方式,找到那在义/力(利)、人/我、礼/法、知/行、理/气、德/势、体/用分裂之前,甚至是一/多、彼/此、言/可言(或意义/对象)、神(天)/人、心/物、主/客分裂之前的思想源头和感通方式,也就是在"喜怒哀乐之未发,谓之中"意义上的至诚入时的中道。其实这正是孔子创立儒家的要诀生机之所在,不然的话,他老人家怎能在那个已经开始崇尚强力("世衰道微,邪说暴行有作。"《孟子·滕文公下》)的时代只凭借一般意义上的"克己复礼"来吸引青年才俊和知识界的关注,并在几百年中赢得儒家的辉煌呢？"天不生仲尼，万古长如夜"，这照亮中华民族历史的光明，就源自孔子的"时""中"智慧。

然而，在这样一个观念化、对象化、物理时空化或数字化思维横行的时代，要重获这智慧却绝非容易，因为她不是或不只是一些可以直接从文献中找到的原则，可以拿来就用。她的"时中"性，也适用于她自身的呈现方式。为了这儒学原生命在今天或未来的再现，有两件事情似乎是必行的：

第一件是，儒学必须重得自己的思想生命源头，绝不能不加考问地就全盘接受西方的方法论系统、话语系统和价值系统。二十世纪儒家"学绝道丧"的一个突出标志，就是西方的解释系统，特别是以现代性为标志的近代解释系统成了我们的思想范式和学术范式，几乎完全主宰了我们对于自家传统和中国命运的看法。为了改变这一状况，就要进行学术上和思想上的中国文艺复兴，我们的古学，特别是儒学，在关注儒学的人们那里，即便不是立身之本，起码应该有一个与西学平等的地位，这样才会有一个中国学术的意识真身，有思想上做出选择的能力，可以在西方那边辨识敌友，进行真实的范式际的(inter-paradigmatic)对话，就像当年儒家道家与印度传来的诸学说的对话那样，在其中或许能激发出有重大意义的新思想、新儒学。如果在根本处已经被同一化，就只能做些二三流的工作了。

第二件是，儒学应该从当代西方乃至其他文明的思想中，汲取前二元化或后二元化的精妙哲理和实践。当代人对于古老文献的感受力已经大大降低，而儒学隔膜于孔子的时中智慧，其时已久，所以只靠儒家内部的反省，或不足以"彰往察来，微显阐幽"（《周易·系辞下》），也不足以以中肯的方式和话语来参与当代和未来的理性对话、文明对话。西方自黑格尔之后，特别是二十世纪以来，批判传统西方思维方式、寻求超二元化的新哲理乃至新科学的努力，汹涌澎湃，其中颇有些可供儒学借鉴者,正如汉末之后,新来的佛学,特别是其中的波若中观学和如来藏心学可供中国佛学和儒学借鉴一样。就是严复《天演论》中标榜的进化论,深究之下,也会露出与严复的弱肉强食说很不一样的思想特点。严复及其跟进者们错就错在忽视了进化论中的"时间之幕"这个重要因素,也就是说,在面对未来的不测变化时,现在的人无法断言可对象化的特性——比如军力和高科技的"强大"——是未来的最适应者,就像恐龙时代的虚拟人无法断言恐龙的强大总能造就最适于生存者一样。按照原本儒家比如《易传》的看法,阴阳生发造成的未来不测性,会使得非对象化的神妙德行或时中智慧成为生存优势之所在。

其次,儒学必须反省乃至批判现代化生活中的非自然和非人—仁的倾向(un-natural and un-human tendency),而这可能正是儒学的短处变成的长处,即不离实际生活地而不是从某个本质上更高级的维度中来省思这生活,以便更人—仁道地重塑它,而不是完全超越人—仁地数字化、高科技化、奥林匹克精神化、精神智能化、太空化、星际化、上帝化。这既是儒学时中智慧的表现,又是这智慧重现的契机。

这也就意味着,儒学在她"与时偕行"、为家庭—民族—人类的生存而进行必要的当代化(contemporization)的同时,必须反对将生活加以神学化和教会化,包括科技版的神学化和教会化,同时要保护人生本身的自然神秘和魅力,反对西方现代性追求的完全"去魅"。所以,人是不应该被克隆的,而且更关键地,那些使得广义克隆可能的因素,比如破坏家庭—家族乃至孝、悌、忠、信的因素,贬低传统绿色科技的因素,鼓吹人定胜天、天(自然)可以被随意再创造的哲理,等等,应该被敏锐地辨析、批判并受到克制,在这一点上,君子必须"不器"(《论语·为政》),与单纯追求力量的科技至上主义原则划清界限,并因此而与其他的不少宗教和哲学传统区别开来。"孝弟也者,其为仁之本与"(《论语·学而》),对于家庭、亲子关系和广义的孝意识(包含对天地父母或大自然的孝敬)在人类生存中的根本地位的认识,对于高科技现代生活扭曲人性、毒化自然的揭示,对于学术"认知科学化"倾向的反省,对于个人主义/社会主义二元框架所遗漏者,乃至一个更人—仁性化的未来生活形态的寻找,以及这种寻找可能采取的多元化策略,等等,这些正是儒学进入实际生活的一些思想触角和发力点,也是她的"高等人文研究"的创新所亟须的。

再次,儒学的六艺或六经——诗书易礼乐春秋(礼乐射御书数)——的哲理蕴意和可能的当代形态,应该得到揭示和实践。特别是其中的礼学,既是思,又是行;既是艺术——兴于诗,成于乐,又是伦理——发乎情,几于时,彰乎德;既是修身——正心克己诚意,又是治国——齐家、仁政而平天下;既充满欢乐——其生也荣,又承受悲苦——其死也哀;其回溯过去也悠久,其预知将来也深沉;总之,这礼是儒家通天彻地,凭之而进入充满诗、思、仁、义的现实生活的通道,其中既有心性儒学,又含社会及政治儒学。由它主导的生活形态和思想形态,既非个人主义、无神论、科学主义,亦非国家主义、实体人格化的有神论、信仰主义;既不放任物欲,又不剥夺自由;既非普遍主义,亦非特殊主义;而是那"先天而天弗违,后天而奉天时"的中道智慧与和谐——天人相与之道。我们不敢设想它会在这礼崩乐坏的时代实现,但是,我们这些似乎站在了新一轮起头处的人,身不由己地要努力攀登,通过家庭重建、农村重建、传统礼仪和美德重建、儿童读经、国学和书院再临、儒家团体的复出、儒家特区的设立、传统和绿色技术体系的获取,希望儒学重新赢得一部分人心,在哪怕很小的范围里重现儒家的实际生活,探索应对全球多重危机的儒家之道。

西方的科学与民主,是新文化运动抨击儒家和传统中国文化的双拳,它们是儒家的短处吗?在某种意义上是的,但这个"意义"必须弄清楚。传统中国的确没有西方的近现代科学,但有自己的灿烂科学与技术发明。问题是:中国的古代科技尽管丰富、巧妙、顺乎天然和泽福人生(如开凿都江堰、烧瓷织丝、造纸印刷),但不如西方近现代的科学技术强大,所以就武力以及组织武力的知识、技术和国家形态而论,只能甘拜下风。儒家是源于生活、教人如何生存、如何过好的生活的学说,面对如此致人于死命的高科技化的武力侵略,当然不能束手待毙,因此不得已而学洋务,甚至掌握适当的高科技,以求在此强力逼迫面前起码得以生存,不至于像印第安人、澳洲原住民那样被基本屠灭。在这种时局情势下,这是儒家必补之课。而且,当代科学的某些方面,比如人类学、物理学、生态学、心理学的新发展,也有助于儒学对于人性、自然和心性的认识。但这绝不意味着儒家要相信西方科技是普适的绝对真理或公理。相反,它是可置敌人乃至置人于死地的硬道理,从长远看,其中蕴含的危险远大于机会,痛苦远多于幸福。二十一世纪已经到来,高科技曾经并总在给我们许诺,但又总需要许下更多的未来之诺,以安抚人类的幸福期待。这种让人理性失明的把戏,不应该总蒙蔽住我们这些孔孟老庄的子孙。如何与狼共舞而又不被狼吃掉,如何掌握硬道理并让它变柔软,以便从属于生命—生活原则,正是考验儒学的时中智慧之处。

至于民主,儒家自古就以民为天,"天视自我民视,天听自我民听"(《尚书·泰誓中》);因而主张民贵君轻、民为邦本。但是这并不是西方近代建立在个人主义契约论之上的、有特别法律构架的民主,它讲的"民"首先不是个人,而是家庭与族群;所以这民的生命首先不由现在时主导,而是过去与将来交织的历时长久生存。它实现民主的方式首先是家庭—家族相对于国家权力的优先与独立,"为父绝君,不为君绝父"(《郭店楚简·六德》)。其次是国家权力在先秦的分封、多元和历时多样化。"通三统"中的"大一统",它在当代的余绪就是"一国两制"中潜藏的"一国多制"。再次则是汉代之后的察举制、谏议制、科举制等。甚至源于家庭结构的君主的孝意识和天人感应意识,也都是"民本"的实现途径。总之是以道统来改造和提升政统、治统。但是,儒家民本或民主传统中缺少当代西方民主中的三权分立、普选制、保障合理的言论自由和妇女权益的立法等,因而缺少在权力最高层的、可形式化的实现途径,因而让不少人不分良莠地将中国古代政治(特别是秦汉之后的政治)都斥责为"专制"乃至"极权"。尽管这种指责是不对的,但对于西方民主制中的那些行之有效的形式结构,当代儒学的确应该顺应时势地甄别反省(包括甄别自身在历史中的蜕变)、择善而从并依自身特点加以发展转化。比如,可以设想,儒家吸收转化三权分立的国家结构,赞成以非个人主义的方式实行选举制,但要以家庭—家族长久生存所需的德行而非成人个体的当下利益为权力的基础。当然,这些都需要深入研究并在实践中成形。但这类吸收和转化之所以可能,是因为儒家政治是从天地阴阳对交而生成的人—仁道正制,其中绝无硬性不变的君主至上、歧视女性、压制非议的原则;相反,它取法《易经》的"三易"(以"简易"的阴阳易象,从"变易"中得时势化的"不易"),尊崇尧舜圣王之道,循天地之大法,从人性之自然,施礼乐之教化,以至于无为而治(《论语·卫灵公》)。一切以大化流行中赢得的自然与人世的最大丰富与和谐——天下太平——为本。所以,儒家政治思想与实践总是可变的,但绝不会以某种违背天道人—仁性的原则,比如个人主义或无家化的集体主义[①],为定法,邯郸学步,以至于让自身完全异化于非自然的体制

---

① 西方近代民主制的基础个人主义,或西方式集权主义的基础集体主义,都是某种经济体制、宗教体制的产物,并非人性之本然。

化状态,变得无法再循天而变、与时偕行。

今天9月28日,正值至圣先师孔子诞辰,北大高等人文研究院选此日挂牌成立,意味深长。百年北大留给世人最深印象是"新文化运动的摇篮",然而不要忘记,北大源自戊戌变法,也就是中华民族及其儒学文化在西方(含东洋)重压下求生存的努力,她最初的十几年具有更加丰满的中西合璧、相互对话的形态,比如那时儒学经学科是北大八大科(或学院)之首。这一出身乃至它的儒家太学和国子监的前身,往往被人遗忘,不管是出于无知还是刻意。然而,新的未来中或许有老记忆的涌现,或者,老的记忆可能会促发新的未来。如果民族的特别是知识分子的失忆症或偏忆症可以被缓解,以上所讲的"二十一世纪的儒学",或许与二十一世纪的北大将有特殊因缘,也未可知啊!孔子像能不能立于北大西门内两华表之后、两麒麟之前,也就要看这因缘是否凑合了。

我在发言开头提出的问题是:站在二十一世纪的起头处,我们能否期待另一个人类文化史的奇观,也就是这个极其式微的、似乎是"过去了的"学说和文化的复兴呢?从前面的讨论中可以看出,现在对于这个问题没有所谓"客观的"回答,因为,从事实上看,它似乎不可能,因为我们面对的是一个完全以实力说话的全球化过程;而从情理上看,它又不会不可能,因为我们毕竟还是人,还没有变成后人类或超人,而儒学的全部关注就是如何让这种人生中的人—仁义实现出来。实际上,我们应答这个问题的方式本身,可能就正在参与构成着对这个问题的惚恍之中的答案。就此而言,我们可以说:二十一世纪的儒学应该有所作为,而且可能会有所作为。天之将丧斯文,还是天之将兴斯文,可能就在此一举了。

谢谢诸位!

附录：为北大立孔子像
向北大校领导陈情书

尊敬的许智宏校长、闵维方书记及其他北大校领导：

我是哲学系教员，前些时候为呼吁在北大校园建立孔子像写了一篇短文（此文附于信后）。我先让我的学生投稿给校园网站，未获刊载，于是寄给一位朋友，他转到了深圳一份报纸发表，之后可能又被传到网上，引起不少议论。现在，受到另一位朋友的点拨，感到最好直接向您们陈述我的意见，故写此信。冒昧打扰，先致歉意。

我多年来一直怀有这样的期望，即北大和中国的教育应该做出文化方向上的某种调整，将北大兼容并包、思想自由的精神全面落实，尤其是要落实到对待自家文化传统的态度上。考虑到北大的现状，以立孔子像为契机唤起这种调整的意识，可能是适宜的。为此，我曾以各种形式公开表达、呼吁此举，比如我曾在一次校园规划座谈会上，当面向您们和规划部的老师们提出在北大立孔子像的动议[①]，但没有结果。数周前写这篇短文的触机是，我在校园散步时，看到静园边的一院中立了苏格拉底塑像，于是想到：既然外国哲学家的像可以立（我对苏格拉底相当崇敬，赞同立他的像），外国文学家如塞万提斯像也可以立，那么就实在没有理由不在北大校园立孔子的像。理由如下（我已在那篇短文中陈述了它们，这里重新表述一遍）：

[①] 我同时提出的三条建议还有：在北大校园的核心区禁止机动车通行；沿北大围墙栽数排圆柏，以长青绿色将北大校园与外边的喧闹和污染隔开；将未名湖挖深，将小丘坡加高，形成更多更深的异质空间。

第一，孔子是塑造中华文明的最伟大哲人，也是历史上最有影响的教育家，在一所力求体现中华人文精神、包括传统人文精神的中国最高学府中，立自己所从事事业的精神导师或伟大先驱之像，可谓天经地义。目前已经有人在推动将中国教师节改为孔子诞辰日，如果此动议实现，届时偌大燕园内无孔子像可致敬意、可抒感受，实为不妥。

第二，北京大学的历史独特性使她与孔子有特殊关系。她是历史上传承中华古文明的最后一个王朝，为了应对西方侵略造成的文化危机，在变法维新之际，采取的教育变革措施的成果。当时称之为"京师大学堂"，具全国最高学府和最高教育行政机关的功能，是古来"太学"、"国子监"的现代直接传承。因此，当时在此大学堂内设了通儒院（相当于今天的研究生院），而本科分为八科，首科为经学科，专门研习传承儒家经典。[①] 可以说，京师大学堂—北大是国子监的现代版，行使了它的部分功能，是中华文明通过教育来承接自家道统、赢得时代机遇的正脉嫡传。[②] 在这个具有文化神圣历史性的地方，树立使这个文化得以神圣、得以历时弥久的圣人之像、开创者之像，是绝对必要的正名之举，义不容辞之举。不然这个学府就会流于一所随全球化潮流漂泊的 university。此大学非彼大学，这里除了要学习西方之外，更要有《礼记·大学》中讲的"明明德，亲民，止于至善"的"大学之道"。我们不只要以西方大学为模式，赶超世界一流大学，还要通过传承我们自家悠久独特的大学传统，来构建世界一流大学。

---

① 这些事实载于几乎所有关于北大校史的书籍和历史史料中。手边一本是郝平著《北京大学创办史实考源》，北京大学出版社，1998 年，第 199 页。

② 就此而言，北京大学的校史要比现在讲的长得多，今年要庆祝的不只区区 110 周年校庆，而应该上溯起码数百年（有清一代），乃至两千年（汉代太学），并追源到孔子的杏坛施教及西周之辟雍设学。

第三，北大素有宽容、多元的传统。为了让此宽容多元成为真实的、全面的，就不可只行反向的宽容，也就是只对西方学术与文化宽容，而对自己的学术与文化缺少宽容；只对西方古人开放，而对自家的古人不开放。既然有了苏格拉底像、塞万提斯像，就没有任何理由不有孔子像。而且，我还想多说一句话：北大的现代传统也不应该只上溯到蔡元培校长，还要回溯到孙家鼐校长（1898－1900年任大学堂管学大臣）、张百熙校长（1902年起任管学大臣，为大学堂制定章程）等。也就是说，在蔡校长1917年任职之前，现代意义上的北京大学已经存在了近20年，有了自己的办学特点。其中最令我赞赏者就是深刻意义上的和有平衡感的文化多元，同时承认自己和西方的文化及学术的价值，而不过于偏向一边。北大是中华民族及其历史造就的北大，她的传统不应被局限于某一时段，某一个人，某一时代风气。

基于这些理由，我认为在北大校园内以诚敬的态度树立孔子塑像，以供师生瞻仰反思，以表明北大在新时期中对于文化与学术多元的自觉，是必要的，甚至可以说是势在必行的。

如果此建议有幸得到您们的同意，那就面临一个如何立像的问题。关于它，我也有一些思考，略陈于下：

首先，由于孔子对于北大来说有如此重大和深远的意义，立像切不可轻率，不宜接受外边赠送的什么"标准孔子像"，或不够档次的像。北大立的孔子像应该是独特的，它凝聚北大师生的理解和心愿，表现"孔子杏坛设教－汉代太学－国子监－京师大学堂－北京大学"这样一个传承脉络的历史文化生命，抒发北大面对人类未来命运而"先天下之忧而忧"的精神深度。所以，应该设立一个筹备小组和基金会，为此事的质量严格把关，并接受北大校友和社会捐款，由我们自己寻找高水平的雕塑家,最后塑造出充满历史沧桑感和时代新鲜感的、能为北大校园增添文化和艺术生命的不朽塑像。至于用什么材质,塑像的大小,艺术的风格等细节,由筹备小组中的专家们集体商定,并获校领导和师生们的同意。

其次,如果缺少资金,可以利用这次校庆,号召校友们捐款。但事先要说明立此像的意义和理由。尤其要说明:立孔子像并非是全盘否定新文化传统,而是调整它、丰富它,使得它的爱国主义获得自家文化的深度,以应对不测的未来。

第三,关于立像地点,希望能够建立在适于孔子这样的伟人及北大相关者的地方。它应该是显眼的、中道的、关键的、统领全局的地方。我设想的第一个地点是西门双华表东边正中,现在的花坛上。这里符合所有条件,气氛也适宜,为最佳选择。其次,就是在图书馆东边的北侧草坪上,但它的缺点是:不正中,不够显眼。如果西门处实在不行,此处也还算差强人意了。

以上斗胆向各位领导陈言,或有偏激不逊之处,但此举实出于我多年思考,及深爱自己母校的动机。望您们伏查愚忱,斟酌利弊,做出合理决策。则北大幸甚,中国的教育幸甚。

敬颂

教安!

张祥龙谨上

戊子年三月十九日

(西元 2008—4—24)

附件:发表在外边的短文

无孔子之北大无灵魂
——北大校园立孔子像的建议

北京大学哲学系教师　张祥龙

北大校园的塑像渐多了。以前有一些现代中国人的像,和外国人的像,如文学家塞万提斯像。近日散步,发现静园草坪边的一院中立了西方古代哲人苏格拉底的半身像,让我这个搞东西方哲学比较的人受到触动。既然立新像是可以的,立哲学家的像也可以,那为何不立我中华民族第一圣哲孔夫子的像?我以前在多个场合提议北大应该立孔子像,比如当着各位校领导的面,在"校园规划座谈"时提过,但马上有人说"要慎重",于是也就不了了之。今天实在是觉得不能不从情理上申诉一番了,希望在北大110周年校庆之前引起关注,特别欢迎持不同意见者来讨论。

为什么要在北大立孔子像?首先,孔子是塑造中华文明的最伟大哲人和至圣先师,也是历史上最有影响的教育家,在一所力求体现中华人文精神的中国最高学府中,立自己所从事事业的创立者和精神导师之像,可谓天经地义。

其次,北京大学不是一般的学府,她是传承中华古文明的最后一个王朝,为了应对西方侵略造成的文化危机,在其变法维新之际,采取的一个教育变革措施的成果。当时称她为"京师大学堂",具全国最高学府和最高教育行政机关的功能,是古来"太学"、"国子监"的直接传承。可以说,北大是国子监的现代版,行使了它的部分功能,是中华文明通过教育来承接自家道统、赢得时代机遇的正脉嫡传。[就此而言,北京大学的校史要比现在讲的长得多,今年要庆祝的不只区区 110 周年校庆,而应该上溯起码数百年(有清一代),乃至两千年(汉代太学),并追源到孔子的杏坛施教及西周之辟雍设学。]在此具有文化神圣历史性的地方,树立使这个文化得以神圣、得以历时弥久的圣人之像,是绝对必要的正名之举,义不容辞之举。不然这个学府就会流于一所随全球化潮流漂泊的 university。此大学非彼大学,这里除了要学习西方之外,更有"明明德,亲民,止于至善"的"大学之道"。

第三,北大素有宽容、多元的传统。为了让此宽容多元成为真实的、全面的,就绝不可搞反向宽容,也就是只对西方学术与文化宽容,而对自己的学术与文化缺少宽容;只对西方古人开放,而对自家的古人不开放。既然有了苏格拉底像、塞万提斯像,就没有任何理由不有孔子像。我们哲学系立了北大校园中可能唯一的中国古代圣人像,那就是治贝子园前的一尊老子像,但可怜他的手指已然尽断。有人曰:"这无指才是大指、道指。"自嘲一番也就罢了。但孔子像不但不可不立,亦不可草率而立,必选校园最中心和要害处,以最精当耐久之材料,嘱最有水准和儒心之雕塑家来立不可。西门华表之间东边的花坛,或许适宜。

因此,我作为一北大教师、北大校友,出自对北大深切挚爱之情,呼吁校方郑重筹备树立孔子像。如若资金不足,可在校庆之际向千万校友募捐。我所在的七七级北大校友,八二年初毕业之际捐款塑了蔡元培像;今天全校历届校友,共同捐款来树立中华民族暨我北京大学—京师大学堂之至圣先师孔子像,正是继往开来、拨乱反正的一大盛举,何乐而不为也? 北京大学—京师大学堂既可以推动新文化运动,又可以引领我中华文艺复兴的潮头,此所谓大学之为大者也!

戊子仲春写于燕园

二十三、儒家原文化主导地位之含义

——儒家复活的意识前提以及与印第安文化的对比

儒家的真实复活乃至某种复兴,除了其他条件外,首先要求儒者和一部分中国知识分子的一个意识觉醒,即意识到儒家对于中华民族的原文化主导地位,以及相应的一系列后果,包括儒家团体根据这个地位而做的自身定位和目标追求。这篇文章就想说明这个地位的含义和真实性。

1.

原本文化(primordial culture,ab-original culture)是指这样一种文化,它源自一个民族的悠久历史,在相当长的时间内被此民族所尊崇,并明显参与了此民族基本特性的塑造。一个民族可能有多个原本文化,其中常有一种是起主导作用的,即该民族的原本主导文化。儒家是中华民族在两三千年中的原本主导文化,[①]一直到二十世纪初,这一事实无可否认。儒家由孔子正式创立,至清末已经有两千四百年的历史。孔子尊奉周文化,儒家的一部分基本经典如《诗》、《书》、《礼》、《乐》、《易》,在西周时已经以某种方式存在了,所以有人

---

① 除了儒家之外,中华文化中还包括很重要的道家文化、中国佛教文化等等,其中道家文化也是源远流长的原文化。对于唐代以后的中国人来说,中国佛教也在很大程度上成为了原文化。但毕竟,儒家是中华民族在两三千年里的主导文化。

二十三、儒家原文化主导地位之含义

认为儒家的历史起源要早于孔子。无论如何,儒家至两千年前的汉代,就已经明确成为中华民族的主导思想与文化,而且几乎没有中断地延续到清末。这其中有过多次改朝换代,有过多次选择其他文化的机会,但是历朝历代,中国人总是选择儒家为主导者,可见这是一种发自民族深心的认同和尊崇。因此,中华民族最深切地受到儒家的影响,形成了自己的一些基本特性。

但现在要真正理解这原文化地位的含义与后果,却艰难得很,因为各种形式的西方中心论将其掩盖了、歪曲了。为了揭示它们,我愿意从一个遥远而又切近的例子说起,这就是美洲印第安人的文化命运。

美洲的印第安人大约一万年前开始从亚洲东北部移入北美,然后逐渐扩散到整个美洲,一直到哥伦布在有重大政治经济后果的意义上发现美洲,印第安人一直生活在自己的多种文化中。玛雅文化和印加文化是其中特别灿烂著名的。在印加文化中,原本的主导文化是崇奉太阳神及月亮神的文化,被印加人征服的安第斯山地区的一些当地人则信奉天空与大地之神,比如天上的雷电公神和地上的玉米母神。[①]

我目前(2009年暑期)正在南美洲厄瓜多尔国的圣·弗朗西斯科大学讲学。最近,班上的印第安学生带我和内人访问了她的家乡,即位于科塔卡奇(Cotacachi)火山脚下的小市镇。该镇就以此火山命名,镇周围有几个印第安人村落。我们是六月下旬,即夏至后一周内造访,正赶上印第安人最重大的节日——太阳节(Inti Raymi)。车经过镇口时,看到一个硕大的印第安人的传统太阳塑像,即象征太

---

① 参见 *Moon, Sun, and Witches: Gender Ideologies and Class in Inca and Colonial Peru*(《月亮、太阳和女巫:印加和殖民时代秘鲁的性别意识形态》), by Irene Silverblatt, Princeton: Princeton University Press, 1987年,第2、3章。

阳的一个中心圆圈和象征阳光的八只角;但行至镇中心广场,见到却是一座高大的天主教教堂。后来从观察和读书中,我认识到,这反映了当今南美印第安人①的主流文化形态,即:一方面,他们仍然保留了一些印第安人的文化习俗,比如传统的编织工艺、太阳节和此节日中的传统歌舞,乃至一个古老而又奇怪的风俗,即村落之间在狂热舞蹈高潮时的相互打斗,直到流出献给大地母亲的鲜血,才算过了一个好节,而平常时大家相安无事,并无世仇可言。可另一方面,这里的印第安人早已经在西班牙人统治下皈依了天主教,甚至妇女们的"传统"衣着都是西班牙中世纪农村的服装。

两天的新鲜经历让我充满了喜悦和感激之情,但也让我思考其中的文化含义。我的总印象是:这个壮丽雄奇的安第斯山北部地区,是美洲印第安人居住最多的地方;其中印第安人的主体部分已经天主教化了,尽管还保留了某些自己的传统风俗。而且,城市化、全球化的进程还在进一步加剧这些传统的流失。

我这位学生的丈夫是一位学识渊博的西方人,他告诉我:西方人来到美洲后,对这里的原文化和原住民主要采取了两种策略,即北美洲的屠灭策略和南美洲的强迫改宗政策。[其实,南美也有大量的屠灭,以至于在大部分南美国家中,印第安人口的比例极低。]所以,现在北美的印第安人所剩无几,都被限制在一些贫瘠分散的"保留地"上;②

---

① 目前南美的印第安人集中居住在三个国家:秘鲁、厄瓜多尔和玻利维亚,那里印第安人的数量高于总人口的百分之三十。其他的国家比如巴西、智利、阿根廷中,印第安人少得可怜。

② 《原本的美洲人》一书的编者写道:"在哥伦布来到美洲之前,原本的[北]美洲人(即当地原住民)有5百万人。到1890年,就只有25万了。在同一时期,白人人口[仅]在美国就从零增长到了7千5百万。这些白人篡夺印第安人世代居住的祖先土地,毁掉了他生存机体的微妙平衡和传统的生活方式。"(*The Native Americans: The Indigenous People of North America*, ed. C. F. Taylor, New York: Smithmark, 1991. 该书套封折边。方括弧为引者所加。)

而南美部分地区的印第安人数量相对较多,但除了残存于丛林中的少数部落人之外,大多被天主教化了,连语言也是以西班牙语为主。而且,尽管改信了西方人的宗教,但印第安人处境一直不佳。三四百年来苦难深重,现在也是相对贫穷的弱势群体。他们的民族意识正在逐渐觉醒,要为自己的权利斗争,也开始出现政治上的努力。比如我这个学生的一位姐夫,也是印第安人,前些年破天荒地当上了科塔卡奇镇的市长,而且表现出色。

2.

儒家文化的现代命运与印第安文化的命运很有些可以比较之处。它们都被残暴卑劣的西方入侵所毁掉,或严重摧残;而它们之所以会受到如此深重的伤害,而不像另一些非西方的宗教文化、比如佛教那样还能有所逃避和再兴,是由于它们的非普遍主义特征,也就是与原本民族的原本生活方式和天地生态的内在联系。[①] 两边都持一种"互补对生"(genesis by complementary opposition)的阴阳性别哲理和天地信仰。中国这边,古《易》卦象就鲜明地表现出这种思想和精神的结构,孔子及其弟子们创作的《易传》更是直接阐发其中"一阴一阳之为道,……阴阳不测之为神"(《周易·系辞上》)的哲理。所以儒家相信"君子之道,造端乎夫妇"(《中庸》),相信家庭的亲子之爱(慈与孝)是一切德行、礼乐和政治之源,相信天地四时与人的息息相通。

安第斯山的前印加文明的印第安人中,盛行两性神灵和男女的

[①] 参见拙文"儒家哲理特征与文化间对话——普遍主义还是非普遍主义",《求是学刊》2008年第1期,2008年1月,第21—26页。以及"'性别'在中西哲学中的地位及其思想后果",《江苏社会科学》2002年第6期(2002年11月出版),第1—9页。

"互惠原则",[1]"在主流意识中,大地的力量与体现在天空及高山上的力量对列。安第斯人让他们的天空中居住着男性之神,而与大地的丰产女神的形象对峙起来,这些女神以巴查妈妈(Pachamama)、也就是大地母亲和她的神圣'女儿们'为首。"[2]印加的主导文化与安第斯印第安人的当地文化是同结构的,只是突出了太阳神的地位,就像儒家相比于道家而稍稍抬高了阳的地位。"印加人用其他安第斯人能理解的方式来构造他们的宇宙。……他们选择太阳神来主持和代表征服者的帝国,而让月亮神管理一切与阴性相关的事情。"[3]印加帝国首都库斯科的主要太阳神庙的内部结构,特别是它中心神坛的一幅图(Pachacuti Yamqui's diagram),清楚地表现出这种世界观。这幅图上,左边是阳性的太阳、早晨的金星、陆地男神和男人,右边是月亮、傍晚的金星、海洋母神和女人,形成一个互补对生的等级结构。[4]

这种自然的、微妙的有机世界观,不离世间——特别是家庭、家族——而又被神圣化。当它们遇到以独一的至高实体神为信仰、以坚船利炮为根本力量的西方文化时,就特别不适应。尤其是当这种完全异质的、机械的、形式化的军事、经济和社会力量摧残了中国和印第安社会的家庭结构后,儒家与安第斯的印第安信仰就在历史的瞬间崩溃,尽管它们在这之前可以经受多种折磨而不垮。对于佛教、道教这类不那么依靠家庭结构的非西方宗教和文化,西方强权的野蛮现代化倒还不至于那么致命。

此外,两者的衰败还有一个类似的原因,即两边文化中的知识分

---

[1] Moon, Sun, and Witches, p.21.
[2] 同上书,第20—21页。
[3] 同上书,第41页。
[4] 同上书,第42—43页。

子或主导者们,在西方强权的入侵面前,特别是在其绝对的优势武装的屡屡得手面前,陷入惊惶失措的状况,以至于去崇拜西方文化或其中的某些方面,而对自己文化的基本价值丧失了信心。①

比如印加帝国的印第安人见到西班牙入侵者时,称他们为"神"(virucochas),因为他们骑着他们从未见过的"特别大的动物"(即美洲没有的马),穿着锃亮的马靴,手中的火绳枪放出像闪电一样的光芒,还能用"某种白单子"(纸)来相互说话,等等。② 在这种心理中,皮萨罗(F. Pizarro,初次入侵印加帝国的西班牙武装团伙的首领)手下40多人就擒住了当时的印加国王阿塔华儿帕(Atahuallpa),杀死当时在广场上的一万印第安人;③此后又用分化、阴谋、谎言和各种卑鄙手段摧毁了整个印加帝国,劫掠了惊人的财富,④特别是土地这

---

① 国内某些学者(如秦晖)认为清末知识分子是被西方政治的民主形态所吸引,导致认同西方和放弃中华传统。这是以果为因了。如果没有西方以残暴卑劣的方式来撞开中国的大门,没有西方和学习西方的日本在军事和组织上的戏剧性得手(这种得手不同于清人在明末的军事得手,那对于忠于明室的士子而言是正常的军事失败,而这一次则是似乎毫无战胜可能的惨败,面对"三千年未有之大变局",因而有巨大的震撼效应),几乎不可设想会有一部分(而非一两个异类)中国知识分子会有这种看法。而且,即便在这种情况下,持这种西方优越论的人也只是很小一部分激进者,如谭嗣同等,而当时占主流的是曾国藩、张之洞那样的中学为体、西学为用的主张,乃至更保守的主张。一直要到新文化运动,才有中国知识分子主流的西方认同或文化上的集体哗变。简言之,中国传统文化的衰落是西方恶性强权入侵的结果,而不是西方文化来提升中华文化、超拔"中国愚民"的结果。这是近现代文化史上的大是大非,不可不辨析明白。不然的话,全世界被西方欺侮伤害的人民与文化就不但不能从根本上谴责西方的入侵和殖民,讨回基本的公道,反倒是应该对西方人的来临感激涕零了——"西方人是来解放我们的,不是来屠杀和摧残我们的!"呜呼哀哉! 人心之变,信仰之变,文化之变,至此是无法挽回了。

② 提图·库西·瑜盘贵(Titu Cusi Yupanqui,印加国王后裔):《西班牙人如何来到秘鲁的历史》(*History of How the Spaniards Arrived in Peru*),trans. C. Julien,Indianapolis/Cambridge:Hackett,2006,pp.10—11. 瑜盘贵讲述这段历史的时间是1570年。

③ 同上书,第15页。

④ 西班牙人和葡萄牙人劫掠的黄金、白银数量之巨大,甚至造成了欧洲的通货膨胀,引发了一系列历史后果。参见《世界通史》中古部分,周一良、吴于廑主编,北京:人民出版社,1972年第2版,第354页。

宗最大的财富，统治并败坏了南美的印第安人。

西方人入侵中国用了更长的时间。从十九世纪中叶以来，西方列强（后来日本加入）屡屡击败中国当时的政府军队，不断缔结丧权辱国的不平等条约。尤其是甲午战争，中国败于倭邻日本，签订割地赔款的《马关条约》，极大地震撼了中华帝国。终于，到二十世纪的第二个十年时，中国知识分子的主流确认西方入侵者们的文化是更高级的，西方的科学与民主（包括不同颜色的民主）是时代之神的化身，是可普遍化的真理，西方的先进技术和武装是"放出闪电光芒"的不可战胜的力量，而中国传统文化、文字、科技（比如医学），特别是儒家文化是低级的，甚至是不道德的，所以必须被"打倒"。以各种方式尝试的"全盘西化"成了时代的大潮流，儒家文化的主体部分和精英部分轰然倒塌。以这种方式，西方的意识形态统治了中国的现代思想与实践。①

相比印度、伊斯兰等文化，儒家及印第安文化遭逢西方强力文化的方式太突然，缺少足够的调适期来多角度地认识入侵者，所以感到力量的高下极度悬殊，以至于一时间被完全震慑住，丧失掉基本的全局思考和权衡的能力，于是从文化上溃败得一塌糊涂、惨不忍睹。

儒家乃至中国传统文化与印第安文化还有一个共同处，即它们的精英形态被西方击垮之后，在民间还有某种挣扎，自觉或不自觉地为过去的传统延命。这在中国就表现为"家长"、"民间医生"、"跳大神的女半仙"等等；在印第安则表现为"通灵者"、"治病者"、"女巫"等等。比如《月亮、太阳和女巫》一书，就记载了许多印第安女子如何在民间为自己的文化招魂的哀楚动人的事迹（往往还是通过天主教神

---

① 参见拙文"深层思想自由的消失——新文化运动后果反思"，《科学文化评论》第6卷第2期，2009年4月，第26—41页。

父们的诅咒之笔)。但是,无一例外,这种柔弱而坚贞的努力都受到了西方化的主流框架及其代理人的最蛮横和"最有理"的镇压和污损,被安上"封建主义"、"迷信"、"邪教"、"魔鬼的同谋"等最有杀伤力的咒语,被"正教"、科学主义、"群众运动"迫害得死有余辜。西方框架所承认的某个宗教,或某个"主义"或"主义者"——比如共产主义、自由主义——受到迫害,都有某个靠山来为其说话,来主持正义;只有非西方的生命文化的下层人被迫害时,无人怜之,因为它们已经被这个主流框架妖魔化得比敌人更反动、比异教更邪门了。这里才是真正"他者"的"鬼蜮"之处,是让知情者最心酸处。

儒家与印第安命运的不同仅在于,它在主流社会中的最后毁灭或被严重摧残主要不是西方人直接操刀所致,而是假那些西方化了的中国知识分子之手。但这只是形式上的不同,两者向西方意识形态"皈依"的实质是一样的。可以设想,如果可行的话,西方人完全会在中国做他们在美洲做的事情:既杀男霸女抢地,又灭绝当地文化。只是由于当时的中国人口众多,有自己的文字和比较成熟的政府,有洋务运动和虽然不够先进、但还可抵挡一阵的武器,他们才不能像屠灭印第安人那样屠灭中国人,而只做到了摧毁中国的文化,特别是儒家文化。

1915年,《新青年》(一开始叫《青年杂志》)出现,成为鼓吹新文化的阵地。按照这个改变了中国近代史的运动的主导思想,中国文化不仅是弱的,难于在西方强权压力下生存的,而且从思想上和道德上来讲,是低级的和劣等的,所以根本不配在现代生存。相比于以前的救亡图存的努力,比如自强运动、洋务运动、戊戌变法,这正是新文化运动的"新"之所在。它不再满足于向西方开放和学习,以求挽救中华民族及其文化,而是要找到普遍客观的标准,从思想能力、道德水准、民族特性上,全方位地、一劳永逸取消中华文化乃至一切非西方文化的生存资格。这个标准就是弱肉强食的功利主义和被扭曲了的进化论,按照它,科学与民主是两项西方最突出的骄傲,而其中科学更是无敌于天下。实际上,这可红可白的"赛先生"与"德先生"成了中国的新宗教,谁要是不认同它们就会遭到宗教裁判所那样的迫害。蔡元培在中国和北大的教育中驱除了儒家;傅斯年骂中国的家庭是"万恶之源";胡适赞扬吴虞是"'四川省只手打孔家店'的老英雄";鲁迅说中国几千年历史只是"吃人";余岩则指控《黄帝内经》为"数千年内杀人的秘本和利器";钱玄同讲"欲废孔学,不可不先废汉文",鲁迅断言"方块汉字真是愚民政策的利器",瞿秋白声称:"汉字真正是世界上最龌龊最恶劣最混蛋的中世纪的毛坑!"等等。[①] 而且,这些都不是一时过激的言论,它们的主张后来几乎都在不同程度上成为了历史的事实。

今天,中国人又想起孔子,又恢复了几个传统节日(这当然是好事情),但他们生活和思想的中心区却已经耸立着各种意义上的"教堂"。无论是国家政体、经济结构、社会结构、意识形态,还是教育体制、家庭状况、娱乐方式等等,无一不经过了"皈依"的洗礼,而且从总的方向上,还在被西方构筑的全球化拖向更无根的状态。

3.

印第安人与中国人今天还面临着一项相似的困难任务,如何找回已经失去了的文化主体,让她重获生命。已经是多少代的天主教徒,他们如何能将自己祖先的文化,也就是被西班牙教父们诅咒的

[①] 以上所引言论,可在拙文"深层思想自由的消失——新文化运动后果反思"(《科学文化评论》第 6 卷第 2 期)中找到出处。

"异教"文化之魂重新置入圣坛的中心？已经是近一百年的全盘西化了，你让当今的中国人如何能在思想与生活的核心区重新树立起孔夫子的塑像？[①] 难道他们与我们都需要一场文艺复兴式的宗教改革？或文化意义上的"驱除鞑虏，恢复中华"？不管怎样，在应对所有这些困难和实现这些设想之前，有一件事情在我们这里是必须做到的，即确立儒家在中国知识分子心中的原文化主导地位。这也就是说，确认以上所讲的事实，即：儒家主体在现代中国的消失是西方武力侵略和文化侵略的结果，是一桩真真实实的文化罪行和政治罪行，就如同西方列强在美洲所犯的罪行一样。马克思讲"资本来到世间，就是从头到脚，每个毛孔都滴着血和肮脏的东西"，[②] 这话不错，但绝非仅限于他关注的政治经济学的范围，而是首先具有文化政治学的含义。现在最要紧的是，不管这罪行已经产生了什么样的难以纠正的恶果，如同强奸罪所产生的那种恶果，但首先要确认，这是犯罪！尽管我们身上就可能流着罪人之血。

一部分犹太人在"二战"中被屠杀了，纳粹的罪行被以最高的音调确认并谴责到今天，成为国际生活中"政治正确"的一大标准；但上千万印第安人被屠杀或残害，[③] 几千万平方公里的土地被抢夺，印第安原本文化被摧毁，对于它们，当今的欧洲和美洲的白人政府却没有诚恳的认罪、道歉和赔偿；儒家文化被毁灭，更没有什么政府、组织或

---

① 我一直呼吁，应该在北大这个中国最后一个信奉儒家的朝代所建立的现代太学（"京师大学堂"）的校园中树立孔子像，而且应该立在北大西门的双华表之后，两麒麟之前，但迄今未果。校方的一位官员告之，选个地方更是不可能的，因为那里在"文革"中立过毛泽东像。

② 马克思《资本论》第1卷，郭大力、王亚南译，人民出版社，1963年，第839页。

③ "西班牙的残酷统治使印第安人人口大减。历年被屠杀的达一千二百万到一千四五百万之多。"（《世界通史》中古部分，359页）这还只是西班牙的残暴记录，如果算上葡萄牙、英国、法国以及后来的白人政府所杀者，当会多得多。

有良知的知识分子来谢罪、反省和赔偿。所以,确立儒家文化的原文化地位,就是赋予她在中华土地上的生存权,以及她对于中华民族而言的祖先文化身份;同时也就是确认异族入侵者导致儒家文化毁坏的罪者身份,乃至儒家文化要求犯罪者的认罪和赔偿的权利。

所以,恢复儒家和儒家文化的生存是中国政府、中华民族和中国知识分子的不可推卸的责任,也是所有曾经在中国犯下毁灭文化罪行的列强和组织的不可逃避的赎罪责任。此乃这个问题上政治正确的终极标准。至于这复活了的儒家要如何生存,她是否愿意调整自己,适应现代形势,那完全是她自己的事情,谁也无权干涉。这里绝没有任何西方意识形态来提条件、做规定的可能。儒家的原文化地位以及基于它的生存权不容任何动摇和掺假。

儒家知识分子们如果没有这个意识,不足以成为儒者。儒家文化的真实身体——儒家的真实团体、儒家存活所赖的社会结构等等——必须复活,以作为一切儒家活动、学派、流派存在的不二前提和生命土壤。此乃儒家的纯存在(the Confucian Being itself),或简称"儒在",是它使得一切儒家的存在者们(Confucian beings)可能;此乃儒家的历史原文(Confucian primordial Text),是它使得一切后起的注释、改写、翻译、发挥可能。无此儒在,无此儒文,哪有什么儒者之在、儒学之在、儒教之在?这就是所谓的儒在—儒文的源头主义(Confucian Being-Cultural-Textual fountain-mentalism)。

我们这个世界的未来,不能再寄托于那些在历史上犯下了无数文化罪行,而且还在不断制造各种灾难的文化机制上,而要通过各传统民族的原文化的复活和全球主导文化的多样化来获得新的人类生机和平衡结构。我们的希望在于一个全人类的文化生态多样性,一个以民族原文化为基本单位的"联合国"。

让我引用北美著名印第安通灵者、治病巫师黑糜鹿的深刻而又悲凉的叙述,来结束这篇已经颇为悲愤的文章。黑糜鹿(Black Elk, 1863 年出生,起码活到 1945 年)是印第安的西奥克斯(Sioux)人,九岁时有了一次重大的神灵显现(great vision)的经验。在这次影响他一生的经验里,六位代表天地四方的"祖父"神灵向他展示并授予世界的力量,命他回到世间去拯救处于困境中的印第安族人。他后来有过丰富奇特的经历,但是,在白人军队和政治、经济的扼杀力量面前,他没有能够完成自己的人间使命,而是一次又一次地体验和目睹了印第安人的悲剧。

黑糜鹿说道:"难道天空不是父亲,大地不是母亲,所有生命体——有脚的、有翅膀的或有根的——不是他们的子女? ……我们就从那里而来,我们在她的胸脯上像婴儿一样吮吸生命乳汁,如同所有的动物、飞鸟、树木和青草。"①

"我这个老迈的人,现在从这个高丘回头去看,依然能看到[1890 年 12 月美国军队在伤膝溪屠灭印第安整个部落的惨案中]被屠杀的女人和孩子们,成堆地散躺在弯曲的深谷中,其鲜明就如同我当时用年轻的双眼看到的一样。而且,我能看到还有一些东西在那血土中死去,被埋葬在了那场暴风雪里。一个民族的梦想,一个何其美好的梦想,就惨死在了那儿!"

"你看我这个人呵,年少时被赐予了如此伟大的一次神灵显现,现在却成了个一事无成的可怜的老东西,那是因为我们民族的生命

---

① *Blcak Elk Speaks—Being the Life Story of a Holy Man of the Oglala Sioux* (《黑糜鹿说道——一位西奥克斯·渥格拉拉族的圣者之生平》),由黑糜鹿讲述、John G. Neihardt 成文,Lincoln & London: University of Nebraska Press,1979 年(1932 年初次出版),第 3 页。

圈被打碎了。于是再也没有中心了,那棵神圣的树已经死亡。"①

如果我们中国人里边有一位黑麋鹿,他会说什么?他会这样向我们呼叫吧:"呼喊'祖国万岁!'的人们呵,你们明白'祖国'的'祖'意吗?你们的'先祖'在哪里?周公、孔子、曾子、子思、孟子为你们编织的生命圈的中心还在吗?那棵神圣的生命树上还有绿叶、繁花和鸟鸣吗?"

己丑夏写于厄瓜多尔基多市宫巴亚区

己丑深秋增补于北京大学

---

① 同上书,270页。在黑麋鹿少年时的神灵显现经历中,南方之神赐给他一棵将种在民族生命圈中心的神圣之树,那上边会长出繁茂的枝叶,开出美丽的花朵,无数鸟儿在其中歌唱。他并被告之,一条红路和一条黑路将在生命圈中心交叉。从北到南的红路是幸运之路,从西到东的黑路是苦难之路。他应该带领自己的民族经历苦难而走向幸福。同上书,第28—29页。

第三部分 神与美

二十四、东西方神性观比较

——对于方法上的唯一宗教观的批判

"神"是宗教生活的灵魂,对于神的本性的理解最鲜明地表现出某个宗教或信仰的特点。此文将探讨基督教、中国古代天道传统和印度《吠陀》信仰的不同神性观,特别是它们之间的关系。但是,这种探讨和比较不限于事实的比较,而是旨在阐发这样一个方法论的原则,即当今要真切地来理解神性问题,不可避免地要涉及东西方比较的交叉视野;否则的话,不仅这类探讨本身无法深入下去,而且极易陷入某种理论上的先定窠臼。在这一点上,我与刘小枫提出的"汉语基督神学"中的方法论观点不一样。刘君认为我们可以"从本色化或中国化的思想架构中走出来,直接面对基督事件"。[①] 当然,我并非主张对神性等问题的研究只能是间接的,完全依文化背景为转移的。任何研究如果要有纯真的思想性和尖锐性,就必有"直接面对事情本身"的张力维度。我只是认为,这种"直接面对事情本身"既非概念的,亦非实证的,而只能是对话的。我们必须直接面对我们的对话伙伴,痛切意识到这样一个对话境域的存在论构成作用,而不能像现在仍然流行的做法那样,不自觉地通过某个现成的理解框架去理解所有宗教现象。为了增强这方面的敏感,本文的第一部分就要先做一些方法论方面的讨论。

---

① 刘小枫:"现代语境中的汉语基督神学",《道风汉语神学学刊》第二期,1995年,第42页。

1. 比较的必要性

在探讨"神"的本性时,我们应该直接进行概念式的研究呢,还是应该首先从东西方比较的角度进行考察,然后再求两者之间的对话?从目前的情况看,后一种研究策略是更可取的,因为它起码有这样一个好处,即让人明确地意识到任何现存的神性研究中潜伏着的文化与思想视野的关键性影响。许多研究者不意识到这样一个视野的方法论的,乃至存在论的份量,致使他们的研究总是浮在表面,或不自觉地受到西方中心论的操纵。

首先应说明"比较"在这里的确切含义。宗教学的创始人麦克斯·缪勒(F. M. Müller,1832—1900)说过这样一句话:"只了解一种宗教的人,其实什么宗教也不了解。"[①]很明显,这句话中的第二个"了解"意味着一种以宗教之间的比较为基础的了解或理解。但第一个"了解"又是什么意思呢?首先,它可以指从事实上讲"只了解一种宗教",即那些囿于这样那样的条件,基本上只经历过一种宗教的情况。比如,在古代由于特殊的地理条件限制,某些民族的宗教经历就是这样的。然而,这并不是本文要批评的宗教观,而且这种"孤陋寡闻"在近代的学术界中也是极罕见的。现在更让人关注的是一种方法上的局限,即只以一种宗教经历所造成的观念框架来说明、衡量和解释一切宗教现象。

这就是方法上的"唯一宗教观"。它在古代和近现代有过各种表现形式,有的似乎已经过时了,有的却仍极有思想上的控制力。比

---

① 参见 M. 缪勒(Müller):《宗教的起源与发展》,金泽译,陈观胜校,上海人民出版社,1989年,译序,第2页。

如，在魏晋以后，中国三大"宗教"——儒、道、佛——都有过以自己的主张来"判教"的做法。这类评判无一不是以自己的一宗一派为最圆满真实者，并以此为最高极而将其他"宗教"和其他流派依次排成一个真实性递减的序列。至于西方的几大宗教，就更有过之而无不及。而且，这种判教在那里往往不只是思想上的争论和高低序列之别，而是你死我活或你为魔鬼我为真神的二元化对抗，并连带着意识形态上、政治上的"异端"排斥和迫害，甚至发展成血流成河的宗教战争。我们今天在中东和波黑看到的战争在很大程度上就是这种唯一宗教观造成的历史传统的延续。

然而，在今天西方的和中文的学术界中，还有一种更隐蔽但也更流行、更有思想控制力的唯一宗教观形式，即经过了启蒙运动观念重铸的、哲学化的，甚至被标榜为科学化的唯一宗教观，一种纯方法上的唯一宗教观。从表面上看，这种宗教观似乎不仅不局限于某一种宗教的事实，也不受制于某一种宗教教理所塑成的神性观和方法论。它以概念理性为自己的方法原则，以观察事实为基本材料，如此这般地考察全世界出现过的各种宗教，并依此而建构出各种解释理论。这些解释理论中最常见之一个说法就是：宗教起源于自然宗教（魔术、拜物教、崇拜无人格之神），经过多神教及高位神的多神教阶段（二元神教、轮换主神教、单一主神教……），最后发展出一神教。按照这个模式，西方的宗教（犹太教、伊斯兰教、基督教）就是最高的宗教形式，东方的和其他民族的宗教和神则是比较"原始的"、低级的、蒙昧的。我们要问：这是一种以现象本身为根据的自由考察的结果呢，还是同样受制于某种方法的局限，用某种理论框架来宰割现象而不自觉地制造出的结论呢？深究之下可知，它属于后一种情况。具体地说，它受制于西方传统哲学的概念（观念）化方法，而这种方法与古希腊宗教观以及犹太—伊斯兰—基督教的神性观的深远关联是显而易见的。

按照这种方法论原则,现象与使这些现象可能的理念或本体是可分的;同理,物质与精神、多与一、质料与形式、感觉与意识等等从逻辑上都是可分的。而且,往往认为这些对子中的后一因素(理念、精神、一、形式、意识)为更真实和更高级者。顺理成章,当这种观念方法(不管它是抽象的还是辩证的)的某一个亚种被用来"科学地"梳理宗教现象时,就出现了某一种宗教理论。比如,按上述那种流行理论,拜物教一般被认定是最先出现的,因为它与人的最简单感知方式(直接的经验感知)相应;也正因此,它是最低级的。比较抽象的神(比如山神、风神、雷神)的出现则对应于"半可触知的"自然对象,因而比拜石头、树木者要"高级"一些,尽管还远没有体现出"观念"和"形式"的纯粹性。经过一步步地提升,感觉因素、现象因素越来越少,纯观念的和纯实体的成分越来越多,最终体现为完全观念实体化或位格化的神,即至高无上、纯一不二的人格神。按照这条方法论的思路,这类神当然是最高级的。至于古印度人讲的因陀罗(Indra)、伐楼那(Varuna)和古中国人讲的"天"与"上帝",不管合适不合适,也只能在这个进化格式中找到它们的"座次"。这是以西方传统哲学的方法建构出的"封神演义",似乎没有宗教先定框架的西方宗教的判教论,不管它体现在黑格尔的"宗教哲学"中还是人类学家与宗教学家对"原始思维"的考察之中。当然,在西方传统哲学的方法论引导下,这种"进化"序列也完全可以倒过来,即不以经验主义的感觉或它在宗教上的体现(拜物教)为起点,而以先验主义的纯概念或它的宗教表现(原始一神教)为起点,将宗教史视为一个衰退与努力复原的过程。而且,这双方(进化论或退化论)似乎都可以在关于"原始"民族的人类学材料中找到一些有利于自己的佐证。

总之,按照这种方法论(它可以有各种似乎相互对立的表现),西方的唯一人格神总是处于宗教的最高级阶段,代表着某种先进的文化、生存方式和思维方式。而东方民族文化中的神性,特别是中国的缺少任何实体性的"天",则被认为是属于低级的和"自然宗教"类型的。基督教从一开始就与古希腊的观念哲学(比如新柏拉图主义、斯多葛主义等)联手,依据这种宗教经历形成的宗教观或神学更是与西方哲学的发展息息相通。这一现象并非偶然,尽管两方面都有过贬抑对方的倾向,但西方的宗教观对于西方哲学的依赖是极深远的。久久浸润于其中的人,特别是那些以"科学家"自诩的宗教人类学家、社会学家、心理学家多半不再鲜明地意识到这种依赖和局限,自认为他们所持的那些隐含着西方中心论或西方高级论的理论是普遍有效的,是概念逻辑与客观事实的产物。他们会真诚地反问:"除此之外还会有什么样的解释可能呢?难道澳大利亚土人和美洲印第安人的信仰与基督教信仰没有高低之分吗?"然而,处于两种文化交接之处的人对于这种宗教观与哲学—科学观之间的关联容易产生较强的自觉。比如,我们从法国汉学家谢和耐(J. Gernet)的叙述中,看到明朝末年向中国传播基督教的利马窦(M. Ricci)的做法:"他理解到了,首先应该让中国人学习他们[西方的传教士们]如何推理思辨的方法,这就是说,要学习他们区别本性和偶然、精神的灵魂和物质的身体、创造者和创造物、精神财富和物质财富。……除此之外,又怎能使人理解基督教的真谛呢?逻辑与教理是不可分割的,而中国人'则似乎是缺乏逻辑'。"[①]这段话及下面的讨论都可以表明,天道文化中的中国人"缺乏"的并非中性的逻辑,而是从根本上"区别"现象与本质、属性与实体、主体与客体……的二元化的观念逻辑,即西方

[①] J. 谢和耐(Gernet):《中国和基督教——中国和欧洲文化之比较》,耿升译,上海古籍出版社,1991年,第4—5页。

传统哲学的最基本的方法论逻辑。

2. 西方犹太—基督教的神性观

本文讨论的"神"可以被粗略地理解为这样一种存在,它对于信仰它的人们具有终极性,而且这种终极性会直接影响乃至塑成这些人的生存方式。这里讲的"终极性"指自明、自现和自持性,或原初意义的构成性。它不一定被解释为"实体性",完全可以有非实体的终极性。对于这一点,东方人特别敏感,而西方人则是到了本世纪才开始有了较清楚的自觉。

在迄今为止的人类历史中,出现过各种各样的神。按其有无位格(hypostasis)而言,则可找到两种极端的类型。它们与欧亚大陆的地理位置相当,即源于此大陆西边的犹太—基督教的唯一位格神与源于它东边的中华文化的非位格神。在这两者之间,有各种混合的类型,比如印度和波斯的类型。

顾名思义,犹太—基督教的唯一位格神是有位格的和唯一的神。但这两者中"有位格"是更重要也更基本的一个特点。"位格"这个词在古希腊文中意味着"实体",与亚里士多德讲的"ousia"(本体、实体、本质、原本的存在)大有关系。因此,当早期基督教的教父们要论证"三位一体"教义时,就使用了这两个词。[①] 可见,尽管犹太—基督教的宗教经验有别于古希腊人的哲学和宗教体验,但一旦要形成自己的宗教观或教义,则需要希腊哲学的概念。一些现代西方思想家,比如克尔凯郭尔,反对这类概念化方法,但这种努力能否开显出肯定性的宗教学领会形态还很难说。有位格的神首先是具有实体性的

[①] 参见赵敦华:《基督教哲学1500年》,人民出版社,1994年,第119—122页。

神,即以实体性来表现其终极性的神。实体在西方传统哲学中意味着不变的支持者,性质和活力的承受者,使一存在者是其所是者(与判断和系词大有关系)。而且,由于这具有实体性者是"神",即与人的生存而非只与人的思辨相关者,这实体的终极性就表现为有意志和有智性,或有人格(being Person)。不然的话,一个干巴巴的实体就极易坠落为思辨的对象,而不能是直接干预人类生存的意义动源。对于基督教的正宗而言,神或上帝有三个狭义的位格:圣父、圣子(基督)、圣灵;但它们却只是一个实体的不同表现。因而就广义的位格而言,上帝只有一"位"。但有的基督教教派就不同意这三位一体说,比如神格唯一论。由此亦可看出,上帝的位格性与它的唯一性之间的关系是外在的,因而对于这种关系就有多种解释可能。有位格的神完全可以不止一位,就如同西方哲学讲的实体可以是一元、二元和多元一样。结合上面讲的那两个方面可知,这神是一种有实体性的人格神。从某种意义上来说,神的实体与神的人格代表了基督教教义中的希腊哲学成分与那出自原始基督教体验的成分;两者既相互冲突又相互需要,一个无人格的实体神或一个无实体性的人格神都是"异端",但这两者从来也没有充分地相互贯通过。这种紧张关系贯穿了基督教的全部历史,并以正宗与异端的对峙、理性与信仰的争执、天主教与新教的龃龉、西方传统哲学与西方现代哲学(比如现象学、存在主义)的影响的冲突等形式表现出来。不过,总的说来,传统基督教的神或上帝可以被看作是实体化了的人格神,或人格化了的实体神。由此也就产生了一系列问题。

由于这神具有人格的实体性,他就既是有自性的,又有具体的作为和个性,并因而从根本上区别于其他的神。这样就出现了这些神之间的关系问题。由此亦可见,有位格的神从本质上就可以是复数的。我们甚至可以在《圣经·创世记》(3:22)中看到神的复数形式。① 因此，并不像西方许多人，包括现象学的开创者胡塞尔所想的那样，"神"的含义本身就要求他是唯一的。② 相反，正是由于人格实体神这个概念本身的特性，这种神总可能不是唯一的和至上的。因此，才需要将他宣称为或断定为是比其他可能的神祇更高的唯一真神。上帝对摩西说："除了我以外，你不可以有别的神。"③ 很明显，这种警告是在认可了"可能有别的神"的前提之下的要求或"诫命"。而且，强调人格实体神的唯一性和至上性的做法本身就包含着以上已讲到的不协调；这种强调突出了基督教神性观中的抽象实体性的一面，因而加剧了实体性与这神的人格性一面的冲突。这样，去断定耶和华不仅是希伯莱人的上帝，而且是无形象的、具有普遍性的、对所有民族都有审判权的至上之主和唯一之主；以及为了支持这种断定而强调这神是从无中创立了这整个世界的创造者，因而具有超越这世界的神圣性的做法实际上都在使这神抽象化，并更加远离他的人格性。这种实体与人格的分离使得上帝的人格性变得肤浅和任意，并被拟人化为高高在上的统治能力和可以任意地生杀予夺的能力。于是我们在《旧约》中看到，这上帝可以像暴君一样反复无常和自以为是，为了人类犯的错误（往往是因为崇拜了其他的神），将人类几乎全部淹死、烧死而毫无怜悯。这种实体性被抽象化、人格性被任意化的神比起那些关照人类的神，比如太阳神、风神、雨神来说，更难维系与人类生存的联系，因而也就更可能在历史变迁中被淘汰掉。为了

---

① 原文是："耶和华神说：'那人已经与我们相似，能知道善恶'。"（强调符号为引者所加。）

② 胡塞尔：《欧洲科学的危机与先验现象学》(*Die Krisis der europaeischen Wissenschaften und die transzendental Phänomenologie*)，《胡塞尔文集》(*Husserliana*)第 6 卷，The Hague：M. Nijhoff,1976 年，第 335 页。胡塞尔在那里讲："在上帝的概念中，单数是本质性的。"

③ 《圣经·出埃及记》，第 20 章，第 3 节。

避免这种后果,这神除了以奇迹的方式入世来帮助他眷顾的民族,为这民族注入新的信仰活力之外,还"采取"了更重要的步骤,即与人"定约"。"约"(Testament, Covenant)正表明这人格实体神与人的关联的外在性,即这关联需要契约和证据来保证。"旧约"主要表现为诫律、礼仪和制度。[①] 这约在某个意义上缓解了神与人之间的疏远和任意的关系,使神以律法、礼制、道德、教会的形式进入或塑造信仰民族的生存。而且,这约不只是对人的约束,也同样是对神的制约:只要人依约而行,神就不可胡来或另行干预。当然,对于"约"也可以有相当不同的理解。

然而,旧约或不如讲是犹太教在某些方面并没有最充分地体现出人格化与实体化的神性。就其实体性一面说来,这神虽然被认为是全知全能、主宰全人类命运的,但他的信徒却只限于某一个民族。另一方面,通过律法来与人定约并不能活生生地体现出神的人格性。新约的福音书,尤其是保罗的神学解释突破了民族和律法的束缚,以"信仰(十字架上的和复活了的)基督"为中心,以神对人的普遍之爱为纽带而开创出一种有新意的神性观,这样,这神性中实体与人格这两方面在某种意义上达到了和解,但在另外的意义上则加剧了它们的正面冲突,体现在了基督的人—神本性中。而且,这种进展也同时张大了实体人格化神性中不自然的、"荒谬的"、"冒犯人"(克尔凯郭尔语)的特性,因而与人的天然生存形态发生更尖锐的冲突。不过这些问题已不必要在此讨论。我们这里应该看到的是,犹太—基督教的人格实体化的神性如何最深刻地决定了这个宗教的特点。也正是这一点使它在中国的传播遇到了极大阻力。

[①] 《圣经·出埃及记》,第 20 章以下。

3. 中国古代天道观中的神性

中国有比较详细的文字记载的历史起自周朝。而且,周文化通过孔子在极大程度上决定了中国古代文明的基本特点。在这个文化中,"天"的地位(而非其本性)就相当于西方文化中的上帝(耶和华、真主),也被视为塑造人的生存形态的终极力量。这一点亦鲜明地反映在对佛教经典、基督教圣经等外来宗教文献的翻译里。"天"总是被用来翻译表示最高神或与最高神有关的词,比如"Deva(天,提婆)"、"大黑天"、"天父"、"天主"、"天国"、"天使"等等(这种翻译的合适与否是另一个问题)。在商代甲骨文中,出现了"帝"字。从卜辞中,我们只知道殷人相信这个帝能通过龟甲牛骨的裂缝样式来回答人的征询,因而有灵验。说它是"至上神"、"有意志的一种人格神"[①]并无任何切实的根据,只是按西方的某种理论框架而进行的并不准确的"对号入座"而已。占卜所征询的神不一定是有位格的或有人格实体性的。如果这"帝"确像某些学者所认为的那样是殷人的祖先神,[②]也不能证明其有位格,因为我们在后来的周文化中也看到,对祖先神的奉祀完全可以是非位格性的"慎终追远"。根据殷周之际的金文和《书》,可知此"帝"与"天"已紧密相关。[③] 其后则几乎只见天而不见上帝了。

"天"有神性,但起码自西周以降就没有位格可言。根据确切的

[①] 郭沫若:《青铜时代》,科学出版社,1966年,第9页。
[②] 许倬云:《西周史》,三联书店,1994年,第99页。
[③] 比如《大丰簋》:"王祀于天室降,天亡尤王。衣(殷)祀于王不(丕)显考文王,事喜上帝,文王监在上,"。《书经》的"商书",特别是"周书"中几乎到处可见"天"字。

记载,比如《诗经》和《书经·周书》,周人对于"天命靡常"①或"惟命不于常"②这一点有特别深切的体会,因而反复叮咛,反复申明必须以德、孝、敬、时("用旧"、"维新")以"配[天]命"的道理。这种配天既无信仰民族与非信仰民族的现成划分,也没有具体的神谱、创世记、教规和教会。尊崇人格神的宗教则一定要以绝对信奉和遵守教义、教律而非生存化了的德性为识别"上帝的选民"的首要标准,因为唯有这样才能体现出上帝的位格性和主体意志性。中国人对于天的尊崇中没有这种现成区别,只有与人的生存方式有关的区别("配天命"或"不配天命")。所以几乎没有我们在西方文化和印度文化中可以见到的对于信仰团体、阶层、民族的硬性划分。这种只在人的生存形态中体现出的,而非被人格实体化的"天"就是春秋战国时的天道观的来源。无论是儒家、道家,还是兵家、法家、阴阳家,都以不同方式或"道术"来表现这天的思想含义,所谓"以天为宗,以德为本,以道为门,兆于变化,谓之圣人"。③至于墨子讲的"天"("尊天"之"天"),则在一定程度上是有人格实体性的神。也正是因为如此,墨家很快从中国文化中消失了。

另一方面,也不能由于这天并非人格实体性的,而将其归为"自然之天"和"义理之天",因为它确有神性。而将其分为"主宰之天"、"自然之天"、"义理之天"、"物质之天"和"命运之天"④也并非解决问题的办法,因为那就丧失了在所有这些区分之先的一个原本"混然"的"天意"或"天义"。让它在"日凿一窍"⑤的概念分类中僵死。这天

---

① 《诗经·文王》。
② 《书经·康诰》。
③ 《庄子·天下》。
④ 冯友兰:《中国哲学史》上册,中华书局,1984年,第55页。
⑤ 《庄子·应帝王》。

有一个在一切概念化、规则化和伦理化之先的原发生维度。这原本意义上的天或有神意的天介于有形与无形、远与近、有与无之间；瞻之在前,忽焉在后,惚兮恍兮,恍兮惚兮；却其中有信、有物、有象而甚真。它就是中国古人力求去理解的终极,一个体现在活生生的人类历史生存中,能由"臭腐"转化出的"神奇"。

正是由于这天的神性并非人格实体的,它也就没有必要像耶和华那样去断定和维护自己的唯一性、普遍性、创造者的身份以及与人类的定约。这天虽无神谱和创世经历,也没有以"诫律"形式出现的特定约法,却有体现自己神性的方式,以至于中国人几千年来作为一个整体就认此天为终极存在,认这个世界为"天下",认那有人"参"与其间的终极性的过程为"天意"或"天命",认人的本性为"天良",认明君为"天子",认万物的本源和真理为"天道",等等。简言之,中国自古以来就是以天为中为极的文明。

那么,天通过什么方式体现于人生和世间呢？很明显,它决不可能是犹太—基督教的约定论的、目的论的方式,而只能是非人格实体的、非现成化的方式,可以称之为"时机化"的方式。这也就是先秦人,特别是春秋时人讲的"时"或"天时"的含义。范蠡讲："天道盈而不溢,盛而不骄,劳而不矜其功。夫圣人随时以行,是谓守时。"[①]这"守时"与遵守现成规律、时刻、诫命大不一样,因为这"时"是非现成的纯天然发动,比现今的股票市场还难于操纵而不可预测,所以任何可充分概念化、程式化的方法总也达不到天时,不是"过"就是"不及"。但这并不证明这时机化的天意是完全任性的、荒谬的,只能凭反理性的信仰去认从。以天为极的中国古人的思路比那要深妙得多；他们明白,通过人的活生生的和含有"几微"机制的体验和领会,

---

① 《国语·越语下》。

人可以非概念、非框架地收敛于终极之处而成气象境界,即"与天地相参"而入天时。这并不像某些学者讲的,表明了中国古代的"人道主义"或"人文主义"传统,因为不与天相应和的人道是散漫的、无构成尺度的。当然,这也不是"天道主义",因为无人去"赞天地之化育,……与天地参",①则此天要不就板结为所谓"物质之天",(狭义的)"自然之天",要不就被人格实体化为墨子讲的"天志",哪里还有什么时机化的天意彰显可言?能够在中国文化主流中占一席之地的思想,不论是讲"发而皆中节"的中庸之道的儒家,还是讲"乘天地之正,而御六气之辨,以游无穷"的道家,还是反对坐禅,主张"内外不在,去来自由,能除执心,通达无碍"的禅宗,都是这种天道观的体现者。它们都以自己的方式尽力避免将祭祀、思想、祈祷和灵性追求者实体化,而是将其领会为一种与人生和技艺活动息息相通的时间境域("时"、"史"、"因应变化"、"当是时"、"随缘解缚")或意义发生的境域。因此,中国古人讲的"配天"、②"敬天"、"从天"与西方人讲的"崇拜神"(worship God or deities)不是一个意思,它完全不能被划到"自然崇拜"、"祖先崇拜"、"抽象神崇拜"这类西方宗教学范畴中去。

4. 印度的择一神教观

印度从地理上位于西方(欧洲—地中海)与中国之间,在思想和宗教形态上也是这样。印度的语言(古梵文)是拼音文字,与欧洲民族的文字之间有不少相似之处;但古印度人的思想方式则不是概念式的。因此,他们信奉的神,所理解的神性,特别是表达这种理解的

---

① 《中庸》22章。
② 《中庸》31章。

方式具有某种实体性,但其根底处却是非人格实体性的玄冥领会。麦克斯·缪勒称这种信仰形态为"择一神教"(henotheism,或译"单一神教");它"是这样一种宗教,其中[或众神中的]每一个神在受到祈祷时,都享有至尊神的全部品性"。① 比如,在《吠陀》②经典中,太阳神——不管称之为苏利耶(Sūrya)、沙维德利(Savitṛ)、密多罗(Mitra),还是阿底提(Āditi)和毗湿奴(Viṣnu)——"实际上变成了……一个至高无上的神"。③ 吠陀诗人总是充满了生存的主动势态和终极敏感地去体验那给予了万物以光明和生命者。"由于光是一日之始,所以光是创造的开始,于是太阳就从光和生命的赋予者变成创造者,由此他很快变成世界的统治者。"④太阳能看到一切,因而对一切善恶无所不知;所以,我们在古老的《梨俱吠陀》中读到:"无论是由于无思想、软弱、骄傲,或是由于人类的本性而冒犯了在天之主,太阳啊,在众神和人类面前免去我们的罪吧!"⑤而且,太阳神"不用任何支撑,就建立苍天"。"他甚至支撑着所有的神。"⑥可见,太阳神具有了西方人归于耶和华的几乎所有终极品性,因而是至上的、具有某种名相和某种人格实体性的。然而,他与耶和华的最大不同是无妒忌心和唯一不二的实体性,因为同一位诗人在尽其所能地赞美了太阳神之后,可以完全虔诚地再去赞美天神特尤斯(Dyaus)、司法神伐楼那(Varuṇa)和战神因陀罗(Indra),而且去使用同样的最高级形容词。缪勒这样写道:"当人们向这一个个神祈祷时,并不认为他们

---

① 缪勒:《宗教的起源与发展》,第196页。
② 《吠陀》的形成期大致为公元前2000年至公元前600年,最古老的吠陀经典由颂神的诗歌组成。
③ 缪勒:《宗教的起源与发展》,第186页。
④ 缪勒:《宗教的起源与发展》,第187页。
⑤ 缪勒:《宗教的起源与发展》,第188页。
⑥ 缪勒:《宗教的起源与发展》,第189页。

受其他神的力量的限制,而认为他们有地位高低之分。每一个神,在其信徒看来,与其他一切神是一样的。此时此地,这个神被看作真正的神灵,看作至上的和绝对的神灵。虽然在我们看来是不可避免的界限的众神的多元性必然使单个的神有局限性。"①我们并不能说吠陀诗人缺少"逻辑",因为对于他们,最神圣最伟大者不可能只通过某一位至上的人格神充分表现出来,而一定要在转换人生体验的角度("此时此地")之中,让这神性辉煌灿烂地涌流出来。换句话讲,终极的神对于他们来讲就不可能等同于单一的人格实体性,它一定与人的具体体验方式有关。当然,这主要是与某一类生存情境——比如清晨太阳升起、雷雨中大地震颤、犯罪后良心谴责、感受印度河的伟大豪迈等等——有关,还不是中国圣人讲的那种"从心所欲不逾矩"②的"时中"体验形态。

当古印度的智慧者反省这种神性观时,就开始了印度古人对于终极实在纯思想的探求。它非常不同于古希腊的柏拉图和亚里士多德哲学;与古中国的天道观有相通之处,但亦有重大不同。无论是《梨俱吠陀》中的"创生歌"("无有歌"),还是后来出现的《奥义书》中"梵我为一"的洞察,都是这种不愿受制于实体神性观和观念(名相)思维方式的大智慧的体现。因此,我们也不能就说吠陀时代的宗教信仰是"多神教"的,因为在它与每一个神的关联中都有终极的和最高的领会和体验。"择一神教"并非一个能在西方宗教哲学的范畴体系中找到合适位置的概念,也不存在缪勒所设想的通过《奥义书》由择一神教向唯一神教(monotheism)过渡的问题。择一神教本身就包含有超出神的名相和位格性的维度。

---

① 缪勒:《宗教的起源与发展》,第 200 页。
② 《论语》2.2。

5. 讨论

从以上的分析中可以看出,中西或东西方神性观的不同不只是事实的,而更是方法上的或基本思维方式上的。这一点可以从明清时代基督教与中国文化的接触中看到。利马窦等传教士想将基督教的神比附为中国的"天"(译"God"为"天主"或"上帝"),以求尽量减少这两种神性观之间的对抗。但对双方都有一定了解之后,一些有见地的神父(比如龙华民)和中国学者(徐光启等)就看出西方的耶和华——基督与中国的天——上帝之间的巨大差异远胜过其相似之处。①而且,中国学者最不能接受者正是基督教之神的人格实体性。比如清初的学问家张尔岐讲:"然其言天主,殊失无声无臭之旨。且言天堂地狱,无以大异于佛,而荒唐悠谬殆过之。"②他认为基督教的天主与中国"天"的非实体性("无声无臭")③相悖。而对天堂地狱言之凿凿,也不同于孔子"敬鬼神而远之"、"未知生,焉知死"的态度,而近乎佛家的俗谛之说。我们可以想见,如果佛家没有"缘起性空"这样非实体化的真谛学说,光凭那些神鬼和天堂地狱之说是不能进入中国文化和思想的主流的。杨光先讲:"万物所尊者,惟天;人所尊者,惟帝。人举头见天,故以上帝称天焉。非天之上,又有一帝也。"④黎遂球(1620—1647)则写道:"乃近日天主之说,不知者以为近于儒,而实大谬,此仍不可不辨。夫儒者之所谓天,从历象推之,从人伦、物理观之,而知其有一定之宰耳,此岂谓有一人焉,如所谓天主者,以上主此

---

① 谢和耐:《中国和基督教》,第 47 页,第 53 页等。
② 谢和耐:《中国和基督教》,第 60 页。
③ 《中庸》的末尾引《诗经·大雅·文王》:"上天之载,无声无臭。"
④ 谢和耐:《中国和基督教》,第 288 页。

天哉?古之生为圣贤,没为神明者固多,如五帝之神皆人,郊禘之配皆祖;然终不可谓天之主。"①

如果中国的天是思想方式上的"无声无臭",而非仅仅感觉现象上的,那么以西方宗教学—哲学的"有声有臭"的方法来规定中国信仰的地位的做法就于理不合。反过来也一样,想不突破中国传统的思想方式而准确原本地理解西方的哲学、科学、宗教也是不可能的。而且,尽管西方的科学与哲学这两者与宗教之间有冲突,但从整体上看它们都属于"形式—实体"型的思维方式,所以有第一节末尾所引述的利马窦的传教策略。同理,清末中国学者的愿望,即要想将西方的坚船利炮或科学技术纳入中国文化,但完全拒绝与之共生的思想方式、组织方式和意识形态也是行不通的。然而,忽视这种不同从"逻辑"上是不难办到的。任何一种思想如果定形为理论的框架和方法,都能以此框架为尺度去度量一切有关现象,具有框架内的"说服力"或"想当然"的有效性,尽管总有一些关键性的疑点、难点被习惯性地忽视过去。比如,当儒学在汉代董仲舒手中变成了一种关于天人合一的理论框架,就部分地失去了原始儒家,特别是孔子、子思言论中表现出的活泼泼的"与天地参""时中"见地,而成了"天不变道亦不变"的学说,通过它,天地万物都被给予一个框架内的而非"发而皆中节"的位置。佛家、道家中也不乏这类规范化理论,它们都是后来的规范大师们将创始人的原初智慧体验加以体系化的结果。西方哲学与神学则具有更强得多的概念理论化倾向。柏拉图主义(而非柏拉图的"对话集"本身)、亚里士多德主义、托马斯主义、黑格尔主义等都是这种倾向的产物。经过近代西方哲学的"批判",人们比较容易看出这类"主义"的"形而上学"偏见和方法上的局限性。然而,人

---

① 谢和耐:《中国和基督教》,第288页。

们迄今为止还很少看到这整个概念方法或二元化方法的局限,只是用新的、似乎更科学的观念化方法来代替旧的,而缺少反省西方思想和宗教传统的整个方法论的局限的眼光。二十世纪初"维也纳学派"的兴起与迅速衰落就是这种旧瓶装新酒的现象之一。当然,也有一些敏锐的思想家,比如尼采、詹姆士、维特根斯坦、海德格尔、德里达、罗蒂等,曾在比较深、比较新的意义上看出了西方传统哲学方法论在终极之处的不合理之处或不通透之处;然而,他们的阐述因为各种原因(包括它们自身的原因)还没有被思想界充分消化。后现代主义从根本上讲是怀疑、批评西方传统方法论的思潮,因而从本质上是反对西方中心论的,尽管它似乎还没有找到能与这种方法论在现实中相抗衡的新视野。不管怎样,要冲破某一种框架(不管它是经济的、政治的,还是宗教的、哲学的、伦理的)的束缚的要求正成为一股国际潮流。但我们已感受到,要达到真实意义上的"多元"和"对话"何其困难。人似乎注定了是维特根斯坦所说的玻璃瓶中的蝇子,在一个似乎透明的无拘束的世界中受制于无形的限制而不自觉。维特根斯坦讲哲学的目的就是"向这蝇子显示飞出蝇瓶之路"。[1] 他用的"显示"(zeigen)这个字有着特殊的方法论含义。显示不同于观念的表象或把握,而是一种直观的体验和开显的方法。维特根斯坦和现象学都认为,在最根本处,概念—表象式的思维必然失效,只有直接的生活体验才能显示出原本的意义和真实。而本文所强调的"对比"的含义也就恰恰在于它有可能突破概念—表象的理论构架,让东西方的神性观在对视打量中引发出更直接的对话维度。

作为正在西方化的世界中的东方人、中国人,我们本来很有"对

---

[1] 维特根斯坦:《哲学研究》(*Philosophical Investigations*),G. Anscombe 英译,Basil Blackwell,1986 年,第 309 节。

比"的优势和敏感,尽管这敏感自十九世纪以来就往往与屈辱相伴而行。可是,要真正保持在这对比的相互引发的微妙维度之中而不失落于其外是很不容易的。很明显,一个异己宗教、文化的来临会引起不同的反应,或守旧或从新,或新旧交构("守旧"中的"维新"),而唯有进入新旧交构的阶段才会发生真正意义上的文化交流。印度佛教在中国曾激起所有这三种反应,而欧洲基督教文化的来临迄今却只引发了"守旧"和"从新",还未达到新旧交融而生出有生命力的新文化形态的地步。晚清时是守旧的声音大,还是以华夏为天下之中心("中体西用"),那时的许多举动言论在今天的人看来简直就是愚不可及的笑料。"五·四"之后则是"从新"(即"从西方")的声音压倒一切,不论它以什么形式和颜色出现。以西方的科学、技术、哲学、意识形态(包括各种有宗教意义的意识形态)来改造中国成了"时代潮流"。中西文化的对话始终是一句空话,绝大多数对比不过是依样画葫芦,即依西方的概念框架和方法来宰制中国古代文献的"材料",然后再将这已经"去了势"的"中国哲学"、"中国宗教"、"中国……"拿去与正威风八面的"西方哲学"、"西方宗教"、"西方……"去比较而已。在这样的"西学为体,中学为用"的大前提下,中国的文化,特别是它的枢机——天道观——就注定成为可怜的侏儒。黑格尔对于中国"哲学"与"宗教"的看法其实代表了整个西方传统中人的看法。按照这个传统,任何一个有合理判断力的人都会视中国古代文化和信仰为贬义上的"原始形态",缺少清晰的形式规定和科学理论素质,属于"自然宗教"的初级阶段。①

---

① 按照黑格尔在《宗教哲学讲演录》(*Vorlesungen über die Philosophie der Religion*)中将宗教分为由低到高的三个阶段:自然宗教(魔术、中国宗教、印度宗教与佛教)、精神个体性宗教(犹太教、希腊宗教、罗马宗教)以及绝对的宗教(基督教)。中国宗教(儒、道)处于世界宗教的最低的一级(只比魔术稍高)。尽管黑格尔对中国天道观的具体论述

这篇文章所反驳的不只是西方中心论,而更是任何理论意义上的文化和宗教的中心论,因为任何以某种名相原则为标准、以某个特殊文化为普遍"中心"的做法都会使原发的思想失去紧张饱满的生存维度,平板化为规范框架的产品。我想强调的是中国的非实体的神性观不是西方的传统宗教—哲学观所能说明得了的,它不只是一种文化现象,而是一个对于终极问题有自己的独特理解方式的平等对话者。

　　最后,让我以自己的方式重复麦克斯·缪勒的那句名言:"当今只了解一种宗教[学]方法的人,其实对于什么宗教也不了解。"

中充满了他的概念框架本身的偏见,但他视中国天道观为与基督教相距最远的一极的看法还是有道理的。

二十五、"合理信仰"的困境与儒家的"中庸至诚"

半个世纪以前,威斯德姆(John Wisdom)讲到一个可以被称之为"园丁存在假设"的寓言。它的大意是:有两个人回到一个花园中。他们已经很久没有来过这里了,但马上注意到在杂草中一些以前的花株依然长得很好。经过仔细的观察和调查,这两个人中的一个便断言道:"一定有某个园丁来过这儿并料理了这些花株,不然这些花不会长得这么好。"另一个人则反对这个看法,认为"如果一个园丁来做过工作,邻居不会不知道;而且,他不可能不在照看花株时同时除去杂草"。对这些反对理由,第一个人提出了各种在他看来是合理的解释,比如,"这个园丁是趁邻居不在或睡觉时来的;他故意留下杂草以创造更天然的美",等等。争到最后,就出现了这样一个局面,两人所观察到的是同样一些事实;而且,两人对哪些事实支持一个园丁来过的假设、哪些事实不利于这个假设都取得了一致意见;只是,第一个人依然能"合理地"坚持自己的园丁存在假设,而第二个人同样能如此这般"合理地"坚持园丁不存在的假设。而且,很清楚,未来再发现的新事实也不会动摇这两种相反假定的基础。[①]

于是,我们可以问:说神存在的以及说神不存在的争论是否也是

[①] 约翰·威斯德姆:"神"("God"),《亚里士多德学会会报》(*Proceedings of the Aristotelian Society*),第 45 期,伦敦:Harrison & Sons, 1944—1945 年。转引自《哲学导引》(*Introducing Philosophy——A Text with Integrated Readings*), R. 索罗门(Robert C. Solomon)著,第 4 版,San Diego:Harcourt Brace Jovanovich, 1986 年,第 298 页。

如这"园丁存在假设"一样的情况呢？三位英国哲学家（福路、海尔、米歇尔）在一次座谈会上讨论了这个问题。福路（A. Flew）认为这两者很可能属于同一种思路。那些捍卫和反对"上帝存在"和"上帝爱人"等表达的人可以用他们的各种修正解释造成这样一个局面，以致人们似乎不可能找到能真正反驳这种表达式的事件或事实。用波普的一个术语来讲就是，这些神学表达式乃至它们的反命题都可能被弄成为"不可否证的"。福路认为，要使这些神学表达成为真正的命题，就一定要能设想出可以中止这些修正解释、也就是否证这些命题的情况或事态。

海尔（R. M. Hare）比福路要更激进。他认为这些神学表达式根本就不包含"断定"（assertion），它们所表达的只是一种"信念"。他用自己杜撰的一个词去称之为"勃力克"（blik）。这种勃力克在我们的日常经验中也无所不在。所以，神学信念就如同我对我开的汽车的导向机制的信念一样，与对于这个世界中的事实的观察和取证无关，它们反而是一切解释的源头和依据。这也就是说，尽管对于勃力克的表达不是断定，但关于某种存在者持不同勃力克的人之间确有重大的行为区别。

然而，米歇尔不同意海尔的看法。他认为神学表达确实有所断定，比如无辜者和孩子所遭受的痛楚确实威胁到"上帝爱人"这个神学表达；只是，它们所断定的不能被决定性地反驳掉。[①]

这三位哲学家的争论揭示了这样一个"合理地相信上帝的存在的困境"，即：一方面，如果对上帝存在的信仰变成了海尔讲的勃力克式的（即休谟意义上的）信念，那么那些宗教、神学的表达与解释就确实是无理性可言了，因为它们以"断定"的形式出现，实际上却成了

---

① R. 索罗门：《哲学导引》，第 298—306 页。

"空洞的公式",因而包含了一种基本的不一致。同样,做这些表达和解释的信徒和神学家也无思想上的真诚(sincerity)可言,因为他们已经以某种方式决定了不让这些本该受到检验的表达去经受任何真实的检验。用中国人在十几年前常使用的一个词来讲就是,这些表达的内容已成了"铁饭碗",无论发生了什么,总会受到庇护。这里,康德的"实践理性的设定"的论证也无济于事,因为"从道德上必然去假定上帝的存在"并不是对于"上帝存在"这个断定的真诚表达。

另一方面,如果像米歇尔那样认为宗教与神学的表达确是能够以某种方式接受人生经验的检验,并因而是有所断定的命题的话,宗教信仰就会时刻处于被否证的危险之中。当然,米歇尔和一切受过蒯因的科学哲学的理论影响的人会说,这种检验和证伪不是以"决定性"的方式进行的。因而"上帝存在"、"上帝爱人"这样的"核心命题"是不会轻易地被否证掉的。然而,问题就在于这种"非决定性的检验"会不会成为又一种"空洞的公式"?在什么地方我们可以停下来讲:"好了,到这里这些宗教命题已经被否证了"呢?如果这"非决定性"总使得辩护性的(apologetic)修正解释可能的话,那么它与海尔讲的勃力克,除了意向上的不同之外,还有什么理性上本质区别呢?它怎样才能使自己真诚起来从而接受人生经验的挑战呢?正是由于这种合理信仰的困境的存在,一些神学思想家公开主张,我们对于上帝的信仰从根本上是荒谬的和反理性的,尽管它可以是真实的和有重大后果的。

然而,在古代中国的精神生活中,这种合理信仰的困境似乎不是个什么大问题。这个事实与中国人自西周时起就具有的天道观,特别是孔夫子创立的儒家文化有直接关系。不少人认为,这说明中国的,特别是儒家的精神生活缺少"(宗教)信仰"和与之相伴的理论思辨这一"超越的"维度,充其量只是伦理的和社会政治的考虑。在这个意义上,他们认为中国文化是"世俗的"。但是我个人阅读《论语》和《中庸》的经验使我相信,孔子是在痛切意识到了一个与上面所谈的"合理信仰的困境"类似的思想形势的同时(或之后)形成自己的"仁"学思想的。换句话说,原始儒家关于"中庸"和"至诚"的学说中包含了对于这样一个困境的自觉,并有意识地将这个困境转化成了驱动自己去避免"过与不及"的、保持在"中间"的思想张力。

"子贡曰:'夫子之文章,可得而闻也;夫子之言性与天道,不可得而闻也。'"①"子不语怪、力、乱、神。"②"子曰:'务民之义,敬鬼神而远之,可谓知矣。'"③孔子的这种"置之不理"的态度能引起门人弟子的一再关注,就说明当时对这些"形而上学"和宗教问题的讨论是很普遍。这也就是说,孔夫子在他数十年的漫长讲学和授徒中表现出来的这种特殊的沉默和躲避态度是有重大含义的。将它置入《论语》、《中庸》的语境中,这种态度的意义就明白地显现出来。首先,孔子的这种"不语"和"远之"是在躲避什么呢?回答应该是:他躲避的就是一种认为终极者(天、神、性等等)可以成为我们的断言对象和把握对象的"固执"态度。"子绝四:毋意,毋必,毋固,毋我。"④在他看来,一旦我们采取这样的固执态度,那么就一定会出现"怪、力、乱"的困境,令人无所适从。与上面讲到的海尔的观点相似,孔子不会认为"神存在""神爱世人"这类表达是有真实意义的断定;但是,与海尔不同,孔子不认为我们的信念是完全超越的,不受我们的人生经验的制约。他可能会重新解释米歇尔的"非决定性地检验"的观点,以使它不再只是一个空洞的意向。对于孔子,信仰和信念根本就不是现成

---

① 《论语》,5.12。
② 《论语》,7.21。
③ 《论语》,6.22。
④ 《论语》,9.4。

的,可以被断定式地表达出来,以接受外在经验的检验,而是就在我们的人生经验中构成的。它的"可检验性"或不如称之为"可验证性"就体现为它与人生经验和生活世界的内在相关。总而言之,孔子发展出"中庸"和"诚"的学说的一个重要动机就是避免合理信仰的困境,使我们具有至诚的和合乎理性的信仰,如果我们毕竟还要称之为"信仰"的话。由此看来,孔子避开的只是信仰的现成的和断定的方式,而不是这种思考和体验本身。相反,他自己有一套非现成的达到合理信仰的方式,也就是所谓的"中庸之道"和"为学之道";他相信,这种方式能既不固执又不落于相对主义,并产生出合乎理性的至诚状态。

"祭如在,祭神如神在"①就是他与神打交道的一种重要方式,表现为"礼",但已赋予了这祭礼以当场构成的性质。"敬鬼神而远之"中的"敬"字,就表现在这里。对于现成化了、人格化了的鬼神,孔子从来是远之、避之,因为他深知,在与那种鬼神打交道中,不会有理性的根本地位。但是,这"敬"却不是一种消极的态度,而是要在祭礼和各种纯构成的人生经验中体现出来的不固执的合理信仰。"祭如在,祭神如神在"表现了孔夫子那种在人生经验的运作投入之中去际遇存在、领受真知的"一以贯之"的思维方式。它里面的"如"字不应作"好像"讲,而应被理解为"到……去(来)"。"祭神如神在"就意味着"在祭神的时刻到神意所在之处去",或"在祭神时与神同在"。孔子并不如许多人讲的那样抱着一种怀疑鬼神存在而敷衍之的不真诚态度。他本人的视野中根本就没有在人生经验(比如祭礼)之外的、住在某个幽冥界中的、行主宰之权的"怪、力、乱、神",而他对和穆中节、细密周致地躬行祭礼而揭示出的、发生出的在场之神是极真诚地相

---

① 《论语》,3.12。

信和投入的。所以,"吾不与祭,如不祭"。① 这是一种在人生经验的时机化中获得真诚信仰的思想方式。

对于孔子而言,任何要从根本上超越人生经验的时机化、而把捉住某种终极实在(比如"神")的本性(比如"存在"、"爱人")的做法是一种"固"和"必",都会导致那让"过"(绝对主义)与"不及"(相对主义)都持之有理的信仰困境。只有充分地领会人生经验的"时中(zhòng)"本性,才能避开这些人为的"异端"而达到中庸的至诚境界。这是对于周文化天道观的自觉。自西周以来,"天"就被认为是一种有神意的、但并非人格神那样的终极。它的最重要特性就是"时(中)",所以"天时"成为古代中文里的一个常用词。"君子而时中。"②"诚者,天之道也;诚之者,人之道也。诚者不勉而中,不思而得,从容中道,圣人也。"③按照这种中道观,我们信仰的合理性一方面无法体现为对于信仰命题的经验检验,因为这种检验不是"过"(使信仰无法成立)就是"不及"(永远无法决定性检验);另一方面也不能只表现为一种先于一切人生经验和认知的、仅仅出于伦理要求的勉强"设定",因为那里没有理性在根基处的运作。因此,这两种合理性诉求都达不到真诚不欺的状态。只有依凭人生境域的"不勉而中,不思而得,从容中道"才能"发而皆中节",达到自明自证的至诚。这里的"勉"和"思"都指脱离了中道境域的意愿化和概念化的行为,比如将"神(上帝)"视为一种有人格的最高实体,并试图论证这种神的不依于人生境域的存在性和特性的做法。而孔子心目中的原本之"思"则是指愤启悱发、举一反三、立权相济④和从容中道的境域构成之

---

① 《论语》,3.12。
② 《中庸》,第 2 章。
③ 《中庸》,第 20 章。
④ 《论语》,9.29。

思。这种思才是既进入了终极关切的"超越"维度,又不离人生的基本经验的至诚追求。所以,原始儒家有理由相信,它的中庸至诚学说既达到("如")了神学所追求的合理的终极性,又没有陷入合理信仰往往陷入的困境。

当然,不是每个人都能自觉地达到中庸至诚,因为他很容易将这在境域中发生着的人生经验对象化为某种实体而固执地去追求它。所以,就要"修身"。但这种修身不可能通过禁忌的方式(比如宋儒讲的"存天理,灭人欲")取得,更不能超越人生经验本身,要是那样的话,就又是将终极真理和实在当作抽象实体,要按照某种程式化的原则和训练去把握住的"固"与"必"了。这种修身对于儒家只能意味着通过"学"而更充分地向人生经验的发生境域的敞开。所以,"学"在孔子那里有着极深刻丰富的"存在论的"和"宗教解释学的"含义。"学则不固";[1]因为学的主要目的对于孔子来说不是学到关于某种对象的现成知识,而是学会如何不受制于任何对象、包括被形而上学化了的和神圣化了的对象,而能"从心所欲"[2]地进入中道境域并长久地保持在其中("不违心"),从而能聆听这个境域本身的消息("知天命")。因此,这种"学"既构成我们的信念,又是合乎理性的。由学得到的信念也不再只是海尔讲的勃力克,因为虽然说不上让外在的经验事实来检验它,这信念却是在我们的人生经验之中(即"中庸"之义)形成、并且时时刻刻被这种经验境域滋养着的。

---

[1] 《论语》,1.8。
[2] 《论语》,2.4。

二十六、吕斯布鲁克及其《精神的婚恋》中的"迎接"的含义[*]

1. 吕斯布鲁克

1.1 背景

这里讨论的约翰·吕斯布鲁克(Jan van Ruusbroec,1293—1381)[①]属于所谓"基督教神秘体验论"(Christian mysticism,通常译为"基督教神秘主义")[②]这样一个精神潮流。更具体地讲,他是一位

---

[*] 此文第二部分主要来自我在比利时安特卫普大学的吕斯布鲁克研究中心(Ruusbroecgenootschap,或译作"吕斯布鲁克学会")时所写的一篇英文论文。那篇文章的写成极大地得益于该中心主任 G. de Baere 教授和著名的神秘体验论研究者 P. Mommaers 教授,此外还有 P. Verdeyen 教授虽然不多但十分精当的指点。而这段思想因缘则是由鲁汶大学钟鸣旦(N. Standaert)教授主持并与北京大学哲学和宗教学系合作的"比较哲学与宗教"项目所促成。在此向他们深致谢意。此文所有不足之处完全由著者负责。

[①] 吕斯布鲁克(Ruusbroec)又写作"Ruysbroeck"。之所以译为"吕斯布鲁克"而不是"儒斯布鲁克"或"鲁伊斯布鲁克",是因为此名的开头"Ruu"或"Ruy"中的元音"uu"或"uy"在荷兰语或弗莱芒语中的发音近似汉语拼音中的"yu"或"ㄩ",而不是"wu"或"ㄨ"。所以,当我请 P. 莫玛子(Mommaers)教授比较"吕斯布鲁克"与"儒斯布鲁克"及其他发音时,他认为头一个更近于弗莱芒语中的发音。

[②] 通常将"mysticism"译为"神秘主义",沿袭已久。它的不妥之处在于,几乎所有的"mystic"或主张"mysticism"的人都强烈反对让任何"主义"(观念化的理论、作风和体制)来主宰和说明自己的精神追求。他们所寻求的是超出任何现成观念的原发体验;在基督教(主要是宗教改革前的基督教和改革后的天主教)可说是与神或神性(Godhead)相通的体验,在非基督教特别是东方文化传统中,则是对本源实在(梵—我,道,佛性)的体验。这样,称之为"主义"就有悖其义。此外,在当今汉语界中,"神秘主义"似乎带有相当浓重的反理性色调,在许多语境中已不是个中性的,而是否定性的词。将"mysticism"译为"神秘体验论"或"神秘体验"就避免了这一层不必要的成见。

二十六、吕斯布鲁克及其《精神的婚恋》中的"迎接"的含义

中世纪荷兰语世界中的基督教神秘体验论者,而且是一位强调"爱的神秘体验"的修士。他的最重要著作被命名为《精神的婚恋》或《灵婚》。[①] "爱的神秘体验"是指这样一种精神追求,它通过对于耶稣基督的深挚爱恋,经历各种痛苦,包括被神遗弃的痛苦,最终挣脱一切内外束缚而与神(God)[②]直接相会相融。这些束缚不仅包括感性的迷惑,还包括概念理性和道德理性的刻板。在这个意义上,可以说超出了这些束缚的体验是"神秘的";它在沉思和祈祷中所体验的不是任何对象,而是生命与存在的本源。但它并非反理性、反感性,而是要达到感性与理性的尽头,即人与神相通的那样一个交接处或迎接神之处。对于这些神秘体验者而言,这"爱"(荷兰文为"minne")绝不空洞,也不只是个比喻;它充满了真情实意,有自己最强烈的渴望、敏锐的感受、苦痛的煎熬、过人的聪明和通灵之处。它有人间情人的那种爱火,但无占有的欲望,而且正因其无私欲而让这爱火在人间遭遇中烧得如痴如醉、变化万千。

按照研究者们的一般看法,基督教神秘体验论从思想上受到了柏拉图、菲洛(Philo)、普罗提洛、奥立金(Origen)、尼斯的格列高利、奥古斯丁、伪狄奥尼修斯等人的影响,[③]但直接深刻地影响了中世纪

---

① 《精神的婚恋》(*Spiritual Espousals*,荷兰文为 *Die geestelike brulocht*)在早期的传播和译为拉丁文的过程中,就被加上了"盛装"或"装点"(chierheit, ornatus, adornment)这样的词。它在这里意味着"光辉"、"盛大"。此书也就因此而被称之为《精神婚恋的盛装》(*The Adornment of the Spiritual Marriage*)。但原书的标题中没有这个词。所以,在吕斯布鲁克的《全集》(*Opera Omnia*)中,此书书名被确定为《精神的婚恋》(中文亦可译为《精神的婚姻》或《精神的婚礼》)。见《全集》第三卷(*Opera Omnia III*, ed. Dr. J. Alaerts, tr. Dr. H. Rolfson, intr. Dr. P. Mommaers, dir. Dr. G. de Baere, Brepols/Turnhout, 1988)。

② 本文中的"神"这个词指"至上神"或"上帝"(God, Deus),特别是基督教的三位一体的至上神。使用它是为了行文方便,并与"神秘体验"中的"神"遥相呼应。

③ 参见 A. Louth: *The Origins of the Christian Mystical Tradition: From Plato to Denys*, Oxford: Clarendon, 1981.

爱的神秘体验实践的是明谷的贝尔纳(Bernard of Clairvaux, 1091—1153)。他在《关于"雅歌"的讲道》中,借《圣经·雅歌》中的意境来说人与基督的关系,开后来爱的神秘体验潮流的先河。"雅歌"第一首是这样的:"愿他用口与我亲嘴,因你的爱情比酒更美。"[1] 贝尔纳居然可以用这样的诗来讲神人之爱,没有孔夫子解"关雎"为"乐而不淫"、"思无邪"的眼光和魄力是办不到的。十三世纪中叶佛兰德地区的女自修士哈德薇希(Hadewijch)写下了相当动人的诗歌与通信,倾诉她追寻这条爱的神秘体验(minnemystiek)之路中的大苦大乐。对于她,"爱就是一切"。[2] 德国著名的 M. 艾克哈特(Eckhart, 1260—1327),除了其他特点之外,也是一位爱的神秘体验论者。本文要介绍的吕斯布鲁克稍晚于哈德薇希和艾克哈特,受过他们的影响,但写出了有自己特色的爱的神秘体验的著作,影响到其后的神秘体验潮流。

关于神秘体验论的基本特点,不少研究者曾试图做出描述。按照莫玛子(P. Mommaers)教授,神秘体验有四个主要特点。(1)受动性(passivity)。指神秘体验者的一切主动的(active)追求,比如祈祷、沉思、行瑜伽、坐禅、静坐,等等,都不能直接导致神秘体验,而必在某一无法预定的畸变点上发生转化,主动的追求形态让渡给"放弃自身"于本然的"受动"形态,并因而感受到"神触"。[3] 因此,追寻这体验的人总需"等待",而进入到这种体验中的人就总有"得到恩惠"

---

[1] 《圣经·旧约》和合本译文。

[2] 此句话出自哈德薇希通信集中的第 25 封信。译自 V. Fraeters 的"Hadewijch"一文,载于《在荷兰语世界中的女作家文选》(*Women Writing in Dutch*),K. Aercke 编辑,New York: Garland, 1994 年,第 20 页。

[3] P. 莫玛子(Mommaers)与 J. v. Bragt:《佛教与基督教的神秘体验论——遭遇约翰·吕斯布鲁克》(*Mysticism: Buddhist and Christian——Encounters with Jan von Ruusbroec*),New York: Crossroad, 1995 年,第 49 页及其下。

之感。(2)直接性(immediacy)。这是指非间接的、超出感官与观念思维的直接体认。用《庄子·养生主》中庖丁的话来讲就是:"以神遇而不以目视,官知止而神欲行。"(3)交融为一(unity)。这与前两点密切相关。在神秘体验中,不只是我在它(他)里,它在我里,而是:它就是我。① (4)(自我的完全)灭绝(annihilation)。绝没有一个还可以自以为是、沾沾自喜的神秘体验。这体验必像熔炉一样,烧尽一切现成的存在形态。

以下将先简单介绍吕斯布鲁克的生平,然后讨论其《灵婚》中"迎接"或"相遇"的思路。

1.2 吕斯布鲁克的生平

今天,我们对于这位不同凡响的神秘体验论者的著作和思想的了解远胜过对其生平的了解。他的传记材料数量有限,其早年生活阶段几乎是个空白。而且,这有限材料中的一部分,即波莫瑞乌斯(H. Pomerius,死于1469年)在其《绿谷修道院的起源》中所提供者,也有不准确或与其他事实相冲突之处。吕斯布鲁克同时代人所提供的珍贵材料基本上只限于1343年之后的绿谷修道院阶段。

约翰·吕斯布鲁克1293年生于布鲁塞尔以南九公里的"吕斯布鲁克村",1381年去世,享年八十八岁,在中世纪可谓长寿之人。他悠长的一生可以说是相当宁静和内在丰满的。但是,十四世纪这段时间(相当于中国的元、明相交时期)在欧洲历史上却是一个灾祸横生、变异多有的时代。战争(包括"百年战争")、暴动、反叛、减去三分之一人口的黑死病,等等,使得整个社会动荡变化。教皇与国家之间的纷争、教派之间的纷争、教会的腐败、"神秘"异端组织(比如"自由

---

① 《佛教与基督教的神秘体验论——遭遇约翰·吕斯布鲁克》,第60页及其下。

精神兄弟会")的大量出现,等等,极大地震撼了基督教会。吕斯布鲁克在自己的著作中就严厉批评了当时教会的腐化和精神的贫乏,同时也批评了偏激的神秘体验论的倾向。

关于他的家庭,我们所知无几。只晓得他在十一岁时离家跑到布鲁塞尔的叔叔约翰·辛凯尔特(Jan Hinckaert)那里,并从此就住在这位任布鲁塞尔的圣·哥德勒(St. Goedele)大教堂牧师的家中。辛凯尔特叔叔送他去上这所大教堂的学校,学了拉丁文,在"语法、修辞和辩证法"方面受到教育。波莫瑞乌斯在他关于吕斯布鲁克的传记中为了突出这位大师直接从圣灵得灵感的形象,尽量淡化他的教育经历,说他只上了四年学。而另一些人则断言他不懂古希腊文,甚至不懂拉丁文。最后一条肯定不成立,因为吕斯布鲁克的著作表现出作者对拉丁文献有很好的掌握。不管怎样,他没有得到过大学学位,但在二十五岁时(1317年)获得了比较低级的牧师资格。在接下来的二十五年多的时间里,他是布鲁塞尔圣·哥德勒大教堂的一位低职牧师(chaplain)。就在这段时间中,在神秘体验的推动下,他写出了一系列重要著作,包括《爱者的国度》(可能写于 1330—1340 年间)、《精神的婚恋》(可能写于 1335 年前后)、《闪光石》、《四种引诱》、《基督教信仰》和《精神的圣所》。可见,他是位"大隐金门"的真隐者。就在布鲁塞尔的喧闹生活中达到了深邃的神秘体验。关于他写作的具体动机,研究者给出了这样三种解释:首先,吕斯布鲁克将教会的种种弊端归结到一点,即神职人员尝不到真正的精神"味道"(savor,滋味、风味)。"对他们来说,服事我主并无味道可言"。所以,"对这些人来讲,其修道院是监狱,而世界则是天堂"。[①] 为了弥补这种内在精神的缺乏,吕斯布鲁克愿意与他们分享自己体验到的精神至味。

---

① 莫玛子:"《(吕斯布鲁克)全集》前言",见 Opera Omnia I,第 21 页。

与此相关的第二个动机则是抵抗"自由精神兄弟会"一类的神秘体验潮流的影响。正因为教会人士品尝不到精神的风味,那些自称能提供这种味道的"左道旁门"就大行其道。第三个原因则是,吕斯布鲁克的一些朋友和学生(包括他指导的女自修士们)恳请他写下这些体验和他平日的口头传授,以泽及同道。这些著作、尤其是《精神的婚恋》和《精神的圣所》,在吕斯布鲁克生前就已在西欧产生影响。前者于1360年之前被译成了当时的教会语言——拉丁文。

1343年,吕斯布鲁克生活中发生了一个重要变化。他与其叔辛凯尔特及另一位更年轻的神职人员弗兰克·库登柏格(Vrank v. Coudenberg,1386年去世)一起离开布鲁塞尔,抛弃了在那里供奉多年的神职,来到布鲁塞尔以南约十公里处的"绿谷"(Groenendaal)隐居下来。研究者对于他们这个举动的原因有不少推测。简单说来不外乎"厌倦布鲁塞尔的教堂神职生活"和"被'神圣的孤独生活'所吸引"这样两条。由此可见,追求神秘体验者,不论多么重视"有神意的共同生活",还是如野鸟那样依恋山林,不适应于人间的体制之网,而渴望自由独处、尽性尽命的精神生活。这一点古今中外并无区别。

库登柏格出身于布鲁塞尔的显赫人家,他认识布拉邦特(Brabant,约相当于今天比利时北部与荷兰南部的一片地区)的约翰公爵三世,后者将绿谷的居所、池塘和林地赠与了这三位隐修者。在此之前的几十年间,此地曾有几位隐士住过。应最后那一位隐士之请,吕斯布鲁克写了《闪光石》。这三位高人起初并不想建立正式的修道院,因为他们"寻找的不是精神的机构,而是更深的精神体验"。[①] 但是,这种无任何名号的修行方式遭到非议。为了谋得一长

---

① P. 凡尔代恩(Verdeyen):《吕斯布鲁克和他的神秘体验论》(*Ruusbroec and his Mysticism*),Collegeville:The Liturgical Press,1994年,第13页。

久的安身之地,由库登柏格出面与主教商议,于1350年3月将此隐修所或乡野小教堂改为奥古斯丁修会属下的一座修道院(priory)。库登柏格任院长,吕斯布鲁克则被任命为副院长(prior)。① 辛凯尔特这时已年老体衰,并很快去世,所以未成为正式修士。但他一直被此修院尊为圣洁隐者。

从1343年开始,吕斯布鲁克一直住在绿谷,直到1381年逝世。在这几近四十年的岁月里,他过着一个常有灵交体验的隐居修士的生活,但也不拒绝接见来访的求教者,偶尔也到邀请他的修道院去传道解惑。"每当神启之光充溢他的灵魂,他就走向'森林中的一个隐秘之处'。在那里,他在一块蜡板上写下圣灵赐与他的灵感,然后将蜡板携回修道院。"②就这么一章一章地,他写出自己的著作。有时要等很久,圣灵才重新惠顾。所以,他的书中常有重复之处,但并不雷同。

波莫瑞乌斯记下了这样一个故事,并声称此事的目击者到他那时还活着。一天,吕斯布鲁克又走入林间的隐秘之处,在一棵椴树下沉思。"他的灵魂中燃烧着爱火,以至完全忘记了时间和钟点。"会中的兄弟们感到不安,于是分头到林中长久地寻找他。终于,一位熟识他的兄弟从远处看到一株树被光环围绕。走近方看见这虔修者正坐于树下,"沉浸于充沛的神性至福之中,神游象外。"③这株树因此而在后世受人尊崇。此传记中还记载了这位隐修者行的另外的一些奇迹。吕斯布鲁克在绿谷写出了《七种闭关》、《永恒拯救之镜》、《精神爱阶上的七层阶梯》、《关于启示的小书》、《十二位女自修士》和一些信件。

---

① 凡尔代恩:《吕斯布鲁克和他的神秘体验论》,第41页。
② 凡尔代恩:《吕斯布鲁克和他的神秘体验论》,第47页。
③ 凡尔代恩:《吕斯布鲁克和他的神秘体验论》,第48页。

二十六、吕斯布鲁克及其《精神的婚恋》中的"迎接"的含义

到 1381 年冬天,八十八岁的吕斯布鲁克生了很重的病。在这之前,他那早已过世的慈母已在他梦中预示他将不久于人世。他谦恭地要求修会中的兄弟们将他送入病室。在那里他的病情更加严重,发烧、泻痢;这样过了两周,终于在众人的祈祷声中,异常平静、安详地逝去。

他的著作不仅成为他所属修会的一个重要精神源泉,而且长久地影响到后来的神秘体验潮流,比如深刻地影响了"现代虔信派"或"共生兄弟会"的创始人杰哈特·格鲁特(Geert Groot, 1340—1384)[1]和此会中著名的 T. 肯姆本(Kempen, 1379—1471),德国重要神秘体验论者陶乐尔(Tauler, 1361 年去世)和莱茵地区的"上帝之友会"。这种影响还越出中北欧而施及南欧,比如间接地波及西班牙著名神秘体验论者十字约翰(John of the Cross, 1591 年去世)和阿维拉(Avila)的特丽莎(Theresia, 1582 年去世)。他的一些重要著作在其生前就被译为拉丁文和德文。他去世不久,其著作的英文译本也开始出现。十七世纪初有了整部《精神的婚恋》的法文译文。到十六世纪中叶,吕斯布鲁克的全部著作已被译为拉丁文,使得整个西方基督教世界都可以听到他的声音。[2]

尽管吕斯布鲁克在其著作中严厉批评那些非正统的神秘体验论者,但他的著作也曾遭到正统人士的怀疑和指责。就是对他的思想有强烈兴趣的人,有时也不能理解他的一些说法。比如格鲁特一方面被吕斯布鲁克的著作吸引,并极力传播它们,另一方面又怀疑其正统性,而且无法理解为什么这位神秘体验论者对上帝和地狱没有足

---

[1] 凡尔代恩:《吕斯布鲁克和他的神秘体验论》,第 76 页及其下。又见阿·汤因比:《人类与大地母亲》,上海人民出版社,1992 年,第 620 页。

[2] 凡尔代恩:《吕斯布鲁克和他的神秘体验论》,第 12—15 节、第 18 节。

够的恐惧。① 更严厉的一次指责来自曾任巴黎大学校长的J.吉尔森(Gerson, 1363—1429)。他一读再读拉丁文的《精神的婚恋》之后，感到这是一部异端作品。于是在1396年与1399年之间写信批评，认为这书中第三部分关于人神通为一的阐述了抹杀了两者之间的根本区别，是泛神论的，因而应被拒绝和烧掉。吉尔森知道吕斯布鲁克在这书的第二部分斥责了不顾人神区别的神秘体验论者，但在他看来，这位布拉邦特的隐修士自己在该书的第三部分又堕入其中。绿谷修道院的修士极力为自己的精神导师辩护，但并不能说服这位权高望重的神父。他在1406年再次写信，更严厉地指责吕斯布鲁克的泛神论。由于种种原因，吕斯布鲁克的学说没有被教皇谴责，而是作为合乎正统的神秘体验学说流传了下去。不过，从道理上讲，吉尔森的判断并不错；吕斯布鲁克达到的最高精神境界确实超出了公教会能容忍的范围。

2.《精神的婚恋》中"迎接"的含义

《精神的婚恋》是吕斯布鲁克的主要作品。它分为三部分，相应于他讲的三种人类生活：行动的、渴慕的和沉思的。② 每一部分都有一个由相同的四个步骤组成的结构。这结构来自《圣经·新约》中"马太福音"的一句话(25：6)："看，/新郎来了！/出来/去迎接他。"③ 最后的步骤，即"去迎接(meet)他"或"去与他相遇"，不仅仅是前三

---

① 凡尔代恩:《吕斯布鲁克和他的神秘体验论》,第78页。
② 见以上已引用过的吕斯布鲁克《全集》第三卷(Opera omnia III),第一部分,第40—47行。
  以下引用此书时将一律在正文的括弧中直接给出此《全集》版提供的标准行数。"b"与"c"分别代表此书的第二部分和第三部分,前面不加字母者为前言和第一部分。
③ 此译文按英文《圣经·新约》及《精神的婚恋》英文本重译,略不同于和合本。

个步骤或阶段的目的,而且是所有基督教的神秘体验和思想的最敏感之处。它既吸引神秘体验者,又总对他们已经获得的东西形成挑战。莫玛子写道:"这个首要阶段的高潮便是吕斯布鲁克所说的'迎接'或'相遇'([荷兰文为]ontmoet,[英文为]meeting)。这个词不仅是整部《婚恋》的关键,而且是他在其他十部作品中描述的神秘体验的中心。他所写的一切东西都以这个迎接的思想为中枢。"① 以下就将探讨这个"迎接"或"相遇"的三个方面,并同时阐述吕斯布鲁克精神世界的独特之处。

2.1 迎接神的可能性——人的生存结构

吕斯布鲁克关于"所有人中的三重统一"(triple unity)的阐述为我们提供了一个"自然的"(natural)起点。这"三重"意味着人类生活的三个层次。最低一层属于身体功能的领域。这些功能包括五官和身体行为,它们在与身体不可分的"心灵"(heart or soul)中达到统一。第二个层次包括更高的功能,主要是记忆、智力和意志;它们在精神或精神性的心灵中达到统一。最高的、对于吕斯布鲁克来说也是"最初的"(b36)统一"处于神或上帝之中","因为所有的被创造者在其存在、生活和持续中都挂在(hang in)这个[与神的]统一里。如果他们在这个意义上与神分离,他们就会化为虚无"(b36—39)。所以,人在最低层次上是感性的和动物性的;在中间层次上是理性的和精神意志的;在最高层次上是有灵性的或与神相通的。而且,我们"从根本上说来"是由最高的与神的统一"支持着的"(b56—58)。用哲学的话来讲就是,人从存在论上讲(ontologically,本体论地)是属灵的。

---

① 莫玛子:《佛教与基督教的神秘体验论——遭遇约翰·吕斯布鲁克》,第146页。

这里有几点值得注意。首先,从根本上说来,人类存在者并非只能从低处(感性领域)向上攀登,最后迎接到神或与神相遇。相反,他们已经"挂在"了神之中。因此,这起头的统一恰是最高的统一。每个人都可能迎接到神的来临。在这一点上,所有的人都是共同的(common, ghemeyne)。人类就生存于这种与神的自然的相遇(natural meeting)之中。用更文学的笔法来表达就是:人类生存于迎接神的生命潮汐之中。在这个意义上,我们已经处在神的恩惠里。我们之所以能在所有三个层次上以各种方式迎接神,就是因为它们都倒悬于最高的统一里边。只是在较低的两个层次上,这迎神或与神相遇要通过形象、概念和意志的中介,而在最高层,就有可能去直接和无形象地迎神。一般说来,人类被其较低的功能世界束缚着。这样,基督就似乎总是从上而下、自内向外地俯就我们,而我们则是自下而上、自外而内地迎接他的到来(b1390—1392)。

在这一重要问题上,可以看出吕斯布鲁克与那些只意识到人与神的根本差异的神学家们的区别。按照后者,人与神的充分再统一只发生在最后审判时的信仰者那里,根本不可能有此生的,特别是当下直接的与基督的统一或合一。吕斯布鲁克从不否认、反而在方法上强调了人与神的区别,但仍然坚持认为这种统一对每个人都是可能的。他同意明谷的贝尔纳的看法,主张除了道成肉身和最后审判,还有基督的第三种来临,即可能在任何时间、地点和信仰者心灵中的来临(157—159)。同理,非基督徒与基督徒一样,可以凭借其自然本性而超出理智和意志的层次,达到安宁(rest)。不过,除了意识到这种自然式的沉思中包含的非基督教危险之外,吕斯布鲁克还认为,通过这种方式达到的安宁不是终极的和最高的。只有在人纯一地看到(one-fold seeing)基督的来临或处于对基督来临的倾心之爱中时,沉思才能达到最高境界,人才能获得充分的自由。所以,吕斯布鲁克讲的四步结构中的头三步,即"看,/新郎(即基督)来了!/出来",是获致第四步、也就是真实沉思的必要前提。毕竟,按照吕斯布鲁克,人在最终的意义上是悬于与神的统一之中,而非自然之中。以这种方式,吕斯布鲁克在基督教里为神秘体验建立起正统的地位。如果每个人都在某种意义上可能有这种体验,那么一位谦卑的基督徒表现出它来也就无以为奇了。更何况,真正基督徒的沉思具有自己的独特标志,即在爱中看到基督的来临,并因此而能达到一个异端的沉思无法企及的"超本质"的层次(c20,c103)。

2.2 在爱中迎神

吕斯布鲁克对于人类本性的看法开启了个人直接迎接神、际遇神的一条道路。在这条路上,信仰者不仅能够期待在道德和末世的意义上得拯救,而且还可能在体验中与基督直接相遇,其中充溢着欢喜、启示、安慰和至味。所以,它一方面以其直接性不同于一般的基督教经验,另一方面又以其基督信仰而不同于非基督教的经验,包括在梦幻和艺术中的出神体验。对于吕斯布鲁克,这至高至极的迎神是"无公度的、不可理解的、不可[循阶而]达到的、不可测度的"(847—848),因为"那里的神辉是如此灿烂,以至一切理智无法靠近,而只能在受苦中顺从神的不可理解之光明"(b1305—1307)。这也就意味着,要在最终的、涉及我们存在本性的意义上迎接神,信仰者就必须摆脱掉一切隔膜的形象(b25),超出一切多重性和理智(b850,b1274),放弃自己(b658),而"永驻于安宁"(b1709)。然而,我们已知道,一位基督教的神秘体验论者不可能抛弃一切形象(image)、理性的指导和对基督的辨认及与基督的个人关系。按照基督教的基本学说,人是按上帝或神的形象而造(b1422以下)。他应该尽力"在恩典和美德中去与神相似"(b1450)。而且,获得安宁者并不一定是基督徒,因为"善人[即真正的基督徒]与恶人都以各种方式追求安宁"(b1978—1981);并且,"当一个人的感性不受形象困扰,他的更高能力蹈空而无为,他就仅仅凭借自然本性而进入了安宁"(b1979—1981)。这样,基督教的神秘体验论者就面临两难的要求:既要去掉象,又要追随某种象,也就是圣子基督之象。而且还有进一步的困难。当这信仰者说他或她抛弃一切隔膜之象而只保留神或神子之象时,会面对这样一个问题:你如何知道你的神象是真的而不是伪的?为了摆脱这样的困境,基督教神秘体验论者选择了爱这条迎神之路,也就是对于兼具神与人两重性的基督的个人之爱。基督教似乎从一开始就不缺少"爱你的主"这样的要求。但以如此直接地、个人地、行吟诗人般地、生动地,甚至是带有感性色彩地去爱神与基督却要归于明谷的贝尔纳、圣蒂尔里的威廉(William of St. Thierry)、哈德薇希和吕斯布鲁克。这种爱满足了基督教神秘体验探讨的需要。无须扫去一切象,这爱的体验超出了多重性;不必抛弃一切行为,它进入永恒的安宁。

《精神的婚恋》这本书的书名和新郎新娘的比喻清楚地提示出这条在爱的、而且是婚恋之爱中迎神的道路。它首先是"一种感性的深情,它浸透人心,唤起灵魂的胃口;……这是一种对于神和包含一切善的永恒之善的饥渴的、充溢着味道的(savoring)欲望"(b228—232)。那些具有这种爱或受其"伤害"(wounded)者(类似古希腊人讲的中了爱神之箭者)一定会像世间的痴情人(devoted lover)那样经历苦与乐,只是更深更强,最终成为一"爱的沉思者"(love contemplative, c66)。在其神秘体验的顶端,他或她"仍然是一爱者",因为通过这可欣享之爱,他或她超出自己的被创造性,找到并品味着神本身的丰富与至福(c174—175)。然而,S. 艾克斯特尔在其著作《低地国家的精神性》中讲:"我们切切不要被《精神婚恋的盛装》的名字所欺骗,也不要被从《圣经》中所引的那句起到骨架作用的话所欺骗。尽管这本吕斯布鲁克的最出色著作从表面上看具有一婚恋的'起头'或'安排',他的精神离奥古斯丁远比离贝尔纳近。"①尽管我们必须承认这判断里有一部分是对的,即吕斯布鲁克与贝尔纳有所不同,我们将会看到,这婚恋的"安排"对于吕斯布鲁克并不仅仅是表达"所有超自然之爱的形而上学基础"②的"一副骨架"。吕斯布鲁克所说的比那要微妙得多。对于他,"没有爱的运作,我们就既不配也达不到神"(b1925—1926)。

我们可以在《精神的婚恋》中所谈的爱那里找到一些重要特点,它们与人间的痴情之爱相似,却极不同于形而上学的进路。首先,按照吕斯布鲁克,这爱是一种完全的"投入"或"陷入",既盲目又感性。"它是盲目的,要求享受;而这享受更与品味和感情而不是理解相关。"(b1311—1312)因此,也就是第二点,这爱是一种"燃烧的爱"(b1258)并"是一种饥渴的、充溢着味道的欲望"(b231)。第三,这爱经历许多苦乐。在这爱的暴风雨(b491)之中,任何概念的步骤都维持不住,也不能平息或减弱这爱的火焰。爱者被一种可称作是"爱的逻辑或逻各斯"③所折磨,因为这爱以无数方式来阻止爱者赢得他或她所爱者。比如,爱要"俘虏"爱者,将他或她置于奴隶般的地位,使其胆怯、古怪、不一致、可怜、神经质,甚至显得可笑。"精神的沉醉在一个人那里产生出了许多奇怪的行为。"(b340—341)但同时,这爱

---

① S. 艾克斯特尔(Axters):《低地国家的精神性》(*The Spirituality of the Old Low Countries*), D. Attwater 英译, London: Blackfriars, 1954 年, 第 39 页。

② 艾克斯特尔:《低地国家的精神性》,第 39 页。

③ 哈德薇希在她的"诗篇第 40 首"第 7 节中说:爱(minne)是"一种无人能真正解释的游戏"。(引自《在荷兰语世界中的女作家文选》,第 20 页。)在这个语境中,我们可以将这里所讲的"爱的逻各斯"看做是爱的游戏中包含的不可被直接表达的"规则"和"语法"(在后期维特根斯坦所赋予的意义上)。

在一个黑暗的背景中照亮了、突现出被爱者。"人既不能得到也不能放弃他(即基督)"(b440—441),而是在"永恒的、永不能被满足的饥饿"(b1314)之中受折磨。出自精神的饥饿和欲望,"此狼吞虎咽的精神总是想像它在吃掉和吞掉神;反过来,由于与神的接触,它也不断地被[神]吞食"(b1366—1368)。应该说,这是真真实实的、有血有肉的爱,而不只是一副爱的骨架。没有这爱,《精神的婚恋》整部书就会无魂无味。

对于一个基督徒而言,采取爱这条道路有数种含义。最重要的是,他或她因此而得到了一个宗教追求中使意义发生和得到维持的机制,并在内心深处由它引导。虽然这爱是"盲目的",它有自己获得意义的方式,也就是维持这爱火的方式。这就是本文所讲的"爱的逻各斯"。它从本性上是一条开启和维持的而不仅仅是在某些现成的可能性中加以选择的道路。以精神之手捧着这团火焰,当事人就卷入了一个与使用自己的概念理性十分不同的形势。概念理性涉入的形势从根本上讲是散漫的和以自我为中心的,但爱火的燃烧有自己的内在要求,而且必须不断地去维持这火。因此,他或她直觉地感受到这火的变化,并因此而去做这燃烧所要求的事情。他或她必须以急如星火和自发反应的方式去跟从这燃烧,不然这火就会减弱和熄灭。受此火的驱动,他或她只能从自身走"出来",投入一个发生着的过程。"这就是为什么爱总要继续前行,而理智却滞留于外的原因。"(b1313)这爱有它自己的生命和生存方向。尽管心和灵魂感受到它,但这爱却不受心灵的控制。它乃是灵魂与神之间的触发点和消融点。在这爱中,人感到"不可理解地丰富和崇高"(b932),总是迎接到、遭遇到新的东西。

出于同样的原因,爱将爱者与被爱者分离开来。这爱需要距离来促成一个真实的"迎接"。爱者绝不能将被爱者作为某种对象来把握,而他或她自己也绝不能是一主体。他或她反要被置于"被遗弃"(b671)、悲哀和孤独的状态之中,以便去掉一切自然的和外在的迎接方式。这爱是一个势必穿透和转化这爱者灵魂的纯意义发生。这就是真爱,特别是对神的爱与依附于可被对象化的被爱者的"爱"的区别。

成为一个爱者就意味着处身于压倒一切的爱之风暴中。正是这风暴本身而非在此风暴中的人主宰着整个局面。在这"永恒饥饿者"的爱之体验中,总有"深渊"、不可预期的事件或戏剧性的转变,也没有一个现实中的完满结局的保证。比如,吕斯布鲁克讲到这爱者可能"死于爱"(b526)。这也是神秘的爱神体验与黑格尔讲的辩证过程的区别。这爱的体验是无底可言的、无"绝对"保证的经验,因此爱者要准备遭遇到各种事情,从"多种瘟疫疾病"(b605)、"赤贫"(b595)、"误解"、"被所有人轻蔑和拒绝"、"被人怀疑",到"被神遗弃"(b637)。所以,"神充溢于一切事物,但总不被包容住"(b1322—1323)。

任何要追寻终极的宗教都面临永恒的挑战或两难,因为一方面终极不可能被作为直接目标去追寻,另一方面,没有动心忍性、百折不回的追寻,就绝不可能有重大宗教意义地揭示终极实在。吕斯布鲁克和哈德薇希所讲的爱提供了一条走出这种两难的道路,因为在这种爱之中,在被追求者消失了的情况下,这追寻依然甚或更加充满生机。这要归因于爱的自生力或爱的逻各斯;由于它,"颓败凄凉成为永生的酒"(b649),而所有要留住这爱的甜蜜的努力也定会让它变味。事实上,执著于神恩或视神恩和拯救的许诺为现成的东西是最顽固地阻碍一个信仰者"出来"去"迎接"神的因素。在那种情况下,他或她就失去了自己信仰的"活的源泉"(b839),而只待在一种"赤裸的知识和对自己的感觉"之中。信仰者的心智、意志绝超不过一个最终的界限,即在他与神之间的那道永恒的帷幕,被神秘体验论者们描写为"深夜""冬天""黑暗""深渊"和"虚无"。要穿过它,这信仰者必须成为依恋神的孩子、热恋基督的情人,而不是一位硬邦邦、干巴巴的信仰者。换句话说,他或她不能只依靠仪礼、学说、许诺,甚至德行,因这后者也只包含一种有条件的爱("我爱神,因为神能赐我……");所能凭借者只能是在神秘体验中燃烧着的无条件之爱,绝不亚于中世纪的骑士之爱和行吟诗人歌唱的浪漫之爱。这些有自己的生命或意义机制的爱能够不靠被爱者给予的回报而燃烧,因为这爱能够"在所有痛苦和所有遗弃那里生出内在的欢喜"(b622—623)。因此,就出现了这样的可能:爱者追寻着其爱而不执著于所追寻的目标。只有在这种情况下,他才能"不在乎是在地狱还是在天堂"(b620—621),并因此而击破其信仰中最坚硬的阻塞,即视自己的拯救或与神的最终相遇为一可描述目标的态度。他的信仰因此而成为活生生的,"因为神要我们按其崇高的方式被爱;在这里,一切精神都要失败;因此这些精神的爱就成为无形式、无确定方式的了"(b993—994)。"这里没有任何人,只有神出自其自由的善意在运作;这自由的善意乃是我们所有的善行和幸福的来源。"(b1271—1273)

在与神的直接相遇中,这爱者自动地具有各种美德,因为"爱本身"是"所有美德的源头和根基"(b1359)。例如,一位真正的爱者服从爱的逻各斯的要求,就必是谦卑的。爱无法在傲慢中生存,因这傲慢会阻碍真正的相遇。爱者总感到其本身的局限或与其被爱者的差距。这不是被动的、相对的局限,而是在那里有源泉涌出的深渊。它使得这爱者能够在生存的含义上从自我的封闭中"出来"。因此,他或她越是谦卑,这爱的火焰就燃烧得越是旺盛和明亮。重要的是,这爱者并不需要说服自己、束缚自己而做到谦卑;爱本身就使得他或她谦卑。出于同样的道理,这爱者从根本上就是能忍耐的、柔顺的、善良的、富于同情心的、慷慨的、纯洁的、公正的,等等(427—712)。

2.3 在永远更新着的爱中获得平衡

吕斯布鲁克在神秘体验传统中的独特地位被认为是他的思想所具有的一种平衡感。他甚至要以行动的和共同的生活来平衡沉思的生活。凡尔代恩说:"在精神的历史上,吕斯布鲁克是第一个有意识地使沉思生活的意义相对化的人。"① 这种看法很有道理,但问题在于如何准确地理解这种平衡感。很明显,平衡意味着维持于两极或两个方面之间。一般说来,吕斯布鲁克的平衡感表现在:相对于特定的沉思生活,他强调共同的、普通的(common, ghemeyne)生活的重要;相对于安宁,他要讲行动;相对于与神合一,他说到人性;相对于精神的沉醉,他讲开启的理性(b1003);等等。莫玛子甚至言及吕斯布鲁克著作中的一些句子所具有的平衡结构:"他的句子经常由两个语法上相似但语义上相反的部分组成,有时还伴有发音的相似。"② 例如:

当他安止于欣享时,就全在真神中(daer hi ghebrukelijcke rart);

当他爱恋于劳作时,就全在自身里(daer hi werckelijcke mint)。

当这精神在爱中燃烧,它就发现了区别和他者(Daer die

---

① 凡尔代恩:《吕斯布鲁克和他的神秘体验论》,第115页;又见此书的"结论"部分。
② 莫玛子和布拉格特:《神秘体验论:佛教与基督教》,第142页。

gheest berent in minnen……),

　　当它被烧尽，它就是单纯的和无别的(Maer daer hi verberent……)。①

　　对于莫玛子，"这种风格突出特异，迫使读者去关注它。只有通过吕斯布鲁克的风格才能理解他思想的内容。当我们研究他对于神秘体验意识的描述时，最好将这一点牢记在心。"②

　　尽管如此，这平衡感却没有超越爱的体验，反倒应被理解为这爱所要求的，如果它足够原发的话。在深刻的意义上，爱根本不需要被外在于它的东西平衡，而是会引出这种平衡。所以，我们最好将吕斯布鲁克的独特之处看做是在爱的体验之中的平衡。这爱就包含了两极，并在它们的原发相遇中实现出自己。爱与一般理性的不同并不在于它是反理性的，而在于其原发性(b996)。由于这原发本性，它能拥有对立的两元，并让它们相交相即。

　　我们在上面已看到，爱的体验并不总是出神狂喜的，而是注定要"失败"、"凄凉"和"被神遗弃"。在这种可悲的状态中，如果对神的爱依然不泯，它就必取得一新的形式。"此人以前在渴望的爱火中所实现的美德，现今要以劳作和善心来实现，并将它们奉献给神，如果他知道这些美德并能实现它们的话。"(b641—644)因此，他或她"从起点再次起头"(b996)，无法执著于在个人沉思中建立起的与神的特殊关系，而是要以劳作和善心将自己开放给世间的所有人。他或她的爱必须是"共同的"或"普通的"，不然不能成为对神的爱。所以，"此人应该以极大的同情和慈悲到罪人们那里去，……富于共同普通

---

① 莫玛子和布拉格特：《神秘体验论：佛教与基督教》，第142页。
② 莫玛子和布拉格特：《神秘体验论：佛教与基督教》，第144页。

的爱"(b1016—1017，b1024)。他或她必须以基督为榜样,"极度共同普通并在永恒中保持它"(b1090)。"他的灵魂和身体,他的生死与奉献过去是、现在也还是共同普通的。"(b1101—1102)事实上,吕斯布鲁克视这种共通的爱或爱的"共通样式"为"高于一切其他样式的"(b1088)和"最崇高的"(b1089)。其理由之一就是:在人与神的个人关系和人被遗弃的状态之中,要成为共通的,就势必更彻底地摆脱掉我们的自然性。"我们的自然性"中有一种沉滞于可把握者和可享受者的倾向。"我们太狭隘、太渺小,以至理解不了基督。"(b1835—1836)这种自然倾向定会减弱我们与神相遇的真实性和崇高性。因此,对于一个沉思的和倾向于隐居独处的神秘体验者,这爱的逻各斯就要求他或她去实现一个转向,即转而成为共同的、平常普通的、对一切人开放的,以加强爱的饥渴,化去爱的特定样式,从而保证这迎接或相遇的纯真。不然的话,"我们的自然性或自我性就会占上风,而不是处于永恒的失败之中"(b1318),并因此而失去爱的灵魂。

同理,爱本身就既需要行为,也需要安宁,以成为真正的爱。作为一团精神之火,这爱从根本上就是行动着的并是动态的。但是,如果这行动只意味着施于对象的行为而不是消融掉人的执著僵死的行为,它就会失去(神秘体验中的)"酒"(b199)、"甜蜜"(b528)和"泉源"(b1263)。只有当人能够在与神的关系中找到"安宁",他才在爱里边。"无爱者,无安宁;无安宁者,无爱。"(b1712—1713)所以,"爱得越崇高,就越有安宁;越是安宁,就爱得越内在"(b1711—1712)。"这里,精神由于爱而高升,超出行为,进入到[与神的]统一之中;那里神触的活泉在涌动着。"(b1285—1287)然而,如果这安宁被认为是"一种无任何内外实践、只处于空洞中的静坐"(b1987—1988),它就是一种"自然的安宁"(b1997)。它不促成迎接或相遇,反倒败坏

之。这样的神秘体验者就被圈在他自己里边,不能在事先无法确定的时刻"出来"去"迎接"新郎。吕斯布鲁克写道:

> 那些最单纯的人是最安静的,在其自身中享有最完全的平和;他们最深地沉浸在神中,随之而去;他们的领会力最充分地被开启,在善行中有最丰富的多样性,而且在充溢而出的爱中是最共同普通的。(b1767—1771)

在《精神的婚恋》中,我们可以辨别出关于"行为"的两种含义。当吕斯布鲁克谈及"超出所有美德"(b733)或"超出这些行为"(b1986)而"安止于神中"时,这些美德就是指"被造者的行为"(b1444—1445),通过它们我们只能"间接地"(b1459)迎遇到神。作为其他两种生活——内在的渴念生活和沉思神的超自然本性的生活——的准备阶段的"行为的生活"(42)中的行为也具有这种含义。但吕斯布鲁克的思想方式绝不是直线的、僵硬等级制式的,而总会旋转回来并且"总要求一种回流"(b986—987)。对于他来讲,"这种出流和回流引得爱泉溢流不止"(b1351—1352)。因此,这看起来谦卑的"行为"还有一种崇高的含义,即在"永恒的行为"(b1721)和"永恒的饥渴"(b1843)之中表现出的原发含义;而这种意义上的行为存在于神秘体验的最高阶段和神性之中。

> 每一位爱者在爱的行为中与神相伴、处于安宁之中,并且模仿着神;对于神,……安宁在一,行为在三。(b1718—1723)

> 因此,形成神秘生活三重样式的神性中的三位一体从本性上就是行动着的、原发的,并因而在最纯粹的基督教含义上表现"爱着的迎接"(38,c182—183):

> 这充满幸福的迎接和相遇,按照神的样式在我们里边以行动着的方式而更新着,从不停歇。……这更新在爱的结合中时刻发生着,因为正如圣父在其子的出生中不停地看到一切都被更新一样,一切事物在圣灵的溢流中都被圣父和圣子全新地爱着。这就是圣父与圣子的行动着的相遇;我们在其中、在永恒之爱中通过圣灵而被充满爱意地拥抱着。(c199—206)

这种阐述清楚地表明了吕斯布鲁克的一个敏锐洞察,即在终极实在中没有任何可执着、可实体化的东西。现在我们能够更好地理解为什么爱对于这些基督教神秘体验论者是如此关键。在人类的各种经验中,爱是最动态的、境域发生的、需要不断更新的,并且同时是最忠诚、最能自身维持和富于成果的。

> 这里只有永恒的沉思,在光明之中凭借光明来凝视着光明。这新郎的来临是如此之快,以至它总已经来到着(is always having come),无限丰富地在内心深处存在着,不停地作为个人而再次来临;并且带着全新的光荣,好像他以前从未来过。这是因为他的来临总发生在一个无时间可言的永恒的现在之中。这现时当下也总在新的欲望和新的欢乐中被知觉到。(c80—86)

实际上,吕斯布鲁克的平衡感就来自他对于这不断更新的永恒现在的洞察,而不必与其他外在的考虑有什么重要关联。他需要这两极之间的总被更新的关系而不是任何实体来使得这迎神出现,"因为神是那潮汐涨落的大海,涌动不息"(b987)。简言之,这是一条引发着的而非被动折衷的中道。人与神就在这燃烧着的中间,也就是一切激流的源头处相迎相遇。

基督教神秘体验论的纯思想含义迄今还很少受人注意。宗教改革、启蒙运动之后,此潮流在基督教内衰退。路德新教中几乎没有或很少有它的地位。提到神秘体验论,一般总将它与民间迷信、邪门歪道或至少是完全的反理性倾向混淆起来。现在介绍中世纪思想的文字,就是提及贝尔纳、圣维克多·里查德、艾克哈特等,也只介绍其理论性的学说,几乎都不关注他们在爱的神秘体验论方面的主张和精神朝向,更不考察这"爱"的确切含义及其在宗教思想、哲学思想中的意义。这种情况不利于我们完整地了解基督教的精神世界和思想世界,也不利于对与之相关的许多领域,比如西方哲学史和现代西方哲学的深入了解。实际上,中世纪基督教的爱情神秘体验论的出现有它内在的思想动机(反概念神学,但又不放弃一种纯意识体验的、"现象学式的"精神追求)、重大的思想成就(艾克哈特的《讲道与论文集》只是其中一例)和深远的影响。而且,由于它较少依赖教条的和观念上的学说,而注重从人的直接体验中获致气象万千的意义境界,它对于未来人类思想和精神的潮流可能会有某种影响。

了解它能帮助我们从更多的,甚至是更真切的角度来理解近现代的西方哲学。比如,一些开创型的唯理主义大师似乎也与神秘体验论有一定的关联。笛卡尔的"沉思"意在抛开一切教条和观念的前提,而找到思想最原发明白的起点,就带有神秘体验论的风格,而大不同于经院神学。"我思故我在"的命题除了其概念理性的一面,也有它"现象学体验论"的一面。[①] 斯宾诺莎叛出犹太教门,终生自甘

---

① 参见莫玛子:"关于'我'的问题"("The Problem of the I"),*Bijdrage* 56(1995),第 257—285 页。

贫贱,就是为了"探究究竟有没有一种东西,一经发现和获得之后,我就可以永远享有连续的、无上的快乐"。[①] 他发现在感性观念知识和理性概念知识之上还有第三种"直观知识"或"真观念"。人越有此直观知识,则"越爱神",[②]但凡爱神的人绝不能指望神回爱他。[③] 由此可见,斯宾诺莎的精神和思想追求中的两个倾向:(1)达到直观的、"爱神的"、伴有"无上"幸福感的、合灵性与理性为一的体验;(2)唯理主义的表述方式及泛神论的倾向("神"对于他是非人格的,因而说不上"神爱人")。而我们已经看到,基督教的、包括吕斯布鲁克的爱的神秘体验论总有被正统神学家指责为"泛神论"的可能,而它也因此总在力图通过批评更激进的神秘体验潮流去"划清界限"。

至于中世纪的神秘体验论对于现代西方哲学的影响,更是明显。"现象学转向"之后的欧陆哲学及神学已潜在地具有认真看待神秘体验论的可能。海德格尔受到过艾克哈特的有力影响。他在其关于邓·司各脱的教职论文(1915年)的末尾主张理性主义哲学与中世纪的神秘体验论的结合。这两者在他那里的合流和现象学化形成了他的存在论意义上的现象学—解释学的独特思想方式和表达方式,对其后的哲学、后现代潮流和二十世纪神学产生了重大影响。

至于神秘体验论与东方思想的关系,更是一个有趣的课题。不考虑其神秘体验的维度,基督教与东方(印度、中国、日本)的精神追求相距之远,足以阻断任何实质的交流。但读到吕斯布鲁克、哈德薇希、艾克哈特的东方人会产生读安瑟伦、托马斯·阿奎那时不会出现的亲近感,尽管仍然有相当的差距。东方充溢着广义上的"神秘体验论",但似乎缺少这种"爱的"神秘体验。中国古人讲的阴阳相合、婆

---

① 斯宾诺莎:《知性改进论》,贺麟译,商务印书馆,1996年版,导言第一条。
② 斯宾诺莎:《伦理学》,贺麟译,商务印书馆,1981年版,第五部分,命题15。
③ 斯宾诺莎:《伦理学》,第五部分,命题19。

罗门教—印度教和佛教密宗中的一些讲法和修行法、道教的房中术，都有借用两性之爱而修正果的意向，但与中世纪基督教的受到当时宫廷中骑士之爱风气影响的爱情神秘体验大有不同。孔门讲的"好德如好色"、"君子之道，造端乎夫妇，及其至也，察乎天地"（《中庸》），与之倒有几分相似。性爱与精神之爱在宗教中的作用与相互关系，是个令西方人感兴趣的题目。在这方面，M. 舍勒（Scheler，1874—1928）的现象学探索与弗洛伊德的研究方式很不一样，值得注意。

爱的神秘体验论的精神意向在于，既追求终极的信仰，又不甘于只做一个观念、道德、意志和教派意义上的信仰者，而要在最动人的爱情中直接与神相交流相沟通，活生生地品尝到信仰神本身的至味。换句话说，这种神秘体验者追求的不是信仰的力量、靠山、稳妥和平安，而是信仰本身充满汹涌爱潮的生存境界。它是基督教这棵古树上开出过的最绚丽纯真、最香气袭人的精神花朵。这可不是后现代潮流追求的"精神快餐"，或靠吸毒达到的片刻销魂。它是在那禁欲的悠长岁月里，在虔诚的孤灯暗影下，在回漾着祈祷和吟唱的教堂中，多少代人以全部生命和爱情浇灌出的精神之花，酿出的令人"长醉不醒"的神秘体验之"酒"。它是我们这个时代风气的反面，让我们在其中依稀看到近现代西方和受其影响的近现代人类得到了些什么，又失去了些什么。

二十七、感受大海的潮汐

——《神秘主义经典系列》丛书总序[①]

"神秘主义"(mysticism)[②]既指人的神秘体验(mystical experience),又指那些建立在这种体验之上的思想和学说。所谓"神秘体验",是指这样一种经验,人在其中感到自己与一个更高、更深或更神异的力量相接触,甚至合而为一,体验到巨大的幸福、解脱、连贯和至真。至于这个更高深的力量是什么,则依体验者所处的文化、有过的经历而得到不同的指称和解释,比如"梵"、"神我"、"佛性"、"酒神"、"缪斯"、"基督"、"上帝"、"太一"、"道"、"天"、"元气"、"元神"、"太极"等等。这和不寻常的体验往往给体验者以极大的激发、启示、信心和灵感,由此而创造出精神上的新东西,成为艺术的、宗教的、哲学的、社会的,乃至科学的新起点。当然,也可能变为异端邪说、迷信偏执的源头。实际上,这是人类史上许多民族中广泛存在的一种现象,可类比为精神上的基因突变,是文明、宗教、艺术和思想发展变革的一

[①] 此章写于2001年。

[②] 将"mysticism"译为"神秘主义",沿袭已久。它的不妥之处在于,几乎所有的"mystic"或主张"mysticism"的人都强烈反对让任何"主义"(观念化的理论、作风和体制)来主宰或说明自己的精神追求。他们所寻求的是超出任何现成观念的原发体验;在基督教(主要是宗教改革前的基督教和改革后的天主教)可说是与神或神性(Godhead)相通的体验,在非基督教的,特别是东方文化传统中,则是对本原实在(梵—我,道,佛性)的体验。这样,称之为"主义"就有悖其义。此外,在当今汉语界中,"神秘主义"似乎带有浓重的反理性色调,在许多语境中已不是个中性的,而是否定性的词。将"mysticism"译为"神秘体验论"就避免了这一层不必要的成见。但是,迫于各种压力,包括这批书的译者们的语言习惯,我也只好暂用"神秘主义"这个蹩脚的译名。

个原动力。因此,不仅那些受过它的激发的人们,比如古印度《奥义书》的作者们、释迦牟尼、瑜伽行者、毕达哥拉斯、苏格拉底、柏拉图、普罗提洛、基督、奥古斯丁、艾克哈特、十字约翰、穆罕默德、萨满教的创立者们、喇嘛教的大师们、老子、庄子、孔子①、孟子、李白、禅宗大师等等,创造出了各种精神业绩,而且这种独特的,从某个角度上看是意义重大的现象也吸引了不少研究者们的兴趣。他们从哲学、宗教、自然科学、社会科学等角度来研究它,比如美国著名哲学家威廉·詹姆士的《宗教经验种种》(1902 年)、日本学者铃木大拙的《基督教与佛教的神秘主义》(1957 年)、鲁道夫·奥托的《东西方神秘主义》(1957 年)等就是从心理学和比较宗教学角度做的研究,得到全世界学术界的重视。

现代西方哲学中的直觉主义和现象学对神秘主义体验的哲学含义也有所关注。比如马丁·海德格尔在其思想形成期就受过艾克哈特的神秘主义的影响。他认为:"与生命(Leben,生活)分离的,以理性主义形象出现的哲学是无力的,而作为反理性主义体验的神秘主义则是无目的的。"他相信两者的结合会产生"充满生命活力精神的哲学"。②

历史上和当前的世界中,都有一些创立邪教者利用神秘体验(其中不乏并无此种体验而加以伪造者)来声称灵异,敷衍歪说,这完全不说明神秘体验本身是邪的。那些人同样利用自然科学来宣扬邪说。任何吸引人的精神现象或事业都可能被用到正的或邪的方向上去。而缺乏对神秘体验现象及其精神事业特点的了解,则肯定会减

---

① 关于孔子的神秘体验,可参见拙著《孔子的现象学阐释九讲——礼乐人生与哲理》,华东师大出版社,2009 年,第 2 讲第 5 节和第 4 讲。

② 海德格尔:《早期著作》(*Frühe Schriften*),德文版,Frankfurt am Main: V. Klostermann,1972 年,第 352 页。

少人们抵御邪教的能力,不但不能鉴别神秘体验的真伪,而且一见到这种异常现象就或者以为它代表了更高的绝对真理,盲目追随,或者以为它是洪水怪兽,力图去全力扑灭。然而,我们知道,这类异常现象在有人类生存之处就总会以这种或那种方式出现的。

到目前为止,中国的读书界和学术界还未能有效地、成系统地和有计划地来接触和深入了解神秘主义。这对于我们民族的精神状态和思想创新都是不利的,对于我们以合适的方式应对一个全球化、网络化和后现代化的时代也是不利的。在这样一个时代中,神秘体验和与之相关的文化事业倒有可能越来越有影响。本套系列丛书[①]就旨在向中国读者认真地、严肃地和科学地介绍神秘主义,既介绍建立在神秘体验之上的有过广泛影响的思想与著作,也介绍研究神秘主义现象和有关学说的学术著作,以便我们的同胞对这种影响广泛的精神现象和学术探讨有一个起码的了解。所选书籍都是严肃之作,经过时间的考验,在东西方的学术界和读书界具有广泛而良好的影响。

最后,提出一个问题:在这样一个"去魅"的时代,我们的生命历程是否还需要某种"神秘感"?我以为是的。没有神秘感的童年是干涸的,没有神秘感的青年是苦涩的,没有神秘感的成年是无味的,而没有神秘感的老年则是凄凉的。当然,这里讲的神秘感与上面讲的神秘体验还不一样,但毕竟有某种关联。当你被一首诗、一段音乐深深打动的时候,你是否感到了那像潮水一样漫涨上来的神秘意味呢?

[①] 这套丛书由张祥龙主编,第一批有四本:《神学的灵泉——基督教神秘主义传统的起源》(安德鲁·洛思著,孙毅、游冠辉译)、《不死与自由——瑜伽实践的西方阐释》(以利亚德著,武锡申译)、《与神在爱中相遇——吕斯布鲁克及其神秘主义》(保罗·费尔代恩著,陈建洪译)和《信仰的深情——上帝面前的基督徒裏性》(乔纳森·爱德华兹著,杜丽燕译),2001年由中国致公出版社出版。由于当时不利的环境,此丛书在之后被迫止步。

艺术中有神秘,生活实践里也有那触动我们但拒绝被概念和逻辑分解的原发体验,"以神遇而不以目视,官知止而神欲行"。[1] 大自然中的神秘更是让人不能不在"登高壮观天地间"之时感叹那"大江茫茫去不还"的悠悠神韵。[2] 一个没有神秘感的民族能是有独创性的伟大民族吗? 中国古文化中虽无发达的神话和人格神宗教,却从不缺少与悟性、自然相凑泊的神意、神秘感和神圣感,"神也者,妙万物而为言者也。"[3]在万事万物的尽头处,总有一个微妙生发的神意,因为,在古哲人们看来,"阴阳不测之谓神"。[4] 这与中世纪的一位基督教神秘主义者吕斯布鲁克的感受也有些相通之处。他在其名著《精神的婚恋》中讲道:"神是那潮汐涨落的大海,涌动不息。"[5]

---

[1] 《庄子·养生主》。
[2] 李白:"庐山谣寄卢侍御虚舟"。
[3] 《易·说卦》。
[4] 《易·系辞上》。
[5] 吕斯布鲁克(Jan van Ruusbroec):《精神的婚恋》(*The Spiritual Espousals*),罗尔夫林(H. Rolfson)英译,Collegeville,Minnesota:Liturgical Press,1975年,第987页。

二十八、现象本身的美

现象学出现于二十世纪初,与其他一些思潮,比如生命哲学、克尔凯郭尔的生存哲学、弗洛伊德心理学、格式塔心理学等,一起极深刻地影响了欧陆哲学的发展。但是,在这些思想中,广义的现象学最有方法论的新鲜含义和纯思维的穿透力。主要通过它,现代西方哲学中的欧陆思潮与传统的西方哲学保持了内在的联系,在新的视野和语境中理解老的问题。这些问题中,除了传统的存在论(本体论)、认识论、伦理学、宗教哲学等问题之外,当然包括美学问题。而且,在我看来,这新的方法论视野首先具有美学含义。迄今为止,已有一些西方美学家,比如 W. 康拉德(Conrad)、M. 盖格(Geiger)、R. 英加登(Ingarden)、M. 杜夫海纳(Dufrenne)等有意识地运用现象学的方法来开辟新的理论天地。然而,对于现象学方法的理解具有,乃至要求极大的可塑性。胡塞尔之后有较大影响的广义上的现象学家没有一个得到胡塞尔的赞同,他们相互之间也往往言人人殊。所以,现象学方法的美学开展绝不是一件现成转换的事情,而是一种真正的探索。这篇文章立于西文与中文的交叉语境之中来进行这种探索,而且有意识地利用这种交叉提供的独特思想势态,以求做出有自己特点的工作。

1. 现象学方法的基本特点

现象学(Phänomenologie)是由德国学者胡塞尔(E. Husserl,

1859—1938)创立的一个哲学学派。这种学说分析性地描述人的意识活动,目的却还是在解决逻辑的本性、表达式的意义的特性、客观认知的可能性等哲学问题,特别是认识论问题。他之所以能在这种分析中基本上避免心理主义和经验主义,其原因是他对于"意识活动"有了一种新的看法。在他那里,意识活动不只是心理学意义上的实在的(real)活动。那种完全服从于因果律的心理或心智理解,比如洛克、休谟等人说的认知过程,在胡塞尔看来不过是把外物的关系变成了内物(感觉、观念、印象)的关系,丝毫没有捕捉住意识活动的独特之处。他认为意识活动从根本上讲是一种意向性的(intentional)活动或行为(Akt)。这种活动的特点就是总也不安分,总要依据现有的实项(reell)内容而统握或抛投出个浮现于实项之上的、有稳定性和普遍性的意义,构造出个超实项的观念之物或意向对象,并通过这意义和观念指向某个东西。这就是他常讲的"意识总是对某个东西的意识"的含义。没有哪个意识活动,包括被人视为最被动的感觉意识活动是个安于现成者的活动,它们总在让各色对象,不管它们能否"被科学证实",出现或被构成,好让自己有个把握之物;用我们东方人的讲法就是,人的意识总是在幻化缘生,含有构成万法的种子。意向性行为就是这样一粒含有构造出意义和意向客观性的构成机制的"须弥芥子"。传统西方哲学的许多不足就在于没有看到这个机制或"几微",以至于总也成就不了胡塞尔心中的"严格科学"。

可以想见,这样一种新见解,不论它被表达得多么蹩脚和晦涩,定会引起某种关注,让人感到其中"大有文章可做"。胡塞尔的长处和短处都在于这样一种"两栖性",即学数学出身的他表面上全力追求的是比实证科学还"严格"的科学,是有统一性和普遍性的意义内核,是有"自明性"的本质直观,并以此来实现柏拉图怀抱但未能实现的理念;但他的具体做法或方法却包含着在直观中"虚构"(Fiktion)、"想像"(Phantasie)和"构成"(Konstitution)的特性。他的成功之处就在于让这两个维度在他讨论的某些问题上相交或起码相互接近,比如个别与一般就已在意向行为必然涉入的"边缘域"(Horizont, Hof)中接近到相互贯通的地步;反之则不成功。有心人会感到:这里边隐含了巨大的思想创新的可能,而且是以一种西方人也能接受的方式进行创新。

在那些利用了这个极难得的思想契机的人中,海德格尔(M. Heidegger,1889—1976)是最杰出者之一。他将胡塞尔的"意向性行为的构成"彻底化、"存在论"化了,以至超出了一般意义上的个人意识,透入人的原发的实际生活体验中。在一切传统哲学预设的二元分别、包括主体与客体的分别之先,那混混沌沌的实际生活体验里已有意义生发的构成机制,所以尽管是"不做区别的"、"自足的",却已是"充满了意义的"。① 这"意义"或"原初现象"是不可被概念化和对象化的,所以去"表达"这原初体验的方式不可能是一个个的陈述句,而只能是一种"正在当场体验的、正在意义的构成之中的"言说方式。海德格尔称之为"形式显示"(die formale Anzeige),究其实乃是一种体验与言说相交合的、凭语境而说话的言语方式。

海德格尔充分张大了胡塞尔意向性学说中的"虚构"的维度。当然,这个词在这里不是贬义的,而是就其纯字面含义,即"虚—构"而使用的。人在一切指示、区别、对象的构成或主客之分之前,已处于对世界的生动体验之中,也就是已"意向性地"而不是在实在和实项意义上体验着和非表象地言说着这个"世界境域"(Um-welt)。这么说,一方面并不是指人作为先验的主体,构成一个作为对象集合的世

---

① 见《海德格尔全集》(Gesamtausgabe)第 60 卷,第 9 页以下;又参见张祥龙文章"'实际生活经验'的'形式显示'",第 2 节,《德国哲学论丛 1996—1997》,人民大学出版社,1998 年。

界，以"逻各斯"规定着这个世界的存在与形态，就像先验主义者们所讲的；另一方面也不意味着人已处于一个现成的世界环境之中，以语言为工具表达外在世界在人内心中投射出的观念，就像自然主义的实在论者们所讲的；而只意味着人这种"缘在"(Dasein)式的存在者从本性上就缘发构成着(ereignen)自身，因而总已经与一个境域式的世界在根本处不分彼此，息息相通。这世界从根本上就充满着意义生机，只是以隐含着的方式罢了。人从根本上讲是一种缘构境域意义上的存在者，也就是在原发的"对谈"之中的存在者，不能以任何概念种属的方式，比如"理性的动物"来定义和理解。人因此而被理解为"缘在"或"在缘者"、"是其缘者"；它与世界、与他人、与自己打交道的方式在海德格尔手中得到了令人耳目一新的、"境域或语境引发式"的理解，对后来的欧陆思想发展产生了巨大、持久的影响。

在这样一个胡塞尔与海德格尔的现象学视野中，对"现象"或"向我们显现的存在者"的理解方式发生了重大变化。在我看来，这种变化涉及美学中讨论的问题。当然，海德格尔对"美学"(Aesthetik)这个词持保留态度。在他看来，将纯思想活动分为"形而上学"、"认识论"、"伦理学"、"美学"等是传统概念哲学的方法论使然。不过，他本人对美学问题充满了兴趣，并在"艺术作品的本源"等许多文章中直接加以讨论。对于他，"艺术"、"美"的问题与存在论、认识论的问题不可分。本文则是在更广的意义上使用"美学"一词，意指一切与"美的问题"有关的思想和学说。

2. 美与现象

在西方传统美学和以这种美学为理论背景的讨论中，尽管出现过各种关于美的本性和美感经验的学说，但似乎还没有这样一种看法,即认为事物对我们呈现的条件本身使得我们的美感经验可能。人们认为某些事物是美的,某些不美,并给出美学上的理由;或者讨论为何某种体验有美感伴随,某些则没有。而这里要说的是,在现象学的新视野之中,那让事物呈现出来,成为我所感知、回忆、高兴、忧伤……的内容,即成为一般现象的条件,就是令我们具有美感体验的条件。换句话说,美感体验并不是希罕的奢侈品,它深植于人生最根本的体验方式之中。原发的、活生生的体验一定是"美"的,含有非概念的领会与纯真的愉悦。当我们在体验中感不到美时,是因为我们原本的体验方式蜕化成现成的或二元区别式的了;也就是说,或是被动接受现成的被给予者,或是"主动"地进行观念的规定、意愿的把握,于是,"使现象能呈现"的前提虽然仍然在起作用,其本身却隐而不见了。概念化、对象化的现象不是现象学讲的"纯现象"或"原本现象",而只是后者的贫乏形态。当我们体验到纯现象时,是在以完整的、原发的方式来体验它们,而不只是经验到作为对象的经验之物。

为了在下面说明为什么"纯现象"是美的,首先需要大致讨论一下"美感经验"的特点。纵观历史上关于美或美感的议论,特别是那些有分量的观点,大致可以得出这样一个看法:美感是一种总是居中的活生生体验。这个看法有两个基本点,即"体验"与"居中"。分开来讲就是:第一,"美"总是人的"美感经验"感受到的,也就是在人的感知中当场投入地、活生生地体验(erleben)到的;绝不会有纯概念式的美感体验,也就是所谓"不借任何可感事物的帮助,通过一系列的步骤,从理念开始,再从理念到理念,最后下降到理念而终止"[①]式的对美的体认。这个特点使美感体验首先与形而上学思辨区别开来;美感永远是直接体验这个子宫中孕育出来的胎儿。这使美感经

[①] 柏拉图:《国家篇》。柏拉图在这里谈的是他心目中的纯哲学方法——"辩证法"。

验总带有一个概念盲点,但同时也使得这种经验是自发显现的,并因此而给予了美学讨论以一个不由概念体系摆布的经验源头和意会参照系。在这个意义上,美学讨论比形而上学讨论更有根据、也更"严格"。另一方面,这种美感体验的特征与量子力学之前的自然科学所推崇的实证经验又不同,因为在这种体验中,体验者与被体验者或所谓"美感对象"之间不是观察主体与被观察对象之间的线性关系,而是共同参与到一个游戏中来的相即相生的关系或状态,也就是中国人称之为"入境"或"得意境"的那样一种状态。

第二,这种活生生的体验"总是居中的"。这里"居中"的含义是指不落实到任何观念对象——比如感觉与知性、实用与纯理、近与远、自由与规则、本能与理性、混沌与结构、表现与抑制等等——的任何一边。而总是悬浮畅游于一个意义更丰满生动的"中间"。"中"即意味着没能完全脱开"两边",但又不受制于任何一边或两者的相加效应,而是以两者的对峙为势之所依,由此而拨弄、变化出个活灵活现的趣味和意境来,"化腐朽为神奇"。[①] 因此,美感体验不同于其他的"投入"体验,比如对输赢竞赛的投入、对于吸烟、饮酒等"癖好"的投入、受环境摆布的投入等等。这些投入体验都有偏于一边或对某个现实目标的执著,因而往往痛苦大于愉悦,不是那种自由、应时、自足和真正"销魂"的"无为而为"。一句话,美感永不会现成化,因为一旦那样马上就"不美了";它永远在"御风而行"。[②]

现在我们用一些例子来说明美感的这两个特点。朱光潜先生三十年代写成的《文艺心理学》第一章的题目是:"美感经验的分析(一):形象的直觉"。[③] 他在其中主张"意象的孤立绝缘是美感经验

---

① 《庄子·知北游》。
② 《庄子·逍遥游》:"夫列子御风而行,泠然善也"。
③ 朱光潜:《朱光潜美学文集》第一卷,上海文艺出版社,1982年,第9页。

的特征",①强调美感经验的直觉的特点。这与上面讲的第一个特点有关,也与第二个特点中讲的不落实到"某个现实目标"("孤立绝缘"的本义)的说法相关。但如果将这直觉落实为直接获得感觉材料的感性直观,则"胶"②滞于眼前之物而失其本意了。所以,朱光潜先生在下一章马上讲到"心理的距离",即"把世界摆在一种距离"③以外去看,这样才能"培风积厚",使直观得到一个自由浮动的视域,"超脱目前实用"。④ 然而,这超脱也必"悬中取正"不可,不能落实为"纯客观的"超脱实用的态度。所以,"艺术家的'超脱'和科学家的'超脱'并不相同"。因为"科学家经超脱到'不切身'(impersonal)的地步。艺术家一方面要超脱,一方面和事物仍有'切身'的关系。"⑤所以这里讲的"距离"的原本意义既不只是"远",也不只是"近",而是"不即不离"。⑥ 可见对于"美"的探讨,说到真切之处,无不有一个绝不能被落实为"什么"的虚活不羁之"中"。光说个"距离"并不透彻。

　　美学上又有一派认为"移情"是美感的根源。但很明显,这里讲的移情不能只是单向的由我及物的外射,即"把我的知觉或情感外射到物的身上去"。⑦ 一个走夜路的孩子把坟地边上的古树想作树妖,一位看《哈姆雷特》最后决斗那一幕的英国老太太大声警告哈姆雷特"那把剑是上过毒的!",在他们的移情中,所体验到的是恐惧感和焦虑感,不是美感;尽管这些感受有相通之处。产生美感的移情必是双

---

① 《朱光潜美学文集》第一卷,第17页。
② 《庄子·逍遥游》:"且夫水之积也不厚,则其负大舟也无力;覆杯水于坳堂之上,则芥为之舟,置杯焉则胶,水浅而舟大也。风之积也不厚,则其负大翼也无力。故九万里,则风斯在下矣,而后乃今培风。"
③ 朱光潜:《朱光潜美学文集》第一卷,第20页。
④ 朱光潜:《朱光潜美学文集》第一卷,第24页。
⑤ 朱光潜:《朱光潜美学文集》第一卷,第24页。
⑥ 朱光潜:《朱光潜美学文集》第一卷,第25页。
⑦ 朱光潜:《朱光潜美学文集》第一卷,第37页。

向的、"由物我两忘进到物我同一的"。① 其中有冲动,亦有"遏止",还要有不即不离的距离,这样才能让原发的而不是偏滞于某些对象的想像力"幻化"出、"虚一构"出海市蜃楼般的美感境界。

　　康德对于美感的这种彻里彻外的悬中性,也就是悬浮于当场之中的特性有较深刻的自觉,并在他的《判断力批判》中层层剥离那些妨碍这种特性展示的因素,即阻塞鉴赏判断形成的现成化态度。美既不是使感官满意的快适,又不是通过普遍概念而使理性满意的善,而是那只使人本身满意的愉快。前两者都受制于某种对象,不管是感性对象还是概念对象,而表达美感体验的鉴赏判断"对一对象的存在是淡漠的,只把它的性质和快感及不快感结合起来"。② 所以这三种愉快满足中"只有对于美的欣赏的愉快是唯一无利害关系的和自由的愉快"。③ 因其与任何对象、当然也包括概念化对象无任何利害关系,美感经验与概念无关。④ 但这又并不意味着它只与特殊的、个别的东西相关;相反,由于当事人在美感体验中"感到自己是完全自由的,于是他就不能找到私人的、只和他的主体有关的条件作为这愉快的根据,因此必须认为这种愉快是根据他所设想人人共有的东西"。⑤ 这也就是说,美感体验既是非概念的,又具有普遍性;当然这种"普遍"不是抽象的"种类"型的,而是来自"自由"或"总可能是或不是……"这种"悬权待动"状态的。⑥ 我们可以进一步说,美的一切特

---

① 朱光潜:《朱光潜美学文集》第一卷,第37页。
② 康德:《判断力批判》上卷,宗白华译,商务印书馆,1996年,第5节。
③ 康德:《判断力批判》上卷,第5节。
④ 康德:《判断力批判》上卷,第6节。
⑤ 康德:《判断力批判》上卷,第6节。
⑥ 这是我对以上那段康德引文的进一步解释。康德本人似乎没有深究"自由"的这层含义。他倒是将审美的普遍有效性说成是"主观的"。(第8节)但即便在这里,他也是为了要否认这审美普遍性是"逻辑客观的",因而让"主观"与"普遍"去相较力,以取得某种平衡。

性——她的娇嫩、①朴质、闲散、不经意、边缘化、出其不意、至诚等等——都自这"自由"的本性而来。

说到形成美的表象的主观能力，康德认为既不可能只是感性直观，亦不可能只是知性统觉，而只能是在"各表象能力的相互关系间见到的"心意状态。②"这表象里的心意状态所以必须是诸表象能力在一定的表象上向着一般认识的自由活动的情绪。"这里讲的"自由活动"的一个意思就是"没有什么一定的概念把它局限在一个特殊的认识规律里"。这种自由活动并不意味着散乱，而主要意指一种原发的综合，即"多样的直观集合起来"的"想像力"。所以，美的表象的普遍可传达性"除掉作为在想像能力的自由活动里和知性里（在它们相互协调、以达到一般认识的需要范围内）的心意状态外，不能有别的"。③ 在想像力的自由活动之外还并列上"知性"，似乎只有知性统觉才能"把诸表象统一起来"，这是康德的思想中不透彻或不够虚活的地方，因而他最后还是诉求于一个先验主体的现成统一性。但引文中括弧里的话表明他想尽量排除知性的概念统一性，只取其"相互协调"的功能。

康德在这里触及他的批判思想的关键，即居于感性直观和知性概念之间的（先验）想像力的作用和意义。在《纯粹理性批判》第一版中，特别是它的最重要又最困难的"演绎"部分，他曾将先验的想像力视为"先于统觉"的更原本的综合。"它本身为所有的经验可能性提

---

① 柏拉图：《会饮篇》。在那里柏拉图借阿伽通之嘴论证爱神"在世上最柔软的东西上走，……[所以]所留居的地方是人和神的心灵。……遇到心硬的就远走，心软的就住下去。……从此可知，爱神最年轻，也最娇嫩。"《柏拉图文艺对话集》，北京：人民文学出版社，1980年，第247页。在本文中，"娇嫩"是指受不了任何实体化。
② 康德：《判断力批判》，第9节。"知性"（Verstand）曾被译作"悟性"，不妥。
③ 康德：《判断力批判》上卷，第9节。

供了基础。"①但在第二版里他收回了这种近乎或相当于现象学的观点,坚持统觉的第一性。然而,胡塞尔和海德格尔都看重这第一版中闪现出的现象学光辉。这个关键性的"想像力"在《判断力批判》中虽然也在一定程度上受制于知性,但由于"美感"或"审美"问题天然具有的非概念本性,在这本书中是想像力而不是知性占了上风。这里的要点在于,必须将这种原发的想像力与再现的(已受制于某个过去对象的联想式的)想像力区分开来,而通常美学讨论中讲的"想像"几乎都是在后一个含义上使用。"如果现在在鉴赏判断里想像力必须在它的自由性里被考察着的话,那么它将首先不被视为再现,像它服从着联想律那样,而是被视为创造性的和自发的(作为可能的直观的任意的诸形式的创造者)。"②这就与胡塞尔讲的意向性构成或虚构,以及海德格尔讲的"自身的缘构"(Ereignis)有相通之处了。在《康德与形而上学问题》一书中,海德格尔着重阐发的也就是这种原发的想像力及其产生出的"纯象"(rein Bild, pure image)——时间——的存在论含义,③这种想像力在康德的美学观中实际上也是最重要的,尽管他没有用很多篇幅来讨论它。在《判断力批判》第一章总注中,我们读到这样一段话:"当鉴赏判断是纯粹的时候,愉快或不愉快是不顾及用途或目的的,而是直接地和对象的单纯观照接合着。……[这也就是]心意诸力和我们称之为美的东西的一个自由的无规定而合目的性的娱乐,在这里知性对想像力而不是想像力对知性服务。"④

---

① 康德:《纯粹理性批判》A102。
② 康德:《判断力批判》,第一章总注。
③ 关于这个问题的中文材料可参见拙著《海德格尔思想与中国天道》,三联书店,1996年,第4章。
④ 康德:《判断力批判》,宗白华译本81页。加重号为引者所加。

在这里,的确是原发的想像力而非知性统觉在主宰局面。而我们知道:这种想像力没有任何可依凭的现成形式,但又在综合出和引发出"自由的无规定的合目的性",因而是彻底地"悬中而行"的。就是这里讲的"合目的性",也并不预设一个现成的目的;"它不具有一个目的表象而在[审美]对象身上被知觉"。① 因此才能说它是"自由的和无规定的",由之发生的是"没有规律的合规律性"。② 这种"辩证话头"在康德讨论美感问题的语境中的确是可理解的。一般的看法认为康德的美学表现出"形式主义的倾向";但不要忘记,"形式"在康德这里已经通过"参两"(即回旋、"相荡"于感性与知性、非概念之情感与普遍性、自由与合目的性之间),③ 在相当程度上"悬中"化了,绝不只是与质料相对的形式,或现成化了的外形、样式、模式。

3. "现象"(显现)的原发含义

"现象"(Phänomen)对于胡塞尔指显现(Erscheinen)活动本身,又指在这显现之中显现着的东西(Erscheinende);④ 这显现活动与其中显现出来的东西(比如意向对象)内在相关。首先必须将这种现象与传统西方哲学所理解的"现象"区别开。无论是经验论者(洛克、贝

---

① 康德:《判断力批判》上卷,17 节末尾。
② 康德:《判断力批判》上卷,第 1 章总注,宗白华译本 80 页。
③ "参两"一词来自张载《正蒙》"参两"篇。那里讲道:"一物两体,气也。一故神,两故化,此天之所以参也。"又讲:"若阴阳之气,则循环迭至。聚散相荡,升降相求,氤氲相揉,盖相兼相制,欲一之而不能。此其所以屈伸无方,运行不息,莫或使之。"王夫之释"聚散相荡"为:"聚则成而荡其散者之弱,散则游而荡其聚者之滞。"解得真切。但他对"欲一之而不能"的理解("不能一则不能见")似乎不合张载原意。(见上海古籍出版社 1992 年本。)
④ 胡塞尔:《现象学的观念》(*Die Idee der Phänomenologie*),Haag:Nijhoff,1950 年,14 页;倪梁康译本,上海译文出版社,1986 年,第 18 页。

克莱、休谟)还是唯理论者(柏拉图、笛卡尔、莱布尼兹等),都将现象看做由人的感官所受到的刺激而产生的感觉观念、印象、感觉材料,以及由它们直接混合而成的还未受反思概念规范的复合观念。简言之,就是在感觉经验中显现出来的东西。相当于胡塞尔讲的现象的第二层含义的末尾:"被显现出来的东西";它失去了活生生的现象学脐带,即显现活动的构成和"在显现之中"的不断维持,因此而是现成的、个别的、私有的和纯主观的。这样的现象就与"本质"(Wesen, essence)、实体(substance)对应;被看作是认识的一个起点,却无真理可言,因为它无确定性、条理性和客观性。获得这种现象的心理过程就是感知,与思想、意志等心灵能力完全不同。这种感知被认为是"盲目的"、"完全被动的和私人性的"。如果依据这种现象和感知来说明美感,就会形成完全主观的、单纯心理表现的美学学说。它的失误主要不在"主观"和"任意",而在于它说明不了美感的非现成的微妙发生性和"悬中"性。这种现象和感知太平板和现成化,毫无内在的生机。

胡塞尔讲的现象中含有一个意向性构成的生发机制;既体现在显现活动一边,又在一定程度上体现于被显现的东西那一边。这也就是说,任何现象都不是现成地被给予的,而是被构成(konstituiert,又译为"被构造")着的;即必含有一个生发和维持住被显现者的意向活动(Akt)的机制。这个机制的基本动态结构是:意识或意向行为不断地激活实项的(reell)内容,从而投射出或构成着(在某种意义上是"创造"出)那超出实项内容的内在的被给予者,也就是意向对象或被显现的东西。[①] 在第一节中已讲到,在胡塞尔

[①] 胡塞尔:《现象学的观念》,第 71/60 页。"/"前为德文版页数,后面为中译文版的页数。

的现象学看来,人的意识活动从根本上是一种总在依缘而起的意向性行为,依据实项内容而构造出"观念的"(ideal)意义和意向对象(noema);就像一个天生的放映机,总在依据胶片上的实项内容(可比拟为胶片上的一张张相片)和意识行为(放映机的转动)而将活生生的意义和意向对象投射到意识的屏幕上。所谓"意识的实项内容",是指构成现象的各种要素,比如感觉材料(Stoff)或质素(hyle),以及意识行为;它们以被动或主动的方式融入一个原发过程,一气呵成地构成那更高阶的意义和意向对象,即那些人们所感觉到的、所思想到的、所想像出的、被意志所把握着的、被感情所体味着的、……。当然,低阶的意向对象可以成为更高阶的意向性构成中的实项内容,成为起奠基作用的要素,而那更高阶的意向活动及其构成物则是"被奠基的"。因此,除了有感觉直观之外,还可以有"范畴直观",即构成那些不能被感觉到的意向对象,比如关系、事态及其表达式(包含系词"是"或"存在"的语句)的直观。对于胡塞尔,"直观"指有体现性内容的意向行为。他所讲的"范畴直观"的重要性或革命性在于反驳了这样一个传统西方哲学中的成见,即只承认有感觉的直观,而根本否定"知性直观"或"范畴直观"的可能。范畴活动属于知性和理性,因而是间接的,在感觉直观提供的感觉印象的基础上进行概括、整理和规范。胡塞尔讲的范畴直观尽管也是奠基于感觉直观之上的,但它本身毕竟是直观,是一气呵成的意向性构成,而不是对现成的感觉印象所进行的间断的、松垮的规整。换句话说,这些包含范畴活动的结果于其中的事态、关系和语言表达,也是"现象",是活在意向性的当场构成之中的显现和被显现。

由此可见,传统哲学中个别与一般或特殊与普遍的根本区别在这个现象学的构成学说中已不能维持了。范畴直观可以在一次性的特殊行为中把握有普遍意义的"关系",比如系词现象中所包含的属性关系。而且,就是在感知行为及其意向构成物的初级层次上,传统的二元区别也站不住了。按照现象学,我们对一朵具体的红花的视觉并非就是一个或一串由视感官提供的感觉印象,而是由视觉的意向行为连续构成着的感知;其中有行为对感觉材料(由感官暗自提供的质素)的激活,及被感知到的意向对象——一朵正在轻摆的红花。这里已有对于"个别的、特殊的"质素的激活式的超越,因而已含有对于"普遍性"的潜在知觉。整个感知的意向活动是一道无间断的"流",而不是按联想律组合成的一串印象。所以,就是在基本的感觉中,我们也已经在以一种隐蔽的、"边缘的"方式知觉着一般性,比如"一般的红"、"一般的形状",甚至"一般的花"。如果我们转移注意力,直接关注这花的红本身,那么我们就"纯粹直观地完成一般的红和同种的红的思想的意义,即从这个红或那个红中直观出的同一的一般之物。……这里谈的是红的总本质或红的意义,以及在总的直观中红的被给予性"。① 这种直观就既是感觉直观,又是普遍(一般)直观;用传统的说法已经很难讲清楚了。②

另一方面,虽然我们的每一次感性知觉都只能是从一个观察角度面对一个事物的侧显面或投影面(Abschattung),不可能在实体的意义上显示出这个事物本身;但在意向性构成的意义上,"每一个知觉系列中的单个知觉已经是一个对于这个事物(dieses Ding)的知觉,不管我从上面还是下面、里面还是外面看这本书,我总在看着这本书。"③ 由此我们看出意向性构成所具有的"直接融贯性"(unmit-

---

① 胡塞尔:《现象学的观念》,第 57/50 页。
② 胡塞尔:《逻辑研究》(*Logische Untersuchungen*),第 2 卷,Tübingen:Niemeyer,1954 年,第六研究,第 47 节和 52 节。
③ 胡塞尔:《逻辑研究》,第六研究,第 47 节。

telbare Verschmelzung)①的力度；它实际上能够穿透传统的多种二元区分。

在1913年出版的《纯粹现象学和现象学哲学的观念(第1卷)》(简称为《观念1》)及他晚期的作品中，胡塞尔进一步反思了这样一种意向性构成的前提。他注意到了作为"实项"参与的还有一种更重要的在场"因素"，即任何意向性活动都要运作于其中的视域(Horizont)或边缘域。以感性知觉为例，当我看桌子上的一张白纸时，不可避免地要同时以较不突出的方式也看到围绕着这张纸的周围环境以及其中的各种东西，而这种边缘域式的"看"以隐约的和隐蔽的方式参与着、构成着对这张纸的视觉感知。② 在我看这纸之前(那时我正在看桌子那边的墨水瓶)，我已经以依稀惚恍的方式看到了它；再往前，我则是以更加非主题的方式知觉这张纸的所处的环境，而我处的"生活世界"则提供了更广大的一个生存境域。而当我的注意力或意向行为的投射焦点转向这张纸时，它就从这个它一直潜伏于其中的边缘域里浮现出来。当我的注意力转开后，它又退入隐晦的知觉视域之中。尽管胡塞尔的这一边缘域的思想受到过 W. 詹姆士(James)的意识流思想的影响，但这种知觉的"边缘域"和"晕圈"对于胡塞尔来讲绝不只是心理学意义上的，而是一切意向性活动的根本特性；它更深入地说明了从实项内容到意向对象的意向性构成为什么是可能的，如何实现的。这个视域或边缘域为意向性行为"事前准备"和"事后准备"了潜在的连续性、多维性和融贯性；使得意向行为从根本上讲是一道连续构成着的湍流，而非经验主义者们讲的印象序列。而且，它还为从整体上看待人的生存方式提供了新的理论

---

① 胡塞尔：《逻辑研究》，第六研究，第47节。
② 胡塞尔：《观念1》(出处见本书第一章注释21)，第35节。

可能。

由此亦可看出,任何现象或意向性行为,比如知觉,从根底处就不是单个孤立的,它势必涉及边缘域意义上的"事前"与"事后",也就是现象学意义上的时间。这种时间比我们平时说的物理时间、宇宙时间更内在和原本,胡塞尔称之为"内在时间"或"现象学时间"。对于时间本性的追究更清楚也更严格地表明了视域的不可避免。绝对不可能有一个孤立的"现在",因而也就不可能有传统的现象观所讲的那种孤立的"印象";任何"现在"必然有一个"预持"(Protention,前伸)或"在前的边缘域"(Horizont des Vorhin),以及一个"保持"(Retention,重伸)或"在后的边缘域"(Horizont des Nachher)。① 它们的交织构成着具体的时刻。这也就是说,任何知觉从根本上就涉及想像和回忆,只是这里涉及的想像和回忆是原生性的(produktiv,生产的)而不是再生性的(reproduktiv,再造的);也就是说,它们是使任何一个现象(知觉现象、时间现象、意志现象……)出现所必然具有的构成要素,而不是依据已有的现成现象而做的二手性想像、联想和回忆。依据这种时间观,"直观超出了纯粹的现在点,即:它能够意向地在新的现在中确定已经不是现在存在着的东西,并且以明证的被给予性的方式确认一截过去。"② 这一思路令我们想到前述康德关于"先验想像力"如何与再现的想像力不同的说法。而且,这些边缘域或意向晕圈从其本义上讲就是联成一气的。而且,按胡塞尔晚期的发生现象学,正是这种内时间视域中的原发综合或所谓"被动综合",使感觉材料的被构成和被提供可能。(胡塞尔:《经验与判断》,第一部分第 16 节)这也就是说,我们的意识之所以总有"胶片"可放,而且

---

① 胡塞尔:《观念 1》,第 81—82 节,及《内时间意识现象学》。
② 胡塞尔:《现象学的观念》,67/56—57。

总能靠这些胶片在意识屏幕上放出活生生的图像,是因为有内时间视域之流,有它在暗中连续造就的非对象综合和"气化流行"。我们的内在时间意识和众多体验共同构成和维持着一个"世界视域",晚期胡塞尔称之为"生活世界",它是一切认知活动,包括科学认知的意义源头。当然,由于他将这本是纯境域的生活世界最终归为"先验的主体性",将其产生的意义作观念(Idee)或意向对象式的理解,视域构成的思想被大打折扣,并没有被发挥到极致。

至于说到人们在言及胡塞尔时津津乐道的"现象学的还原",它是一种为以上所介绍的这条现象学主线或主要视域开路的方法。胡塞尔很正确地看到,人们之所以很难进入现象学的视域,是因为受制于各种或显或隐的存在预设,即不加彻底考究就接受了某种现象和事物的现成被给予状态和被给予方式。比如传统哲学对于"现象"和"感性知觉"的看法。真正重要的哲学问题被忽略或含糊了过去。"还原"就意在去掉一切现成的存在假设,从而剥离出一个现象学的态度。它认为那"在直观中原初地(可以说是在其机体的现实中)给予我们的东西,只应按其被给予的那样,而且只在它在此被给予的限度之内被理解"。[①] 这是一种"不再为任何现象的[形而上学]存在负责",而只承认那能当场自身呈报者和维持者的态度。我们已经看到,如果真有了这种近乎于"纯任自然"的态度,在我们视野中出现的就会是含有生发、构成机制的现象和境域,而不再是传统哲学给出的世界图像和知识图景了。这个思路将我们引到了对现象学时间和生活世界这样的原本构成视域的认识;由此可见,承认那预持和保持着的视域世界的原发性与承认现成的存在者所集合成的世界的决定作

[①] 胡塞尔:《纯粹现象学通论》(即《观念1》的中译本),李幼蒸译,商务印书馆,1992年,第24节。

用(社会环境决定论等等)完全是两回事,前者浸透了意向性的构成思想,是"悬浮"在一切存在者"之上"和"之中"的。

海德格尔充分吸收了现象学中所包含的意向性构成,尤其是视域(境域)构成的思想,但去除了其中那些还不尽乎纯的"观念化"、"先验主体化"的倾向。在他那里,视域本身而不是投射出这视域的主体和由这视域构成的意向对象、观念本质成了最本原的中心。首先出现的并非意向主体与一个个意向对象之间的认识论关系,而是纯视域化的人与作为构成境域的世界之间的相互成就的关系;也就是海德格尔心目中的存在论关系和解释学上的认知关系。这也就是说,离开了那原发的、预先准备下各种可能势态的世界境域和时间域,就不会有现象学意义上的人的生存;而脱开人的根本的"意向构成"视域,也就说不上这样一个潜伏的意境世界。海德格尔的起点就已是人与"生活世界"的境域关联,他在 1920 年时称之为"实际生活的体验";如第一节所言,这种生存境域化的体验是"不做任何种属区别的",可被理解为不做现成的存在区别,因而可被视为还未具有任何观念上的存在预设的;因而是真正"自足的"和"充满意义的",这是人与世界相交相生的原发状态。是充分"混沌化"和境域化了的;还没有受制于"主体性"和"观念化的意向对象",但又饱含随时展现、乘机发动的生存势态和领会可能。海德格尔在《存在与时间》中将它说成是"缘在"(Dasein,指"人"或"人的生存状态")与"世界"的相互构成关系,没有缘在的世界境域和没有世界境域的缘在都是不可想像的。

因此,缘在"认识"世界或与世界打交道的方式在一开始并非主体感知对象式的,而是境域化的,比如四周打量(Umsicht)的隐约了解,称手地(zuhanden)使用工具,与"他人"混然难分的"共同缘在"(Mitdasein),等等。海德格尔讲:"最切近的打交道方式并不是仅仅的知觉认知,而是操作着和使用着[工具]的牵念(Besorgen)。这种牵念具有它自己的'认知性'。现象学问题首要地就是意指在这种牵念中所遭遇到的存在者之存在。"[①] 他这里讲的牵念是"牵挂"(Sorge,熊伟先生译为"烦")的在世间的一种形态,是比胡塞尔的"意向性"更原本的现象学行为,因为它更生存视域化,还没有去把捉一个被构成的观念本质或意向对象。一柄锤子的"存在"或"真本质"是不能作为一种现成在手的(vorhanden)对象而得到理解的,只要它脱开了原发的"缘在"式生存和直接的视域构成(在这里是称手的使用),就只是被观察、被分析、被生产的对象,因而成为次生的、再现的现象,而不是"锤子"自身或"锤性的纯现象显现"。只有当缘在以一种非线性指向的、不显眼的、充满了域状的明白劲儿的方式来使用这把锤子时,它的物性或存在本性才被当场揭示、"显现"出来。而且,你越是不意识到它的物质对象性和观念对象性,越是出神入化、冥会暗通地运用它,你与它的关系就越是具有缘在与世界之间的那种境域关联。

由此可见,理解海德格尔思想的关键在于真切了解他的缘发构成的思路,这里一切现成状态(对象、实体的存在样式)都退居为二等角色。而要了解这条"湍急的"思路的关键之一就是明白它与在胡塞尔的意向性构成学说的关系。可以说,没有胡塞尔的现象学分析为先导,几乎不可能透彻地、有清楚的构成机理地理解海德格尔讲的"缘在在世界之中存在"以及其后的众多讨论。胡塞尔的意向性构成之说虽然并未完全境域化,但它的好处在于从"描述心理学"入手,以我们习以为常的认识论问题为讨论对象;然后一步步地导向边缘域

[①] 海德格尔:《存在与时间》(*Sein und Zeit*),Tübingen:Neomarius,1949 年,第 67 页。中译文为本文作者提供。此书的中译本是《存在与时间》,陈嘉映、王庆节译,三联书店,1987 年。

的思路，使人真切领会到这虚构着的"晕圈"的必然性和原发性。接下来，如果你能将这"边缘"之"域"放大为比"中心焦点"更原初的生存境域，明了人与世界从根本上是"虚极而作"的、纯视域构成着的，那么，你就真正进入了海德格尔讲的"人的实际生活体验"及其"形式—境域显示"的层次了。否则，就总是在臆测和望文生义，能感到海德格尔思想的魅力，却无门可入。

有了这样一个逐步扣满弓弦的功夫，方能体会到海德格尔正面讨论的所有生存现象——比如"牵挂"、"在世"、"良知"、"朝死"、"时间"、"决断"、"语言"、"诗"、"艺术"、"技艺"等等——无不剔尽了现成状态，处在一个凭空维持和构成着的境域之中，也就是蓄势待发的"能存在"状态之中，总有含义的"解释学形势"之中。人和世界说到底就是这样一种总已在某种领会语境之中，总能把真话、假话、闲话、笑话、……说圆了的存在，总处在或真或假的"虚—构"之中和领会这种"虚—构"的状态之中。真可谓"缘起性空"、"如痴如醉"、"如梦幻泡影"；从根本处就充满了美感体验或活生生的自由感知的可能。

尽管胡塞尔的学说中已出现了理解美学现象的新视域，他却很少直接讨论美学问题。在他致德国诗人霍夫曼斯塔尔的一封信（1907年1月12日）中，胡塞尔谈到了美学。他的基本思路是："现象学的直观与'纯粹'艺术中的美学直观是相近的。"[①]这种相似性在于，两者都"要求严格排除所有存在性的执态"。[②] 用我们以上用过的术语讲就是，两者都不关注那些超出意向性构成视域的实体存在与否的问题。从现象学一边讲，关注这种实体存在会使人看不到意向性之流或边缘域的存在，也就认识不到这种"流"、"域"的构成"纯

---

① 《胡塞尔选集》，倪梁康选编，上海三联书店，1997年，第1203页。
② 《胡塞尔选集》，第1202页。

现象"的本性。另一方面,现象学的直观能够构成各个层次上的普遍之物,因而也就不再需要设定直观之外的实体存在。从美学的角度看,胡塞尔写道:"一部艺术作品从自身出发对[实体]存在性表态要求得越多(例如,艺术作品甚至作为自然主义的感官假象:摄影的自然真实性),这部作品在美学上便越是不纯。"①然而,由于胡塞尔的"意向对象"和"主体性"等讲法中有违背"境域构成"的思路,他很难进一步阐述现象学的美学意义。海德格尔的学说则在很大程度上摆脱了胡塞尔思想中的板滞因素,使得人生的原本现象本身取得了近乎审美现象的纯境域构成的特点。所以,他自1935年起就直接讨论了"艺术作品的起源"、"语言的本性"、"诗的纯思想含义",并且将它们与他对"技术"和现代人类命运的讨论紧密相连。他分析和引用《老子》《庄子》的文字就融于这些讨论之中。他视老子之道为一种"诗化的(dichtenden)思想",②是"能为一切开出道路之道域"或"湍急之道"。③ 并引用《庄子》"逍遥游"末尾庄子与惠施辩大树之无用的段落,认为正是这种无用,也就是"无何有之乡,广莫之野"所表示的境域使得事物充满意义。④ 当然,海德格尔并不认为他讲的"艺术"、"诗"、"技艺"、"语言"等的意义限于传统美学的范围,因为后者的一些形而上的预设,比如主客在逻辑上的可分性,形式与质料、个别与一般、情感与思想、认知与存在的可分性等,在他的解释学化的现象学中已不再有效了。

---

① 《胡塞尔选集》,第1202页。
② 海德格尔:《在通向语言的道路上》(*Unterwegs zur Sprache*),Pfullingen:Neske,1978,第198页。有关海德格尔与道家和东方文化的材料,可参见《海德格尔思想与中国天道》一书的附录。
③ 拙著:《海德格尔思想与中国天道》,第443页。
④ 拙著:《海德格尔思想与中国天道》,第448—449页。

4. 现象本身是美的

现在让我们来更具体地看一看,为什么现象学视野中的"现象"本身就是美的。还是先以朱光潜先生的一些说法为例。首先,"美感经验是对形象的直觉"。朱光潜将直觉与"知觉"和"概念"活动区分开。直觉就如同婴孩初见一张桌子,"桌子对于他只是一种很混沌的形象(form),不能有什么意义(meaning),因为它不能唤起任何由经验得来的联想"。① 而长大些的孩子看到桌子就联想到父亲伏桌写字(知其用途),这桌子就是知觉(由形象而知意义)的对象而非直观到的形象了。长得更大一些的孩子从看到的各种桌子中把捉到它们的共同要素,即离开个别的桌子形象而抽象地想到桌子的意义,就有了一个桌子的"概念"。"美感的态度就是损学而益道[老子:"为学日益,为道日损"]的态度。比如见到梅花,把它和其他事物的关系一刀截断,把它的联想和意义一齐忘去,使它只剩下一个赤裸裸的孤立绝缘的形象存在那里,无所为而为地去观望它,赏玩它,这就是美感的态度了。"②

虽然胡塞尔和其他现象学家不这样使用"知觉"、"意义"等词,但还是可以在现象学和朱光潜这里的讲话之间进行一些有效的对比。我们可以这样发问:现象学所讲的纯现象更近乎朱先生讲的"对形象的直觉"呢,还是更近乎"知觉"和"概念活动"呢?当然是前者!上面已讲到,胡塞尔提出的"现象学还原"的目的就是要"悬置"一切与现象的直接显现无关的东西,只关注那"在直观中原初地给予我们的东

---

① 朱光潜:《美学论文集》第 1 卷,第 10 页。
② 朱光潜:《美学论文集》第 1 卷,第 14 页。

西"。而且,边缘域的构成所涉及的不是"联想"式的,而是原生的、为现象的出现本身所要求的想像。所以,这种纯现象在纯直观中原发地构成,完全不涉及任何再造式的联想、存在设定和概念把捉。不过朱光潜还未能深究这种"形象"本身的独特含义,以及使它出现、维持的内在机制。所以,他似乎还无法区分这种形象与经验主义者们讲的"印象"的区别;后者也被说成是由感官直观到的,还没有从联想得到意义,也还未受到概念的规范。但谁能说获得这种印象[实际上能否获得它是另一回事]就是美感体验了呢?能产生美感的形象体验一定不能是平板的、线性对应的和序列组合的,而必是生动的、气韵相通和回漾着的。而现象学正是认为只有这种"美"的体验方式才能使现象原发地呈现。当然,不能说朱先生完全未意识到这个问题,他在"形象"前面加上了"很混沌的"形容词,又在下一章讲起了"心理的距离"的必要性,表明他心目中的形象应该是境域式的。这个"距离",并不只起到他讲到的使美感对象"孤立绝缘"的作用,还有一层使现象脱开现成关系羁绊而返回到原发想像的自由空间中的含义。它过滤掉的是联想式的对象化意义,而没有去掉、反倒是释放出了现象本身具有的非对象化的、纯在场构成的蕴意。

其实现象学讲的现象本身就包含着这种引发距离或自由空间。前面介绍了胡塞尔"边缘域构成"的思想和海德格尔的"缘在在世界中存在"的境域本性,可知任何纯现象的出现和维持都来自一个在先视域所提供的潜在的或"不显眼的"构成母胎。这种视域或境域是一个自由的空间,是避开了各种现成化的倾向而造成的一个回旋空间(Spielraum),也可理解为原发想像力的运作所要求的、所构成的"间隙"。所以这里讲的"距离"、"空间"、"境域"并不指一般或现成意义上的跨度、间隔和场,而是那最不平静的边缘和涌现处,体现在胡塞尔的意向性学说和海德格尔的缘在的生存时机化等学说中,也是一切现成者不得不退居为从出的实项内容,而让纯视域(纯关系姿态自身)"凭空地"构成着的终极形势。当我们谈论现象学的时间的可能性时,不得不去实而蹈空、弃子而归母,因为那里只有"预持"着的前视域、"保持"着的后视域及由这两者的交织而构成的"当下"视域;而一切世间的生存形态无不源于这原发的交织构成。比如,当我们知觉一物时,由感官抛投出的视域已必然预设了在先的视域,并保持着一个彗星长尾般的延迟视域,其中蕴含着各种显现可能。另一方面,对这个物体的正面的知觉,使我们"顺势"就预期对它的侧面、后面的知觉。所有这些都基于这样一个现象学的实际情况,即人与世界从根本上就处于境域式的交织与构成之中,绝不可能有不"期待"和"保持"着的知觉,就如同绝不可能有不与将来和过去交织着的现在一样。只看到境域中的存在者,不管是物质的还是观念的,而看不到或直观到那前后托持、冥冥护佑着的境域本身,就既不智,亦不美;就是孔子所摒弃的"意、必、固、我"[①]的态度。由这种态度主宰的人生就只服从因果律和同一律,而无自身的意义生发和根本处的回荡呼应。这种人生里,既无慷慨悲歌,亦无柔情缱绻;更没有那凄凉见真情、愚诚动古今的大写意境界。在现象学看来,人性天然混成,气韵盎然,自有一段缠绵不尽之情,勃郁待发之意;"其囫囵不解之中实可解,可解之中又说不出理路"。[②] 此境可真可假,触机而发,"显—现"为种种行为,"实—现"为历历事功;但原始反终处,确是一个"太虚幻境",缘起而性空。所以人生世间本一气相通之绝大气势,不由它不造缘构境,不由它不似"摩尼珠,幻出多样的美"。[③] 无人生与世间的根本

---

① 《论语》,第9章第4节。
② 《红楼梦》第19回脂砚斋批语。引自《中国美学史资料选编》,北京大学哲学系美学教研室编,中华书局,1981年,第348—349页。
③ 宗白华:"中国艺术意境之诞生",《美学散步》,上海人民出版社,1981年,第60页。

处那原发的"想像"、"虚构"与"交相投映",就根本无世间之"现象";而只要有树、有马、有人、有天地,就定有"枯藤老树昏鸦,……古道西风瘦马,……断肠人在天涯"的意境和语境的可能。这样看来,宗白华先生所引恽南田所说"皆灵想之所独辟,总非人间所有"①,应改为"皆灵想[原发想像力]之所独辟,总人间之所原[缘]有"。如宗先生所云:"只有大自然的全幅生动的山川草木,云烟明晦,才足以表象我们胸襟里蓬勃无尽的灵感气韵。"②这正从一个角度表明"灵感气韵"与"云烟明晦"都本于那原本的"蓬勃无尽",不然就无"表象"或"现象"可言了。

由此亦可见,现象原本就是"悬中而现"的,因这纯境域中构成着的纯显现先于一切可把捉的现成者,对它的体验就不可能是偏执某一边或某一实在形态的。正是出于这样一个缘故,这种原发体验或现象知觉具有"唯一无利害关系的和自由的愉快"。③ 这种"居中"体验并非是先知道了两极端(过度和不及)再"取其中",就像亚里士多德讲的美德:鲁莽与怯懦之间是勇敢,放纵和冷漠之间是节制,等等;而是不得不居中地先行,因为它从根底处无物可持(只有"质素"可用),而不得不处于自作自受着的、"自由活动"着的构成之中。所以,"美"或"意境"并非只是人的心理状态向某种现成现象的投射所造成的,而是现象本身在其被构成的势态处天然形成的。正像《庄子》所言"天地有大美而不言"。④ 经验主义者们讲的现象(观念、印象)则已失去了初生时的"气势"(边缘境域)和乡土,成为可分可联或可当作现成者摆弄的东西了。现象学讲的现象则一定是由人的完全投入

---

① 宗白华:《美学散步》,第61页。
② 宗白华:《美学散步》,第62页。
③ 康德:《判断力批判》上卷,第5节。
④ 《庄子·知北游》。

其中的活生生体验构成的,而且其根底处一定是渊深而不可落实的发生境域。就其不落实处的生发而言,此境域是涌动不息的;就其渊深不可测而言,又是宁静而致远的。所以"惚兮恍兮,其中有象;恍兮惚兮,其中有物;窈兮冥兮,其中有精;其精甚真,其中有信"。①说到底,这种初生的呈现状态和现象是"无状之状,无物之象"。②

中国人论艺,讲风、神、骨、气、意、象、虚、韵等等,其要旨与本文所述者似乎大略相通,近现代人则好用"境"字点出。王国维主要讲"境界"、"气象"。"词以境界为最上。有境界则自成高格,自有名句。"③这就是说,作词的妙处,不在于是抒发些什么,描写些什么,铺陈些什么,而在于构成某种境界,即那超出一切可对象化、现成化的意义的意境或气象。佳作不在乎合不合法度或现实,通不通现成的文理或义理,而只在乎"弄"、"闹"出个境界。④ 所以,只要出境界,无有大小优劣之分。"境界有大小,不以是而分优劣。"⑤李太白的好处就在于"纯以气象[或构意境界]胜"。⑥ 可是,王国维对于这个他自己开创的要点似乎并未完全吃透。李后主的"自是人生长恨水常东""流水落花春去也,天上人间",动人处亦应归于气象与境界的开启,⑦而并非像他所评的那样归于"以血书者也"。⑧ 而说李煜是"主观之诗人",⑨更是不得要领的议论。诗人的高明处在于超出主客之

---

① 《老子》第 21 章。
② 《老子》第 14 章。
③ 王国维:《人间词话》,第 1 节。
④ 王国维:《人间词话》,第 7 节。"'红杏枝头春意闹',著一'闹'字,而境界全出。'云破月来花弄影',著一'弄'字,而境界全出矣。"
⑤ 王国维:《人间词话》,第 8 节。
⑥ 王国维:《人间词话》,第 10 节。
⑦ 王国维:《人间词话》,第 15 节。
⑧ 王国维:《人间词话》,第 18 节。
⑨ 王国维:《人间词话》,第 17 节。

分流,而达乎意蕴之源或语言之源。

宗白华特意论说中国的艺术"意境"。[①]"境"字的好处在于:一方面它包含"不可对象化和观念化"之意;另一方面则又意味着"活生生地、融为一体地在场"。"意"字则点出此境的"在场性"的独特含义,即它是一个令人完全投入其中的意蕴世界,可层出而不穷。宗白华写道:"庄子说:'虚室生白。'又说:'唯道集虚。'中国诗词文章里面都有空间,有荡漾,和中国画面具有同样的意境结构。"[②]这就是将诗文画面中的"空间"和"意境结构"归源到了道之"虚"和"室"之"虚白",也就是"于空寂处见流行,于流行见空寂"。[③] 而这与本文理解的现象学,特别是海德格尔的现象学中对"现象"的看法颇有相合之处,只是现象学讲的"空寂(边缘域、生存空间)处见流行(意向构成、生活体验),流行处见空寂"的境界是自西方传统哲学变化而来,也就是从一个环环相扣的方法论上的反省和批判的过程而来;因而能使我们从学理上较清楚地看到这境界的维持机制以及它与其他不那么本原的境界的关系。

在西方哲学的发展脉络中,能发展出"境域"和"意境"的思路是极为不易的。在前苏格拉底的古希腊学说中,我们确实可以感受到一些思想的"境域"性,比如泰利斯的"水",阿那克西美尼的"气",赫拉克利特的"火";特别是赫拉克利特讲的"永远活生生的火",具有极鲜明自觉的超出一切现成规定的"构成域"的特性,而且是有自身"尺度"的"逻各斯",是一切意义和理性之源。但是,后来形而上学成了西方哲学的正统;看不到现象界中不断涌现的境域,只看到不同的"质料因"和从属于存在论的"自然哲学"。在概念形而上学两千年的

---

① 宗白华:《美学散步》,"中国艺术意境之诞生",第58页以下。
② 宗白华:《美学散步》,第70页。
③ 宗白华:《美学散步》,第70页。

发展中,我们只见到不同的"理念"、"实体"、"形式"、"质料"、"主体"、"客体"、"观念"、"规律"……的提出,而从未见过"境域"的显身。它只能潜隐于令西方哲学家们感到左右为难的"悖论"和"辨难"中。康德那里偶一露头的"先验想像力"和"时间纯象",在《纯粹理性批判》第二版中又被置于"统觉"或"主体性"的统辖之下。黑格尔的辩证法微微感受到了这种"悖论"的分量,但它的概念本性使之无法真正领会那团"活生生的火"。之所以是这样,是因为境域型的思维超出了形而上学的基本方法,即把握某种抽象的现成者("其所是")的方法的可及领域。在境域那里无物可把捉,因而令哲学家们"畏缩"。到了胡塞尔,由于其现象学的思路使然,才明白地揭示出境域在终极构成处的不可避免,但他依然要将其归为先验的主体性。只有海德格尔这位常常遭到西方知识分子抱怨的在"道"中的"独行"者,①较充分地看到了这境域的终极真实性。而且,他特别敏锐地看出这超形而上学的"境域"的"构成意义"的本性,或"解释学"的本性。也就是说,这境域本身就能(或最能)使人领会,有自己的原发的言语方式,完全无须等待任何形式的主体来赋予"意识"、"意义"、"人格"或"言词"。换句话说,海德格尔在某种程度上真正"化"(hingeben)入了境,就随这境(道—路)而非任何境外者而行,以至这境在他那里成了直接涌动出语言和意义的"意境"。尼采也曾猛烈地批判传统形而上学,他讲的"对力量的意愿"(权力意志)也有某种"能量场"似的境域性;但它本身并不是意境,还受制于"我"或作为"超人"的主体。柏格森的"绵延"、弗洛伊德的"里比多"(潜意识)、萨特的"虚无"等,都有某种超传统的境域特点,但也都不是意境,不是原初意义上的语言

---

① 海德格尔在1947年写的诗一开头是:"道路与天平,/ 小桥与言说,/ 就在一次遭遇中弄清。/ 行路且担承,/ 缺失并发问,/ 沿着你的那一条小径."海德格尔:《出自思想的经验》(*Aus der Erfahrung des Denkens*),Pfullingen:Neske,1947年,第5页。

(Sprache)本身的舒卷开合,不具有自身的语境和悟境。

王国维的"境界"说中含有对中文的诗境和语境的深切体会。但也似乎受到了叔本华、尼采、柏格森的影响,因而既有境域特性,又未化开"主观",并未达到纯任意境而大化流行的境界。朱光潜似乎主要受到西方传统哲学(黑格尔、克罗齐)思想方式的影响,所以他讲的直观"形象"与"距离"、"情感"也并未相互通贯。而在海德格尔讲的视域之中,情、境、象原本就是交融互构着的。"缘在(Dasein)总已是有情绪(gestimmt)的,"①或译为,"缘在总已是被调准了的"。之所以会是这样,就是因为缘在或人的生存方式既非主观,亦非客观,而"就是它的缘",总有了一个自身的处境。而它的根本的开放性一定会让这处境作为情绪而显现。所以,缘在的原本心态既不是经验论者讲的"一块白板",也不是唯理论者讲的带有先天观念和范畴的"灵魂"或"心",而是缘生之域象或生存空间本身的气象。② 宗白华美学思想中的"境"的突出地位是朱光潜先生的"意象"说所缺少的,但即便在宗先生那里,主客在根本处似乎还是分为两边的,它们只是在意境中"交融互渗"。他这样写道:"什么是意境?人与世界接触,因关系的层次不同,可有五种境界:……介乎后二者[学术境界与宗教境界]的中间,以宇宙人生的具体为对象,赏玩它的色相、秩序、节奏、和谐,借以窥见自我的最深心灵的反映;化实景而为虚境,创形象以为象征,使人类最高的心灵具体化、肉身化,这就是'艺术境界'。……他所表现的是主观的生命情调与客观的自然景象交融互渗,成就一个鸢飞鱼跃,活泼玲珑,渊然而深的灵境;这灵境就是构成艺术之所以为艺术的'意境'。"③这里反映出的思想方式还未完全脱开"有我

---

① 海德格尔:《存在与时间》(Sein und Zeit),第134页。
② 参见拙著《海德格尔思想与中国天道》,第108页。
③ 宗白华:《美学散步》,第59—60页。

之境"。按照它,"自我的最深心灵的反映"、"心灵具体化、肉身化"等等属于"主观的生命情调"的一边;而"宇宙人生的具体对象"则属于"自然景象";两者原本可分,只是在艺术家"以心灵映射万象,代山川而立言"的艺术活动中达到了"交融互渗",于是出现了"意境"。这与本文所讲的原发构成着的境域——边缘域、生存的解释学境域——的思路不一样。在现象学的视域中,最真实者就是意境;主体与客体只是由之衍生出的存在形态,已受制于某种观念的规定。尽管如此,本文的立义与宗先生的阐述之间确有某种相通之处,即都认为"境"或"意境"不只是前人讲的"外境",而是比任何主体状态、对象、景象、关系及它们的总和都更"多"、更原发的境界;进入它才算达到了活生生的终极状态和意义源头。不管怎样,宗白华先生似乎是在用西方传统哲学的方法论术语来表达一种在中国艺论(诗论、画论、文论、书论……)中有精彩表现的"意境论"。当然,这种术语的使用有它的理论后果。比如,按照这种说法,现象本身或"自然景象"的呈现本身说不上美,只有当这种已经呈现了的"景象"与"主观的生命情调"交融互渗时,美的意境才出现。而我们已经看到,现象学的理解和表达方式是更"素朴"、"简易"和一气呵成的。

5. 现象学看法的理论后果

现在的问题是:认为现象的原本呈现就是美的看法与认为现象与主观情调的交融为美的看法之间有什么不同呢?换句话,如果两边都承认有一种"交融"和一种"分离"那么,前者,也就是强调"……原本就是……"的思路和说话方式有什么独到之处和理论后果呢?按照"原本就是"的说法,天人原本就是"和"一的,而不是先有了天与人,再有"合"一。天人之分是后起的。在此分离状态中的人处于不

二十八、现象本身的美　443

真正自然和自由的状态。达到"和一"不是进而求之,而是一个让原本的现象或"显现自身者""以自身显示的方式来从本身被看到"①的问题;也就是重新让构境本身显示(zeigen)和说话("道"、"逻各斯")的问题。在本文作者看来,这种新的现象观有不可忽视的方法论上的后果。它的充分展现将会改变我们对于许多问题,特别是人文问题的"看—法"。下面就其与本文所涉及问题有关者做一简单的讨论。其中讲到的"传统美学",是指以西方传统的概念哲学为方法所做的美学研究。

（1）按照这种现象本身的美感观,"美"不是关于任何"什么"的问题,而是人所处的状态的问题;也就是说,不能说我们一旦得到了什么,比如某种特殊的形式、色彩、结构,乃至心理状态,就一定能体验到美。只有当人处于一个"还原"或"悬置"掉了一切现成区别的规定,正在凭空发生和维持着的状态时,才有美感体验。简言之,美是一种悬空的发生之"中",一种对于纯势态而非势态所构成的对象的活生生感受;可以有而且必然有千变万化、"希奇古怪"的形式(form)或"形象"。如《沧浪诗话》所述:"故其妙处透彻玲珑,不可凑泊,如空中之音,相中之色,水中之月,镜中之象,言有尽而意无穷。"这可以看作是对现象学的纯构成观的写照。

（2）因此,美把捉不到;或说成,把捉得到的就不美;不管你用肉体之手还是灵魂之手。但这性本冲虚的美感并不是不与人亲近;相反,它是离人最近的现象本身。如叶燮所言:"盖天地有自然之文章,随我之所触而发宣之,必有克肖其自然者,为至文以立极,我之命意发言自当求其至极者。"②当你忙于把捉个"什么"时,这"天地自然之

---

① 海德格尔:《存在与时间》(Sein und Zeit),第 34 页。
② 叶燮:《原诗》。引自叶朗:《胸中之竹》,安徽教育出版社,1998 年,第 142—143 页。

文章"就总处于你执著的眼光"正好"看不到的切近"边缘",暗中维持着你的追求。当你的体验中出现了某种回旋和变易,比如"回乡"、"登幽州台"、"蜀道行"一类的情境,以至于你能以哪怕是残缺的方式际遇活的构象"空间",你就体验到了那"还来不及躲开"的边缘构成域,于是感到扑面而来的美的气韵。所以,"知变化之道者,其知神之所为乎?"①而"艺"、"术"的功用就在于在人的体验中造出回旋、变易或让势态本身显身的"间隙",由之"触而发宣"出"至文"和"至极者"。

(3) 由此可见,美感体验不可能不与"时机"和"地方"相关。对象本身和主体本身无美可言,只有在"风云际会"、阴阳(过去与未来、彼与此)相摩相荡之时、之处才有悬中的体验境域的出现。这一点中国古人早已有极深切周致的体会。整部《易经》所言者与之息息相关。作为初始的"乾"、"坤"两卦都饱含这"时中"的思路或"道"。"乾"的"彖辞"曰:"大哉乾元,万物资始乃统天。云行雨施,品物流形。大明终始,六位时成,时乘六龙,以御天。乾道变化,各正性命。"这"资始"之乾元,可视为原发的构成境域。它如"龙"一般不受现成的拘束,在云雨相际的时机化中统天、御天,成就万物。只有在此"变"而"化"之中,才可领会人的真正"性命"或"天命"所在。所以,此卦的"文言"曰:"元者,善之长也;亨者,嘉之会也;九二曰:见龙在田,利见大人,何谓也?子曰:龙德而正中者也。"本元和吉祥就意味着"活在际遇之中"或"(生)长与(交)会之中"。因此之故,此"龙"的本性就是"正中"或"悬中而行",不落两边之僵态。而此"正中"即上面讲的"时中"与"时成"。故下面就相应于不同爻位和时机而讲出各种"时中"的方式:"故乾乾,因其时而惕。……进德修业,欲及时也可。……见龙在田,时舍也。……终日乾乾,与时偕行。……亢龙有悔,与时偕极。"

---

① 《易·系辞上》。

等等。"坤卦"的"彖辞"曰:"至哉坤元,万物资生,乃顺承天。""坤"与"乾"相对而构势,故也处于终极之处("至哉"),万物凭之而生。"顺承"亦是"承时处顺"的意思。所以下面讲:"含章可贞,以时发也。……文在中也。……承天而时行。"由此,"文言"在讨论六五爻时谈及"美":"君子黄中通理,正位居体;美在其中,而畅于四支[肢],发于事业,美之至也"。可见"美"就在人的"正位居体"之"中",你如能让这居中发生的时境气韵畅于四肢,发于事业,则"美之至也"。虽然不能说写"文言"的作者讲的"美"与今人讲的"美感"之美、"美学"之"美"是一样的,但就其上下文看,这时中发畅之美起码与本文讲的现象本身的美有深切的相通之处。《易》中还有多处(比如"蒙"、"贲"、"离"等卦)可与这里所讲者相互发明。

(4)尽管美与人所体验的本源时、空不可分,但并不能因此而断定"美是主观的、相对[主义]的",因为这"时空"或"意境"乃是意义和真理的终极源头:在"那里"和"那时",主观客观之别、相对绝对之别还未"实"现,还找不到将美感体验封闭在主体中的藩篱。人们因此会"情不自禁"的、合乎情理地去要求一种可交流意义上的、而不是实证意义上的普遍认同和共同领会。因此,这种美感体验,"小"可以出自童谣山曲,大则可以与人的历史命运、"宇宙"世界息息相通。如叶朗所言:"这种象外之象所蕴涵的人生感、历史感、宇宙感的意蕴,就是'意境'的特殊规定性。"[①]海德格尔则写道:"在这样的[诗的]语言中,一个民族就历史性地领会了它的世界。"[②]可以说,谈美谈到此处,"眼界始大,感慨遂深"。[③] 无怪乎古人以"诗"观天下兴亡,通上

---

① 叶朗:《胸中之竹》,第57页。
② 海德格尔:《林中路》(*Holzwege*),Frankfurt: Klostermann,1977年,第60页。引自拙著《海德格尔思想与中国天道》,第167页。
③ 王国维:《人间词话》,第15节。

下之情,而维持社稷于不坠。"上以风化下,下以风刺上。主文而谲谏,言之者无罪,闻之者足以戒。故曰风。"①"风"(民歌、诗歌)似乎起于人,但超出了个人,蓬蓬然动之化之而不知何以如此,所以"言之者无罪,闻之者足戒"。美以她自由的构境本性而"动天地,感鬼神",取得了实证考察和法律规定所达不到的更生动的"客观性"和非个体主义的言论自由权。

(5)"现象原本就美"的思路还改变了我们对语言与意境的关系("言意之辨")问题的看法。按照以前的观点,现象与它去表现但总也不能充分表现的本体(noumenon)的存在身份是截然不同的。循着这个思路,人们往往将语言与语言去言说但总也言说不尽的终极对象或意思截然区别开来,所以有各种"得意忘言"之说。但如果我们采取现象学的,特别是存在论和解释学化了的现象学的观察角度,那么原本的现象就是存在的本性(Wesen),而原本的语言也与构成着的意境不可分,这就是《庄子》中讲的"大言",比观念化和手段化了的"小言"要原发得多。按这种理解,并非我们运用语言工具来表达心中已有的观念,或主体说着语言,而是语言本身在言说(Die Sprache spricht)。我们则只有投入和倾听这种大言之说("天籁"、"地籁"、"道言")才能说话。赤子"学"到的或进入的只能是这大言或道言的境域,不然学不会说话,因它还没有任何现成的语言可作学说的模本。第一语言是不能当作工具来学的。

这样看来,原发的语言本身就是美的,就是诗。它们表达的或"显示"的是血脉流通着的"意蕴"而非可客观化或主观化的"意义"。② 按

---

① 《毛诗序》。
② 这里所讲的"意蕴"与"意义"的区别,取自叶朗"说不完的《红楼梦》"一文;见《胸中之竹》,第114页。那里还引了朱熹的一段很精彩的话:"此等语言[即《诗经》中的诗句]自有个血脉流通处,但涵泳久之,自然见得条畅洽治,不必多引外来道理言语,却壅滞却诗人活底意思也。"

照海德格尔的理解,语言的最纯粹形态不是"陈述"这个传统语言观的宠儿,而是最有缘构性的"诗"(Dichtung)。"语言本身是原本意义上的诗。"①……他又写道:"这投射着的说(Sagen)就是诗;即世界与大地的说,出自它争斗的回旋空间(Spielraum,游戏空间)中的说,并因此也是出自众神所有的临近和远去的场所的说。"②这与孔子、毛亨对于"诗"的理解有某种可呼应之处。"子曰"总在"诗云"之中,或力求总在"诗云"之中。

(6)因此,这种现象学的美学观具有超出传统美学的新视野;在它看来,美感特征遍布于人类的一切原发活动和经验中,出现于一切线性规范和预测达不到的"相互"交流、博弈、开启、维持和发生的"混成"之中。比如,经济学搞到艰深之处,也躲不开悬空构成的美感形势,因为"经济"说到底就是在"交流"或"交换"之中进入一种发生境域,从而获得在交流之前绝得不到的"边际效应"、"共生互惠效应"的活动。"股市"是这种交流的极端化、纯境域化,它更多地是服从美感的构成逻辑而非主观或客观的逻辑。那里不是没规矩,只是没有死规矩、现成的规矩。至于社会学、法学、政治学等,其"至极"处都会逼出个活幻不羁的美的精灵。

本章提出并论述了"现象原本就美"这样一个命题。读者可以看出,这里对现象学的基本特点、美感体验的特点、"现象"的原本含义、原本的现象为何是美的,以及从这里能衍伸出什么样的理论可能性等问题,我有自己的理解角度,绝不敢妄称是对现象学方法及其美学

---

① 海德格尔:《林中路》,第60页。
② 拙著:《海德格尔思想与中国天道》,第167页。

含义的正统解释。例如,此文的主旨与法国现象学美学家米·杜夫海纳的一些结论就颇为不同。他强调审美体验与一般的知觉体验、审美对象与知觉对象、真与美的区别,[①]而本文则主张这些对立双方在原本的现象呈现中的混然相成。在我看来,杜夫海纳的现象学思路不仅没有超出胡塞尔,而且还忽视了胡塞尔学说中极为重要的"边缘域构成"的美学含义,当然也就更注意不到"现象学时间"与美感体验的深切关联了。他理解的现象学方法基本上限于"还原"和"意向对象的构成"的层次上。当然,胡塞尔现象学的一个引人之处正在于,从它那里你可以走出不同的、有个人特点的思想道路,甚至是表面上相互对立的道路,但这些道路,如果它们确实植根对于文本的真实读解之中,却都有为传统哲学所不知的某种新的方法论特点。

以上的论述包含了这样一个看法,即美感体验绝不限于对艺术作品的经验,它出现于人类或生命体的一切原发或"缘—发"的经验之中。一个经验具不具有美感,与它是否实用或具有思想性并不一定相关,而只与它是否能摆脱开现成状况的胶滞而悬空中行相关。这也就是说,一位劳作者、实业家、科学家一样可以有他或她本行中的美感体验,只要其人走到一切现成行为的终端,利用相互交接(对立、交流、交构、回旋……)的不定势态而"起飞",而"浮"、"游",则必有"美不胜收"之感。能真正透入美感体验的方法论有极大的迁移能力,在人生体验的旋涡处得其所哉。《庄子》云:"大块噫气,其名为风,是唯无作,作则万窍怒号。"《中庸》曰:"君子之道,造端乎夫妇,及其至也,察乎天地。"不知本文是否显示出了这"作"和"造端"的些微含义。

[①] 米·杜夫海纳:《审美经验现象学》,韩树站译,文化艺术出版社,1992年。引言,第1编第1章,第6章第2章,第3编第1、2、5章等。

二十九、为什么中国书法能成为艺术？

——书法美的现象学分析

书法是将文字写得好看或有味道的技巧。中国书法自古以来就被视为最重要的艺术之一，书法家或书法作品的地位绝不在画家、音乐家及其作品的地位之下。"书画同源"[1]早已是被人公认的见解。与此相对，西方文化中的书法却只被看作构造美术字的技巧,[2]更多地与实用相关，而与正经的艺术如绘画、雕塑、音乐等不可同日而语。为什么会出现这种差异？换言之，为什么中国书法能够成为一种原本艺术？

---

[1] 比如唐人张彦远《历代名画记》："是故知书画异名而同体也。"宋人郑樵《通志》三十一卷："书与画同出。"明人王世贞《艺苑卮言》一百五十五卷附录四："及览韩退之《送高闲上人序》，李阳冰《上李大夫书》，则书尤与画通者也。"

[2] 简·弗·比勒特(Jean F. Billeter)在其著作《中国的书写艺术》(*The Chinese Art of Writing*, New York: Rizzoli International Publication, INC., 1990)中写道："在中国，书写艺术一直被当作纯粹的优美艺术(fine arts)的一种，与音乐、诗歌和绘画比肩而立，有时甚至享有更高的地位。……中国书法与欧洲叫做书法(calligraphy)的东西没有多少关系，后者指一种程序风格化的、煞费苦心的和极其规矩的书写之法(penmanship)，或者说是一种被花字化雕琢或其它那些附加装饰的书写之法。在另外的情况下，它也指以阿波黎那(Apollinaire)的《画诗》(*Calligrammes*，将诗文排列成与诗的主题有关的图画)为典范的奇特的排印效果。这种书法是一种二三流的艺术(a minor art)，靠的是一种用心的技巧、趣味和愉快的拾得。总之，西方书法是非个性的(impersonal)。"(Jean F. Billeter, *The Chinese Art of Writing*, p. 11)"这些[现代中文的]美术字以某种方式相当于西方的书法。"(Jean F. Billeter, *The Chinese Art of Writing*, p. 12)

1. 文字与绘画的关系

　　文字是一种可视图像,交通标志是图像,(传统的)绘画也是一种图像。它们都与自然的物理图像,比如一块岩石的纹理结构、一棵古树的形状、鸟的足迹不同,因为它们是人构造出来的,尽管两者都有意义,或可以都有意义。这其中,文字与绘画又有独特之处,即它们可能唤出深刻的美感。交通指示图像可以被表现得正确不正确、端正或不端正,甚至漂亮或不漂亮,但是没有美不美的问题。可是,文字(如果考虑到中文的话)和绘画就有这个问题。

　　文字与绘画的差异何在呢? 从表面上看,绘画直接去描画或表现某个东西,或某个状态,而文字只要是文字,就不仅仅是象形了。不管它的前身与象形可能有什么联系,一旦它成为语言的书面形式,象形就要退居边缘,尽管还可能在某些文字里起作用。语言、包括文字首先有语意(linguistic meaning, sprachliche Bedeutung),而不是直接从表现某个东西来得到意义。通过语意,它表达、指称或暗示某个东西、某种状态。胡塞尔说:

> 如果我们将兴趣首先转向自在的符号,例如转向被印刷出来的语词本身,……那么我们便具有一个和其它外感知并无两样的外感知(或者说,一个外在的、直观的表象),而这个外感知的对象失去了语词的性质。如果它又作为语词起作用,那么对它的表象的性质便完全改变了。尽管语词(作为外在的个体)对我们来说还是当下的,它还显现着;但我们并不朝向它,在真正的意义上,它已经不再是我们"心理活动"的对象。我们的兴趣、我们的意向、我们的意指——对此有一系列适当的表述——仅

仅朝向在意义给予行为中被意指的实事。(胡塞尔,1998:42)①

这也就是说,文字作为单纯的物理符号,与一般的外感知对象或者说是物理图像那样的对象没有什么区别;但如果它作为语词或文字起作用,那么对于它的表象方式或意向行为的方式就"完全改变了"。这时,意向行为不再朝向它,但也不是完全没有它,而是通过它但不注意它本身,获得意指的能力、意义给予的能力,并凭借这能力来意指向某个东西或事态。胡塞尔这里对于文字的语词化的现象学描述是不是完整和合适,我们以后会讨论,但他的这个看法是成立的,即作为单纯物理图像的文字与作为语词的文字有重大的不同。由此可见,文字要比绘画多一层,即语意的构造层。

但不管怎么说,两者都要去表现某种状态,而且两者都有一个表现得美不美的问题。这也就意味着,它们的表现方式的不同会产生重大后果。在分析这种不同及其后果之前,很明显,我们必须先说清楚本章在什么意义上使用"美"这个字。

2. 什么是美?

这是一个巨大的、被古今中外的哲学家们、美学家们争论不休的

---

① 这一段的德文原文是:"[W]enn wir unser Interesse zunächst dem Zeichen für sich zuwenden, etwa dem gedruckten Wort als solchem... so haben wir eine äußere Wahrnehmung (bzw. eine äußere, anschauliche Vorstellung) wie irgendeine andere, und ihr Gegenstand verliert den Charakter des Wortes. Fungiert es dann wieder als Wort, so ist der Charakter seiner Vorstellung total geändert. Das Wort (als äußeres Individuum) ist uns zwar noch anschaulich gegenwärtig, es erscheint noch; aber wir haben es darauf nicht abgesehen, im eigentlichen Sinne ist es jetzt nicht mehr der Gegenstand unserer 'psychischen Betätigung'. Unser Interesse, unsere Intention, unser Vermeinen—bei passender Weite lauter gleichbedeutende Ausdrücke—geht ausschließlich auf die im sinngebenden Akt gemeinte Sache."(Edmund Husserl, 1984, S. A40/B40)

问题。由于本章所做的是现象学分析,所以就仅在这个视野中来给出一个简略的提示或说明。

胡塞尔在他致德国诗人霍夫曼斯塔尔的一封信(1907年1月12日)中写道:"现象学的直观与'纯粹'艺术中的美学直观是相近的。"(胡塞尔,1997:1202)两者都"要求严格排除所有存在性的执态"。(胡塞尔,1997:1203)其含义是:美学直观与现象学直观都要排除任何对于现象的存在预设,比如认定这个现象是个物理对象,那个是个心理对象;或这个只是个体,那个是个普遍者,等等,而是只就现象的纯粹显现方式来直接地观察它、理解它。所以他又写道:"一部艺术作品从自身出发对存在性表态要求得越多(例如,艺术作品甚至作为自然主义的感官假象:摄影的自然真实性),这部作品在美学上便越是不纯。"(胡塞尔,1997:1202)

总结胡塞尔的意思,就是艺术美一定要摆脱任何纯显现之外的存在预定,也就是说,美不是任何纯显现之外的对象,不管是物理对象、精神对象,还是波普尔(Karl Popper)讲的"世界3"中的对象。美只能在人的显现体验之中出现或被当场构成。那么,美可能是在这种纯体验之中被构成的意向对象(noema)吗?或者说,可能通过这种意向对象或意向观念被直接体验到吗?胡塞尔没有讨论。他的现象学思想中,既有非对象的(objektlos)重要学说,比如内时间意识流和后期发生现象学的被动综合的学说,又有意向对象式的,即所有有认知意义的构成都要以意向对象为客体化成果的学说。他之所以很少对于美学问题发表意见,其中的一个原因可能就是他在这两种倾向间的犹豫不定。

海德格尔完全赞同胡塞尔的这样两个主张,即:首先,美不来自心理现象,而是来自意义和现象的原本被构成态;其次,美的出现一定不能落实到现成存在的对象上。而且,海德格尔将后一个思路大大彻底化或存在论化了；对于他，美感也不能落实到任何意向对象上来。所以，他在《林中路·艺术作品的本源》中认为：

> 艺术就是真理的生成和发生（*Dann ist die Kunst ein Werden und Geschehen der Wahrheit*）。（海德格尔，1996：292）（Martin Heidegger，1977：59）

我们知道，海德格尔反对真理的符合论（即主张真理是命题与其表达对象——比如事态——的符合），认为真理是揭开遮蔽（aletheia）的当场发生：

> 真理唯作为在世界与大地的对抗中的澄明与遮蔽之间的争执[遭遇、二对生]而现身。（海德格尔，1996：283）①

> 争执被带入裂隙，因而被置回到大地之中并且被固定起来，这种争执乃是形态（Gestalt）。……形态乃是构造（Gefuege），裂隙作为这个构造而自行嵌合。被嵌合的裂隙乃是真理之闪耀的嵌合（Fuge）。（海德格尔，1996：284—285）②

这种真理出现的途径是，艺术作品创造和保留了某种裂隙（Riβ）或形态（Gestalt，格式塔构形），而这裂隙引起了两极——比如大地

---

① 引语的德文是："Wahrheit west nur als der Streit zwischen Lichtung und Verbergung in der Gegenwendigkeit von Welt und Erde."（Martin Heidegger，1977：50）

② 德文是："Der in den Riβ gebrachte und so in die Erde zurückgestellte und damit festgestellte Streit ist die *Gestalt*. Geschaffensein des Werkes heiβt: Festgestelltsein der Wahrheit in die Gestalt. Sie ist das Gefüge, als welches der Riβ sich fügt. Der gefügte Riβ ist die Fuge des Scheinens der Wahrheit."（Martin Heidegger，1977：51）

与世界、遮蔽与敞开，或阴与阳——的争执与对抗，于是一个生动的敞开领域（Offene）或澄明（Lichtung）在深黑的隐藏背景中出现了。所以，凡·高画鞋的油画，就它是一件真正的艺术品而言，既不只是引出心理的遐想，也不只是在道出鞋的有用性，而首先是开启出这鞋的原本真理。"凡·高的油画揭开了这器具即一双农鞋真正是什么。这个存在者进入它的存在之无蔽之中。希腊人称存在者之无蔽为 aletheia。"（海德格尔，1996：256）

这种从遮蔽中闪现出来的澄明之光就是美。海德格尔写道：

> 如此这般形成的光亮，把它的闪耀嵌入作品之中。这种被嵌入作品之中的闪耀（Scheinen）就是美。美是作为无蔽的真理的一种现身方式。（海德格尔，1996：276）①

美既然是由艺术作品引发的真理现身方式，即去蔽时的澄明闪耀，那么它绝不可能被落实为任何意向对象，也跟胡塞尔讲的先验主体性、柏拉图讲的美理念或经验主义者们讲的由经验对象形式引起的愉悦感无关。美是人体验到的原初真理喷发出的辉煌光彩。

总结胡塞尔和海德格尔的观点，可以看出美的这样几个特点：(1)它在艺术作品制造的裂隙处闪现。(2)它是真理的现身方式，或真理出现时的光辉；让人认同，让人被它征服。(3)它是彻底非对象的，纯境域发生的；也就是说，它永远超出可对象化的概念思维或形象思维，不可被确定为某一个意义，而是那让人被充溢的丰富意义的同时涌现。(4)它是居中（Zwischen）的，处于遮蔽与敞开、大地与世

---

① 德文原文是："Das so geartete Licht fügt sein Scheinen ins Werk. Das ins Werk gefügte Scheinen ist das Schöne. *Schönheit ist eine Weise, wie Wahrheit als Unverborgenheit west.*"（Martin Heidegger，1977：43）

界、阴与阳之间。后期海德格尔称这种原引发的居中为"自身的缘发生"(Ereignis),它就是存在的真理及其表现方式。

3. 汉字字形与西文字母的不同

西方的拼音文字以字母为基本单元,而字母以造成经济的辨别形式、以便代现语音为目的,所以其笔画很简单。以英语或德语为例,字母一共不超过三十个,每个字母由一至三笔写成,手写体笔画更少,近乎一笔书。一个单词由一些字母按线性排列组成。中文汉字则由笔画组成,"永"字八法显示最基本的八种笔画,但它们的组合方式极其多样,是非线性的,构造一种类似《易》卦象那样的、但又更丰富得多的空间。一个汉字,可以由一笔到三十来笔构成,因为汉字有构意(指事、象形、会意等)和代现语音(形声字的一半)的功能。可见,汉字与西方拼音文字的笔画丰富性不可同日而语。

而且,笔画的组合方式,字母要呆板得多。字母的笔画关系大多只是接触,交叉较少,分离的更少(似乎只有"j"与"i"的那一点)。汉字笔画的结合和组合方式,可谓千变万化。而且,字母用来表音,用来组词,本身无意义,所代表的单音一般也无意义。汉字笔画本身就可能有意(如"一"、"乙"),其组合更是既构意(如"木"、"林"、"森";"火"、"炎"、"焱"),又构音(如"城"、"枫")。

所以,汉字笔画与组成字母的笔画不同,与组成词的字母也不同,也不等同于由字母组成的、有意义的词,它是根本不同的另一种构意方式,更近乎语音学上讲的"区别性特征"(distinctive features)。① 这种区别性特征是一对对的发音特征,比如送气还是不送

---

① 参见 R. 雅各布布森(Jakobson):《语音分析初探:区别性特征及其相关者》(Pre-

气、阻塞还是不阻塞、带声还是不带声。汉字笔画从根本上讲也是一对一对的,横对竖、撇对捺、左勾对右勾、点对提,等等。正是由于这种根本的"对交"性,当我们看前人的书论,在它们讲到字的形势、结体乃至篇章行间的安排时,常常会看到如阴阳般相对互补而构势取象的表述。比如汉代蔡邕的《九势》讲:"夫书肇于自然,自然既立,阴阳生矣,阴阳既生,形势出矣。……凡落笔结字,上皆覆下,下以承上,使其形势递相映带,无使势背。转笔,宜左右回顾,无使节目孤露。藏锋,点画出入之迹,欲左先右,至回左亦尔。"(《汉魏六朝书画论》,1997:45)唐人欧阳询《八诀》则有"分间布白,勿令偏侧。……不可头轻尾重,无令左短右长,斜正如人,上称下载,东映西带"(《初唐书论》,1997:3)之类的对交制衡的建议,以及《三十六法》的"穿插"、"向背"、"相让"、"黏合"、"救应"等结构考虑。(《初唐书论》,1997:13—15)唐代大书论家张怀瓘在《书断序》中写道:"固其发迹多端,触变成态,或分锋各让,或合势交侵,亦犹五常之于五行,虽相克而相生,亦相反而相成。"(《张怀瓘书论》,1997:57)

---

liminaries to Speech Analysis:*The Distinctive Features and their Correlates*,The M. I. T. Press,1952年),特别是1、3节。他发展了布拉格学派的看法,认为:被人们当作语音的基本单位的音位(phoneme,用音标记录)其实也不是最根本的结构因子,因为每一个音位都是由一束区别性特征所构成的。每个区别性特征是一个发音特征的对立,比如升音对非升音、送气对不送气、鼻音对口音、受阻对不受阻、紧张对松弛、钝音对锐音、带声对不带声等。这些区别性特征都可以被表示为"A对非A"或"A/非A"。"就说话而言,这样一套二分(binary)选择对于交流过程是固有的"(9页)。不多的一些区别性特征就可以构造出一个语言的语音音位系统。当人们说话时,一般并不意识到区别性特征的存在和运作。它们以隐蔽的、"边缘域"的方式参与着语音的构成。这些思路启发了后来的法国结构主义者,比如阐发结构人类学的莱维-斯特劳斯。雅各布森著作的中文译本有《雅各布布森文集》,钱军、王力译注,湖南教育出版社,2001年。其中有上述《初探》的大部分内容的中译文。

笔画与区别性特征有一个不同,即单个的笔画也可能为字,而仅仅对区别性特征不能构成音位。

因此，汉字有内在的动态冲动和构造空间。比如"宝"的上部（宝盖）一旦写出，就引动着下部的出现与应合；"北"的左边引发右边。这样，当我们看一个已经写成的字时，就有上下左右的呼应感和结构感，所谓"上称下载，东映西带"也。字母内部没有或很缺少这种阴阳构势，倾向于静态。一旦写出字母的形状，如"a"、"b"、"c"，它就落定在那条水平横线，既不吸引什么，也不追求什么。汉字却有性别和性感，相互吸引，有时也相互排斥；嘀嘀咕咕，参差左右，里边含有无数氤氲曲折。如"女"字，"人"字，本身就是字，但一旦处于左边或上边，则邀请另一边或下边。所以汉字的构形本身就有构意的可能。许慎讲汉字的"六书"构字法，以"指事"为首，比如"上下"，因为"指事者，视而可识，察而可见"（《说文解字记》），有直接的显意性，而象形（如日月）、形声（如江河）、会意（如武信）、转注（如考老）、假借（如令长）都在其次。

4. 文字的书法美与文字的意义有关吗？

汉字本身有天然的构意冲动，但是，汉字书法之美与汉字的意义有关吗？或广而言之，文字的书法与文字的意义有关吗？看来是有关的。一个完全不懂汉语的人，或虽听得懂汉语但不识汉字的人，能欣赏汉字的书法美吗？似乎是不可能的。① 那样的话，汉字对于他只是一种奇怪的形状，就像阿拉伯字、满文对于一个清朝的儒士那样。我二十个世纪八十年代中期到美国留学时，虽然早已在电影中

---

① 不少人一再讲，音乐是超民族和文化的普遍人类语言，谁都能欣赏。首先，书法与音乐的表现形式不同；其次，音乐是超文化的吗？一位清朝的儒士，一听巴赫所作乐曲，就会被打动吗？或一位维多利亚时代的英国绅士，会一听中国的古琴曲，就悠然神往吗？我怀疑，并倾向于否定这种可能。

见过外国人,在北京的大街上偶然见过外国人,但在初到美国的头一年,完全不能欣赏校园里的"漂亮的"美国女学生,看谁都差不多。这样说来,文字的书法美与文字的意义有内在的相关性,我们欣赏书法时并不是将它们只当作一种纯形式来欣赏。这一点与欣赏绘画就有所不同,尽管欣赏绘画也不只是在欣赏其纯粹的物理形式,也有文化的潜在意域的托持。

可是,书法的美与文字的观念化意义,或"可道"出的意义却没有什么关系。从来没有听到古今的书法家或书论家讲,某个字因其字义而多么美,某个字又因此而多么丑。即便"美"字也不一定美,"丑"字也不一定丑。但繁体字与简体字却有书法上的后果。减少笔画,影响了汉字的书法美,所以主张汉字改革"必须走世界文字共同的拼音方向"(《第一次全国文字改革会议文件汇编》,1957:14)①的毛泽东,他写自己诗词的书法体时,终身用繁体字或正体字,从来不用他提倡的简体字。而拼音化后的汉字,无疑将完全失去其书法艺术。到目前为止,还没有见过成功的简体字书法作品,尽管中国人历史上的书写,也用行书、草书和某些简体,但那是出自历史与书写脉络本身的风气所致,与行政颁布的硬性简体字系统大大不同。

可见,书法家在创作时,或人们在欣赏书法作品时,他们必须既懂汉语、识汉字,但又绝不只是在观念对象化、语义(semantic)和语法(syntactic)层次上的懂。反过来,书法肯定与汉字的结构讲究有关,很多书论家都讨论"结体"、"书势"的问题,但又绝不只与这结构的可对象化的纯形式有关。汉字字体的变异或变更(Variation)的可能性极大,虞世南《笔髓论》曰:"故兵无常阵,字无常体矣;谓如水

---

① 毛的具体建议是先搞简体字,为汉字的拼音化或完全废除汉字做准备。见同页吴玉章所引毛泽东的话。

火,势多不定,故云字无常定也。"(《初唐书论》,1997:75)因此,无法确认一种理想美的汉字形式,就像毕达哥拉斯(Pythagoras)确认"一切立体图形中最美的是球形,一切图形中最美的是圆形"(《古希腊罗马哲学》,1961:36)那样。

　　这样的话,汉字之美就既与它的语义和字形内在有关,但又都不能在任何对象化、观念化的意义上来理解这义与形。汉字美与其义相关,也就隐含着与这语言,特别是这文字的真理性相关,但这真理如海德格尔所言,不可首先作符合某个对象或事态来理解,而要作非对象化的"揭蔽"式的理解,而这样的真理就与语言的原本的创构(dichten,诗化)式的语境意义无何区别了。汉字与其形相关,表明它与空间相关,但这不是去描摹某个对象,甚至是理想对象的线条和构架,所以它既不是西方绘画的素描,也不是字母美术字的线条,而是与时间不可分的"势多不定"的时—空完形(Gestalten),起到海德格尔讲的裂隙(Riβ)的作用,引发出阴阳相对的争斗和全新感受的当场生成。

5. 汉字书写如何导致居中体验?
(一):引发构意时的边缘存在

　　除了以上所涉及的美感体验的前三个特点(裂隙处闪现、真理之光、非对象化)之外,汉字如何使美感经验所需要的"居中"性实现出来的呢?要说明它,可以从以上第一节引用的胡塞尔《逻辑研究》中的那段话入手。胡塞尔认为人们打量文字的方式有两种,一种是将文字当作物理对象来打量,就像我们这些不懂阿拉伯文的人看那些"奇怪的图符"(我小时候,随母亲多次去一家清真饭馆,门上的招牌中就有这种图像)一样,这时这文字就是与其他物理对象并无两样的东西。另一种打量方式是将文字当作语词来看,"那么对它的表象的性质便完全改变了"(胡塞尔,1998:42),即从一个寻常的物理对象转换成了一个激发语意的文字现象。它一下子丧失了它的直接对象性,退居到意识的边缘,"它还显现着;但我们并不朝向它,在真正的意义上,它已经不再是我们'心理活动'的对象。我们的兴趣、我们的意向、我们的意指……仅仅朝向在意义给予行为中被意指的实事。"(胡塞尔,1998:42)这时候,这文字的可辨识结构只起到一个引出赋意行为,从而让语意和意向对象出现于意识之中的作用。它成了意识的垫脚石,踩着它去朝向语意的对象。在这种情况下,这文字结构本身的表现特点就完全不被注意了。如果情况是这样,那么这文字的书法美就几乎不可能被体验到。

那么,如果我们回到打量文字的第一种形态,即关注它本身的物理特点、形式特点,美的体验有可能出现吗?还是不可能,因为按照胡塞尔,那时这文字与其它物理对象无何区别,也就是与它的语符身份无关;而按我们前面的分析,这种对象化的东西,这种非语符或者这种为观看者所不懂的外国字,无法引出书法美感来。"水"不是对水的绘画,它的物理形式本身与美感无涉。可见,胡塞尔向我们描述的文字被意识体验的两种形态,都达不到书法美,因为它们或者是物理对象化的,或者是物理销象(image-demolishing)化的。所谓"销象"指物理对象性在注意力中被销去,原来构成物理对象的形式降为参与语义构成的意向要素,其自身的象(image,Bild)结构完全不被注意。这种"销象"与美感要求的"非对象化"不同,它是注意力中的"对象"的正反面,即对象形态的无"痕迹"(Spur,trace,德里达)的退场,实际上成为了"被立义"意义上的边缘对象(即材料,hyle 或 Stoff);而非对象化是指该对象被现象学还原,其存在执态或确定形态被悬置,从而暴露出它的各种表现可能。它介于被直接注意的物理对象和不被注意的感觉材料之间,实际上是一种更原初的状态,可大致比拟于康德和海德格尔讲的"纯象"(reines Bild, pure image)状态。(Immanuel Kant, 2003: 243; A142/B182)(Martin Heidegger, 1929: §20—22,§32—35)①

  这里的要害是,要让文字的书法美出现,就必须在将文字当作有意义的语符时,不让它完全消失在对于意指功能的激发上;而是让它本身的形式结构的特点还有存在的余地,并以非对象化的方式被保留在文字的语词形态中。也就是说,文字即便在作为文字、而非仅仅的物理对象引起我们的注意时,也不只是一堆引发意向行为和相应的意向对象的垫脚材料,而是与意义一起被共同构成者,一种非对象化的被构成者。西方文字的书法之所以不能成为重要艺术,就是因为西方文字的特点以及西方人的思维方式(这方式与其语言和文字的特点有内在关系),使得文字本身在参与构意时,其象结构的非对象化的显身不可能,或相当微弱,充其量只能在一会儿是物理对象、一会儿是构意材料的"一仆二主"两栖变更中达到美术字的程度。而汉字,由于上两节所阐发的那些特点,就可能在作为语符起作用时仍保有自己的活的身体(lebendiger Leib, living body),而不只是一个物理对象、文字躯体(Körper, physical body)的消失。

  汉字笔画的构意性,使得汉字在"阅读眼光"中也有自身的存在,尽管是边缘化的。比如"一"、"二"、"三","木"、"林"、"森",其字形的象结构在阅读中也要参与意义的构成;"政者正也"(《论语·颜渊》),"仁也者人也"(《孟子·尽心下》),"道可道,非常道"(《老子》1章),"王道通三"(《春秋繁露·王道通三》),其字形甚至可能在构意时暂

---

① 有关此"纯象"的讨论,可参见拙著《海德格:二十世纪最原创的思想家》,台北:康德出版社,2005年,第十一章;或《海德格尔思想与中国天道》,三联书店,1996年,2007年(精装),第四章。

时突显一下；等等。而且，这种自身存在不是对象化的，或者起码可以成为非对象化的。以上讲到的汉字笔画的阴阳本性，使其更多地作为互补对生的区别性特征而非构字原子而起作用，所以"木"、"林"、"森"的笔画不是在绘画般地象形，而也是"指事"和"会意"，其中有动态的生成。我们的注意即便在转向它们的字形本身时，也不是转向这些笔画的物理对象形式，而是转向它们正在参与构成的意义形成过程。换言之，汉字的阴阳化的笔画，其本身就既不是对象化的，因为它本身总在隐匿，但又不是销象的，因为它的结体方式在影响着意义的构成。笔画的裂隙性就在于此，它总在无形有象之间，引出赋意，包括对于自身的赋意。字母却没有这种裂隙式的居中性，因为它本身追逐语音，代替语音，没有直接赋意功能，也就不可能在赋意时有反身的赋意。所以，当它们被当作对象打量时，就是物理形式的对象；而被当作语音符号时，就是被销象化了的材料。

6. 汉字书写如何导致居中体验？（二）：汉字全方位的语境化

6.1 汉字的境象性、气象性

汉语的非屈折语的（non-inflectional）或"单字形式不变"（character-formal-invariability）的特点，使汉字获得语境的整体意义生命。西方语言比如希腊语、拉丁语、德语、俄语等是屈折语，它们的词形会随词性、词类、单复数、语态、人称、时态等改变，有时是相当繁复的改变，比如希腊语的动词变化，由此而传达出语法乃至语义上的信息。由于这种单词词形层次上的形式变换，造成了一定程度上的单词独立性，减少了语境或上下文对于句义乃至篇义的影响。比如一个由冠词和词根形式变化定位了的名词,可以放在句子中的不同位置上(例如句末或句首),而不改变句子的基本含义。又比如,词性的形式区别使得词与句有原则区别,无动词不能成句,系动词构成判断句;句子与篇章也有原则区别,句子被不少语言哲学家认为有自身的意义,等等。这些都减少了单词、句子的语境融入能力,增大了单词、句子的形式独立性,由此也增加了对于标点符号的依靠,因为语境本身无法有效地决定句读的节奏。

汉语没有所有这些形式上的变换,所以汉字对于语境的依赖和融入是全方位的。汉字不是"单词",它们都是意义不饱和的构意趋势,从根本上等待语境来完形成意。一个"红"字、"道"字,可以是西方语法分类中的动词、形容词、副词、名词等,由不同语境构成不同的表现型。一个字就可以是一个句子,似乎只是名词词组,也可成句,如"枯藤老树昏鸦"。所以,对于汉语,语境就是一切。字的顺序、句子的阴阳对仗结构等等,都实质性地参与意义和句子的构成。无须标点符号,因为语境本身就有自己的构意节奏。"推敲"一字,或可使一整篇焕然一新。尽管汉语表述的意思可以非常恢宏、诗意,但也可以非常准确仔细。只有外行人,如黑格尔,才会怀疑汉字说不清道理。从汉字书写的角度看,则一笔可以是一字,一字也可以有二十多笔;一字(如"竹")可以由不同部分组成,而它又可以是其他字的部分(如"簇")。

总之,汉字无论是就它的构成方式,还是由汉语赋予的特色,都是全语境化的(radically contextualized)。这样,单个汉字的物理形式的对象性就被大大淡化。尽管如上所言,汉字在构意时不销象,而是以自身的结构特点参与语意的构成,并且同时也被构成,但这种参与构意的象结构,还要被更充分地语境化、篇章化。《念奴娇·赤壁怀古》起头的"大江"两字,只是一个牵引和造势,其书体与后边全词全篇的书体一气相通,而好的书法作品必是全篇风波相荡,左右映带,上下感激的。正是由于汉字本身这种语境化特性,才会有那充分体现此特性的草书境界。如窦冀形容怀素:"粉壁长廊数十间,兴来小豁胸中气。然后绝叫三五声,满壁纵横千万字。"(《中晚唐五代书论》,1997:232)杜甫《八仙歌》形容张旭:"张旭三杯草圣传,脱帽露顶王公前,挥毫落纸如云烟。"这与西方那种经营于一个个字母的线条装饰的"书法",完全是两个天地。以这些特点,汉字书法的确能够在才者手中成为居中风行的畅游,在物理形象与完全无象之间获得境象、气象,以真、行、草等变化无端的显现方式来"云行雨施,品物流形"(《易传·干·象》)。

6.2 毛笔的书法效应:构造内在之势及时机化的揭示

最后,汉字书法的美感生成与毛笔书写亦有内在关系。硬笔书写,静则一点,动则一线一形;其点其线本身无内结构,只是描摹成形而已。毛笔则不同,笔端是一束有韧性的软毛,沾水墨而书于吸墨之纸,所以充满了内在的动态造势和时机化的能力。蔡邕的《九势》讲:"阴阳既生,形势出矣。藏头护尾,力在其中,下笔用力,肌肤之丽。故曰:势来不可止,势去不可遏,惟笔软则奇怪生焉。"(《汉魏六朝书画论》,1997:45)让毛笔藏头护尾,含笔锋于点画书写之内,委曲转折,则所书之点画,有"力在其中"。就像卫夫人《笔阵图》所言,每书一横,"如千里阵云,隐隐然其实有形";每书一点,"如高峰坠石,磕磕然实如崩也";每写一竖,如"万岁枯藤"之悬临;每作一钩,如"百钧弩发";等等。(《汉魏六朝书画论》,1997:95)之所以能这样,其重要原因之一就是"笔软":"惟笔软则奇怪生焉",其笔画中可含绝大势态,并让人有"肌肤之丽"这样的感受。这是硬笔书法做梦也想不到的。而且,此含墨之毛笔与吸墨之纸张风云际会、阴阳相生,片刻不可迟疑，不可反思重来，唯乘时造势而开出一番新天地不可，不然便成墨猪污迹。笔墨之时义大矣哉！

"故知多力丰筋者圣，无力无筋者病，一一从其[即笔墨]消息而用之，由是更妙。"(《汉魏六朝书画论》，1997:51)由此钟繇(三国时魏国人)知用笔势之妙，也就是让笔墨在乘势、构势的运用之中，牵引激发出只有当时即刻(Jeweiligkeit)才能揭示者。于是他说："故用笔者天也，流美者地也。"(《汉魏六朝书画论》，1997:51)笔如游龙行于天，则有美感涌流于地。

这种书写就是真正的时机化(zeitigen)创作(dichten)，让人的天才在当场实时的挥洒中发挥出来。张怀瓘这样来说此创作："及乎意与灵通，笔与冥运，神将化合，变出无方，……幽思入于毫间，逸气弥于宇内；鬼出神入，追虚捕微：则非言象筌蹄所能存亡也。"(《张怀瓘书论》，1997:60)这样的"时中"笔意就先行于反思之前，挣脱"言象筌蹄"的物理形式束缚，达到去蔽传神的黎明境界。"范围无体，应会无方，考冲漠以立形，齐万殊而一贯，合冥契，吸至精，资运动于风神，颐[养]浩然于润色。尔其终之彰也，流芳液于笔端，忽飞腾而光赫。"(《张怀瓘书论》，1997:54)钟繇则写道："点如山摧陷，摘[钩]如雨骤；[牵带出的痕迹]纤如丝毫，轻如云雾；去若鸣凤之游云汉，来若游女之入花林，灿灿分明，遥遥远映者矣。"(《汉魏六朝书画论》，1997:51)运笔的势与时，构造出让风云际会的裂隙，让真理在阴阳相合中来临，闪发出"灿灿……远映"的曙光。

结语：以上讲到的这些汉字及汉字书写的特征，相互内在关联。比如汉字笔画的特征，像阴阳相对的构意性，构意方式的多维丰富性、变换性等，与汉语的非屈折语的或语境化特征，就既不同，又有某种相须相持的关联。而且，像我们这个缺少构词和语法的形式变化指标的语言,如果像某些文字改革主义者们主张的,用拼音来书写,就必面临大量的同音异义字,使得那种拼音化的汉语文字不堪卒读,只能表达最日常口语化的东西。又比如,汉字笔画的多维丰富性和可变换性,只有通过水墨毛笔的书写,才能发挥到无微不至和充满生机灵气的程度。

由于这些特征的有机共存,终使得汉字书写在才子手中成为艺术,他们的书法作品揭示出了汉字的真理,就像凡高的画揭示出一双鞋子的真理所在。汉字的原发丰富的构意能力使它能在扮演语符的角色时,隐藏或保存住了自身的边缘存在,总能留下语境化和势态化的痕迹,总在进行潜在构势的"被动综合"。而毛笔水墨与宣纸遭遇,以纯时机化方式泄露出汉字的匿名隐藏,笔与冥运,追虚捕微,牵带挥洒出非对象化的字晕书云,迎来汉字真理的喷薄日出。

己丑春祥龙书于北大畅春园望山斋

参考文献：

《中晚唐五代书论》(1997)。潘运告编著,湖南美术出版社。
《古希腊罗马哲学》(1961)。北京大学哲学系外国哲学史教研室编译,商务印书馆。
《初唐书论》(1997)。萧元编著,湖南美术出版社。
胡塞尔(1997)。《胡塞尔选集》,倪梁康选编,上海三联书店,1997年。
胡塞尔(1998),埃德蒙德。《逻辑研究》第二卷第一部分,倪梁康译,上海译文出版社。(Edmund Husserl, *Logische Untersuchungen*, Zweiter Band, Erster Teil, The Hague: Martinus Nijhoff Publishers, 1984.)
海德格尔(1996)。《海德格尔选集》上卷,孙周兴选编,上海三联书店。
《第一次全国文字改革会议文件汇编》(1957)。全国文字改革会议秘书处编,文字改革出版社。
《张怀瓘书论》(1997)。潘运告编著,湖南美术出版社。

《汉魏六朝书画论》(1997)。潘运告编著,湖南美术出版社。

Martin Heidegger（1929）, *Kant und das Problem der Metaphysik*, Bonn: Friedrich Cohen.

Martin Heidegger（1977）, *Holzwege*, *Gesamtausgabe*, Band 5, Frankfurt am Main: V. Klostermann.

Edmund Husserl（1984）, *Logische Untersuchungen*, Zweiter Band, Erster Teil, The Hague: Martinus Nijhoff Publishers.

Immanuel Kant（2003）, *Kritik der reinen Vernunft*, Hamburg: Felix Meiner.